Vereinbarkeit von Erwerbstätigkeit
und Pflege

Vereinbarkeit von Erwerbstätigkeit und Pflege

Institut für Gerontologie, Dortmund
Brigitte Beck
Gerhard Naegele (Projektleitung)
Monika Reichert

Universität Dortmund
Ursula Dallinger

Band 106/1
Schriftenreihe des Bundesministeriums
für Familie, Senioren, Frauen und Jugend

Verlag W. Kohlhammer
Stuttgart, Berlin, Köln

Die Deutsche Bibliothek – CIP-Einheitsaufnahme

Vereinbarkeit von Erwerbstätigkeit und Pflege
(Hrsg.: Bundesministerium für Familie, Senioren, Frauen und Jugend)
Brigitte Beck ... Gerhard Naegele (Projektleitung) - Stuttgart;
Berlin; Köln: Kohlhammer 1997
(Schriftenreihe des Bundesministeriums für Familie, Senioren, Frauen und Jugend;
Bd. 106.1)
ISBN 3-17-014952-0
NE: Beck, Brigitte; Naegele Gerhard (Hrsg.); Deutschland/
Bundesministerium für Familie, Senioren, Frauen und Jugend:
Schriftenreihe des Bundesministeriums ...

Herausgeber:	Bundesministerium für Familie, Senioren, Frauen und Jugend
	Rochusstraße 8-10, 53123 Bonn
Titelgestaltung:	4D Design Agentur, 51427 Bergisch Gladbach
Gesamtherstellung:	Harz-Druckerei Wernigerode
Verlag:	W. Kohlhammer GmbH Stuttgart Berlin Köln
	1997
Verlagsort:	Stuttgart
	Printed in Germany

Gedruckt auf chlorfrei weiß Offset

Vorwort

Die Vereinbarkeit von Berufstätigkeit und Pflege gewinnt angesichts des demographischen Wandels in der Bundesrepublik und anderen europäischen Ländern an Bedeutung. Die Mehrzahl älterer Menschen, die Hilfe und Unterstützung benötigen, wird durch Familienangehörige versorgt. Mehr als zwei Drittel der Pflegepersonen sind im erwerbsfähigen Alter. Für sie stellt sich im besonderen Maße die Frage, ob und inwieweit die Pflege älterer Familienangehöriger mit Berufstätigkeit in Einklang zu bringen ist. Die Erwerbstätigkeit von Pflegepersonen ist heute schon keineswegs eine Randerscheinung; ein Großteil von ihnen arbeitet Vollzeit. Zudem haben pflegende Familienangehörige den Wunsch, trotz aller Belastung durch die Pflege, die Berufstätigkeit zu erhalten. Gerade die Berufswelt bietet ihnen eine wichtige Möglichkeit zum seelischen Ausgleich. Sozialpolitisch treten die berufstätigen Pflegepersonen in der Bundesrepublik Deutschland heute noch kaum ins Blickfeld. Ihre Probleme werden durch Betriebe, Arbeitgeber und Gewerkschaften zu wenig berücksichtigt. Tarif- und Betriebsvereinbarungen, die sich bei Freistellungen und Teilzeitansprüchen ausdrücklich auf die Pflege beziehen, sind die Ausnahme. Zu diesen und anderen Ergebnissen kommt die in meinem Auftrag durchgeführte Studie „Betriebliche Maßnahmen zur Unterstützung pflegender Arbeitnehmerinnen und Arbeitnehmer", die ich hiermit einer breiten Leserschaft empfehlen möchte. Aus den nun vorliegenden Fakten ergibt sich Handlungsbedarf. Die Möglichkeiten, Erwerbstätigkeit und Pflege von Familienangehörigen zu verbinden, sind zu verbessern. Hierbei müssen alle mitwirken, auch die Arbeitswelt hat durch betriebliche Maßnahmen ihren Beitrag zu leisten. Daß dies möglich ist, zeigen die Beispiele aus anderen Ländern, vor allem aus den Vereinigten Staaten, Großbritannien und den skandinavischen Ländern. Wer künftig Frauen und Männer qualifiziert und dauerhaft beschäftigen möchte, muß ihre Verpflichtungen durch häusliche Pflegeanforderungen mitberücksichtigen. Auf der Grundlage der gewonnenen Erkenntnisse werden konkrete Umsetzungsmöglichkeiten für diese wichtige altenpolitische, familienpolitische, frauenpolitische und arbeitsmarktpolitische Aufgabe erarbeitet. Das Bundesministerium für Familien, Senioren, Frauen und Jugend wird an dieser Thematik intensiv weiterarbeiten.

Claudia Nolte, MdB
Bundesministerin für
Familie, Senioren, Frauen und Jugend

Inhaltsverzeichnis

Einführende Bemerkungen

In der Bundesrepublik wird die Mehrzahl der zumeist älteren und pflegebedürftigen Menschen von - in der Regel weiblichen - Familienangehörigen versorgt. Auf dem Hintergrund des demographischen und sozialstrukturellen
Wandels (u.a. Zunahme der Hochaltrigen und damit steigendes Risiko der
Pflegebedürftigkeit, Abnahme des familiären Pflegepotentials, zunehmende
Erwerbsbeteiligung von Frauen speziell der mittleren und oberen Altersklassen, politisch gewollte Verlängerung der Lebensarbeitszeit) ist zu erwarten,
daß immer mehr Menschen gleichzeitig erwerbstätig sind und pflegerische
Leistungen für hilfe- und pflegeabhängige Angehörige erbringen müssen
und/oder wollen. Dabei dürfte es sich zumeist um Frauen der mittleren und
oberen Altersjahrgänge handeln, die für ihre Eltern/Schwiegereltern sorgen.

Bisher ist das Thema „Vereinbarkeit von Erwerbstätigkeit und Hilfe/Pflege" in
Deutschland in der wissenschaftlichen Diskussion wie im Grunde auch in der
Praxis so gut wie gar nicht aufgegriffen worden. So ist weder bekannt, wieviel erwerbstätige Pflegepersonen es gibt (bzw. gab, weil sie ihre Erwerbstätigkeit deswegen aufgegeben haben), welche Belastungen für die Betroffenen damit verbunden sind (waren) und welche betrieblichen/tariflichen Maßnahmen es zur besseren Bewältigung dieser neuen Variante der Vereinbarkeitsproblematik gibt. Dieses Informationsdefizit zu beseitigen und zugleich
Hinweise für künftigen sozial- und altenpolitischen Handlungsbedarf aufzuzeigen, bilden den Hintergrund für den vorliegenden Untersuchungsbericht.

Im August 1993 wurden das **Institut für Gerontologie in Dortmund** und
das **Wirtschafts- und Sozialwissenschaftliche Institut des DGB** vom
damaligen Bundesministerium für Familie und Senioren mit der Durchführung
einer Untersuchung zum Thema „Betriebliche Maßnahmen zur Unterstützung
pflegender Arbeitnehmerinnen und Arbeitnehmer" beauftragt. Der vom Institut für Gerontologie zu bearbeitende und hiermit vorgelegte Untersuchungsteil zielt dabei auf folgende Aspekte:

1. Quantitative Bestimmung und qualitative Beschreibung der erwerbstätigen
   Hilfe-/Pflegeleistenden in der Bundesrepublik,

2. Gewinnung von Erkenntnissen über den beruflichen, familiären und pflegerischen Alltag von Erwerbstätigen mit Hilfe-/Pflegeverpflichtungen,
   dabei speziell über die von ihnen erlebten Belastungen sowie über die
   bestehenden betrieblichen/tariflichen (formellen wie informellen) Regelungsformen und Konflikte,

3. Aufzeigen von Möglichkeiten, vor allem betrieblicherseits, zur Unterstützung einer besseren Vereinbarkeit von Erwerbstätigkeit und Hilfe/Pflege
   insbesondere für ältere Angehörige sowie

4. Sichtung und Bewertung diesbezüglicher internationaler Erfahrungen (exemplarisch für die USA, Kanada, Großbritannien und Dänemark).

Zur Umsetzung dieser Zielsetzungen wurden folgende methodische Verfahren gewählt:

- Literaturanalyse
- Experteninterviews
- Sekundäranalyse
- Fallstudien
- Expertise

Nach einer zusammenfassenden Darstellung der Ergebnisse und der daraus abzuleitenden Schlußfolgerungen (Kapitel I) geben die Literaturanalyse (Kapitel II) sowie die Ergebnisse von Experteninterviews mit Wissenschaftlern, Arbeitgebern und Praktikern (Kapitel III) zunächst einen Überblick über den aktuellen Forschungsstand und über die bisherigen zumeist internationalen Erfahrungen zu den Themen „Erwerbstätige Hilfe-/Pflegeleistende" und „Betriebliche Maßnahmen zur Vereinbarkeit von Hilfe/Pflege für ältere Angehörige". **Prof. Dr. Gerhard Naegele** faßte die Ergebnisse dieses Forschungsprojekts zusammen, **Dr. Monika Reichert** analysierte die vorhandene Literatur zum Thema. Beide Autoren zeichnen auch für die Durchführung und Auswertung der Expertengespräche verantwortlich.

Den quantitativen Bereich deckt eine themenbezogene Sonderauswertung der Studie „Möglichkeiten und Grenzen der selbständigen Lebensführung" ab, die im Auftrag des Bundesministeriums für Familie und Senioren von Infratest Sozialforschung durchgeführt wurde (Kapitel IV). Die entsprechende Sekundärauswertung führte **Ursula Dallinger** von der Universität Dortmund durch. Der Analyse der qualitativen Seite der Problematik dienen die im Kapitel V wiedergegebenen Ergebnisse von 20 Fallstudien mit erwerbstätigen Hilfe-/Pflegeleistenden. Sie wurden von **Brigitte Beck** durchgeführt und ausgewertet. Die Gesamtprojektleitung oblag Prof. **Dr. Gerhard Naegele, Dr. Monika Reichert** war für die interne Projektkoordination zuständig.

Allen unseren Gesprächspartnerinnen und -partnern - den erwerbstätigen Hilfe-/Pflegeleistenden ebenso wie den von uns befragten Experten - sei auf diesem Wege für ihre oft stundenlange Ausdauer und Bereitschaft, uns bei unseren Erhebungen zu unterstützen, herzlich gedankt. Ohne sie hätte diese Untersuchung nicht durchgeführt werden können. Des weiteren gilt unser besonderer Dank Herrn **Ulrich Schneekloth** von Infratest Sozialforschung für seine Kooperation bezüglich der Sekundäranalyse sowie Frau cand. päd. **Sabine Dieker** für ihre Unterstützung bei der Aufbereitung der Fallstudien.

2

Wir würden uns freuen, wenn unsere Untersuchung mit dazu beitragen könnte, diese bisher durch Gesetzgebung, Tarifpolitik, Betriebe und Altenhilfe weitgehend vernachlässigte Zielgruppe „Erwerbstätige Hilfe-/Pflegeleistende" in ihrer mehrfach belastenden Situation wirksam zu unterstützen.

Dortmund, im September 1994   Prof. Dr. Gerhard Naegele

„Work life and family life are inextricably linked and family responsibilities can significantly affect job performance"
(Scharlach, Lowe & Schneider, 1991).

„We saw the light and developed a package of (dependent care) benefits at the bargaining table with our unions. Every dollar spent we get back in productivity".
(Charles Brumfield, Director of Labor Relations, AT & T)

Kapitel I:

Zusammenfassung wichtiger Ergebnisse und erste sozialpolitische Schlußfolgerungen

Gerhard Naegele

1. Vorbemerkungen

Die Vereinbarkeit von Erwerbstätigkeit und Hilfe/Pflege ist ein in Deutschland bisher kaum diskutiertes sozialpolitisches Thema. Auch im Zusammenhang mit der gerade verabschiedeten Pflegeversicherung hat es eine eher marginale Rolle gespielt. Dennoch ist mittlerweile - zumindest in Fachkreisen - die wachsende Bedeutung dieser neuen sozialpolitischen Herausforderung erkannt worden: So weist z.B. die vom letzten Deutschen Bundestag eingesetzte Enquete-Kommission Demographischer Wandel, die sich auftragsgemäß mit der Zukunft des Älterwerdens in Deutschland in den verschiedenen Dimensionen beschäftigt, in ihrem Zwischenbericht von 1994 im Zusammenhang mit der Zunahme der Frauenerwerbsarbeit ausdrücklich auf die Notwendigkeit „der besseren Vereinbarkeit von Erwerbstätigkeit und Pflege" hin (Deutscher Bundestag, 1994, S. 225) bzw. fordert an anderer Stelle eine

> „stärkere Sensibilisierung und Information von Führungskräften in Politik und Wirtschaft und insbesondere der Tarifpartner für bzw. über die Bedürfnisse von Familien in verschiedenen Lebenslagen, wobei zukünftig der besseren Vereinbarkeit von Familie und Beruf in späteren Phasen des Familienzyklus eine größere Bedeutung zukommen muß" (Deutscher Bundestag, 1994, S. 174).

Im Rahmen der Untersuchung, über deren Ergebnisse hier berichtet wird, ging es zunächst darum, Bedeutung und Rahmenbedingungen dieser neuen Variante der im Grunde „alten" Vereinbarkeitsproblematik „Beruf und Familie" aufzuzeigen, - daraus abgeleitet - politischen Handlungsbedarf zu begründen sowie erste Handlungsoptionen zu diskutieren. Zwar befaßte sich die Untersuchung schwerpunktmäßig mit der Situation in Deutschland, allerdings haben wir uns auch bemüht, Vergleiche mit dem Ausland dort vorzunehmen, wo dieses Thema bereits eine längere „Karriere" hat. Dies gilt vor allem für die Vereinigten Staaten, denn hier wird über die Vereinbarkeit von Erwerbstätigkeit und Hilfe/Pflege immerhin schon seit über 10 Jahren diskutiert und geforscht. In der Folge hat dies - zumindest bei einigen sehr großen Unternehmen - schon zu betrieblichen Maßnahmen und Programmen zugunsten von mit der Hilfe/Pflege älterer Angehöriger befaßten und belasteten Mitarbeiterinnen und Mitarbeitern geführt (siehe hierzu Kapitel II und III).

2. Die Rahmenbedingungen

Die gewachsene Bedeutung dieses Themas hierzulande läßt sich anhand der folgenden Rahmenbedingungen skizzieren:

1. Die demographische Entwicklung ist durch eine zunehmende Zahl älterer und vor allem hochaltriger Menschen und damit zugleich durch eine Zunahme der Alterspflegebedürftigkeit gekennzeichnet. Dem steht - ebenfalls demographisch bedingt - ein sinkender Anteil der Bevölkerung in den jüngeren und mittleren Altersgruppen gegenüber (Deutscher Bundestag, 1994). Schon rein rechnerisch reduziert sich dadurch die Chance für die Älteren, im Falle von Hilfe- und Pflegebedarf auf jüngere Familienmitglieder zurückgreifen zu können. Mit anderen Worten: die häusliche Hilfe und Pflege verteilt sich auf immer weniger jüngere Personen. Und dies sind in den weit überwiegenden Fällen Frauen im Alter zwischen 45 und 60 Jahren, und zwar in dieser Altersgruppe zumeist Töchter und Schwiegertöchter (siehe hierzu Kapitel IV).

2. Da es in bisher nicht zu einer quantitativ erwähnenswerten Herausbildung von praktischer Sohn- und Schwiegersohnpflege gekommen ist und hier in naher Zukunft auch keine wirkliche Trendwende zu erwarten ist - was allerdings nicht heißen darf, die Vereinbarkeit von Hilfe/Pflege und Beruf als „reines Frauenthema" zu betrachten -, ist diese Aussage dahingehend zu modifizieren, daß sich künftig die gegenüber älteren Familienmitgliedern zu leistende praktische häusliche Hilfe und Pflege auf immer weniger jüngere und mittelalte Frauen verteilen wird. Allerdings wird aus den USA - und unsere Daten bestätigen dies - eine zunehmende Beteiligung von Männern an **mittelbar** mit der Pflege zusammenhängenden Aufgaben berichtet. Diese beziehen sich i.d.R. aber nur auf administrative sowie organisatorische Unterstützung und Abfederung der eigentlichen praktischen Pflegearbeit (so z.B. im Zusammenhang mit der Beschaffung von Informationen, der Finanzierung von professioneller Unterstützung, der Organisation von Diensten oder der Lösung von Transportproblemen). Dies gilt insbesondere dann, wenn Kinder und Eltern räumlich entfernt voneinander wohnen. Aufgrund des gestiegenen Ausmaßes von Ost-West - bzw. West-Ost-Binnenwanderungen hat dieser - in den USA übrigens als „long distance caregiving" schon länger bekannte Tatbestand - mittlerweile bereits beachtliche Dimensionen angenommen und könnte im Zuge der EU-weit wachsenden Arbeitnehmermobilität künftig womöglich bald ein gesamteuropäisches Thema werden.

3. Diese Entwicklung ist insgesamt durch eine steigende Frauenerwerbstätigkeit speziell in den pflegerelevanten Altersgruppen überlagert: Alle Arbeitsmarktstatistiken und -prognosen lassen erkennen, daß die Erwerbsbeteiligung von Frauen in den mittleren und höheren Altersgruppen, den für die Eltern- bzw. Schwiegerelternpflege relevanten Altersgruppen

also, in der Vergangenheit stark gestiegen ist und künftig weiter steigen wird. Heute sind in Deutschland rd. 3/4 aller Frauen im Alter von 40 bis 50 erwerbstätig, und im Alter von 50 bis 55 sind es immerhin auch noch rund 2/3 (Gruber & Riede, 1994). Der weitere Anstieg der Frauenerwerbsarbeit wird zudem auch aus arbeitsmarktpolitischen Gründen für erforderlich gehalten, um die für die Zeit nach 2010 erwartete demographische Lücke im Arbeitskräftepotential mitaufzufüllen (Deutscher Bundestag, 1994). Im Zuge dieser Entwicklung sind schon heute immer weniger Frauen in der Lage und auch gar nicht bereit bzw. werden dies auch künftig nicht sein können oder wollen, ihre Erwerbstätigkeit aufgrund von Hilfe- und Pflegeverpflichtungen gegenüber älteren Angehörigen einzuschränken oder im Extrem ganz aufzugeben. Nicht zuletzt ist es politisch gewollt, auch bei Frauen die Lebensarbeitszeit und damit den Verbleib im Beruf zu verlängern. Mit dem Rentenreformgesetz von 1992 ist die (schrittweise) Heraufsetzung des Renteneintrittsalters auch für Frauen auf die neue Regelaltersgrenze von 65 Jahren ausdrücklich angestrebt (Bäcker & Naegele, 1993).

4. Die zunehmende Frauenerwerbsquote ist vor allem Ausdruck eines sich wandelnden Selbstverständnisses der Frauen: Auf dem Hintergrund eines deutlich gestiegenen schulischen und beruflichen Qualifikationsniveaus ist für die weitaus meisten der nachwachsenden Frauen-Generationen der „doppelte Lebensentwurf" typisch, nämlich der Wunsch, gleichberechtigt mit den Männern am Erwerbsleben teilzunehmen, eigenständig finanziell und sozial abgesichert zu sein **und** eine Familie zu haben bzw. mit der Familie zu leben (Backes, 1992). Dieser Entwurf bezieht sich nicht nur auf den Wunsch, Beruf und Kindererziehung parallel oder sequentiell miteinander zu vereinbaren, sondern auch auf die Verbindbarkeit von Erwerbstätigkeit und eventuell eintretenden familiär-häuslichen Hilfe- und Pflegeanforderungen.

5. Zugespitzt bedeutet diese Entwicklung: immer mehr Frauen werden weder in der Lage noch bereit sein, die Erwerbstätigkeit aufgrund von familiären Hilfe- und Pflegeverpflichtungen gegenüber alten Menschen aufzugeben, und dies wäre aus arbeitsmarktpolitischen Gründen auch gar nicht sinnvoll. Andererseits aber ist auch nicht realistisch und sicherlich nicht grundsätzlich erstrebenswert, zu versuchen, die Altenpflege vollends zu vergesellschaften. Abgesehen von den schon jetzt bestehenden erheblichen personellen Engpässen in der professionellen Altenpflege, die künftig eher noch zunehmen als abnehmen dürften, wäre es auch aus der Perspektive vieler betroffener Hilfe- und Pflegeleistender, die diesen „Spagat" **bewußt und freiwillig** eingehen wollen, wie aus der Perspektive einer an praktizierter Familiensolidarität interessierten Politik auch gar nicht wünschenswert, die Altenpflege gänzlich aus der Familie herauszunehmen und vollständig auf den Bereich der professionellen Pflege zu verlagern. Nicht zuletzt wäre eine solche Politik nicht finanzierbar.

Es besteht somit aus vielen Gründen ein Interesse daran, die bestehenden, rein demographisch bedingt bereits rückläufigen familialen Hilferessourcen zu unterstützen bzw. ihr weiteres Absinken zumindest abzubremsen. Damit steigen insgesamt Notwendigkeit wie Wunsch, Erwerbstätigkeit und Hilfe/Pflege besser miteinander zu vereinbaren. Dabei ist zu beachten, daß zwischen den beiden Bereichen „Pflege" und „Beruf" eine Wechselwirkung besteht, d.h. daß die Erwerbstätigkeit selbst wiederum auf die objektive wie subjektive Beanspruchung durch die Pflege, d.h. auf Art, Intensität der Pflege, auf Belastungen und Belastungsempfinden sowie auf die familiären und finanziellen Rahmenbedingungen, zurückwirkt. Dennoch, um ein Ergebnis vorwegzunehmen, bleibt die Bewältigung beider Bereiche selbst bei günstigsten Bedingungen ausgesprochen schwierig und voraussetzungsvoll.

Wie bereits angedeutet, ist das Thema „Vereinbarkeit von Erwerbstätigkeit und Hilfe/Pflege für ältere Menschen" - im Gegensatz zu den USA, Kanada oder auch Großbritannien - bei uns bisher sowohl in der wissenschaftlichen Diskussion wie im Grunde auch in der Praxis so gut wie nicht aufgegriffen worden - anders als die „Vereinbarkeit von Erwerbstätigkeit und Kindererziehung". So war bis vor kurzem nicht bekannt, wieviel Personen von der erstgenannten Vereinbarkeitsproblematik überhaupt betroffen sind, welche Belastungen für sie damit verbunden sind und ob überhaupt und wenn ja - in welchem Umfang und wie - Betriebe und Tarifpartner sich dieses Themas bereits angenommen haben. Dies waren zugleich wichtige Leitfragen für unsere Untersuchung.

3. Zum quantitativen Ausmaß der neuen Vereinbarkeitsproblematik

Um einen ersten Überblick über die quantitative Bedeutung dieses Themas zu erhalten, haben wir zunächst die für Deutschland repräsentativen Daten aus der Infratest-Studie „Möglichkeiten und Grenzen der selbständigen Lebensführung" einer Sekundäranalyse unterzogen:

Derzeit sind in der Bundesrepublik ca. 3,2 Millionen in Privathaushalten lebende Menschen - das sind etwas über 4 vH der gesamten Bevölkerung - hilfe- bzw. pflegebedürftig. Rund 1,1 Millionen (etwa 2 vH der Bevölkerung) benötigen intensive und regelmäßige Pflege, d.h. sie benötigen mehr als einmal wöchentlich Hilfe bei der Verrichtung von körperlichen Aktivitäten des täglichen Lebens (i.f. „Pflegebedürftige"). Weitere 2,1 Millionen Menschen (knapp 3 vH der Bevölkerung) benötigen schließlich noch Hilfe bei der Haushaltsführung (z.B. beim Einkaufen, bei der Hausreinigung) bei Transportproblemen und/oder benötigen sozialkommunikative Hilfen (i.f. „Hilfebedürftige"). Von diesen ca. 3,2 Mio zu Hause lebenden Hilfe- und Pflegebedürftigen sind ca. 70 vH 65 Jahre und älter.

In den weitaus meisten Fällen erhalten die zu Hause lebenden Hilfe-/und Pflegebedürftigen Unterstützung von Familienangehörigen und hier vor allem von Töchtern, Ehefrauen, Müttern und Schwiegertöchtern. Hilfe und Pflege von (älteren) Angehörigen wird somit zunehmend zum Bestandteil der „Normalbiographie" von Frauen (Beck-Gernsheim, 1992).

Im Rahmen unserer Untersuchungen interessierten vorrangig die Hilfe- und Pflegeleistungen von Erwerbstätigen gegenüber den insgesamt ca. 2,3 Mio zu Hause lebenden über 65jährigen Hilfe- und Pflegebedürftigen. Dazu sind zunächst aus dem Gesamtkreis der Hauptpflegepersonen diejenigen im erwerbsfähigen Alter zwischen 16 und 64 Jahren herauszufiltern: von ihnen stehen nach den Infratest-Daten ca. **45 vH im Erwerbsleben und müssen somit Erwerbs- mit Hilfe- und Pflegetätigkeiten gegenüber älteren Familienmitgliedern vereinbaren.** Unsere Daten bestätigen zugleich, daß sich erwerbstätige Hilfe- und Pflegeleistende auf die Gruppe von Frauen im Alter zwischen 40 und 50 Jahren konzentriert, daß aber in zunehmenden Maße auch Männer in die häusliche Versorgung älterer Menschen involviert sind, wenn auch nicht unbedingt im Bereich der praktischen Hilfe und Pflege (s.o.). Unsere Daten belegen ebenfalls den bereits aus den USA bekannten Sachverhalt, daß erwerbstätige Hilfe- und Pflegeleistende häufiger eine höher qualifizierte Tätigkeit ausüben, d.h. sie sind häufiger als Angestellte, Beamte oder Selbständige beschäftigt. Ganz offensichtlich wird die Aufrechterhaltung der Erwerbstätigkeit trotz Hilfe- und Pflegeverpflichtungen durch i.d.R. höhere berufliche Qualifikationen und insgesamt qualifiziertere Tätigkeiten erleichtert bzw. ermöglichen die damit zusammenhängenden Arbeitsbedingungen sowie (nicht zuletzt die dadurch bedingten) besseren Einkommenschancen (z.B. Bezahlung privater Pflegekräfte) die Vereinbarkeit eher als solche im Bereich gewerblicher Tätigkeiten.

Ausmaß wie Umfang der Erwerbstätigkeit sind darüber hinaus erwartungsgemäß abhängig vom Schweregrad der Hilfe- und Pflegebedürftigkeit sowie von der Art der zu leisteten Unterstützung. Pflegepersonen von ständig pflegebedürftigen Älteren sind nur zu 9 vH, von täglich pflegebedürftigen Älteren zu 10 vH, aber von mehrfach wöchentlich pflegebedürftigen Älteren bereits zu 31 vH vollzeit erwerbstätig. Bei Betreuungspersonen von „nur" hilfebedürftigen Älteren beträgt der entsprechende Wert 33 vH. Mit dem Schweregrad des Hilfe- und Pflegebedarfs steigt auch der Anteil der Teilzeit- bzw. geringfügig Beschäftigten. Auch nimmt der Anteil derjenigen zu, die nicht im Erwerbsleben stehen.

Von Interesse ist weiterhin, daß das Ausmaß an Vollzeit-Erwerbsbeteiligung von Pflegepersonen in den neuen Bundesländern etwa doppelt so hoch ist wie in den alten Bundesländern, die Teilzeitbeschäftigungsquote im Osten Deutschland dagegen deutlich geringer ist. Dies dürfte u.a. mit der hier traditionell höheren Erwerbsneigung und -beteiligung von Frauen sowie mit größeren finanziellen Zwängen zusammenhängen. Nicht zuletzt spiegelt sich darin auch die gegenwärtige Arbeitsmarktlage in den neuen Bundesländern wieder. Diese ist durch ein generell höheres Risiko gekennzeichnet, bei Vortragen des Wunsches, die Arbeitszeit zu reduzieren, den Arbeitsplatz womöglich ganz zu verlieren oder im Falle der Aufgabe der Erwerbstätigkeit nach Beendigung der Pflegephase dann gar nicht mehr in das Erwerbsleben integriert werden zu können.

Indem wir damit erstmals für Deutschland Daten zur quantitativen Bedeutung dieser neuen Variante der Vereinbarkeitsproblematik präsentieren, sind uns auch erste internationale Vergleiche möglich. Allerdings werden solche Vergleiche grundsätzlich dadurch erschwert, daß die Definition eines „erwerbstätigen Hilfe-/Pflegeleistenden" international keineswegs einheitlich ist (siehe dazu Kapitel II). So wird beispielsweise für die USA berichtet, daß zwischen 7 vH und 12 vH aller Arbeitnehmer regelmäßig solche Hilfe und Unterstützung für ältere Angehörige leisten, die über lediglich finanzielle Hilfen hinausgehen. Für die Bundesrepublik liegt die Prävalenzrate für die nach der Definition von Infratest, die eine enge ist und vor allem auf direkte praktische Hilfe und Pflege abzielt (Schneekloth & Potthoff, 1993), geleistete Hilfe und Pflege gegenüber Älteren derzeit bei zwischen 1 und 2 vH. Betrachtet man aber allein die Frauen, dann liegt sie bereits bei über 3 vH.

Ob es sich damit dennoch „nur" um ein ausgesprochenes Minderheitenproblem handelt, wie viele der im Rahmen der Untersuchung als Experten befragten deutschen Gesprächspartner aus den Betrieben und Gewerkschaften betonen und u.a. damit ihr bisheriges Nicht-Reagieren begründen, oder ob es sich schon um ein quantitativ beachtliches Potential handelt, wird bei einer solchen Durchschnittsbetrachtung selbstverständlich nicht erkennbar. Man kann jedoch davon ausgehen, daß die entsprechenden Prävalenzraten in Branchen und Betrieben mit hohen Frauenanteilen und/oder hohen Anteilen von Beschäftigten in den pflege-relevanten Altersgruppen deutlich höher liegen. Wie übrigens auch nicht in den USA, sind solche Branchen- und Betriebsdifferenzierungen aber für Deutschland derzeit nicht verfügbar.
Zu berücksichtigen ist darüber hinaus, daß in den bundesdeutschen Daten
1. die schon erwähnten übrigen, mit der Hilfe/Pflege zusammenhängenden administrativen und organisatorischen Verpflichtungen, die in einigen der aus den USA berichteten höheren Prävalenzraten miterfaßt sind, nicht einbezogen wurden;
2. nur jene erwerbstätigen Personen berücksichtigt wurden, die als **Haupt**pflegeperson zu bezeichnen waren;
3. auch nicht (mehr) diejenigen enthalten sind, die aufgrund von Hilfe- und Pflegeverpflichtungen bereits das Erwerbsleben verlassen haben oder - speziell aus diesen Gründen - die massiven Frühverrentungsprogramme der vergangenen Jahre zur vorzeitigen Berufsaufgabe genutzt haben.

Nicht zuletzt ist die in den USA traditionell höhere Erwerbsbeteiligung von Frauen zu beachten. Bei einer vergleichbaren Erwerbsquote von Frauen auch in Deutschland, die bereits für die ersten Jahre nach der Jahrtausendwende erwartet wird, dürften auch hierzulande die Prävalenzraten sehr bald ansteigen.

4. Konsequenzen und Belastungen für die Betroffenen

Daß die Übernahme von Hilfe- und Pflegeverpflichtungen bedeutsame Konsequenzen für die Erwerbstätigkeit haben kann, wird durch die Sekundäranalysen der Infratest-Daten erhärtet: danach haben rund 16 vH der weiblichen und etwa 8 vH der männlichen Hilfe- und Pflegepersonen aufgrund dieser Verpflichtungen ihre Erwerbstätigkeit aufgegeben. Ihre Erwerbstätigkeit eingeschränkt haben weitere 18 vH der weiblichen und etwa 7 vH der männlichen Hilfe- und Pflegepersonen. Dabei sind Häufigkeit und Umfang von Einschränkungen und Aufgabe der Erwerbstätigkeit naturgemäß abhängig vom Schweregrad des Hilfe- und Pflegebedarfs. Faßt man die Kategorien „Aufgabe" und „Einschränkung" zusammen, **dann hatte die Versorgung von unterstützungsbedürftigen älteren Angehörigen für immerhin ein Drittel der Frauen und für 15 vH der Männer, die Hilfe und Pflege leisten, einschneidende Konsequenzen für ihr Erwerbsleben** und damit für ihre soziale Sicherung, für private und berufliche Kontakte und dergleichen. Die darin zum Ausdruck kommenden Geschlechterdifferenzierungen stehen übrigens im Einklang mit Forschungsergebnissen aus den USA, die ebenfalls zeigen, daß Hilfe-/Pflegeverpflichtungen bei Männern weniger Einfluß auf ihre Erwerbsbeteiligung haben als bei Frauen.

Die Vereinbarkeit von Erwerbstätigkeit und Hilfe bzw. Pflege Älterer kann für die Betroffenen regelmäßig mit hohen Belastungen einhergehen. Dies belegen folgende Daten: So fühlen sich nach den Infratest-Erhebungen 19 vH der erwerbstätigen Helfenden und Pflegenden sehr stark und 39 vH stark belastet. Dabei ist in der Realität von einer Kumulation unterschiedlicher Belastungsarten auszugehen, die sich u.a. aus der Hilfe- und Pflegesituation selbst, aus familiären Konflikten sowie nicht zuletzt auch aus dem steten Bemühen, den Arbeitsanforderungen dennoch zu genügen und keine Nachteile am Arbeitsplatz zu erleiden, ergeben. Zusätzlich ist zu beachten, daß - im Gegensatz zur Betreuung von Kindern - in der Altenhilfe und -pflege die Belastungsdauer zeitlich nicht kalkulierbar ist, oftmals über Jahre anhält und im Laufe der Zeit eher noch zunimmt. Des weiteren gilt für die Altenhilfe und -pflege in besonderer Weise, daß sie sehr viel häufiger durch unkalkulierbare Krisensituationen gekennzeichnet ist.

Insgesamt läßt sich eine Dominanz der Belastungskomponente Arbeitszeit-gestaltung erkennen: Zum einen macht es die tariflich fixierte Normalarbeits-zeit - trotz aller Verkürzungen in den vergangenen Jahren - nahezu unmög-lich, die pflegerischen mit den arbeitsbedingten Zeitvorgaben in Überein-stimmung zu bringen, denn die täglich arbeitsgebundene Zeit führt auch heute noch bei einer Vollzeitstelle zu einer außerhäuslichen Abwesenheit von im Schnitt 9,5 Stunden. Zum anderen sind die zeitlichen Anforderungen der Pflege durch auf den ersten Blick widersprüchliche Elemente gekennzeich-net: einerseits sind Konstanz und Berechenbarkeit gefordert, sind Beschäf-tigte mit Pflegeverpflichtungen auf Planbarkeit und Verläßlichkeit der Arbeits-zeitgestaltung angewiesen; andererseits aber auch auf flexibles und schnel-les Reagieren-Können bei unvorhergesehen Krisensituationen.

Aus den Interviews, die wir im Rahmen der hier berichteten Untersuchung mit erwerbstätigen Hilfe- und Pflegepersonen geführt haben (siehe dazu Kapitel V), lassen sich insgesamt folgende **Belastungsarten** herausfiltern, die in ähnlicher Weise auch aus US-amerikanischen Untersuchungen bekannt sind:

- Schlechtes Gewissen gegenüber den Hilfe- und Pflegebedürftigen,
- Einschränkungen im übrigen Privatleben (Kinder, Ehepartner),
- Unzureichende, der besonderen Pflegesituation nicht angemessene oder gänzlich fehlende Unterstützung bei der häuslichen Pflege durch Dritte bzw. professionelle Dienste,
- Unzureichende Erholungs- und Entspannungsmöglichkeiten,
- Rückläufiger bzw. gänzlicher Verlust sozialer Kontakte außerhalb der Familie,
- Gesundheitliche Beeinträchtigungen,
- Erlebtes nachlassendes berufliches Leistungsvermögen,
- Konzentrationsmängel bis hin zum erhöhten Fehlerrisiko am Arbeitsplatz,
- Unvorhergesehenes Fehlen am Arbeitsplatz,
- Unvorhergesehene Unterbrechungen bei der Arbeit,
- Ständige Furcht vor negativen Konsequenzen am Arbeitsplatz, daher anfangs häufig von Versuche, die Situation innerbetrieblich zu verbergen,
- Mangelndes Verständnis von Vorgesetzten und Kollegen,
- Verminderte Chancen für Karriere und/oder Weiterbildung,
- Einkommenseinbußen bei Absentismus oder Arbeitsreduzierung bei gleichzeitig pflegebedingt erhöhtem Einkommensbedarf.

Sozialpolitisch alarmierend ist zudem, daß nur etwa ein Viertel - und damit die Minderheit - der berufstätigen Hilfe- und Pflegepersonen überhaupt Hilfe durch professionelle Dienste erhält. Noch alarmierender ist, daß sie damit sogar noch deutlich unter dem Durchschnitt der insgesamt für alle Hilfe- und Pflegepersonen ermittelten professionellen Unterstützungsrate liegen. Aller-dings fällt auf, daß in den neuen Bundesländern berufstätigen Hilfe- und Pfle-gepersonen mit 33 vH deutlich öfter durch professionelle Dienste geholfen wird als mit 18 vH in den westlichen Bundesländern.

Diese unzureichende professionelle Unterstützung ist u.a. auf fehlende Angebote in der Nachbarschaft, auf Informationsmängel, Furcht vor zusätzlichen finanziellen Belastungen sowie auf eine generelle Ablehnung von Hilfen durch Dritte zurückzuführen. Allerdings spiegelt sie nicht selten auch Defizite und Inflexibilität im Bereich der organisierten Dienste selbst wieder. So gibt es bekanntlich viel zu wenig Angebote der Tages-, Nacht- und Kurzzeitpflege, die - auch als Angebote an Wochenenden - zur Unterstützung speziell der hier betrachteten Zielgruppe prinzipiell bestens geeignet wären. Daneben orientieren sich die ambulanten Dienste mit ihrer Arbeitseinsatzplanung und -organisation häufig mehr an den eigenen trägerspezifischen Erfordernissen und Bedürfnissen als an den Interessen der Nutzer. Tarifliche Arbeitszeitregelungen, optimale Wegezeiten oder Kriterien der günstigsten Personalauslastung sind für die Träger sehr viel bedeutsamere Planungs- und Organisationsparameter als die häufig völlig entgegengesetzten Zeitbedürfnisse erwerbstätiger Hilfe- und Pflegeleistender. Diese können nämlich in aller Regel ihre Wege- und Arbeitszeiten nicht entsprechend der Besuchs- und Arbeitszeiten der professionellen Pflegedienste terminieren.

Wie berichtet, gilt die Aufgabe der Erwerbstätigkeit vielen als letzter Ausweg, mit diesen Belastungen umzugehen. Andererseits bestätigen unsere Befunde auch, daß die Berufsaufgabe selbst wiederum eine neue Belastung darstellt; vor allem dann, wenn die Betroffenen ihrer beruflichen Tätigkeit einen hohen Stellen-wert einräumen, was aufgrund der bei diesem Personenkreis durchschnittlich höheren Qualifikationsstruktur und qualifizierteren Tätigkeiten vermutet werden kann, und wenn dann erworbene berufliche Fähigkeiten und Kenntnisse ungenutzt bleiben und/oder wenn berufliche Pläne verschoben bzw. im Extrem ganz aufgegeben werden müssen. Nicht zuletzt ist - insbesondere bei Frauen im mittleren und höheren Alter - eine etwaige Wiedereingliederung in den Beruf nach Beendigung der Pflegephase umso schwieriger, je länger die Unterbrechung gedauert hat.

Dem entspricht, daß die meisten erwerbstätigen Hilfe- und Pflegepersonen trotz hoher Belastungen mit der Erwerbstätigkeit auch **positive Aspekte** verbinden. Der Arbeitsplatz wird für viele zu einem Refugium, an dem man sich für eine gewisse Zeit von den Hilfe- und Pflegeverpflichtungen zurückziehen, an dem man auch eine „gedankliche Pause" machen kann. So werden übereinstimmend die belastungsreduzierenden bzw. „puffernden" Wirkungen der Erwerbstätigkeit geschildert.

5. Betriebliche und gewerkschaftliche Reaktionen und die Akzeptanz spezieller Regelungen

Zunächst gilt es ganz ernüchternd festzustellen, daß die Vereinbarkeit von Erwerbstätigkeit und Hilfe/Pflege für bundesdeutsche Unternehmen - von ganz wenigen Ausnahmen abgesehen - **derzeit (noch) kein Thema** ist. **Dies gilt in etwa auch für die Spitzenverbände der Arbeitgeber sowie für die Gewerkschaften.** Zu fragen war daher erst einmal, aus welchen Gründen die Vereinbarkeit von Erwerbstätigkeit und Hilfe/Pflege überhaupt für Betriebe und/oder Tarifpartner in Deutschland von Bedeutung sein könnte.

Betriebliche Interessen könnten zunächst dann berührt sein - und dies wird durch US-amerikanischen Studien bestätigt (siehe Kapitel III) -, wenn bei hohen Prävalenzraten beachtliche Folgekosten wahrscheinlich sind. Diese können z.B. bedingt sein durch Absentismus, sonstigen Arbeitsausfall oder Arbeitsunterbrechungen, durch Absinken der Produktivität aufgrund von Konzentrationsmängel, Leistungsabbau und sinkender Arbeitsfreude, oder - im Falle der Arbeitszeitreduzierung oder gar Berufsaufgabe - durch Verlust von betriebsspezifisch qualifiziertem Humankapital bzw. durch notwendige Neurekrutierungs- und Wiederbesetzungskosten.

Allerdings gibt es - ebensowenig wie in den USA - derzeit keine „harten Daten", die diese Kosten in „Mark und Pfennig" belegen könnten. Dieser Sachverhalt ist umso problematischer, als gegenwärtig die Kritik an den vermeintlich zu hohen Lohnnebenkosten dominiert. In dieser allgemeinen Stimmungslage bedarf es schon mehr als moralisierender Appelle „von oben" oder gutgemeinter PR-Programme zum Ausloben und feierlichen Zelebrieren besonders familienfreundlicher Betriebe, um betriebliche Akteure zu motivieren, überhaupt auf diese neue Herausforderung zu reagieren. Will man das Thema „Vereinbarkeit von Erwerbstätigkeit und Hilfe/Pflege" in Deutschland ernsthaft promoten, dann bedarf es zunächst erst einmal solcher „harten" Daten zu den betrieblichen und gesamtwirtschaftlichen Folgekosten der ungelösten „neuen" Vereinbarkeitsproblematik.

Betriebliche Belange könnten daneben dann berührt sein, wenn qualifiziertes Personal benötigt wird und/oder in den Betrieben das Interesse an Stammbelegschaften dominiert, aber zunehmende private Hilfe- und Pflegeverpflichtungen die Verfügbarkeit darüber einschränken. Auf dem Hintergrund vorliegender Qualifikationsbedarfsprognosen, die für die Zukunft einen steigenden Bedarf an qualifiziertem Personal erkennen lassen (Klauder, 1993), könnte dies folglich bald ein wichtiger Grund für bundesdeutsche Betriebe sein zu rea-

gieren. Bereits jetzt sind „human-ressource"-Programme, z.B. im Zusammenhang mit Frauenförderplänen und dergleichen, zumindest in Großbetrieben mit
Bedarf an qualifiziertem Stammpersonal keine Seltenheit mehr.

Ob betriebliche Maßnahmen zugunsten von pflegenden Beschäftigten als
Bestandteil von Konkurrenzkampagnen, PR-Programmen, besonders arbeit-
nehmer- und familienfreundlichen Unternehmensphilosophien und -images
und ähnlichem reüssieren können, was z.B. in den USA zu beobachten ist,
ist angesichts der derzeitigen Arbeitsmarktlage, aber auch in Anbetracht einer
in dieser Hinsicht in Deutschland kaum entwickelten Tradition, eher unwahr-
scheinlich. Noch immer gilt für die Arbeitswelt, daß sie überwiegend durch
eine „strukturelle Rücksichtslosigkeit" gegenüber Familien, Kindern oder neu-
erdings auch Hilfe- und Pflegebedürftigen gekennzeichnet ist. Nach wie vor
ist die Figur des **männlichen Normalarbeitnehmers Leitbild** für die weitaus
meisten betrieblichen Regelungen von Arbeitsorganisation und Arbeitszeit.

Im Grundsatz gilt dies auch für gewerkschaftliche Konzepte und Strategien.
Gewerkschaftliche Tarif- und Betriebspolitik hat sich traditionell auf die
Behandlung von Einkommens- und Arbeitsschutzthemen beschränkt. Ver-
meintliche „Nur"-Frauen- bzw. „Nur"-Familienthemen kamen in der männer-
dominierten Gewerkschaftsarbeit infolgedessen gar nicht auf die Tagesord-
nung. So wurden beispielsweise noch bis vor kurzem im Grunde familien-
freundliche flexible Arbeitszeitregelungen bei vielen vehement bekämpft.
Nicht zuletzt sind Gewerkschaften wie ihre Betriebsräte in den typischen
Frauenbranchen und Frauenbetrieben - darunter besonders viele Klein- und
Mittelbetriebe - deutlich unterrepräsentiert.

Diese Sachverhalte könnten sich aber möglicherweise auf dem Hintergrund
der erwähnten Rahmenbedingungen des Arbeitsmarktes und der zunehmenden Frauenerwerbsarbeit in der Zukunft ändern. Anzeichen dafür sind
erkennbar. So läßt sich - wie der Bericht des Wirtschafts- und Sozialwissen-
schaftlichen Instituts (WSI) verdeutlicht - insgesamt beobachten, daß Betriebe
wie Gewerkschaften vor allem unter den Stichworten „Frauenförderung" und
„Vereinbarkeit von Beruf und Kindererziehung" seit Mitte der 80er Jahre hinsichtlich der Ausgestaltung von Dauer, Lage und Verteilung von individuell wie
kollektivvertraglich vereinbarten Arbeitszeiten sehr viel flexibler geworden
sind. Allerdings spielt in diesem Zusammenhang der besondere Aspekt „Hilfe-
und Pflegeverpflichtungen" kaum eine Rolle. Wenn auch an der Praxis der vor
allem in den letzten 10 Jahren in Deutschland deutlich ausgeweiteten Teil-
zeitbeschäftigungsverhältnisse viel zu kritisieren ist - z.B. nahezu ausschließlich für Frauen angeboten, überwiegend unqualifizierte Arbeitsplätze,
häufig Verlust sozialer Sicherheit, neue Belastungen, Dequalifikation etc. -, so
könnte dies durchaus auch als Ausdruck eines allmählichen Umdenkens in
Richtung auf mehr Familienorientierung auf dem Hintergrund zunehmend
benötigter weiblicher Arbeitskräfte interpretiert werden. Dennoch kann es

gerade hierbei für den Fall der häuslichen Pflege zu unerwünschten Wirkungen kommen: So kann das gestiegene Interesse der Arbeitgeber an flexibler Arbeitszeitgestaltung, vor allem in den Varianten unregelmäßiger Arbeitszeitarrangements, Arbeit auf Abruf usw., sehr häufig im Gegensatz zu den in besonderer Weise an Berechenbarkeit und Planbarkeit ausgerichteten Interessen berufstätiger Pflegepersonen stehen.

Dieses Beispiel verweist zugleich auf einen in der Frage der flexiblen Arbeitszeitgestaltung kaum überbrückbaren Grunddissens zwischen Arbeitgebern und Gewerkschaften: so stehen Arbeitgeber flexiblen Arbeitszeitarrangements in aller Regel nur auf der Grundlage freiwilliger und auf den spezifischen Einzelfall zugeschnittener Regelungen offen gegenüber und wollen sich damit die Steuerung der Zeitsouveränität nicht aus der Hand nehmen lassen. Demgegenüber plädieren Gewerkschaften bzw. ihre Betriebs- und Personalräte für die Fixierung von allgemeingültigen Rahmenbedingungen und somit für die Zeitsouveränität in Arbeitnehmerhand. Nicht zuletzt ergeben sich auch aufgrund der je spezifischen Produktions- und Marktbedingungen unterschiedliche Realisierungschancen für individuelle Arbeitszeitwünsche: in Büro- und Verwaltungsberufen sind sie ungleich günstiger als etwa in der taktgebundenen industriellen Produktion.

Trotz dieser Schwierigkeiten sind vor allem in der zweiten Hälfte der 80er Jahre eine Reihe von gesetzlichen wie kollektivvertraglichen und einzelbetrieblichen Regelungen speziell zur besseren Vereinbarkeit von Beruf und Familie abgeschlossen worden, die teilweise auch auf Pflegeleistende Anwendung gefunden haben. Hinzuweisen ist auf den gesetzlichen Erziehungsurlaub, die erweiterte bezahlte Freistellung zur Pflege kranker Kinder (Für beide Regelungen gibt es bei der Pflege älterer Angehöriger keine Entsprechung!) sowie auf tarifvertragliche Regelungen und Betriebsvereinbarungen zur Absicherung und Förderung von Teilzeit oder zur begrenzten Freistellung mit Rückkehrmöglichkeiten und -rechten meistens bei Kindererziehung. Vor allem dem öffentlichen Dienst kommt hier eine Vorreiterfunktion zu, wozu es in den USA übrigens keine Parallele gibt. Dennoch gilt, daß die typischen Frauenbranchen und -betriebe wie die Textil- und Bekleidungsindustrie, die Süßwarenindustrie, das Hotel- und Gaststätten- oder das Reinigungsgewerbe, durch entsprechende Regelungen insgesamt weniger erfaßt sind.

Explizit auf Hilfe- und Pflegeverpflichtungen gegenüber kranken und/oder älteren Familienmitgliedern ausgerichtete betriebliche und tarifvertragliche Angebote und Regelungen gibt es - wie schon erwähnt - kaum. Bekanntgeworden sind dem WSI im Rahmen seiner Recherchen lediglich rund 30 Betriebe mit entsprechenden Maßnahmen. Allerdings ist zu beachten, daß viele „Familienregelungen" auch für Hilfe-/Pflegeverpflichtungen gegenüber Älteren genutzt werden können, wenn die Betroffenen dies nachfragen. Allerdings erfolgt die Inanspruchnahme dann in der Regel informell.

Die ganz wenigen, explizit auf Pflege ausgerichteten vorhandenen Regelungen beziehen sich fast nur auf Arbeitszeitarrangements. Die in den USA daneben ebenfalls noch verbreiteten Beratungs-, Vermittlungs- und Informationsangebote (z.b. „Information and referral service", „Lunch-time-seminars"), die entweder extern „eingekauft" werden oder an interne Human-Ressource-Abteilungen angebunden sind, Management-Training oder Organisation betrieblicher Selbsthilfe-Gruppen (siehe Kapitel III), sind in deutschen Betrieben praktisch unbekannt. Das WSI konnte nur einen einzigen Betrieb ausfindig machen, der Einkommensausgleichsleistungen im Falle einer pflegebedingten Arbeitszeitreduzierung zahlt. Bei den ganz wenigen tarifvertraglichen oder betrieblichen Arbeitszeitregelungen, die es z.b. in der chemischen Industrie, der Papier- und kunststoffverarbeitenden Industrie, der Metallindustrie oder im Bereich von Banken, Versicherungen und Handel gibt (siehe dazu im einzelnen den Bericht des WSI), handelt es sich in der Regel um zeitlich befristete Freistellungsoptionen (in der Regel für die Dauer von 6 Monaten bis zu vier Jahren).

Derzeit gibt es nur wenig Anhaltspunkte dafür, daß sich an der betrieblichen wie tarifvertraglichen Praxis des Nicht-Reagierens künftig wesentliches ändern könnte. Zum einen verweisen Betriebe auf die Möglichkeit informeller Regelungen. Zudem dominieren generelle ordnungspolitische Bedenken gegenüber einer (All)Zuständigkeit der Betriebe bei vermeintlich originär staatlichen (steuer- oder beitragsfinanzierten) Aufgaben. Hinzu kommt - und dies bei Betrieben, Arbeitgeberverbänden, Gewerkschaften und Betriebsräten unisono - die Einschätzung, daß für dieses Thema künftig die Pflegeversicherung zuständig sei. Lediglich bei Betrieben mit einer eigenen Betriebskrankenkasse läßt sich mehr Offenheit erkennen. In einigen werden bereits Informations- und Beratungsangebote für hilfeleistende und pflegende Beschäftigte sowie die Einrichtung von Gesprächskreisen für pflegende Angehörige vorbereitet.

Insgesamt dominiert in der Praxis deutliche Zurückhaltung. Selbst die wenigen, explizit auf Pflegeerfordernisse ausgerichteten betrieblichen wie tarifvertraglichen Regelungen werden entweder gar nicht oder nur ganz selten in Anspruch genommen. Dies gilt selbst für Großbetriebe mit mehreren zehntausend Beschäftigten. Auch hierzu gibt es Parallelen zu der Situation in den USA. Faßt man unsere Befunde und vorliegende US-amerikanische Erfahrungen dazu zusammen, dann ergeben sich in diesem Zusammenhang vor allem folgende **Umsetzungshemmnisse**:

- Die Hilfe- und Pflegeleistenden definieren sich selbst nicht als „pflegende Angehörige". Sie fühlen sich demzufolge auch nicht von Maßnahmen, die explizit für eine solche Zielgruppe deklariert werden, angesprochen.
- Die Betroffenen machen ihre Ansprüche nicht geltend, vor allem weil sie Nachteile am Arbeitsplatz befürchten. Dies gilt umso mehr in Zeiten hoher Arbeitslosigkeit.

- Die Pflege älterer Familienangehöriger wird betroffenerseits nicht als „betriebliche Angelegenheit", sondern vielmehr als „reine Privatsache" aufgefaßt.
- Die Betroffenen befürchten, durch offizielle Lösungswünsche als explizite „Problemgruppe" mit dem Status eines „Sozialfalles" identifiziert zu werden.
- Die Pflege älterer Familienmitglieder gilt vielen - verglichen mit der Kindererziehung („freudiges Ereignis") - eher als unangenehm, über die man „besser nicht spricht".
- Viele Betroffene nutzen andere Optionen, so vor allem den Vorruhestand oder hören ganz auf zu arbeiten. Auch dadurch werden Problemdimension und Regelungsbedarf verdeckt.
- Folglich ist die Thematik den Betrieben kaum bekannt und wird als eine Konsequenz als ausgesprochenes Minderheitenproblem eingestuft.
- Betriebliche Sozialarbeit, die eine mögliche Hilfeinstanz sein könnte, ist hierzulande wie in den USA zumeist mit dem negativen Stigma einer vorrangigen Hilfe für Suchtkranke assoziiert.
- In den Betrieben wird für vorhandene Regelungen keine „Werbung" gemacht, zum Teil um Kosten und Aufwand zu sparen.
- Dem entsprechen hohe Informationsdefizite bei den dort Beschäftigten und selbst bei ihren Vorgesetzten.
- Die unmittelbaren Vorgesetzten blocken ab, weil sie die organisatorischen Konsequenzen unmittelbar zu tragen haben.
- Es gibt zwar durchaus Einzelfallabsprachen und -regelungen, sie verlaufen aber häufig informell. Dadurch werden weder das Problem noch ein Lösungsbedarf „offiziell" bekannt.
- Betriebs- und Personalräte werden nicht initiativ, weil sie sich um vermeindlich „wichtigere" Themen kümmern müssen.
- Spezielle Regelungen für Pflegepersonen sind zumeist nur der kleinste Teil eines „Gesamtpaketes" von betrieblichen Sozialleistungen und von daher in Relation zu den übrigen Regelungen unbedeutend und auch deswegen kaum bekannt.

6. Perspektiven für künftigen Handlungs- bedarf

Aus den bisherigen Ausführungen lassen sich erste Perspektiven für künftigen Handlungsbedarf ableiten:

- Zunächst bedarf es auf allen Seiten einer **intensiven Informations- und Öffentlichkeitsarbeit** für das neue Thema „Vereinbarkeit von Erwerbstätigkeit und Hilfe/Pflege". Angesprochen werden sollten Arbeitgeberverbände, Kammern und übrige Organisationen wie die Gewerkschaften gleichermaßen; letzteres umso mehr, um bei den Gewerkschaften erst einmal die Voraussetzungen für „Lobbyarbeit" zu schaffen. Nicht zuletzt sind auch die Altenhilfeverbände und -organisationen sowie die Familienverbände angesprochen. Notwendig sind daher auf den verschiedenen Ebenen öffentlichkeitswirksame Formen und Foren der Informations- und Bewußtseinsarbeit wie Tagungen, Verbandspublikationen etc.. In den Betrieben sind vor allem Vertrauensarbeit bei Kollegen sowie Information und Schulung von Vorgesetzten zu organisieren. Die Einführung der Pflegeversicherung könnte dafür ein geeignete Zeitpunkt sein. Dies trifft insbesondere für Betriebe mit eigenen Betriebskrankenkassen zu.

- Dennoch dürfte insgesamt gelten, daß die relevanten Akteure nur dann aufgeschlossen sein werden, wenn „harte Fakten" vorliegen und insbesondere die Prävalenzraten bekannt sind. Benötigt werden daher vor allem **betriebliche Daten zu Betroffenheit und Folgekosten**. Hier sind künftig insbesondere betriebsbezogene Forschungen vonnöten. Zu vermuten ist weiterhin, daß die Akteure nur dann initiativ werden, wenn wirklich ein entsprechender Druck vom Arbeitsmarkt ausgeht.

- Künftige Maßnahmen, die vor allem auf tariflicher oder einzelbetrieblicher Ebene angesiedelt sein sollten, müssen der **besonderen Belastungssituation von Betreuung und Pflege älterer, häufig auch noch psychisch erkrankter Menschen gerecht werden**. Eine lediglich Übertragung bekannter „Elternmodelle" wäre nicht angemessen.

Zweifellos sind spezielle Arbeitszeitarrangements äußerst geeignet. Aber auch hier gilt, wie für Arbeitszeitregelungen ganz allgemein, daß ihre Akzeptanz auf Arbeitnehmerseite nur dann steigt, **wenn sie Teil eines Gesamtpaketes von ziel- und altersgruppenübergreifenden Angeboten i.S. einer allgemeinen familien- und arbeitnehmerorientierten Arbeitszeitgestaltung bei ganz unterschiedlichen Bedarfssituationen sind**, von denen Hilfe/Pflege für ältere Menschen dann eine unter vielen wäre. Damit könnte ihr auch der Charakter des „problematisch Besonderen" oder der „im Grunde Privatsache" genommen werden. Allerdings ist der Weg von freiwilligen, ausgesprochenen Individualregelungen hin zu flächendeckenden Gesamtregelungen sehr weit. Insgesamt gilt, daß spezielle **Arbeitszeitregelungen ergänzt sein müssen durch Beratungsangebote** für die Betroffenen und Vertrauensarbeit wie Schulung bei Vorgesetzten und Kollegen voraussetzen.

- Für die betriebliche Sozialarbeit, soweit sie überhaupt existiert, tut sich insgesamt ein neues Themenfeld auf. Hier ist insbesondere eine **enge Kooperation mit den örtlichen Altenhilfeträgern** anzustreben.

- Spezielle betriebliche Beratungs- und Informationsangebote, wie in den USA verbreitet, bräuchte es in Deutschland im Grunde nicht. Sie gehören traditionell zum Arbeitsbereich der in Deutschland - im Gegensatz zu den USA - stark verbreiteten kommunalen und frei-gemeinnützigen Altenhilfeträger. Allerdings gibt es zwischen Altenhilfe und Arbeitswelt derzeit keine **institutionalisierte Kooperation. Sie gilt es - vor allem auf lokaler Ebene - aufzubauen.** Denkbar sind u.a. Beratungs- und Informationsangebote der Altenhilfeträger in den Betrieben, desweiteren ideelle oder finanzielle Unterstützung der Altenhilfeträger durch örtliche Betriebe. Der öffentliche Dienst könnte hier insgesamt eine Vorreiterrolle übernehmen.

- Generell sind besondere Regelungen für **Klein- und Mittelbetriebe** zu suchen; dies umso mehr, da hier insgesamt Frauen überrepräsentiert sind. Eine mögliche Regelung, um vorhandene Ressourcen sinnvoll und kostensparend im Sinne des Betriebes und der betroffenen Arbeitnehmer einzusetzen, wäre die Bildung von Konsortien.

- Analog zum Erziehungsurlaub sollte die Idee des **Pflegeurlaubs** verfolgt werden. Hierzu ein Zitat aus dem eingangs erwähnten Zwischenbericht der Enquete-Kommission Demographischer Wandel:

  „In Abhängigkeit von der konkreten Familiensituation ist die Möglichkeit, Pflegeurlaub in Anspruch nehmen zu können, nicht minder wichtig. Jenseits einzelbetrieblicher Vereinbarungen müssen Modalitäten geschaffen werden, die Pflegeleistungen für Familienmitglieder ermoglichen, bei gleichzeitiger Erhaltung des Arbeitsplatzes. Aus betrieblichem Interesse muß der Pflegeurlaub zeitlich limitiert werden ... Die Finanzierung des Pflegenden während dieser Zeit geschieht über Pflegegeldleistungen und Rentenbeitragszahlungen auf der Grundlage bestehender Gesetze" (Deutscher Bundestag, 1994, S. 174).

- Angesprochen sind aber nicht nur die Akteure des Arbeitsmarktes. Wie erwähnt, sind vor allem Angebotslücken und Inflexibilität auf Trägerseite ganz entscheidende Gründe für Schwierigkeiten, Erwerbstätigkeit und Pflege zu vereinbaren. Hier geht es vor allem um den grundsätzlich erforderlichen **Ausbau von Tages-, Kurzzeit- und Nachtpflegeangeboten** sowie - mit Blick auf unsere spezielle Zielgruppe - um die **stärkere Berücksichtigung der zeitlichen Zwänge der erwerbstätigen Hilfe- und Pflegeleistenden bei Arbeitseinsatzplanung und praktischer Pflegeorganisation.**

Kapitel II:

Analyse relevanter Literatur zum Thema „Vereinbarkeit von Erwerbstätigkeit und Hilfe/Pflege für ältere Angehörige"

Monika Reichert

1. Vorbemerkung

Ziel dieses Kapitels ist es, durch eine detaillierte Literaturrecherche und -dokumentation einen Überblick über den neuesten Forschungsstand zur Thematik „Vereinbarkeit von Erwerbstätigkeit und Hilfe/Pflege" zu geben. Da diese besondere Variante der Vereinbarkeitsproblematik in der Bundesrepublik bisher nur kursorisch behandelt worden ist (Bracker, 1990; Bracker, Dallinger, Karden & Tegethoff, 1988; KDA, 1992) und kaum Beachtung gefunden hat, wird vor allem auf die US-amerikanische und kanadische Forschungsliteratur rekurriert, die eine Fülle von themenbezogenen Ergebnissen beschreibt und analysiert. Die gesichteten Publikationen stammen dabei im wesentlichen aus gerontologischen Zeitschriften wie „The Gerontologist", „Journal of Gerontology" und „Research on Aging" sowie aus einschlägigen Fachbüchern. Soweit vorhanden, wurde auch die sogenannte „graue" Literatur einbezogen.

Um die Vereinbarkeitsproblematik von Erwerbstätigkeit und Hilfe/Pflege für ältere Angehörige in ihrer Vielfalt umfassend darzustellen, ist die Literaturanalyse wie folgt aufgebaut: Im Gliederungspunkt zwei wird zum einen auf das Problem der definitorischen Abgrenzung des Begriffs „Erwerbstätige Pflegepersonen/working caregiver" und den damit verbundenen Folgen für die quantitative Bestimmung dieser Gruppe von Arbeitnehmern eingegangen. Zum anderen erfolgt unter diesem Abschnitt unter Bezugnahme auf wesentliche soziodemographische und berufsbezogene Merkmale eine Charakterisierung von erwerbstätigen Hilfe-/Pflegeleistenden sowie eine Beschreibung ihrer Hilfe-/Pflegesituation. Eine Analyse der Auswirkungen, die bei dem Versuch Erwerbstätigkeit und Hilfe/Pflege zu vereinbaren in Bezug auf das Privatleben sowie auf den Arbeitsplatz erlebt werden können, wird im dritten Gliederungspunkt vorgenommen, wobei insbesondere die arbeitsplatzbezogenen Auswirkungen für die Erwerbstätigen im Mittelpunkt der Betrachtung stehen. Während wichtige Einflußfaktoren auf die Vereinbarkeit von Erwerbs- und Hilfe-/Pflegetätigkeit im vierten Gliederungspunkt behandelt werden, widmet sich Gliederungspunkt fünf der Frage, welche Folgen der Vereinbarkeitsproblematik für den Betrieb feststellbar sind bzw. ob und in welchem Ausmaß die Betriebe auf diese neue Herausforderung reagieren. Den Abschluß dieses Kapitels bilden unter Gliederungspunkt sechs eine Zusammenfassung der wesentlichsten Ergebnisse sowie eine kritische Würdigung der gesichteten Literatur, wobei ein besonderes Augenmerk auf bislang nocht nicht genügend berücksichtigte Aspekte der Thematik gerichtet wird.

2. Erwerbstätige Hilfe-/Pflegeleistende: Quantitative Bestimmung, wesentliche Charakteristika und Merkmale der Hilfe-/Pflegesituation

2.1 Definitorische Abgrenzung und Prävalenzrate

Um sich der Problemstellung „Vereinbarkeit von Erwerbstätigkeit und Hilfe/Pflege für ältere Angehörige" zu nähern, ist es zunächst erforderlich, die Personen in den Mittelpunkt der Betrachtung zu rücken, die von dieser Form der Vereinbarkeit betroffen sind. Dabei geht es zum einen darum festzustellen, wer zu diesem Personenkreis zählt bzw. wie groß der Anteil dieser Personen an der gesamten erwerbstätigen Bevölkerung ist (Prävalenzrate). Zum anderen gilt es die Betroffenen näher zu beschreiben und ihre besonderen Charakteristika zu analysieren.

Zur Ermittlung der Prävalenzrate von Erwerbstätigen mit Hilfe-/-Pflegeverpflichtungen muß zunächst die in der Literatur verwendete **Definition von „Hilfe-/Pflegeperson"** bzw. „**caregiver**" betrachtet werden[1]. Dabei fällt auf, daß in den vorliegenden Studien häufig unterschiedliche Begriffsbestimmungen Verwendung finden. Im folgenden hierzu einige Beispiele: Nach Stone (1991) - der eine **engere Definition** bevorzugt - ist eine Person dann als „caregiver" zu bezeichnen, wenn sie andere Personen bei der Ausführung von Basisaktivitäten des täglichen Lebens (gemäß der Activity of Daily Living (ADL)-Skala, z.B. Körperpflege) oder aber bei der Ausführung von instrumentellen Aktivitäten (gemäß der Instrumenta Activity of Daily Living (IADL)-Skala, z.B. haushaltsbezogene Tätigkeiten) unterstützt. Stone und Kemper (1989) legen zusätzlich noch Wert auf das Ausmaß der geleisteten Unterstützung: Als „caregiver" wird jemand erst dann angesehen, wenn er anderen Personen bei mindestens zwei ADL-Aktivitäten hilft.

Beispiele für **weiter gefaßte Definitionen** sind hingegen die von Barr, Johnson und Warshaw (1992) und von Creedon (1991) verwendeten: Während die erstgenannten Autoren unter dem Begriff „caregiver" jene Personen subsumieren, die ältere Angehörige entweder direkt oder indirekt unterstützen,

---

[1] Um den umfassenden Begriff „working cargeiver" gerecht zu werden, der in der englischsprachigen themenbezogenen Literatur Verwendung findet, wird im weiteren in aller Regel von „Erwerbstätigen mit Hilfe-/Pflegeverpflichtungen" bzw. von „erwerbstätigen Hilfe-/Pflegeleistenden" gesprochen. Der Gebrauch des Ausdrucks „Pflegende" bzw. „Pflegeperson" würde für die hier im Zentrum der Erörterung stehende Personengruppe zu kurz greifen, da unter dem Begriff „Pflege" im deutschen Sprachgebrauch zumeist nur ein Ausschnitt der Hilfeleistungen für ältere Menschen erfaßt wird.

wobei auch die Organisation von Hilfen aus der „Ferne" („long distance caregiving") dazugehört, benutzt Creedon (1991) eine noch umfassendere Begriffsbestimmung. Zum Kreis der Hilfe-/Pflegeleistenden gehören für ihn auch Personen, die ihren älteren Angehörigen „lediglich" finanzielle Unterstützung gewähren.

Ein weiteres Definitionskriterium kann nicht nur die Art der geleisteten Hilfe, sondern auch der zeitliche Umfang sein. Nach Arber und Ginn (1990) beispielsweise muß eine Person eine bestimmte Stundenzahl in der Woche für Hilfe- und Pflegeleistungen aufwenden, um der Definition „caregiver" zu entsprechen. Andere Untersuchungen wiederum berücksichtigen - unabhängig von Art und Umfang der Unterstützung - alle Personen, die sich selbst als „caregiver" bezeichnen (Duxbury, Higgins, Lee & Mills, 1991).

Erwartungsgemäß hat die fehlende Übereinstimmung in bezug auf eine einheitliche Definition zur Folge, daß in der Literatur **unterschiedliche Angaben zur Prävalenzrate** existieren. Während Stone und Kemper (1989) - auf der Basis ihrer eher engen Definition - beispielsweise zu dem Schluß kommen, daß lediglich 2% der amerikanischen Arbeitnehmer Hilfe-/Pflegeverpflichtungen und Erwerbstätigkeit in Einklang bringen müssen, errechnen andere Studien Prävalenzraten von 16% (MacBride-King, 1990), von 23% (Scharlach, Sobel & Roberts, 1991) oder sogar von bis zu 46% (Rosenbach, 1989).

Daten der kanadischen Forschungsgruppe Canadian Aging Research Network (CARNET), die in einer umfassenden Studie zum Thema „Work and Family" Informationen von 5.121 Arbeitnehmern auswerteten, illustrieren sehr anschaulich, wie sich unterschiedliche Definitionen von „caregiver" auf die Prä-valenzrate auswirken können (Martin Matthews & Rosenthal, 1993). Wenn Erwerbstätige z.B. nur gefragt werden, ob sie in den letzten sechs Monaten ältere Menschen durch Hilfeleistungen - „regardless of type or frequency of that assistance", d.h. unabhängig von Art und Häufigkeit - unterstützt haben, geben 46% an, dies getan zu haben. Wird jedoch zwischen Unterstützung gemäß der ADL- bzw. IADL-Skala unterschieden, erhält man folgende Prozentwerte: 12% der Arbeitnehmer halfen ihren älteren Angehörigen in den letzten 6 Monaten bei ADL- und 34% bei IADL-Aktivitäten. Legt man als Definitionskriterium schließlich noch fest, daß die Hilfeleistung bei mindestens zwei ADL-Aktivitäten erfolgen muß, sind es „nur" noch 7%, die einer solchen Definition von „ working caregiver" entsprechen.

Gorey, Rice und Brice (1992) versuchten diese großen Unterschiede in den Prävalenzraten genauer zu ergründen und betrachteten dazu die Ergebnisse von 17 empirischen Studien. Aus den ihnen vorliegenden Daten errechneten die Autoren eine **durchschnittliche Prävalenzrate von 21,1%**, wobei in diese Berechnung auch die oben genannten Extremwerte von 2% bzw. 46% eingingen (vgl. Tabelle 1). Gorey, Rice und Brice kommen aufgrund ihrer Analysen zu dem Schluß, daß die Variation in den Prävalenzraten im wesentlichen auf zwei Faktoren zurückzuführen sei. Wie zu vermuten war, handelt es sich dabei zum einen um die jeweils benutzte **Definition**. Zum anderen messen die Autoren aber auch der **Rücklaufquote** bei Umfragen einen entscheidenden Einfluß auf die Prävalenzrate bei, denn sie stellten eine negative Korrelation zwischen Prävalenzrate und Rücklaufquote fest. Gorey, Rice und Brice schlußfolgern, daß bei einer geringen Rücklaufquote die von der Vereinbarkeitsproblematik Betroffenen - aufgrund ihrer höheren Antwortbereitschaft - überrepräsentiert sind. Sie beschreiben diesen Sachverhalt wie folgt:

> „... we could reasonably expect much higher participation rates among caregivers than among noncaregivers. Any such tendency will produce an upward in the sample prevalence rate (i.e., the sample rate will be higher than the population rate)" (S. 413).

Wird also der Faktor „Rücklaufquote" in die Berechnung der Prävalenzraten miteinbezogen, vermindert sich der Mittelwert **von 21,1% auf 7,8%**, wobei der letztgenannte Prozentsatz von Gorey, Rice und Brice als Annäherung an die „wahre" Prävalenzrate betrachtet wird.

Die Autoren betonen in ihren Ausführungen schließlich noch, daß es keine falsche oder richtige Definition gebe, sie machen jedoch darauf aufmerksam, daß alle Prävalenzraten immer vor dem Hintergrund der oben genannten Faktoren zu interpretieren seien. Des weiteren weisen Gorey, Rice und Brice darauf hin, daß es bei Studien zur Vereinbarkeit von Erwerbs- und Hilfe-/Pflegetätigkeit darum gehen müsse, jene Erwerbstätigen zu identifizieren, die sich entweder durch die doppelten Anforderungen belastet fühlen oder aber jene, die „at risk" sind. Viele der bislang vorgelegten Untersuchungen erfüllen ihrer Meinung nach diese Zielsetzung nur unzureichend. Aus diesem Grund wird vorgeschlagen, bei der Erfassung der Hilfe-/Pflegetätigkeit von einem dimensionalen statt von einem kategorialen Konzept auszugehen. Hierzu noch einmal Gorey, Rice und Brice:

> „Ideally, prevalence studies should deal with caregiving as a dimensional rather than categorical concept. .... From a policy perspective, it would be far more useful to address a range of specific caregiving roles, from absolutely no caregiving responsibilities to the provision of round-the clock care. Such descriptions of caregiving should be based on specific, distinct activities" (S. 415).

Die geschilderten Definitionsprobleme erschweren nicht nur eine konstruktive Auseinandersetzung mit der Vereinbarkeitsproblematik in der „scientific community", sondern auch die Entwicklung von staatlichen und betrieblichen sozialplanerischen Maßnahmen, da unklar bleibt, auf welchen Personenkreis diese Maßnahmen abzielen sollen bzw. wer zu den möglichen Nutzern gehört. Wird beispielsweise eine enge Definition von „caregiver" verwendet, wären Arbeitnehmer, die einen Angehörigen im Altenheim betreuen, nicht berechtigt, Maßnahmen wie flexible Arbeitszeitarrangements in Anspuch zu nehmen. Das gleiche würde für Arbeitnehmer gelten, die z.b. Hilfen organisieren und koordinieren („management care") oder die „long distance caregiving" ausüben. Zur Illustration dieser letzten Ausführungen sei Stone (1991) zitiert, der treffend schreibt:

Tabelle 1:   Prävalenzrate und Rücklaufqoute ausgewählter Studie zu erwerbstätigen Hilfe-/Pflegeleistenden (nach Gorey, Rice & Brice, 1992)

Autoren der Studie	Rücklaufquote	Prävalenzrate (%)
AARP, 1987	27,6	24,0
Anastas et al., 1990	18,3	32,0
Brice et al., 1988	47,2	34,0
Carter & Piktialis, 1988	78,0	8,0
Creedon et al., 1987	36,8	25,5
Fortune Magazine & John Hancock Financial Service, 1989	29,1	37,0
Hewitt Associates, 1989	41,1	8,0
Hynes, 1988	54,0	11,1
Jefferson Area Board for Aging, 1989	26,8	9,5
Neal et al., 1990	34,4	23,0
Neff, 1992	62,0	16,0
Retirement Advisors, 1986	28,8	28,0
Rosenbach, 1989	20,0	46,0
Scharlach & Boyd, 1989	51,9	23,1
Spitz & Logan, 1990	67,3	3,7
Stone & Kemper, 1989	91,0	1,9
The Travelers Insurance Company, 1985	52,3	28,0
Minimum	18,3	**1,9**
Maximum	91,0	**46,0**
Median	41,1	23,1
Mittelwert	45,0	**21,1**
Standardabweichung	20,7	12,7

„Failure to recognize important differences in definition... would cause policymakers to greatly underestimate the costs of an unpaid leave policy that extends benefits to part-time workers and those providing broader assistance than just... (personal care). On the other hand, the use of the larger estimate would greatly exaggerate the magnitude of the problem if the policy were designed to target benefits only to those workers with active caregiving responsibilities" (S. 725).

Diese bisher dargelegten Informationen sollten bei der weiteren Darstellung und Diskussion von Untersuchungsergebnissen zur Vereinbarkeit von Erwerbstätigkeit und Hilfe/Pflege beachtet werden. Des weiteren sei an dieser Stelle auf Kapitel III, Abschnitt 2.1 verwiesen, wo die „Definitionsproblematik" noch einmal aufgegriffen wird.

2.2 Wesentliche Charakteristika erwerbstätiger Hilfe-/Pflegeleistender

In den folgenden Ausführungen soll detailliert dargelegt werden, welche wichtigen Charakteristika Erwerbstätige mit Hilfe-/Pflegeverpflichtungen auszeichnen bzw. wie ihre Hilfe-/Pflegesituation gestaltet ist. Hierzu wird erstens auf bedeutsame sozio-demographische sowie berufsbezogene Merkmale Bezug genommen, zweitens erfolgt eine Beschreibung von Art und Umfang der von Erwerbstätigen geleisteten Unterstützung für ältere Angehörige.

2.2.1 Sozio-demographische Charakteristika

Geschlecht: Hinsichtlich der Identität von Erwerbstätigen mit Hilfe-/Pflegeverpflichtungen zeigen alle hierzu vorliegenden Untersuchungsergebnisse, daß es - wie vermutet - überwiegend Frauen sind, die Erwerbstätigkeit und die Unterstützung älterer Menschen gleichzeitig praktizieren (vgl. auch Creedon et al., 1987; Lechner, 1991; Tennstedt & Gonyea, 1994). So ermittelten Gorey, Rice und Brice (1992), daß, über alle von ihnen analysierten Studien hinweg betrachtet, 62,2% aller erwerbstätigen Hilfe-/Pflegeleistenden weiblich waren (vgl. auch Creedon, in Druck). Zieht man die Daten der bereits erwähnten CARNET-Untersuchung heran, so erhält man einen noch etwas höheren Prozentsatz: Hier sind 66% aller Erwerbstätigen, die älteren Menschen helfen oder sie pflegen, Frauen (Martin Matthews & Rosenthal, 1993).

Im Zusammenhang mit der Variable „Geschlecht" sei auch eine Studie von Gonyea (1992) zitiert, die u.a. verdeutlicht, wie sich die unterschiedliche geschlechtsspezifische Zusammensetzung der Belegschaft auf die Prävalenzrate auswirkt: In Betrieb A, in dem der Anteil an männlichen Arbeitnehmern 75% betrug, hatten „nur" 4% der dort Beschäftigten Hilfe-/Pflegeverpflichtungen gegenüber älteren Angehörigen. In Betrieb B, in dem 60% der Belegschaft weiblich waren, betrug die Prävalenzrate hingegen 13%.

Trotz der übereinstimmenden Ergebnisse, die belegen, daß die Unterstützung und Pflege von älteren Menschen vor allem von Frauen geleistet wird, sollte nicht übersehen werden, daß ca. ein Drittel der erwerbstätigen Hilfe-/Pflegeleistenden Männer sind (Pittman, Neuschatz, Creedon, Hunt & Fox, 1991; Wagner, Creedon, Sasala & Neal, 1989). Während Frauen mehr an der persönlichen Pflege („personal eldercare") beteiligt sind, übernehmen Männer in der Regel eher Aufgaben, die als „general eldercare" oder „management care" bezeichnet werden können (z.B. Unterstützung von Angehörigen bei Transportproblemen und Finanzen oder bei der Organisation von Dienstleistungen). Aus den CARNET-Daten ist z.b. ersichtlich, daß von allen in die Untersuchung einbezogenen Männern 8% „personal eldercare" aber 40% „general eldercare" leisteten. Die entsprechenden Anteile für Frauen betragen 14% bzw. 34% (Martin Matthews & Rosenthal, 1993). In diesem Zusammenhang sollte allerdings brücksichtigt werden, daß Personen, die im Rahmen von „personal eldercare" helfen, oft auch gleichzeitig „general eldercare"-Aufgaben übernehmen (müssen).

Alter: Im Hinblick auf das Alter von erwerbstätigen Hilfe-/Pflegeleistenden belegen die vorliegenden Untersuchungen, daß diese durchschnittlich jünger sind als pflegende Angehörige allgemein. Auf der Grundlage einer Analyse von sechs Studien, die sich mit der Vereinbarkeit von Erwerbstätigkeit und Hilfe/Pflege für ältere Angehörige befaßten, ermittelten Wagner, Neal, Gibeau, Anastas und Scharlach (1988), daß hilfe-/pflegeleistende Arbeitnehmer besonders häufig in der Altersgruppe **zwischen 41 und 50 Jahren** zu finden sind (vgl. auch AARP, 1989; Scharlach, Lowe & Schneider, 1991). Diese Angabe wird von Gorey, Rice und Brice (1992) bestätigt. Sie errechneten ein Durchschnittsalter von 47,4 Jahren.

Aber auch jüngere Arbeitnehmer sind zum Teil bereits von der Vereinbarkeitsproblematik betroffen. Gemäß einer Studie der Transamerica Life Companies unterstützen 23% der 30 bis 40jährigen und 11% der 20 bis 30jährigen Arbeitnehmer dieses Unternehmens ihre älteren Angehörigen (Scharlach, 1988). Scharlach, Lowe und Schneider (1991) drücken den Sachverhalt, daß Hilfe und Pflege für ältere Menschen jede Altersgruppe Erwerbstätiger betreffen kann, wie folgt aus: „Eldercare will be a concern at one point or another in most employee's work live" (S. 31).

Familienstand und Kinder: In bezug auf den Familienstand von Erwerbstätigen mit Hilfe-/Pflegeverpflichtungen ist festzustellen, daß die weit überwiegende Mehrheit **verheiratet** ist. Nach Analysen von Gorey, Rice und Brice

(1992) trifft dies auf 69% und nach den Daten des CARNET sogar auf 83% (Martin Matthews & Rosenthal, 1993) aller von der Vereinbarkeitsproblematik Betroffenen zu.

Interessanterweise haben erwerbstätige Hilfe-/Pflegeleistende mit der gleichen Wahrscheinlichkeit wie andere Arbeitnehmer auch **Kinder**, die mit ihnen im gemeinsamen Haushalt leben (Scharlach & Boyd, 1989). Neuere, in Betrieben durchgeführte Studien verweisen darauf, daß ca. 42% aller Erwerbstätigen, die ältere Menschen unterstützen gleichzeitig auch Versorgungsaufgaben gegenüber Kindern haben (Pittman et al., 1991; Neal, Chapman, Ingersoll-Dayton & Emlen, 1993). Gemäß der CARNET-Untersuchung sind dies 26% der Erwerbstätigen, wobei 78% von ihnen angeben, „general eldercare" und „childcare" zu verrichten, die übrigen 22% leisten „personal eldercare" und „childcare". Bezogen auf **alle** amerikanischen Arbeitnehmer sind nach den Daten des Long Term Care Survey 1% sowohl von Verpflichtungen gegenüber Kindern als auch gegenüber älteren Angehörigen betroffen (Stone & Kemper, 1989).

Diese zuletzt berichteten Daten können also als Belege dafür angesehen werden, daß Kindererziehung und die Versorgung älterer Menschen häufig nicht zeitlich aufeinander folgen, sondern von einem Teil der Arbeitnehmer parallel ausgeführt werden. Als Angehörige der sogenannten „sandwich generation" haben diese Betroffenen vielfältige familiäre Aufgaben, die u.U. miteinander und/oder mit der Erwerbstätigkeit konkurrieren. Es wird erwartet, daß die Anzahl dieser **„dual carers"** - bedingt durch die zu beobachtenden demographischen Veränderungen - in Zukunft noch steigen wird (Lechner & Creedon, 1994).

2.2.2 Berufsbezogene Charakteristika

Überraschenderweise werden in der Literatur relativ wenig Angaben darüber gemacht, welche berufsbezogenen Merkmale Erwerbstätige mit Hilfe-/Pflegeverpflichtungen auszeichnen. Dennoch gibt es einige Informationen - vor allem zum Qualifikationsniveau und zum zeitlichen Umfang bzw. zur Dauer der Beschäftigung - die im weiteren näher ausgeführt werden:

Qualifikationsniveau: Eine Anzahl von Untersuchungsergebnissen verweist darauf, daß es eher die höher qualifizierten Beschäftigten sind, die Erwerbstätigkeit und Hilfe/Pflege für ältere Menschen vereinbaren (können/müssen). Zu diesem Sachverhalt seien zunächst erneut die von Gorey, Rice und Brice (1992) untersuchten 17 Studien herangezogen. Da nur in neun dieser Studien nach ausgeübtem Beruf bzw. nach beruflichem Status der Befragten differenziert wurde, sind die folgenden Angaben zwar mit Vorsicht zu interpretieren, sie geben aber dennoch Hinweise auf die von Erwerbstätigen mit

Hilfe-/Pflegeverpflichtungen vorwiegend ausgeübten Tätigkeiten: Von allen Personen, von den entsprechende Informationen vorlagen, waren 38% Akademiker („professional"), 22% übten eine Funktion im Management aus („management"), 20% waren Angestellte („clerical"), 8% in der Produktion („production") und 12% in anderen Bereichen („other") tätig. Ähnliche Angaben liegen von Neal, Chapman, Ingersoll-Dayton und Emlen (1993) vor. Diese Autoren schildern, daß mit 64% die Mehrzahl der von ihnen identifizierten erwerbstätigen Hilfe-/Pflegeleistenden entweder als „professional" oder aber als „manager" beschäftigt waren.

Allerdings sind Scharlach, Lowe und Schneider (1991) der Ansicht, daß die Vereinbarkeit von Erwerbstätigkeit und Hilfe/Pflege älterer Menschen bestimmte Berufsgruppen nicht mehr als andere betrifft. Auch wenn Untersuchungsergebnisse darauf verweisen, daß Arbeitnehmer mit einem höheren beruflichen Status eher betroffen sind, so sei dies vor allem darin begründet, daß diese Personen a) durchschnittlich älter und damit eher von der Vereinbarkeitsproblematik betroffen seien und b) in einem größeren Aus- maß bereit seien, über die Vereinbarkeitsproblematik zu sprechen bzw. an etwaigen Umfragen hierzu teilzunehmen.

Zeitlicher Umfang und Dauer der Erwerbstätigkeit: In bezug auf den zeitlichen Umfang der Erwerbstätigkeit belegen die vorliegenden Forschungsergebnisse, daß die weit überwiegende Mehrzahl Erwerbstätiger mit Hilfe-/Pflegeverpflichtungen vollzeit berufstätig ist. So waren beispielsweise die Personen, die von Gorey, Rice und Brice in die entsprechenden Berufsgruppen eingeordnet wurden (siehe oben) zu 96% vollzeitbeschäftigt.

Daß der zeitliche Umfang, zu dem eine Erwerbstätigkeit möglich ist, jedoch wesentlich von der Art und dem Umfang der Verpflichtungen abhängt, die eine Person in bezug auf Familie und Hilfe/Pflege zu bewältigen hat, belegen Martin Matthews und Rosenthal (1993): Nach ihren Informationen sind jene Erwerbstätigen vorwiegend teilzeitbeschäftigt, die Kinder unter 18 Jahren haben und die gleichzeitig mehr als vier Stunden für die Hilfe/Pflege älterer Menschen aufwenden müssen. Insgesamt - so Martin Matthews und Rosenthal - ist aber „child care rather than eldercare (S. 111)" der wesentliche Faktor, der mit Teilzeitarbeit assoziiert ist.

Was die Beschäftigungsdauer angeht, gehören gemäß einer Studie der New York Business Group on Health (NYBGH) (1986) erwerbstätige Hilfe-/Pflegeleistende - vor allem bedingt durch ihren höheren Altersdurchschnitt - zumeist zu den Arbeitnehmern, die bei ihrem derzeitigen Arbeitgeber schon über einen längeren Zeitraum tätig sind. Daher können sie auch eher der Gruppe der erfahrenen und loyalen Mitarbeiter eines Unternehmens zugerechnet werden.

2.3 Merkmale der Hilfe-/Pflegesituation

Nach Meinung der amerikanischen Wissenschaftler Scharlach, Sobel und Roberts (1991) hat sich die bisherige Forschung zur Vereinbarkeit von Erwerbstätigkeit und Hilfe/Pflege hauptsächlich mit der Frage auseinandergesetzt, ob und in welchem Maße die Erwerbstätigkeit einen Einfluß auf die Art und den zeitlichen Umfang der geleisteten Unterstützung hat. Bevor jedoch näher auf diese Aspekte eingegangen wird, hier kurz einige Angaben zu den Personen, die von Arbeitnehmern mit Hilfe-/Pflegeverpflichtungen betreut werden: Gemäß den vorliegenden Ergebnissen sind die Hilfe-/Pflegebedürftigen in erster Linie enge Familienmitglieder (häufig Eltern- und/oder Schwiegereltern), im Durchschnitt 75,9 Jahre alt, zu 76,3% weiblich und leben zu 27,2% im gleichen Haushalt mit der hilfeleistenden Person (Gorey, Rice und Brice 1991; vgl. auch Neal et al., 1993).

Art der geleisteten Unterstützung: Eine Betrachtung der Arten von Unterstützung, die Arbeitnehmer für ihre älteren Angehörigen erbringen, zeigt, daß diese ein breites Spektrum umfassen, das von finanzieller und emotionaler Unterstützung über gelegentliche Einkäufe bis hin zu „hands-on personal care", d.h. bis hin zur Hilfe bei der Verrichtung von Grund- und Körperpflege reicht. Differenziert man danach, wieviel Prozent der Erwerbstätigen mit Hilfe-/Pflegeverpflichtungen welche Art von Unterstützung leisten, lassen sich folgende Untersuchungsergebnisse anführen. Die von Wagner et al. (1988) betrachteten Studien beispielsweise verweisen darauf, daß mindestens die Hälfte aller hilfe-/pflegeleistenden Erwerbstätigen ihren Angehörigen bei der Verrichtung einer Vielzahl von **instrumentellen Aktivitäten des täglichen Lebens** hilft, um so deren selbständige Lebensführung aufrecht zu erhalten (vgl. auch Pittman et al., 1991; Stone, 1991). Eine Untersuchung der American Association of Retired Persons (AARP) (zitiert in Creedon, in Druck) bestätigt dies ebenfalls. Nach den dazu vorhandenen Ergebnissen helfen mehr als 80% der Erwerbstätigen, die als „caregiver" identifiziert worden waren, alten Menschen beim Einkaufen und beim Transport, 75% unterstützen sie bei der Haushaltsführung, 64% bereiten Mahlzeiten zu, 66% regeln finanzielle Angelegenheiten und 42% helfen im Umgang mit Ärzten und Behörden. Auch Creedon (1987) kommt im wesentlichen zu ähnlichen Resultaten, er stellt aber zusätzlich fest, daß 63% der von ihm untersuchten hilfe-/pflegeleistenden Arbeitnehmer ihre Angehörigen auch finanziell unterstützen (z.B. durch Übernahme der Rechnungen). Scharlach (1988) vermutet, daß der Anteil von erwerbstätigen Hilfe- /Pflegeleistenden, die ihren Angehörigen „nur" finanzielle Hilfen gewähren, bei ca. 10% liegt, wobei sich der aufzuwendende Betrag nach seinen Berechnungen auf durchschnittlich $ 200 im Monat beläuft.

Ein nicht unerheblicher Teil der Betroffenen unterstützt ältere Menschen aber auch bei der Ausführung von **ADL-Aktivitäten.** Nach der bereits zitierten Untersuchung der AARP helfen 44% der hilfe-/pflegeleistenden Erwerbstätigen ihren Angehörigen beim Gehen, 33% beim Anziehen, 34% beim Baden, 26% bei der Toilettenverrichtung und 24% bei der Nahrungsaufnahme. Nach der betriebsinternen Studie der Travelers Insurance Companies (Travelers, 1985) sind 13% und nach Gorey, Rice und Brice (1992) 18% der Erwerbstätigen mit Hilfe-/Pflegeverpflichtungen aktiv an der Pflege ihrer Angehörigen beteiligt.

Schließlich sei wiederum auf die von CARNET durchgeführte Untersuchung verwiesen. Hier ergaben Berechnungen, daß von den bereits erwähnten 46% jener Arbeitnehmer, die berichtet hatten, sie würden Älteren helfen, 34% „general eldercare" und die übrigen 12% „personal eldercare" ausübten (Martin Mathews & Rosenthal, 1993).

Zeitlicher Umfang und Dauer der Hilfe-/Pflegeleistungen: Der zeitliche Umfang, der von Erwerbstätigen für die Hilfe und Pflege von Angehörigen aufgewandt wird, variiert beträchtlich und ist abhängig davon, welche Arten von Unterstützung sie erbringen. Obwohl von durchschnittlich **sechs bis zehn Stunden** ausgegangen wird (Gorey, Rice und Brice 1992), sind ca. 8% der Betroffenen 35 Stunden und mehr pro Woche mit Unterstützungsleistungen für Ältere befaßt. Die Abhängigkeit des zeitlichen Umfangs von der Art des geleisteten Beistandes wird auch aus folgenden Angaben deutlich: Während Erwerbstätige, die „general eldercare"-Verpflichtungen haben, im Durchschnitt vier Stunden wöchentlich dafür aufwenden, verbringen diejenigen, die „personal eldercare" verrichten (z.B. Hilfe bei der Körperpflege), durchschnittlich neun Stunden pro Woche damit (Martin Matthews & Rosenthal, 1993).

Daß Frauen nicht nur - wie in Abschnitt 2.2.1 dargelegt - in einem höheren Ausmaß die Vereinbarkeit von Erwerbstätigkeit und Hilfe/Pflege für ältere Angehörige bewältigen (müssen), sondern auch wesentlich mehr Zeit dafür aufwenden, bestätigt eine Untersuchung des Versicherungskonzerns Travelers Insurance Companies (1985). Gemäß den vorgelegten Ergebnissen leisten weibliche Arbeitnehmer im Durchschnitt 15 Stunden, männliche Arbeitnehmer hingegen lediglich fünf Stunden wöchentlich Hilfe und Pflege für ihre älteren Angehörigen.

In bezug auf eine mögliche Dauer der Vereinbarkeit von Erwerbstätigkeit und Hilfe/Pflege ermittelten Gorey, Rice und Brice (1992) einen **Durchschnitt von 5,6 Jahren**, wobei ein Blick auf die Ergebnisse der CARNET-Studie allerdings ein differenzierteres Bild ergibt: Danach helfen 15% der erwerbstätigen Hilfe-/ Pflegeleistenden weniger als ein Jahr, 21% zwischen einem und zwei Jahren, 38% zwischen fünf und zehn Jahren und 13% versorgen ihre Angehörigen bereits seit mehr als zehn Jahren (Martin Matthews & Rosenthal, 1993). Beachtenswert ist in diesem Zusammenhang, daß ca. 8% der amerikanischen hilfe-/pflegeleistenden Arbeitnehmer regelmäßig zwei und mehr ältere Personen betreuen (Scharlach, Sobel & Roberts, 1991). Die kanadische

Untersuchung kommt in bezug auf diesen Aspekt zu folgenden Ergebnissen: 49% der Betroffenen helfen mindestens einer älteren Person, 24% unterstützen mehr als eine und 12% sogar mehr als drei ältere Menschen (Martin Matthews & Rosenthal, 1993).

Weitere Aspekte der Hilfe-/Pflegesituation: Zunächst sollte Erwähnung finden, daß ein nicht unbeträchtlicher Anteil von Arbeitnehmern mit Hilfe-/Pflegeverpflichtungen als **Hauptpflegeperson** zu bezeichnen ist, d.h. es handelt sich hier um Personen, die die größte Last und Verantwortung für die Versorgung des älteren Menschen tragen. Creedon et al. (1987) beispielsweise berichten, daß sich in einer Untersuchung der University of Bridgeport 40% der erwerbstätigen Hilfe-/Pflegeleistenden - die überwiegende Zahl davon Frauen - als „primary caregiver" bezeichneten. Die Daten von Gorey, Rice und Brice (1991) bestätigen diesen Prozentsatz: Gemäß ihren Analysen sind 42% der unterstützenden Arbeitnehmer als Hauptpflegeperson zu charakterisieren, die verbleibenden 58% sind sogenannte „secondary caregiver". Generell wird jedoch von Martin Matthews und Rosenthal (1993) kritisiert, daß nicht genügend Studien zur Vereinbarkeitsproblematik die Variable „Grad ihrer Involviertheit in die Unterstützung älterer Menschen" mit einbeziehen, denn ein solches Vorgehen würde es wiederum ermöglichen, unterschiedliche Gruppen von hilfe-/pflegeleistenden Erwerbstätigen zu bilden und sie hinsichtlich wichtiger Aspekte getrennt zu betrachten.

Bezüglich der Frage, inwieweit erwerbstätige Hilfe-/Pflegeleistende von anderen Personen unterstützt werden, liegen ebenfalls Angaben vor (Scharlach, 1988). Danach erhalten ca. **1/3 aller Betroffenen keine Unterstützung** von anderen Personen, 50% können auf die Hilfe von Familienmitgliedern und Freunden zurückgreifen und weitere 15% beanspruchen Unterstützungsleistungen von professionellen Helfern. Nicht unerwähnt bleiben sollte in diesem Zusammenhang, daß männliche Erwerbstätige mit Hilfe-/Pflegeverpflichtungen sehr viel häufiger Hilfe von Dritten erhalten als Frauen in vergleichbarer Situation (Enright, 1991).

Von großem Interesse ist an dieser Stelle natürlich auch die **Frage, ob Arbeitnehmer, die ältere Menschen unterstützen, mehr oder weniger Hilfe geben als jene**, die nicht im Erwerbsleben stehen. Eine Anzahl von Studien untersuchte daher diese Themenstellung, wobei einerseits belegt werden konnte, daß erwerbstätige Hilfe-/Pflegeleistende **im gleichen zeitlichen Umfang** Unterstützung leisten wie Pflegende, die nicht erwerbstätig sind (Brody et al., 1983; Cantor, 1983; Soldo & Myllyluoma, 1983; Stoller, 1983). Brody und Schoonover (1986) beispielsweise verglichen erwerbstätige und nicht erwerbstätige Töchter von Hilfe-/Pflegebedürftigen. Die Autoren kommen zu dem Ergebnis, daß die erwerbstätigen im Vergleich zu den nicht erwerbstätigen Töchtern die gleiche Anzahl an Stunden helfen, wenn man alle von ihnen ausgeführten Verrichtungen zusammenfaßt. Eine differenziertere

Analyse hinsichtlich der Art der geleisteten Unterstützung ergab des weiteren, daß erwerbstätige und nicht erwerbstätige Töchter auch bestimmte Hilfeleistungen (z.B. Einkaufen, Finanzmanagement und emotionale Unterstützung) in gleichem Ausmaß erbringen. Unterschiede zeigten sich lediglich in bezug auf die Aktivitäten „Mithilfe bei der persönlichen Pflege" sowie „Nahrungsmittelzubereitung"; hieran waren die im Erwerbsleben Stehenden weniger häufig beteiligt. Nach Brody und Schoonover (1986) versuchten die erwerbstätigen Töchter jedoch, dieses „Ungleichgewicht" durch Geldgeschenke an den älteren Angehörigen auszugleichen. Bezugnehmend auf den letztgenannten Gesichtspunkt sind Sherman, Horowitz und Durmasken (1982) daher sogar der Ansicht, daß Eltern erwerbstätiger Töchter im Vorteil gegenübe Eltern von nicht erwerbstätigen Töchtern seien: Erwerbstätige Töchter leisten nach Sherman et al. das gleiche Ausmaß an instrumenteller Hilfe, sie haben aber zusätzlich eher die Möglichkeit, ihren Eltern finanziell zur Seite zu stehen.

Andere Untersuchungen kommen allerdings zu dem Schluß, daß erwerbstätige Hilfe-/Pflegeleistende in einem geringeren Maße an der Hilfe/Pflege ihrer Angehörigen beteiligt sind (Lang & Brody, 1983). Dies scheint insbesondere dann zu gelten, wenn der Grad der Hilfe- bzw. Pflegebedürftigkeit hoch ist. Eine Studie von Enright (1991) über Pflegende, die geistig behinderte Erwachsene versorgen, ergab, daß die nicht erwerbstätigen Pflegepersonen fast doppelt so viel Zeit (im Durchschnitt 109 Stunden wöchentlich) für Hilfe- und Unterstützungsleistungen aufbringen als jene Personen, die gleichzeitig einer Erwerbstätigkeit nachgehen. Dennoch betont Enright, daß das zeitliche Ausmaß, das die in seiner Studie einbezogenen erwerbstätigen Pflegepersonen aufwenden, „the equivalent of more than one and a third full- time jobs" (S. 379) sei.

Weitere vergleichende Analysen belegen, daß Erwerbstätige und Nicht-Erwerbstätige mit Hilfe-/Pflegeverpflichtungen sich insbesondere dann hinsichtlich des Umfanges der von ihnen geleisteten Unterstützung unterscheiden, wenn es sich bei dem Helfer um einen Mann handelt (Giele, Mutschler & Orodenker, 1987; Matthews, Werkner & Delaney, 1989). So ist gemäß Stoller (1983) die Erwerbstätigkeit ein signifikanter Prädiktor für weniger Hilfe durch Söhne, nicht aber durch Töchter.

Die in den Gliederungspunkten 2.2 und 2.3 dargelegten Informationen **zusammenfassend**, läßt sich zunächst festhalten, daß sich Personen, die sowohl ihrer Erwerbstätigkeit nachgehen als auch ihre Angehörigen unterstützen, wie folgt charakterisieren lassen: Bei dieser besonderen Gruppe von Arbeitnehmern handelt es sich vorwiegend um verheiratete Frauen im Alter von 40 bis 50 Jahren. Sie sind zumeist beruflich höher qualifiziert und vollzeit erwerbstätig. Über einen Zeitraum von durchschnittlich 5,6 Jahren werden überwiegend Eltern oder Schwiegereltern betreut, die primär bei der Ausführung von instrumentellen Aktivitäten des täglichen Lebens unterstützt werden. Hierfür werden durchschnittlich 8,8 Wochenstunden aufgewandt.

Bei dieser Beschreibung typischer Betroffener darf allerdings nicht übersehen werden, daß sich hinter diesen Durchschnittsangaben eine große Variation im Hinblick auf Personenmerkmale und Hilfe-/Pflegesituationen verbirgt, die sich - wie in den folgenden Abschnitten auszuführen sein wird - im unterschiedlichen Maße auf eine Vereinbarkeit von Erwerbstätigkeit und Hilfe/Pflege bzw. auf das Privatleben des Hilfe-/Pflegeleistenden und seine berufliche Tätigkeit auswirken können.

3. Auswirkungen der Vereinbarkeit von Erwerbstätigkeit und Hilfe/Pflege auf das Privatleben und den Arbeitsplatz der betroffenen Personen

Wie auch aus der Literatur zu pflegenden Angehörigen allgemein bekannt ist, kann die Unterstützung und Hilfe für ältere Menschen alle Lebensbereiche einer Pflegeperson berühren, so daß u.U. ein hohes Maß an Belastungen erlebt wird. In bezug auf erwerbstätige Hilfe-/Pflegeleistende, die den beruflichen, familiären und pflegerischen Anforderungen begegnen müssen (vgl. auch Kapitel V) - die also vielfach einer Dreifachbelastung ausgesetzt sind -, könnte dies in besonderem Maße gelten. Die vorliegenden Forschungsergebnisse werden daher in der weiteren Darstellung in bezug auf die Frage analysiert, ob und welche Auswirkungen die Verknüpfung von Erwerbstätigkeit und Hilfe/Pflege für Angehörige a) auf das Privatleben der Betroffenen und b) auf ihren Arbeitsplatz hat.

3.1 Auswirkungen der Vereinbarkeit auf das Privatleben

Da viele Untersuchungen die Auswirkungen der Vereinbarkeit von Erwerbstätigkeit und Hilfe/Pflege auf den Arbeitsplatz in den Mittelpunkt ihrer Betrachtungen gestellt haben (vgl. Abschnitt 3.2), ist noch relativ wenig darüber bekannt, wie sich die Vereinbarkeitsproblematik auf das Privat- bzw. Familienleben von Erwerbstätigen mit Hife-/Pflegeverpflichtungen auswirkt (vgl. auch Gottlieb, Kelloway & Fraboni, 1994): „... little is known about the effects of combining employment and eldercare on the family" (Martin Matthews & Rosenthal 1993, S. 111).

Hinzu kommt, daß die vorhandenen Ergebnisse über den Zusammenhang von Erwerbstätigkeit und erlebten Belastungen der Hilfe-/Pflegeleistenden nicht eindeutig sind. Zwar wird in der Mehrzahl der Studien nachgewiesen, daß Erwerbstätige mit entsprechenden Verpflichtungen stärker belastet sind als diejenigen, die keiner Erwerbstätigkeit nachgehen (Brody, 1985; Brody et al., 1987;

Montgomery et al., 1985; Robison, 1983; Scharlach, 1987; Sherman, Horowitz & Burmaskin, 1982), andererseits liegen aber auch Untersuchungsergebnisse vor, die Hinweise für eine gegenteilige Behauptung gefunden haben (z.b. Cantor, 1983; Giele, Mutschler, & Orodenker, 1987; Noelker & Poulshock, 1982; Poulshock & Deimling, 1984; vgl. Abschnitt 3.3). An dieser Stelle zunächst die Ergebnisse von Untersuchungen, die die These stützen, daß Arbeitnehmer, die ältere Angehörige betreuen mehr und vielfältigere Belastungen im pri-vaten Bereich erleben als jene Personen, die nicht berufstätig sind bzw. als jene Arbeitnehmer, die keinerlei Hilfe-/Pflegeverpflichtungen haben.

So gaben in der bereits erwähnten Umfrage der Transamerica Life Companies ca. 80% der Erwerbstätigen mit Hilfe-/Pflegeverpflichtungen an, **emotionale Belastungen** zu erleben, die sie unmittelbar mit der Unterstützung ihrer Angehörigen in Verbindung brachten. Mehr als 10% berichteten sogar, daß sie sehr hohe Belastungen verspüren (Scharlach & Boyd, 1989). Dieser emotionale Stress wird dabe einerseits wesentlich durch die Versorgung bzw. Sorge um den älteren Hilfe- und Pflegebedürftigen verursacht (vgl. hierzu auch Abschnitt 3.2.2). Andererseits ist - wie Studien des Health Action Forums (1980) und des U.S. House Select Committee on Aging (1987) nachweisen - das Erleben, nicht mehr genügend Zeit für sich selbst, für die Familie und/oder für soziale Aktivitäten zu haben, ebenfalls ein ganz entscheidender Stressfaktor (vgl. auch Miller & Montgomery, 1990). Da sich häufig weder der Zeitaufwand für die Hilfe/Pflege noch die berufliche Arbeitszeit ohne weiteres reduzieren läßt, besteht eine Strategie der Betroffenen zur Bewältigung aller an sie herangetragenen Anforderungen zunächst darin, die eigene „Frei"zeit sowie die außerfamiliären sozialen Beziehungen zu vermindern (Archbold, 1983). Scharlach, Lowe und Schneider (1991) schreiben zu diesem Themenkomplex:

> „In fact, those caregivers whose personal lives are most affected by caregiving tend to experience the greatest overall caregiver strain, even after taking into account such factors as the amount of help that the older person actually needs and the caregiver's other responsibilities" (S. 33).

Neben emotionalen Belastungen werden nach Scharlach (1988) von ca. 60% der unterstützenden Arbeitnehmer aber auch **physische Beschwerden** berichtet. Es ist daher nicht erstaunlich - insbesondere, wenn man die weiter oben beschriebenen emotionalen Belastungen mit berücksichtigt -, daß sich Erwerbstätige mit Hilfe-/Pflegeverpflichtungen häufig **gesundheitlich stark beeinträchtigt** fühlen (Creedon, 1987; King, Oka & Young, 1994; Miller, McFall & Montgomery, 1991). In welchem Maße dies der Fall sein kann, zeigt eine Untersuchung der University of Bridgeport (Creedon, 1987). Ein Vergleich zwischen Erwerbstätigen, die in die Hilfe/Pflege älterer Angehöriger involviert waren, und anderen, davon nicht betroffenen Arbeitnehmern ließ erkennen, daß die erstgenannte Gruppe häufiger über Angstzustände, Depressionen, Schlaflosigkeit sowie Kopfschmerzen klagte und auch einen höheren Konsum an Beruhigungsmitteln hatte.

Es es bereits angeklungen daß für einen Teil der hilfe-/pflegeleistenden Arbeitnehmer die Unterstützung älterer Menschen auch mit **finanziellen Aufwendungen** verbunden ist (z.b. bei Übernahme der Kosten für professionelle Hilfen), die das Haushaltseinkommen erheblich mindern können (Creedon, in Druck). Pittman et al. (1991) stellten diesbezüglich fest, daß 3/4 der erwerbstätigen Hilfe-/Pflegeleistenden, die im Rahmen einer in Fairfax County, Virginia, durchgeführten Untersuchung ermittelt worden waren, ihren älteren Angehörigen auch eine finanzielle Unterstützung gewährten. Dabei wurden von 33% der Befragten Beträge von mehr als $ 5.000 jährlich aufgewendet.

Die bislang genannten Belastungsaspekte wurden ebenfalls durch eine Untersuchung mit Arbeitnehmern von 36 Unternehmen in Portland, Oregon, bestätigt (Neal et al., 1987). Ein Vergleich von Berufstätigen mit Hilfe-/Pflegeverpflichtungen gegenüber älteren Menschen und anderen davon nicht betroffenen Arbeitnehmern, machte auch hier deutlich, daß die erstgenannte Gruppe in höherem Maße von Gefährdungen im gesundheitlichen, familiären und finanziellen Bereich betroffen war. In diesem Kontext seien erneut die CARNET-Daten zitiert, die eindrucksvoll illustrieren, wie sich unterschiedliche Arten von Hilfe-/Pflegeverpflichtungen auf das Stresserleben von Erwerbstätigen auswirken können. So schildern insbesondere jene Personen ein hohes Ausmaß an negativem Stress, die entweder „personal eldercare" oder „personal eldercare" und „childcare" ausüben:

> „The most stress was reported by personal eldercare providers, and by dual caregivers. Those providing general eldercare and those who were not involved in caregiving had lower stress scores" (CARNET, 1993, S.7).

Tennstedt und Gonyea (1994) sowie Scharlach und Boyd (1989) weisen im Zusammenhang mit den vorgenannten Studien darauf hin, daß es dringend erforderlich sei, nicht nur den „status quo" festzustellen. Vielmehr müßten Veränderungen in den erlebten Belastungen beobachtet und erfaßt sowie die daraus resultierenden Konsequenzen für die entsprechenden Lebensbereiche analysiert werden. Hierzu sind jedoch aufwendige, längsschnittlich angelegte Untersuchungen notwendig, die bislang noch nicht vorliegen.

3.2 Auswirkungen der Vereinbarkeit auf den Arbeitsplatz

Die Auswirkungen der Mehrfachbelastung bei einem Versuch, Erwerbstätigkeit und Hilfe/Pflege zu vereinbaren, werden nicht nur im persönlichen Bereich und im familiären Alltag der betroffenen Personen sondern - wie eine Anzahl von wissenschaftlichen Untersuchungen dokumentiert - auch an ihrem Arbeitsplatz deutlich (AARP-Travelers, 1988; Anastas, Gibeau & Larson, 1987; Brody, Kleban, Johnson, Hoffman & Schoonover, 1987; Creedon, 1987; Enright & Friss, 1987; Fortune Magazine & John Hancock Financial Services, 1989; Neal et al., 1987; NYBGH, 1986; Scharlach & Boyd, 1989; Travelers, 1985; vgl. auch Kapitel V). Diese arbeitsplatzbezogenen Folgen - die unterschiedliche Aspekte der Erwerbstätigkeit betreffen können - sollen in den weiteren Ausführungen detailliert beschrieben werden.

3.2.1 Versäumen von Arbeitszeit und Arbeitsunterbrechungen

Eines der größten Probleme von erwerbstätigen Hilfe- und Pflegeleistenden ist der Zeitdruck, denn die zur Verfügung stehende Zeit muß für die Aufgaben und Anforderungen in den Bereichen Familie, Pflege und Beruf genau eingeteilt werden. Kommt es zu unvorhergesehenen Zwischenfällen (z.B. plötzliche Krankheit des Hilfe-/Pflegebedürftigen) oder ist es unmöglich, Termine, die mit der Hilfe und Pflege zusammenhängen, außerhalb der regulären Arbeitszeit wahrzunehmen (z.B. Arztbesuche), gerät nur allzu oft die mühsam und auf die Minute geplante Organisation ins Wanken, sind Absentismus, verspätetes Eintreffen am Arbeitsplatz bzw. früheres Verlassen und/oder Arbeitsunterbrechungen das Ergebnis.

Diese augenscheinlichsten Auswirkungen der Hilfe- bzw. Pflegetätigkeit auf die Erwerbstätigkeit werden in verschiedenen Untersuchungen bestätigt: Scharlach und Boyd (1989) beispielsweise untersuchten in ihrer umfassenden Studie eine Stichprobe von 341 erwerbstätigen Hilfe-/Pflegeleistenden und stellten fest, daß sich 33% der von ihnen Befragten in den letzten zwei Monaten mindestens einen Tag frei genommen hatten, um älteren Verwandten zu helfen. Weitere 33% mußten aufgrund der Hilfe-/Pflegeverpflichtungen den Arbeitsplatz eher verlassen und ca. 15% kamen deshalb zu spät zur Arbeit und/oder mußten ihre Mittagspause überziehen. Ein Vergleich zwischen erwerbstätigen Hilfe-/Pflegeleistenden und anderen Arbeitnehmern ließ des weiteren erkennen, daß die Absentismusrate auch dann für die erstgenannte Gruppe höher war, wenn Variablen wie Alter, Geschlecht, Gesundheitszustand und zu Hause lebende Kinder kontrolliert wurden.

Auch Brody et al. (1987) schildern, daß 58% der von ihnen befragten hilfe-/pflegeleistenden Arbeitnehmerinnen bereits gezwungen waren, sich unerwartet einen Tag frei zu nehmen, und bei 47% war es schon einmal vorgekommen, daß sie ihren Arbeitsplatz zur Erledigung dringender Angelegenheiten vorzeitig verlassen mußten. In einer Untersuchung von Enright und Friss (1987) sind es ca. 55% der vollzeitbeschäftigten Arbeitnehmer mit Hilfe- und Pflegeverpflichtungen, die Arbeitszeit aufgrund eben dieser Verpflichtungen versäumt haben. Neal et al. (1993) hingegen sprechen von 36%, ein ähnlich hoher Prozentsatz - nämlich 33% - wurde im Rahmen einer Umfrage des AARP National Survey of Caregivers ermittelt (AARP, 1989).

Diese versäumte Arbeitszeit wurde von einigen Autoren auch in Stunden hochgerechnet. Wagner et al. (1988), die - wie berichtet - verschiedene themenbezogene Studien analysierten, stellten fest, daß die Anzahl von verlorenen Stunden je betroffenen Arbeitnehmer zwischen 12,8 und 32 Stunden pro Jahr varrierte. Anastas, Gibeau und Larson (1990) hingegen, die 425 Hilfe- und Pflegeleistende in Massachussetts befragten, kommen zu dem Ergebnis, daß 15% derjenigen, die gleichzeitig erwerbstätig waren, im vorhergehenden Jahr sogar eine Arbeitswoche - also mehr als 32 Stunden - allein aufgrund ihrer Hilfe-/Pflegeverpflichtungen versäumt hatten. Auf einen Monat bezogen errechneten wiederum Scharlach und Boyd (1989), daß durchschnittlich 2,8 Arbeitsstunden nicht für ihren eigentlichen Zweck genutzt werden können. Dabei ist jedoch zu beachten, daß Arbeitnehmer mit schwierigeren Pflegeverpflichtungen (z.B. Versorgung eines älteren Menschen mit psychischen Beeinträchtigungen) sogar noch mehr Zeit einbüßen: Sie verlieren nach Enright und Friss (1987) bis zu einen vollen Arbeitstag pro Monat.

Arbeitsunterbrechungen sind für viele Erwerbstätige mit Hilfe-/Pflegeverpflichtungen ebenfalls nicht ungewöhnlich (vgl. auch Brody & Schoonover, 1986; Creedon, 1987; Stone, Cafferata & Sangl, 1987) Sie können zum einen dadurch verursacht sein, daß die hilfe- bzw. pflegebedürftige Person zu Arztterminen begleitet werden muß - nach Gibeau und Anastas (1989) ist dies einer der wesentlichsten Grunde. Zum anderen erfolgen Unterbrechungen des Arbeitsablaufs aber auch bedingt durch Telefonate, die der Arbeitnehmer erhält bzw. führen muß und die im Zusammenhang mit der Hilfe-/Pflegetätigkeit stehen (z.B. sich erkundigen, ob es dem Pflegebedürftigen gut geht und/oder um Dienste und Dinge zu organisieren, die der Hilfe-und Pflegebedürftige benötigt). Scharlach und Boyd (1989) verweisen in ihrer Studie darauf, daß dies auf 2/3 der von ihnen befragten Erwerbstätigen mit Hilfe-/Pflegeverpflichtungen zutrifft.

Arbeitnehmer, die Arbeitszeit für Hilfe-/Pflegeverpflichtungen nutzen müssen, versuchen im allgemeinen, den dadurch gestiegenen Arbeitsdruck und die verlorene Zeit zu kompensieren, indem sie Überstunden machen, Arbeit mit nach Hause nehmen und/oder in der verbliebenen Zeit mehr oder schneller arbeiten. Dies wird natürlich um so schwieriger, je mehr familiäre Verpflichtungen der Arbeitnehmer hat, je weniger die berufsbezogene Tätigkeit außerhalb der normalen Arbeitszeit ausgeübt werden kann oder je rigider die

Arbeitszeiten sind. Die verlorene Arbeitszeit wieder auszugleichen, ist daher für jene Arbeitnehmer besonders problematisch, deren Tätigkeit eine Vielzahl unaufschiebbarer Termine beinhaltet und/oder die wenig Kontrolle über die individuelle Arbeitsgeschwindigkeit haben (Orodenker, 1990).

3.2.2 Beeinträchtigung des Leistungsvermögens

Die Hilfe-/Pflegeverpflichtungen können jedoch nicht nur das Ausmaß der verlorenen Arbeitszeit beeinflussen, sondern auch die Leistungsfähigkeit des Arbeitnehmers und damit die Qualität der Arbeit. In einigen Untersuchungen wird daher auch darauf hingewiesen, daß ein Teil der erwerbstätigen Hilfe-/Pflegeleistenden mangelndes Leistungsvermögen, Konzentrationsschwäche und eine allgemein geringere Belastbarkeit beklagt (Gibeau & Anastas, 1989; Enright & Friss, 1987). So fühlen sich nach Scharlach und Boyd (1989) 33% der Betroffenen durch Stress und Ermüdung so beeinträchtigt, daß sie glauben, nicht mehr effektiv arbeiten zu können; in der Studie von Brody et al. (1987) liegt der entsprechende Anteil bei 15%.

Eine Reduzierung des Leistungsvermögens erleben dabei insbesondere jene Arbeitnehmer, die ein großes Ausmaß an intensiver persönlicher Pflege leisten oder jemanden versorgen, der psychisch beeinträchtigt, desorientiert und fordernd ist (Scharlach, Sobel & Roberts, 1991; Steuve & O'Donnell, 1989), denn diese Aufgaben erfordern in der Regel sehr viel physische und psychische Energie. Wie bereits berichtet, haben erwerbstätige Hilfe- und Pflegeleistende aufgrund ihrer vielfältigen Verpflichtungen aber häufig nur wenig freie Zeit, um sich zu erholen und zu entspannen, d.h. die Betroffenen beginnen den Arbeitstag u.U. schon kraftlos und emotional ausgelaugt. Hinzu kommt, daß ein Teil der Arbeitnehmer, die die Verantwortung für die Hilfe/ Pflege ihrer Angehörigen tragen, auch ihren Urlaub oder die Wochenenden nicht zur Erholung nutzen kann (AARP, 1989). Im Gegenteil, häufig werden freie Tage dazu genutzt, um sich intensiver um den Hilfe-/Pflegebedürftigen kümmern bzw. um Termine, die im Zusammenhang mit den Hilfe-/Pflegeverpflichtungen stehen, wahrnehmen zu können (Creedon, in Druck; Neal et al., 1993).

Häufig sind es aber auch Gedanken und Sorgen, die um den Hilfe-/Pflege-bedürftigen kreisen - z.B. hervorgerufen durch beunruhigende Telefonate - , die eine Konzentration auf die zu bewältigende Arbeit erschweren. Vor allem Arbeitnehmer, die von „long distance caregiving" betroffen sind und eigentlich keine direkte Hilfe und Pflege leisten, schildern derartig verursachte Konzentrationsprobleme (Strauss, pers. Mitteilung). Die Besorgnis, allen Anforderungen - und insbesondere den beruflichen - nicht länger entsprechen zu können, trägt u.U. ebenfalls mit dazu bei, daß Beeinträchtigungen des Leistungsvermögens und der Produktivität am Arbeitsplatz durchlebt werden (Scharlach & Boyd, 1989).

3.2.3 Verminderte Chancen für Karriere und Weiterbildung

Für einige - in der Regel höher qualifizierte Arbeitnehmer - kann die Übernahme von Hilfe-/Pflegeverpflichtungen zur Folge haben, daß sie - bedingt durch Zeitmangel und/oder aufgrund fehlender physischer und psychischer Ressourcen - nicht an notwendigen Fort- und Weiterbildungsmaßnahmen teilnehmen können. Dies trifft nach Wagner et al. (1988) auf 10% bis 30% der Betroffenen zu.

Die eingeschränkte Möglichkeit zur Fort- und Weiterbildung kann wiederum zur Konsequenz haben, daß erwerbstätige Hilfe-/Pflegeleistende verminderte Chancen in bezug auf eine Beförderung erfahren bzw. mögliche Aufstiegschancen gar nicht erst wahrnehmen, weil sie glauben, den neuen beruflichen Aufgaben nicht gewachsen zu sein (Gibeau & Anastas, 1987; Stephens & Christianson, 1986). Vor allem für Arbeitnehmer, die ihrer beruflichen Tätigkeit einen hohen Stellenwert einräumen oder die Karrierepläne haben, kann dies ein wesentlicher Belastungsaspekt sein, der demotivierend auf ihr allgemeines berufliches Engagement und damit auf ihre Leistungsfähigkeit wirkt, der aber auch die Hilfe-/Pflegesituation bzw. das Verhältnis zum Hilfe-/Pflegebedürftigen negativ beeinflußen kann.

3.2.4 Arbeitszeitreduzierung und Reorganisation der Arbeitszeit

Ist bei der gegebenen Arbeitszeit ein Management der umfassenden beruflichen, pflegerischen und familiären Aufgaben nicht mehr möglich, können unterschiedliche arbeitsplatzbezogene Reaktionsmuster der betroffenen Erwerbstätigen beobachtet werden: Nach Wagner et al. (1988) zwingen die Anforde-rungen der Pflege ca. 45% der unterstützenden Arbeitnehmer dazu, ihre wöchentliche Arbeitszeit zu reduzieren, 15% bis 40% machen keine Überstunden mehr und 15% bis 30% reorganisieren ihre Arbeitszeit. Stone et al. (1987) berichten unter Bezugnahme auf die Ergebnisse des National Informal Survey ebenfalls, daß 29% der erwerbstätigen Hilfe-/Pflegeleisten-den ihre Arbeitszeit geändert haben und 21% eine Arbeitszeitreduzierung vornahmen, um allen an sie herangetragenen Anforderungen gerecht zu werden. Auch 35% der von Gibeau, Anastas und Larson (1987) befragten weiblichen Erwerbstätigen mit Hilfe-/Pflegeverpflichtungen vollzogen solche arbeitszeitbezogenen Änderungen. Orodenker (1990 verweist in diesem Zusammenhang darauf, daß eine durch die Hilfe-/Pflegeverpflichtungen bedingte Änderung des Arbeitszeitumfangs bei den betroffenen Arbeitnehmern ein wesentlicher Prädiktor für erlebte Belastungen ist. Anders ausgedrückt bedeutet diese Aussage, daß Änderungen in der Arbeitsroutine und Arbeitszeit zumeist erst dann erfolgen, wenn erkannt wird, daß man unter den bisherigen Bedingungen eine Balance zwischen Erwerbs- und Hilfe-/Pflegetätigkeit nicht mehr ohne negative Konsequenzen aufrechterhalten kann.

Wie sehr manche Arbeitnehmer ihre Erwerbstätigkeit den familiären und pflegerischen Anforderungen unterordnen, wird in der bereits zitierten Untersuchung von Gibeau und Anastas (1989) deutlich, nach der für 10% der unterstützenden Arbeitnehmer die Arbeitsplatzwahl signifikant von den Hilfe-/Pflegeverpflichtungen bestimmt war. So haben einige Betroffene eine bestimmte Tätigkeit nur deshalb angenommen, weil sie den „richtigen" Stundenumfang hat, flexible Arbeitszeiten ermöglicht oder in der Nähe der Wohnung des Hilfe-/Pflegebedürftigen liegt.

3.2.5 Beendigung der Erwerbstätigkeit

Als vielleicht gravierendste arbeitsplatzbezogene Auswirkung der Hilfe/Pflege für ältere Angehörige kann die Beendigung der Erwerbstätigkeit bezeichnet werden. Sie wird vollzogen, wenn eine Vereinbarkeit nicht mehr bewältigt werden kann und sich die betroffene Person für eine Fortführung der Hilfe-/Pflegetätigkeit entscheidet. Nach Lechner (1991) wird eine Beendigung der Erwerbstätigkeit vor allem dann wahrscheinlich, wenn der Versuch einer Bewältigung beider Bereiche zu massiven negativen Effekten am Arbeitsplatz führt (z.B. Probleme mit Vorgesetzten aufgrund von häufigem Absentisums) und/oder wenn das Ausmaß der Hilfe-/Pflegebedürftigkeit des älteren Angehörigen zunimmt.

Daß die Berufsaufgabe für einen Teil der erwerbstätigen Hilfe-/Pflegeleistenden als eine Lösungsstrategie gesehen wird, um die Mehrfachbelastung zu reduzieren, belegen auch jene amerikanischen Forschungsergebnisse, nach denen zwischen 10% bis 20% der hilfe- und pflegeleistenden Frauen ihre Arbeitsstelle gekündigt haben, um sich intensiver der Versorgung ihrer älteren Angehörigen widmen zu können und weitere 20% bis 30% mit dem Gedanken spielen, ihre Erwerbstätigkeit aus dem genannten Grund aufzugeben (Gibeau & Anastas, 1989; Scharlach & Boyd, 1989). Auch Stephens und Christianson (1986) bestätigen diese Daten in der Tendenz: Bei ihrer Befragung von Hilfe-/Pflegeleistenden, die kurz zuvor arbeitslos geworden waren, stellte sich heraus, daß 35% ihre Unterstützungsverpflichtungen gegenüber anderen Personen als Motiv für die Berufsaufgabe nannten. Weitere 28% erwähnten, daß ihre Hilfe-/Pflegeverpflichtungen sie davon abhalten würden, eine neue Arbeitsstelle zu suchen. Stone et al. (1987) berichten schließlich, daß 14% der im Rahmen des National Long-Term Care Survey untersuchten Ehefrauen, 12% der Töchter, 11% der Ehemänner und 5% der Söhne ihren Austritt aus dem Erwerbsleben mit Hilfe-/Pflegeverpflichtungen gegenüber Angehörigen begründeten.

Die Beendigung der Erwerbstätigkeit kann für die Betroffenen aber auch - vor allem wenn sie sich mit ihrer beruflichen Tätigkeit eng verbunden fühlen und sie gern ausüben - eine große Belastung darstellen (Brody et al., 1987).

Brody et al. betonen, daß jene weiblichen Pflegenden, die ihre Erwerbstätigkeit bedingt durch die Hilfe-/Pflegeverpflichtungen beendet hatten, über mehr
Probleme und Belastungen berichteten als diejenigen, die weiterhin ihrem
Beruf nachgingen. Zwar wird berücksichtigt, daß die ehemaligen Arbeitnehmerinnen im Vergleich zu den noch Erwerbstätigen eher Hilfe-/Pflegebedürf-
tige betreuten, die stärker eingeschränkt waren, die Autoren gehen aber dennoch davon aus, daß ein großer Teil der erlebten Belastungen auch direkt
auf den Umstand der Berufsaufgabe zurückzuführen ist, weil z.B. erworbene
berufliche Fähigkeiten und Kenntnisse nun ungenutzt bleiben, weil die Arbeitskollegen vermißt werden und/oder weil berufliche Pläne aufgegeben werden müssen. In diesem Kontext sollte gleichzeitig beachtet werden, daß eine
etwaige Wiedereingliederung in den Beruf umso schwieriger ist, je länger die
Pflegephase andauert und je älter die betroffenen Arbeitnehmer sind.

3.2.6   Einkommenseinbußen

Mit der Arbeitszeitreduzierung, „verpaßten" Karrierechancen und insbesondere mit der Berufsaufgabe sind für die Betroffenen u.U. auch wesentliche
Einkommenseinbußen verbunden. Zwar gibt es hierzu keine genauen Angaben, dennoch verweisen verschiedene Untersuchungen darauf, daß finanzielle Verluste und die damit einhergehenden Probleme durchaus ein Stressfaktor für Personen mit Hilfe-/Pflegeverpflichtungen darstellen können (vgl.
Abschnitt 3.1). Dies gilt in besonderem Maße für die Alleinstehenden unter
ihnen sowie für jene, die aufgrund ihrer niedrigen beruflichen Qualifikation
über ein geringes Einkommen verfügen. Enright und Friss (1987) verweisen
beispielsweise darauf, daß ca. 25% der in ihre Studie einbezogenen Hilfe-
/Pflegeleistenden angaben, daß sie allein schon aus finanziellen Gründen
einer Erwerbstätigkeit nachgehen würden, wenn sie ihre Angehörigen nicht
betreuen müßten. Die durchschnittlichen Einkommensverluste dieser Personen wurden von den Autoren auf ca. $ 20.400 im Jahr geschätzt.

3.3   Entlastende Funktion der Erwerbstätigkeit

Viele der bislang diskutierten Studien haben eindrucksvolle Belege dafür
geliefert, daß ein großer Teil der Arbeitnehmer aufgrund von Hilfe- und Pflegeverpflichtungen erhebliche und manigfaltige Belastungen am Arbeitsplatz
verspürt, wenn Möglichkeiten einer effektiven Entlastung nicht gegeben sind.
Dennoch darf nicht außer Acht gelassen werden, daß die Erwerbstätigkeit -
wie bereits unter Abschnitt 3.2.5 angedeutet - eine entlastende Funktion für
Personen mit Hilfe-/Pflegeverpflichtungen haben kann und mit ihr durchaus
auch positive Aspekte verbunden sind. Orodenker (1990) geht sogar davon
aus, daß die Erwerbstätigkeit die negativen Folgen bzw. die Belastungen, die
die Hilfe/Pflege von älteren Angehörigen häufig begleiten, abschwächen kann.

In der Tat zeigt ein Vergleich zwischen gegenwärtig Erwerbstätigen, ehemals Erwerbstätigen und Hilfe-/Pflegeleistenden, die nie im Erwerbsleben gestanden haben, daß die noch erwerbstätigen Personen den geringsten Stress empfinden. Die positive bzw. „puffernde" Wirkung der Erwerbstätigkeit scheint insbesondere dann zum Tragen zu kommen, wenn ältere Personen unterstützt werden, die z.b. aufgrund einer psychischen Erkrankung ein problematisches Verhalten zeigen. Scharlach (1988) bestätigt diese Aussage, denn gemäß seiner Untersuchung hat die Erwerbstätigkeit für 15% der Hilfe-/Pflegeleistenden von kognitiv Beeinträchtigten eine stressreduzierende Wirkung. Stone und Short (1990) wiederum gelangten zu folgendem Ergebnis, das auch geeignet ist, die Hypothese von der „puffernden" Wirkung der Erwerbstätigkeit zu bestätigen: Hilfe-/Pflegeleistende von psychisch kranken Personen waren eher erwerbstätig als jene, deren pflegebedürftige Angehörige keine psychischen Auffälligkeiten zeigten.

Diese Untersuchungsbefunde - wenngleich im scheinbaren Widerspruch zu den Ausführungen in Abschnitt 3.2.2 - belegen somit die Annahme, daß dem Arbeitsplatz für besondere Gruppen von erwerbstätigen Hilfe-/Pflegeleistenden eine sogenannte „respite function" zukommt (Brody et al., 1987; Enright & Friss, 1987) bzw. er von ihnen als „safety value" betrachtet wird (Horowitz, 1985b). Der Arbeitsplatz wird für diese Personen vielfach zu einem Ort, an dem man sich für eine gewisse Zeit von den familiären Verpflichtungen zurückziehen, an dem man eine „Pause" von der Ausübung der Hilfe-/Pflegetätigkeit machen kann.

In Verbindung mit der entlastenden Funktion der Erwerbstätigkeit verweisen weitere Studien darauf, daß ihre Aufrechterhaltung trotz vorhandener Hilfe-/Pflegeverpflichtungen auch deshalb einen positiven Effekt haben kann, weil die Hilfe-/Pflegeleistenden

• das Gefühl haben, ihre Lebensumstände noch kontrollieren zu können,
• ihre beruflichen Ziele weiter verfolgen können,
• soziale Unterstützung durch Kollegen erfahren,
• über ein höheres Familieneinkommen verfügen, das es wiederum ermöglicht, professionelle Dienst-leistungen in Anspruch zu nehmen und
• ein höheres Ausmaß an Hilfe durch andere Familienangehörige erhalten (vgl. auch Brody et al., 1987; Giele, Mutschler, & Orodenker, 1987; Stoller & Pugliesi, 1989).

4. Wesentliche Einflußfaktoren auf die Vereinbarkeit von Erwerbstätigkeit und Hilfe/Pflege für ältere Angehörige

Die bisher präsentierten Untersuchungsergebnisse verweisen darauf, daß die Vereinbarkeit von Erwerbstätigkeit und Hilfe/Pflege für ältere Angehörige eine differenzierte Betrachtung erfordert. So sind die beschriebenen Auswirkungen, die die Kombination beider Bereiche mit sich bringen kann bzw. das Ausmaß der erlebten Belastungen und Nachteile von bestimmten Faktoren abhängig, die im weiteren genauer spezifiziert werden sollen. Dabei ist zu beachten, daß einige Faktoren sich gegenseitig bedingen und hier lediglich aus Gründen der Übersicht analytisch voneinander getrennt betrachtet werden. Und obwohl schon einige wichtige Erkenntnisse vorliegen, muß des weiteren angemerkt werden, daß der bisherige Forschungsstand zu den möglichen Einflüssen noch als unbefriedigend zu bezeichnen ist:

> „... little is known about how employees' involvement in eldercare affects their ability to meet their job responsibilities and to advance at work. Moreover, even less is known about the particular aspects of eldercare that have the greatest impact on employee performance and advancement" (Gottlieb, Kelloway & Fraboni, 1994, S. 815).

4.1 Grad der Hilfe- bzw. Pflegebedürftigkeit des Angehörigen

Eine bedeutsame - wenn nicht sogar die bedeutsamste - Variable, die entscheidend das Ausmaß der Vereinbarkeit von Erwerbs- und Hilfe-/Pflegetätigkeit bestimmen kann, ist der Grad der Hilfe- bzw. Pflegebedürftigkeit der zu unterstützenden Person (Lechner, 1991; Neal et al., 1990; Scharlach, 1987; Scharlach, Sobel & Roberts, 1991; Stone & Short, 1991). Es ist bereits weiter oben angeklungen, daß jene Arbeitnehmer besondere Belastungen emotionaler und physischer Art erleben, die schwer pflegebedürftige und/oder Angehörige mit „problematischen" Verhaltensweisen versorgen. Dieser Sachverhalt wird auch von Horowitz (1985a), Neal et al. (1993), Noelker und Poulshock (1982) sowie Scharlach und Sobel (1989) bestätigt. Neal et al. kommen beispielsweise zu dem Ergebnis, daß Arbeitnehmer, deren ältere Angehörige sehr viel Hilfe bei der Ausführung von ADL-Aktivitäten benötigten, nicht nur am ehesten ihre Arbeitszeit veränderten, sondern auch diejenigen waren, die die größten Belastungen beklagten und am meisten Schwierigkeiten hatten, Erwerbs- und Pflegetätigkeit zu kombinieren. Interessanterweise schien dabei aber weniger der konkrete Stundenumfang, der für Hilfe-/Pflegeleistungen verwandt wurde als vielmehr die Anzahl der Krisensituationen von Bedeutung zu sein.

Einen Beleg für eine positive Korrelation zwischen Grad der Hilfe- bzw. Pflegebedürftigkeit des Angehörigen und Häufigkeit der belastungsreichen Krisensituationen bieten auch die Daten der CARNET- Untersuchung. Verglichen mit Erwerbstätigen, die für Angehörige „general eldercare" leisteten, erlebten diejenigen, die bei „personal eldercare" halfen, in den letzten sechs Monaten vor dem Untersuchungszeitpunkt zweimal so häufig eine schwierige häusliche Krisensituation (Martin Matthews & Rosenthal, 1993). Diesbezüglich muß zum einen beachtet werden, daß diese Krisen ein schnelles Handeln sowie Flexibilität in allen Lebensbereichen - insbesondere auch am Arbeitsplatz - erfordern (z.B. kann es notwendig sein, den Arbeitsplatz sofort zu verlassen, um den Angehörigen in ein Krankenhaus zu bringen):

> „By definition, crises demand immediate attention and can therefore cause considerable distress and disruption both at work and at home" (Gottlieb, Kelloway und Fraboni 1994, S. 820).

Zum anderen sind Krisensituationen u.U. ausgesprochen zeitintensiv, zumal ihre antizipierte und tatsächliche Dauer weit auseinanderklaffen können. Berufliche und familiäre Wünsche und Planungen (z.B. eine Dienst- oder Urlaubsreise) werden dadurch nicht selten durchkreuzt bzw. erheblich erschwert. Was dies wiederum für das psychische Befinden der Betroffenen bedeuten kann, ist bereits dargelegt worden.

Leben der Erwerbstätige und die zu unterstützende Person dann auch noch in einem gemeinsamen Haushalt, bestehen häufig keinerlei Möglichkeiten mehr, sich der Hilfe-/Pflegesituation bzw. sich dem Hilfe-/Pflegebedürftigen mit seinen Wünschen und Forderungen zu entziehen, um neue Energien zu sammeln oder um Zeit für sich, andere Familienangehörige, Freunde oder Hobbies zu haben (U.S. House Select Commitee on Aging, 1987). Dies wiederum kann - wie in Abschnitt 3.2.2 dargelegt - die Vereinbarkeitsproblematik verschärfen.

Grundsätzlich ist also eine Bewältigung von Erwerbs- und Hilfe-/Pflegetätigkeit dann eher möglich, wenn die älteren Angehörigen noch weitgehend selbständig sind und nur gelegentlich Unterstützung beanspruchen, die nicht sehr viel Zeit erfordert. Hilfe-/Pflegeleistungen wie Körperpflege, Transport oder aber auch die Erledigung von Angelegenheiten (z.B. bei der Bank, bei Behörden) sind hingegen - wie Neal et al. (1993) es ausdrücken - „... particularly burdensome because they put the caregiver on the care receiver's time schedule" (S. 121).

4.2 Berufliches Qualifikationsniveau

Welche wichtige Rolle die berufliche Qualifikation bzw. der berufliche Status bei der Vereinbarkeit von Erwerbstätigkeit und Hilfe/Pflege spielt, verdeutlichen ebenfalls einige Untersuchungen. Als zentrales Ergebnis kann dabei insbesondere der Sachverhalt gewertet werden, daß unterstützende Arbeitnehmer, die eine höher qualifizierte Tätigkeit ausüben, mehr Freiräume hinsichtlich der **flexiblen Gestaltung der Arbeitszeit und der individuellen Arbeitsgeschwindigkeit** haben - beides Faktoren, die eine Balance zwischen beruflichen und familiären Anforderungen wesentlich erleichtern können (Enright & Friss, 1987). Es ist daher nicht erstaunlich, daß - wie bereits in Abschnitt 2.2.2 ausgeführt - beruflich höher Qualifi-zierte innerhalb der Gruppe hilfe-/pflegeleistender Arbeitnehmer überrepräsentiert sind.

> „Caregivers with higher status jobs can more easily accommodate their work schedules to their caregiving responsibilities than can those with lower status jobs. They also experience less conflict about continuing to work" (Neal et al., 1993, S. 119)

Stone (1987) macht z. B. darauf aufmerksam, daß innerhalb der von ihm untersuchten Gruppe weiblicher Erwerbstätiger mit Hilfe-/Pflegeverpflichtungen höher Qualifizierte eher dazu neigten, die Arbeitszeit zu reduzieren. „Blue collar"-Beschäftigte hatten demgegenüber weniger Chancen, flexible Arbeitszeitarrangements zu nutzen - sie nahmen stattdessen unbezahlte freie Tage oder gaben ihre Berufstätigkeit ganz auf, um ihren älteren Angehörigen die benötigte Unterstützung zuteil werden zu lassen. Auch gemäß einer Untersuchung von Mutschler (1989) änderten lediglich 12% der „blue collar"- aber 27% der „white collar"-Arbeitnehmer ihre Arbeitszeit. Allerdings gaben Personen mit einem höheren beruflichen Status eher an, aufgrund ihrer Hilfe-/Pflegeverpflichtungen mögliche Aufstiegschancen nicht nutzen zu können. Mutschler kommt daher zu dem Schluß, daß Arbeitnehmer je nach Qualifikation und beruflicher Stellung grundsätzlich unterschiedliche Möglichkeiten haben, den Anforderungen in Beruf, Familie und Hilfe/Pflege gerecht zu werden.

In einer qualitativ ausgerichteten Studie, in die nur weibliche Hilfe-/Pflegeleistende einbezogen wurden, unterschied Archbold (1983) zwischen zwei Gruppen: jenen Frauen, die konkrete Pflege für ältere Menschen leisteten („care provider") und jenen, die die Versorgung ihrer Angehörigen organisierten („care manager"). Als ein bedeutsames Ergebnis seiner vergleichenden Analyse stellt Archbold den Sachverhalt heraus, daß innerhalb der erwerbstätigen Hilfe-/Pflegeleistenden die „care manager" einen höheren beruflichen Status hatten als die „care provider". Dieser höhere berufliche Status erlaube den „care managern" - so Archbold und er bestätigt damit die bisherigen Ausführungen - eine größere Flexibilität bei der Erfüllung ihrer Unterstützungsleistungen, denn diese berichteten generell auch über weniger, durch die Vereinbarkeit bedingte Konflikte als die „care provider". Des weiteren waren sie über mögliche Hilfen zur Entlastung ihrer Situation besser informiert und hatten gleichzeitig weniger Probleme, diese Hilfen in Anspruch zu nehmen. Neal et al. (1993) tragen zur Bestätigung dieser Untersuchungsergebnisse aus einer anderen Perspektive bei: Gemäß den Daten dieser Forschergruppe erwähnen hilfe-/pflegeleistende Erwerbstätige in weniger qualifizierten Berufen in einem höheren Maße Belastungen und Ängste, die sie berühren. Wenig überraschend ist demzufolge, daß die „care provider", deren berufliche Tätigkeit gemäß Archbold weniger hoch angesehen war und die über ein geringeres Arbeitseinkommen verfügten, eher bereit waren, die Erwerbstätigkeit ganz aufzugeben, um sich „full-time" dem hilfe- bzw. pflegebedürftigen Angehörigen zu widmen. Auch Brody et al. (1987) stützen diesen Befund, wenn sie bezugnehmend auf ihre Studie, in der sie vier Gruppen von Frauen hinsichtlich des Zusammenhangs von Erwerbstätigkeitsstatus und Hilfe/Pflege für ältere Angehörige untersuchten, ausführen:

„The women who had quit work had less education, and lower family income .... They and the nonworking women ... held jobs of lower status (when they worked in the past) than the two groups of women who were still in the labor force" (S. 206).

An dieser Stelle sei auch kurz auf die bereits erwähnte Untersuchung von Stone und Short (1990) eingegangen. Die Autoren stellten zunächst grundsätzlich fest, daß „weiße" amerikanische Hilfe- und Pflegeleistende in einem höheren Ausmaß erwerbstätig sind als „nicht-weiße". Stellt man weiterhin die erwerbstätigen Hilfe-/Pflegeleistenden beider Bevölkerungsgruppen gegenüber, so ist beobachtbar, daß „weiße" Arbeitnehmer im Vergleich zu den „nicht-weißen" zur Bewältigung der Hilfe-/Pflegeverpflichtungen eher ihre Arbeitszeit reorganisieren oder reduzieren. Diesen Unterschied führen Stone und Short im wesentlichen darauf zurück, daß die Letztgenannten - aufgrund ihres vielfach niedrigeren beruflichen Qualifikationsniveaus - grundsätzlich geringere Möglichkeiten der flexiblen Gestaltung ihrer Arbeitszeit haben.

4.3 Ökonomische Lage

Die ökonomische Lage bzw. die Höhe des Haushaltseinkommens - in der Regel verbunden mit der beruflichen Qualifikation - ist ebenfalls ein Faktor, der die Vereinbarkeit von Erwerbstätigkeit und Hilfe/Pflege für Angehörige beeinflussen kann. So stellte Horowitz (1985b) auf der Grundlage ihrer Recherchen fest, daß die ökonomische Lage ein entscheidender Prädiktor dafür war, welche Art von Unterstützung für ältere Angehörige geleistet wird. Während Hilfe-/Pflegeleistende mit geringerem Einkommen eher gemeinsam in einem Haushalt mit dem Hilfe-/Pflegebedürftigen leben und vor allem konkrete Formen der Unterstützung erbringen, leisten Personen mit einem höheren Einkommen häufiger finanzielle Unterstützung und/oder organisieren bzw. „kaufen" häufiger professionelle Hilfen. In bezug auf erwerbstätige Pflegende bedeutet dies, daß Personen mit einem höheren Einkommen schon deshalb eher in der Lage sind, ihre Doppel- oder Dreifachbelastung zu reduzieren, weil sie die Hilfe anderer Personen auch vergüten können (Neal et al., 1993).

Hinsichtlich des Effektes, den der sozio-ökonomische Status auf die erlebten Belastungen von Hilfe-/Pflegepersonen haben kann, sind die Ergebnisse uneinheitlich (Horowitz, 1985b). Während einige Studien keinerlei Zusammenhänge feststellen, finden andere Belege dafür, daß ein größeres Ausmaß an negativem Stress mit einem höheren sozio-ökonomischen Status assoziiert ist. Horowitz nimmt an, daß Personen mit eben diesem Status größere Erwartungen an ihren Beruf und an ihr Freizeiterleben haben und die Belastung insbesondere daraus resultiert, daß sie sich in diesen Bereichen durch die Hilfe-/Pflegeverpflichtungen stärker eingeschränkt fühlen.

4.4   Familienstand und Kinder

Die Frage, ob hilfe-/pflegeleistende Arbeitnehmer, die verheiratet sind oder die mit einem Partner zusammenleben, Erwerbs- und Hilfe-/Pflegetätigkeit problemloser kombinieren können als jene, die alleinstehend sind, läßt sich nicht eindeutig beantworten. Falls ein Partner vorhanden ist, so kann dieser einerseits wesentlich zur Entspannung der Vereinbarkeitsproblematik beitragen, indem er z.B. bestimmte Aufgaben, die mit der Hilfe/Pflege, der Haushaltsführung, der Kindererziehung etc., einhergehen, übernimmt und/oder indem er dem Hilfe-/Pflegeleistenden mit Trost und Rat zur Seite steht. Andererseits können sein mangelndes Verständnis und hohe Ansprüche an das Zeitbugdet des Hilfe-/Pflegeleistenden einen zusätzlichen Belastungsaspekt bedeuten und so eine Vereinbarkeit erschweren, wenn nicht gar unmöglich machen (Neal et al., 1993).

Die Vereinbarkeitsproblematik kann - und dies erscheint unmittelbar plausibel - insbesondere für jene Arbeitnehmer brisant werden, die sowohl Kinder als auch ältere Angehörige betreuen und versorgen müssen: die sogenannte „sandwich-generation", mit der bislang in aller Regel Frauen gemeint sind (Gottlieb, Kelloway & Fraboni, 1994; Martin Matthews & Rosenthal, 1993; Scharlach, 1988). Die Erfüllung von beruflichen, familiären, erzieherischen und pflegerischen Aufgaben ist oftmals nur unter größten physischen und psychischen Belastungen möglich, die wiederum einen Einfluß auf alle Lebensbereiche haben können. Auch die CARNET-Daten bestätigen dies nachhaltig, wobei bezugnehmend auf den Arbeitsplatz folgende Aspekte betont werden:

„With few exceptions, dual caregivers reported the highest
levels of work-family conflict, stress, full and partial day
absenteesim, job opportunity costs and personal opportunity
costs. They also reported low levels of extrinsic job satis-
faction" (CARNET, 1993, S. 15).

4.5 Verfügbarkeit von Hilfen und Unterstützung durch Dritte

Wie im letzten Abschnitt angedeutet, können Familienmitglieder - vor allem
der Ehepartner aber auch Freunde und Bekannte - eine entscheidende Rolle
bei der erfolgreichen Bewältigung der hier diskutierten Vereinbarkeitsproblematik spielen. So scheint grundsätzlich das Vorhandensein eines zweiten Hilfeleistenden („secondary caregiver") die Wahrscheinlichkeit zu erhöhen, daß
die Hauptpflegeperson einer Erwerbstätigkeit nachgehen kann. Auch ist sie
nach Stone und Short (1990) weniger gezwungen, ihre Arbeitzeiten zu reorganisieren oder zu reduzieren. Wenig überraschend ist daher das Ergebnis
von Scharlach et al. (1991), wonach erwerbstätige Hilfe-/Pflegeleistende dann
weniger Konflikte erleben, wenn sie ein hohes Maß an sozialer Unterstützung
von anderen Personen erhalten.

Bei der Behandlung des Aspekts „Unterstützung durch Dritte" sollte allerdings
auch beachtet werden, daß die Variable „Geschlecht des Hilfe-/Pflegelei-
stenden" einen wesentlichen Einfluß darauf hat, in welchem Ausmaß die
soziale Umwelt einen Beitrag zur Erleichterung der Hilfe-/Pflegesituation leistet. Es ist bereits unter Abschnitt 2.3 angedeutet worden, daß hilfe-/pflege-
leistende Männer in einem größeren Umfang Unterstützung von anderen
angeboten bekommen und tatsächlich auch erhalten als Frauen. Dies gilt
umso mehr, wenn sie zusätzlich noch erwerbstätig sind (Enright, 1991).

Die Inanspruchnahme professioneller Dienste kann für hilfe-/pflegeleistende
Erwerbstätige ebenfalls eine entlastende Funktion haben (Stoller & Pugliesi,
1989). Allerdings kam Orodenker (1990) diesbezüglich zu dem interessan-
ten Ergebnis, daß dies nicht immer unbedingt der Fall sein muß. Nach Analyse der Daten des National Long-Term Care Survey stellte sie fest, daß die
Suche und Koordination von professionellen Hilfen als belastender erlebt
wurde als direkte Hilfeleistungen für ältere Angehörige. Gemäß Orodenker
bedeutet das Management professioneller Hilfen für die ohnehin schon stark
beanspruchten Hilfe-/Pflegeleistenden eine weitere Belastung. Dies könnte
somit ein Grund für die geringe Inanspruchnahme von professionellen Diensten auch durch erwerbstätige Hilfe-/Pflegeleistende sein (vgl. Abschnitt 2.3).

Gottlieb, Kelloway und Fraboni (1994) können ein ähnliches Ergebnis präsentieren. Sie fanden, daß das Eingebundensein in „management care" der
beste Prädiktor für einen möglichen Konflikt von Hilfe/Pflege und Erwerbs-

tätigkeit, negative Konsequenzen am Arbeitsplatz und Stresserleben ist. Folgende Gründe sind ihres Erachtens hierfür verantwortlich: Die Suche und das Koordinieren von Hilfen oder auch von finanziellen Angelegenheiten erfordert nach den Erfahrungen der Autoren häufig spezielle Kenntnisse, die zunächst einmal erworben werden müssen. Dies aber kann u.U. die Kompetenzen der Hilfe-/Pflegeleistenden überfordern, zumal auch noch ausreichend Zeit für die Informationssuche vorhanden sein muß. Hinzu kommt, daß viele dieser organisatorischen Tätigkeiten (z.B. Besuche bei Banken, Behörden, Diensten und Einrichtungen) nur tagsüber - also während der normalen Arbeitszeit - ausgeführt werden können. Des weiteren besteht Grund zu der Annahme, daß „management care" eher für ältere Menschen übernommen wird, die Gedächtnis- oder sonstige kognitive oder verhaltensbezogene Probleme haben. Solcherlei Einschränkungen auf seiten der unterstützungsbedürftigen Person gehören wiederum - wie bereits mehrfach betont - zu den größten Stressfaktoren fü Helfende und Pflegende.

4.6 Eine beispielhafte Untersuchung zur Relevelanz verschiedener Einflußfaktoren

Eine interessante Arbeit, die mehrere Einflußfaktoren auf die Vereinbarkeit von Erwerbstätigkeit und familiären Verpflichtungen analysierte und auf die an dieser Stelle näher eingegangen werden soll, wurde 1990 von Neal, Chapman, Ingersoll-Dayton, Emlen und Boise vorgelegt. Im Mittelpunkt ihrer Untersuchung, deren Methode eine schriftliche Befragung von erwerbstätigen Hilfe-/Pflegeleistenden war, stand die Frage, ob Hilfe-/Pflegeverpflichtungen ganz allgemein mit wahrgenommenem Stress und Absentismus (definiert als jegliche Arbeitszeit, die versämt wird) in Beziehung stehen. Des weiteren galt es auch zu überprüfen, ob Hilfe-/Pflegeverpflichtungen gegenüber verschiedenen Personen (für ein Kind, für einen behinderten Erwachsenen oder für eine ältere Person) mit einem unterschiedlichen Ausmaß von Stress und Absentismus einhergehen. In ihrem Einfluß auf Absentismus und Stress wurden zusätz-lich die Zusammenhänge zwischen Hilfe-/Pflegeverpflichtungen und

- sozioökonomischen Charakteristika (Geschlecht, Familienstand, Erwerbsstatus des Partners, Haushaltseinkommen) sowie
- Charakteristika der Erwerbstätigkeit (Berufliche Qualifikation, Umfang der Erwerbstätigkeit und Flexibilität der Arbeitzeit) analysiert.

Die Autoren formulierten folgende drei Haupthypothesen:

1. Arbeitnehmer ohne Hilfe-/Pflegeverpflichtungen haben eine niedrigere Absentismusrate und erleben weniger Stress als jene, die Hilfe-/Pflegeverpflichtungen nachkommen müssen.

2. Arbeitnehmer, die Hilfe-/Pflegeverpflichtungen gegenüber einem Kind, einem behinderten Erwachsenen oder einem älteren Menschen haben unterscheiden sich nicht im Hinblick auf Absentismus oder erlebten Stress.

3. Eine Variation der sozioökonomischen und erwerbsbezogenen Charakteristika wird sich im unterschiedlichen Maße auf Absentismus und Stress der vier Arbeitnehmergruppen auswirken.

Insgesamt konnten Informationen von 9.573 Arbeitnehmern, die aus 33 Betrieben stammten, ausgewertet werden. Die Hyothesenprüfung ergab nachstehende Ergebnisse:

1. Entgegen obiger Annahme haben Arbeitnehmer mit Hilfe-/Pflegeverpflichtungen keine höhere Absentismusrate als davon nicht betroffene Arbeitnehmer. Lediglich die Variable „Unterbrechungen des Arbeitsablaufs" steht in einem signifikanten Verhältnis zum Vorhandensein von Hilfe-/Pflegeverpflichtungen, wobei die Anzahl der Unterbrechungen bei den unterstützenden Arbeitnehmern zwei- bis dreimal so hoch war als bei jenen, die sich um niemanden kümmern mußten. Als wesentlicher Grund für die nur teilweise bestätigte Hypothese wird angenommen, daß innerhalb der Gruppe der hilfe-/pflegeleistenden Berufstätigen eine so hohe Varianz in bezug auf das Ausmaß von Belastungen vorhanden ist, daß ein möglicherweise vorhandener Effekt in bezug auf Absentismus nivelliert worden ist. Eine viel stärkere Bestätigung fand sich hingegen für die zweite Aussage der ersten Hypothese, nach der Arbeitnehmer ohne Hilfe-/Pflegeverpflichtungen weniger Stress im Hinblick auf Familienbeziehungen und Berufstätigkeit erleben als Arbeitnehmer mit diesen Verpflichtungen.

2. Eine vergleichende Analyse ergab im Hinblick auf die zweite Hypothese, daß Arbeitnehmer mit erzieherischen und pflegerischen Aufgaben gegenüber Kindern die höchste Absentismusrate hatten und am häufigsten über Vereinbarkeitsprobleme klagten. Des weiteren erlebten sie - ebenso wie Erwerbstätige, die einen behinderten Erwachsenen betreuten - eine höhere Belastung als diejenigen, die ältere Menschen versorgten. Arbeitnehmer mit Hilfe-/Pflegeverpflichtungen für einen älteren Menschen berichteten jedoch über größere gesundheitliche Einschränkungen.

3. Die Überprüfung der dritten Hypothese erbrachte vor allem folgende signifikante Resultate:

• Bei Arbeitnehmern, die ältere Menschen versorgen, gibt es keine Geschlechtsunterschiede in bezug auf Arbeitsunterbrechungen.
• Arbeitnehmer mit einem höheren Einkommen schildern weniger Probleme bei einer Vereinbarkeit von Erwerbstätigkeit und familiären Verpflichtungen.

- Personen mit einer höheren beruflichen Qualifikation erleben weniger Arbeitsunterbrechungen als andere Arbeitnehmer und
- Arbeitnehmer, die das geringste Ausmaß an Flexibilität am Arbeitsplatz haben, berichten über die größten Schwierigkeiten im Hinblick auf eine Vereinbarkeit.

Diese letztgenannten Ergebnisse von Neal et al. (1990) unterstreichen den bedeutsamen Einfluß von einigen der bereits weiter oben angeführten Faktoren für eine erfolgreiche Vereinbarkeit von Erwerbstätigkeit und familiären Verpflichtungen. Gleichzeitig werden durch diese Untersuchung aber auch noch einmal die möglichen Auswirkungen deutlich, die eine Kombination von Erwerbstätigkeit und Hilfe-/Pflegeverpflichtungen mit sich bringen kann. Insgesamt betrachtet, verweisen die vorgestellten Ergebnisse darauf, daß

> „.. although most employees can manage their dual employment and caregiving responsibilites, they do so at considerable cost, that is, increased stress and absenteeism" (Neal et al., 1990, S. 177).

Den Gliederungspunkt vier resümierend, läßt sich aufgrund des bisherigen Literaturreviews festhalten, daß eine konfliktfreie Vereinbarkeit von Erwerbstätigkeit und Hilfe-/Pflegeverpflichtungen dann eher wahrscheinlich ist, wenn insbesondere eine oder mehrere der im folgenden genannten Bedingungen vorliegen:

- Geringer Grad der Hilfe-/Pflegebedürftigkeit des Angehörigen,
- höheres berufliches Qualifikationsniveau, verbunden mit der Möglichkeit zur flexiblen Gestaltung der Arbeitszeit und Arbeitsgeschwindigkeit,
- keine minderjährigen Kinder,
- günstige ökonomische Lage und
- Verfügbarkeit von Hilfe und Unterstützung durch Dritte.

5. Auswirkungen der Vereinbarkeit von Erwerbstätigkeit und Hilfe/Pflege auf die Betriebe: Bisherige Erkenntnisse und Reaktionen

Zeitgleich mit den ersten wissenschaftlichen Veröffentlichungen zur „Vereinbarkeit von Erwerbstätigkeit und Hilfe/Pflege" in der Mitte der 80iger Jahre begannen auch einige große Unternehmen in den USA, sich diesem Thema zuzuwenden. Vorreiter dieser Entwicklung war dabei die bereits mehrfach zitierte Travelers Insurance Company, die ihre Arbeitnehmer 1985 hinsichtlich ihrer Hilfe-/Pflegeverpflichtungen gegenüber älteren Menschen befragte. Wesentliche Gründe dafür sowie für das insgesamt steigende Interesse von Unternehmen an der Vereinbarkeitsproblematik waren dabei insbesondere (vgl. auc Creedon, in Druck; Scharlach, Lowe & Schneider, 1991):

- das Altern der Gesellschaft,
- die steigende Erwerbsbeteiligung von Frauen,
- die Verminderung des Hilfe-/Pflegepotentials sowie
- die Einsicht, daß Arbeits- und Familienleben keine untrennbaren Bereiche sind und familiäre Verpflichtungen sich positiv oder negativ am Arbeitsplatz auswirken können.

Anfangs waren es also *nicht* die im weiteren berichteten negativen Auswirkungen bzw. die dadurch entstehenden Kosten, die Unternehmen veranlaßten, ihre Arbeitnehmer nach Art und Umfang der Unterstützung für ihre Angehörigen zu befragen. Im Gegenteil, man war überrascht darüber, wie viele Erwerbstätige überhaupt von der Vereinbarkeitsproblematik betroffen waren (Creedon, pers. Mitteilung).

Erst nach und nach entwickelte sich bei einer zunehmenden Zahl von Arbeitgebern das Bewußtsein, daß Probleme bei der Vereinbarkeit von Erwerbstätigkeit und Hilfe/Pflege auch unmittelbar betriebliche Belange berühren und Folgekosten nach sich ziehen. Entsprechend haben auch spätere Studien - häufig im Auftrag von Unternehmen - ihren Fokus auf die betrieblichen Aspekte der Vereinbarkeitsproblematik gerichtet. Die vorliegenden Ergebnisse zeigen, daß sich aus Sicht der Betriebe vor allem folgende Nachteile feststellen lassen, wenn die Vereinbarkeit von Erwerbstätigkeit und Hilfe/Pflege nur ungenügend gelingt:

- Erhöhte Absentismusrate,
- Verminderte Produktivität und Belastbarkeit,
- Höherer Krankenstand,
- Verminderte Arbeitszufriedenheit und Arbeitsmoral,
- Verlust von qualifizierten Arbeitskräften sowie

- Zusatzkosten für die Anwerbung und Ausbildung neuer Arbeitskräfte (vgl. auch Barr, Johnson, Warshaw, 1992; Creedon, in Druck; Helfrich & Dodson, 1992; Neal, Chapman, Ingersoll-Dayton & Emlen, 1993; NYBG, 1986; Scharlach, Lowe & Schneider, 1991).

Die New York Business Group on Health (NYBGH) erkundigte sich bereits 1986 bei Managern großer Unternehmen hinsichtlich der arbeitsplatzbezogenen Folgen der Vereinbarkeit von Erwerbstätigkeit und Hilfe/Pflege für Angehörige. Die Auswertung ergab, daß 2/3 der Befragten bei ihren Arbeitnehmern, von denen bekannt war, daß sie ältere Angehörige versorgten, Absentismus, unvorhergesehene Fehlzeiten und eine ausgedehnte Benutzung des Telefons festgestellt hatten. Ca. 50% der in die Untersuchung einbezogenen Manager waren weiterhin der Ansicht, daß sowohl die Produktivität der betroffenen Arbeitnehmer als auch die Qualität ihrer Arbeitsprodukte abgenommen habe (NYBGH, 1986).

Eine durch das Wirtschaftsmagazin „Fortune" und die „John Hancock Financial Services" finanzierte Umfrage in Betrieben bestätigt die oben genannten Ergebnisse im wesentlichen. Von den 371 Verantwortlichen der befragten Unternehmen bemerkten in bezug auf ihre Arbeitnehmer mit Hilfe- und Pflegeverpflichtungen

- 45% eine starke Belastung,
- 37% unpünktliches Eintreffen am und vorzeitiges Verlassen des Arbeitsplatzes,
- 32% überdurchschnittlich häufige Benutzung des Telefons sowie
- 30% eine ganztägige Abwesenheit vom Arbeitsplatz aufgrund von Hilfe-/Pflegeverpflichtungen (Wagner et al., 1989).

Nicht unerwähnt bleiben sollte in diesem Zusammenhang, daß 48% der Manager, die im Rahmen der „Fortune-Untersuchung" befragt wurden, glaubten, daß sie selbst Schwierigkeiten bei der Ausführung von arbeitsplatzbezogenen Tätigkeiten haben würden, wenn sie Erwerbstätigkeit und Unterstützungsleistungen für ältere Menschen vereinbaren müßten. Insgesamt 80% gaben sogar an, diese Problematik entweder im eigenen familiären Umfeld oder aber bei Freunden erlebt zu haben.

Andere Befragungsergebnisse mit Verantwortlichen in den Betrieben wiederum verweisen darauf, daß bei betroffenen Erwerbstätigen eine verminderte Arbeitszufriedenheit und -motivation, eindeutige Stresssymptome und ein höherer Krankenstand festzustellen ist (vgl. auch Bureau of National Affairs, 1989b; Helfrich & Dodson, 1992). Als besonders nachteilig kann es sich für Arbeitgeber schließlich auswirken, wenn es aufgrund einer mangelnden Vereinbarkeit zu einer Kündigung des qualifizierten Arbeitnehmers kommt. So wird geschätzt, daß zwischen 9% und 28% der Hilfe-/Pflegeleistenden von älteren Angehörigen entweder ihren Arbeitsplatz wegen der Pflege aufgegeben haben, vorzeitig in Pension gegangen oder aber für längere Zeit freigestellt sind, um ihren Unterstützungsverpflichtungen nachzukommen (AARP-Travelers, 1988; Brody, 1985, Stone et al., 1987). Der damit verbundene Verlust von Humankapital bzw. „human resources" wiegt für Betriebe umso schwerer, je mühsamer und kostspieliger es ist, auf dem Arbeitsmarkt einen Personalersatz mit entsprechenden Qualifikationen zu finden bzw. diesen erneut selbst zu qualifizieren.

Es liegt auf der Hand, daß die beschriebenen Nachteile für die Betriebe mit **Kosten** verbunden sind. Scharlach (1988) schätzt die Verluste eines Unternehmens bezogen auf einen einzigen pflegenden Arbeitnehmer auf durchschnittlich ca. $ 2.500 jährlich. Diese Verluste entstehen durch Absentismus, nicht mögliche Überstunden, verminderte Produktivität als Folge der Hilfe-/Pflegeverpflichtungen sowie durch Kosten für Neueinstellung und Einarbeitung neuer Mitarbeiter, die jene Arbeitnehmer ersetzen müssen, die ihre Stelle aufgrund der Hilfe-/Pflegeverpflichtungen aufgegeben haben. Bei einer angenommenen Prävalenzrate von 20% könnte dies bedeuten, daß ein Betrieb mit 1.000 Mitarbeitern im Jahr einen Gesamtverlust von $ 500.000 hat, ein Defizit, das allein auf eine ungenügende Vereinbarkeit von Erwerbstätigkeit und Pflege zurückzuführen wäre (Scharlach, Lowe & Schneider, 1991).

Um die Aufmerksamkeit der Betriebe auf die Vereinbarkeitsproblematik zu lenken, wurden die bisher dargelegten Untersuchungsergebnisse nicht nur publiziert, sondern auch auf Konferenzen vorgetragen, an denen u.a. Arbeitgeber, Wissenschaftler und andere Experten teilnahmen. Insbesondere die großen US-amerikanischen Unternehmen erkannten so allmählich die Bedeutung der Vereinbarkeit von Erwerbstätigkeit und Hilfe/Pflege bzw. die möglichen, daraus resultierenden negativen Konsequenzen (Creedon, in Druck). Im Rahmen des Conference Board „Work - Family Research Advisory Panel" wurde beispielsweise ermittelt, daß von allem befragten Managern 58% der Aussage „Eldercare responsibilities affect employee productivity to a greater degree than generally acknowledged" zustimmten (Johnson, 1992).

Als **Reaktion** auf die beschriebenen Folgen einer mangelnden Vereinbarkeit von Erwerbstätigkeit und Hilfe/Pflege für ältere Angehörige hat ein Teil der Unternehmen in den USA und in Kanada schon vor einigen Jahren betriebliche Maßnahmen - eine ausführliche Darstellung findet sich in Kapitel III - eingeführt, die eine Vereinbarkeit erleichtern sollen (vgl. auch Barr, Johnson & Warshaw, 1992; Maille´, Guberman & Maheu, 1993). Aus der Literatur ist jedoch nur wenig darüber bekannt, in welchem Ausmaß dies geschehen ist, welche Bedingungen eine Einführung von Maßnahmen erleichtert haben (z.B.: Erfolgte eine objektive Meßung der Beeinträchtigungen am Arbeitsplatz, die durch die Hilfe-/Pflegetätigkeit bedingt sind?) und ob evaluiert wurde, wie erfolgreich welche Maßnahmen sind, um nur einige wichtige Fragestellungen zu nennen. Zur Behebung dieses Informationsdefizits erschien es im Rahmen dieser Studie daher sinnvoll, Experten zu befragen, die seit längerer Zeit mit dem Thema „Vereinbarkeit von Erwerbstätigkeit und Hilfe/Pflege von älteren Angehörigen" befaßt sind und die aus unterschiedlichen Perspektiven (z.B. aus der Arbeitgeberperspektive) hierzu Stellung nehmen können (vgl. Kapitel III).

Diesen Gliederungspunkt abschließend sei noch angemerkt, daß in den USA die Vereinbarkeit von Erwerbs- und Hilfe-/Pflegetätigkeit zunehmend als ein gesamtgesellschaftliches Problem in den Blickpunkt der Öffentlichkeit gerät. Dies zeigt sich unter anderem darin, daß Nachrichtenmagazine (z.B. Newsweek) und Wirtschaftszeitungen (z.B. Wall Street Journal) dieses Problem thematisieren. Während in der Newsweek-Ausgabe vom 16. Juli 1990 eine „Coverstory" mit dem Titel „The Daughter Track" erschien, lautet eine Überschrift im Wall Street Journal vom 16. Februar 1994 „The Aging of America is making „Elder care" a big workplace issue".

6. Zusammenfassung

Aus der dargelegten Literaturübersicht zur Vereinbarkeit von Erwerbstätigkeit und Hilfe/Pflege für ältere Menschen wird deutlich, daß bislang zu einigen themenspezifischen Bereichen - z.B. zu den Auswirkungen der Vereinbarkeitsproblematik am Arbeitsplatz - eine Fülle von Informationen vorliegen. Daher an dieser Stelle zunächst noch einmal eine thesenartige Zusammenfassung der wichtigsten Recherchenergebnisse:

- Ein nicht unbeträchtlicher Teil der amerikanischen und kanadischen Arbeitnehmer leistet Hilfe/Pflege für ihre älteren Angehörigen. Die Prävalenzrate - d.h. der Anteil Erwerbstätiger mit Hilfe-/Pflegeverpflichtungen an allen Arbeitnehmern - ist dabei von der verwendeten Definition eines caregivers abhängig und reicht von 1,9% bis zu 46%.

- Erwerbstätige mit Hilfe-/Pflegeverpflichtungen sind überwiegend verheiratete Frauen in der Altersgruppe zwischen 40 und 50 Jahren; in zunehmenden Maße sind jedoch auch Männer in die Versorgung älterer Menschen involviert. Die Hilfe-/Pflegeleistenden sind mehrheitlich vollzeit erwerbstätig und üben häufig eine höher qualifizierte Tätigkeit aus. Ihre Unterstützungsleistungen für Ältere beziehen sich vor allem auf „general eldercare".

- Personen, die Erwerbstätigkeit und Hilfe/Pflege für ältere Angehörige vereinbaren (müssen), sind aufgrund der Vielzahl der von ihnen zu bewältigenden Anforderungen oftmals hohen psychischen und physischen Belastungen ausgesetzt, die sich nicht selten in einer Verschlechterung des Gesundheitszustandes manifestieren.

- Belastungen, die durch eine mangelnde Vereinbarkeit von Erwerbs- und Hilfe-/Pflegetätigkeit entstehen, können sich auch am Arbeitsplatz auswirken. Als negative Folgen sind zu nennen: Absentismus, mangelndes Leistungsvermögen, verminderte Chancen für Karriere und Weiterbildung, er-zwungene Arbeitszeitreduzierung und -reorganisation, Einkommenseinbußen und - im Extrem - schließlich Berufsaufgabe.

- Die Erwerbstätigkeit kann bei Bestehen von Hilfe-/Pflegeverpflichtungen aber auch eine entlastende Funktion haben. Sie kann z.b. eine Unterbrechung der - u.U. isolierenden - familiären und pflegerischen Verpflichtungen bedeuten, zur Erhöhung des Selbstwertgefühls und der Kompetenz beitragen sowie soziale Kontakte und soziale Unterstützung ermöglichen.

- Als wichtige Faktoren, die eine Vereinbarkeit von Erwerbs- und Hilfe-/Pflegetätigkeit beeinflussen, sind identifiziert worden: Grad der Hilfe-/Pflegebedürftigkeit des älteren Angehörigen, berufliches Qualifikationsniveau bzw. die Möglichkeit, Arbeitszeit und Arbeitsgeschwindigkeit selbst flexibel zu gestalten, ökonomische Lage, Kinderzahl und Verfügbarkeit von Hilfen durch Dritte. Eine erfolgreiche Vereinbarkeit von Erwerbstätigkeit und Hilfe-/Pflegeverpflichtungen ist dann eher anzunehmen, wenn eine oder mehrere der folgenden Voraussetzungen erfüllt sind:

  — der Grad der Hilfe-/Pflegebedürftigkeit des Angehörigen gering ist,
  — der Hilfe-/Pflegeleistende über ein höheres berufliches Qualifikationsniveau verfügt, das es ihm ermöglicht, seine Arbeitszeit und Arbeitsgeschwindigkeit flexibel zu gestalten,
  — der Hilfe-/Pflegeleistende keine minderjährigen Kinder hat,
  — der Hilfe-/Pflegeleistende in einer ökonomisch günstigen Lage ist und
  — Hilfe und Unterstützung durch Dritte verfügbar ist.

- Einige große amerikanische und kanadische Unternehmen haben die betrieblichen Folgen einer   mangelnden Vereinbarkeit von Erwerbstätigkeit und Hilfe/Pflege für ältere Menschen erkannt und zum Teil darauf reagiert, indem sie betriebliche Maßnahmen zur Erleichterung der Vereinbarkeitsproblematik initiiert haben. Erfahrungen zu diesem Themenkomplex sind jedoch kaum dokumentiert.

Bei Betrachtung der vorliegenden Untersuchungsresultate lassen sich daher noch Forschungsdefizite konstatieren, die sich zum einen auf a) inhaltliche Fragestellungen und zum anderen auf b) methodische Aspekte beziehen.

zu a) Weitere Forschungsfragen: Zukünftige Forschungsarbeiten sollten zunächst eine **stärkere Differenzierung** der erwerbstätigen Hilfe-/Pflegeleistenden vornehmen (z.B. hinsichtlich Art und Umfang der von ihnen geleisteten Unterstützung oder hinsichtlich ihrer Verantwortung für den Hilfe-/Pflegebedürftigen „primary versus secondary caregiver"). Durch dieses Vorgehen könnte genauer ermittelt werden, welche Faktoren der Hilfe-/Pflegesituation als besonders belastend erlebt werden bzw. die stärksten negativen Konsequenzen auf Privatleben und Arbeitsplatz haben (Gottlieb, Kelloway & Fraboni, 1994). Auch der Zusammenhang zwischen **betrieblichen und arbeitsplatzbezogenen Variablen** in ihrer Wirkung auf die Vereinbarkeitsproblematik sollte stärker in den Vordergrund der Forschungsbemühungen rücken. Neal et al. (1990) drücken dies wie folgt aus:

> „Also requiring examination in future research efforts are several company and work-related variables and their differential impacts on the caregiver groups" (S. 180).

Dabei sollte des weiteren darauf geachtet werden, daß ein Einbezug auch jener Arbeitnehmer erfolgt, die bislang in den Untersuchungsstichproben **unterrepräsentiert** sind (z.B. die „blue collar" - Arbeitnehmer). Grundsätzlich ist zu empfehlen, noch intensiver die **Wechselwirkungen** zwischen a) den Bereichen Erwerbstätigkeit und Hilfe/Pflege und b) den unterschiedlichen Einflußfaktoren zu untersuchen, die eine Vereinbarkeit von Erwerbstätigkeit und Hilfe-/Pflegeverpflichtungen fördern oder hemmen können. Auch gilt es, das Augenmerk auf die **Konsequenzen der Vereinbarkeit für den privaten und familiären Bereich** von Hilfe-/Pflegeleistenden zu richten.

Schließlich ist es dringend erforderlich, mehr über die Einstellungen und Reaktionen der Betriebe zur Vereinbarkeitsproblematik sowie über Art und Umfang vorhandener betrieblicher Maßnahmen und über ihre Nutzer zu erfahren. In diesem Zusammenhang ist kritisch anzumerken, daß evaluativ ausgerichtete Studien bislang kaum durchgeführt bzw. dokumentiert worden sind.

zu b) Methodische Aspekte: Wie in Abschnitt 2.1 dargelegt, bildet die **definitorische Abgrenzung der Zielgruppe „working caregiver bzw. erwerbstätige Hilfe-/Pflegeleistende"** ein wesentliches Problem, das nicht nur eine Vergleichbarkeit der vorliegenden Studien erschwert, sondern auch praktische Implikationen hat. Es erscheint daher unerläßlich, nach Wegen zu suchen, dieses „Definitionsdilemma" zu umgehen.

In bezug auf die Methodik von Studien zur Vereinbarkeit von Erwerbstätigkeit und Hilfe/Pflege für ältere Angehörige verweisen Tennstedt und Goneya (1994) auf die **Notwendigkeit von Längsschnitterhebungen**. Sie betonen, daß sowohl die Erwerbstätigkeit als auch die Hilfe-/Pflegetätigkeit dynamische Prozesse sind, die in einer Wechselwirkung zueinander stehen. Eine querschnittliche Betrachtung erfaßt solche Wechselwirkungen nicht, denn sie kann - wie bereits dargelegt - die Vereinbarkeitsproblematik nur punktuell abbilden. Horowitz (1985b) führt in diesem Zusammenhang aus:

„One problem with all our data is that they are drawn form cross-sectional studies which capture the caregiving situation at only one point in time. Yet caregiving is a dynamic process, involving a series of decisions at different stages of one's caregiving career" (S. 218).

Um wesentliche Einflußfaktoren auf die Vereinbarkeitsproblematik bzw. die Bedingungen, die eine Vereinbarkeit begünstigen, noch genauer identifizieren zu können, erscheint es weiterhin notwendig, daß zukünftige Forschungsarbeiten ein **stärkeres Gewicht auf einen Vergleich** zwischen erwerbstätigen Hilfe-/Pflegeleistenden und nicht erwerbstätigen Hilfe-/Pflegeleistenden legen bzw. auf einen Vergleich zwischen Erwerbstätigen mit und ohne Hilfe-/Pflegeverpflichtungen abzielen. Vor allem müßten auch jene Personen beachtet werden, die die Erwerbstätigkeit zugunsten der Unterstützung älterer Menschen ganz aufgegeben haben. Unter methodischen Gesichtspunkten könnte hier die Anwendung von Prä-Post-Designs sinnvoll sein. Gerade bei Untersuchungen, die in Betrieben durchgeführt werden, findet die letztgenannte Personengruppe keine Berücksichtigung mehr.

Die vorliegende Literaturanalyse resümierend bleibt festzuhalten, daß die vorgestellten Befunde mehrheitlich auch auf die bundesrepublikanische Situation von Erwerbstätigen mit Hilfe-/Pflegeverpflichtungen bzw. auf tangierte Betriebe zutreffen dürften. Allerdings müssen stets US-spezifische bzw. kanadische gesellschaftliche, ökonomische und politische Bedingungen beachtet werden, die eine unmittelbare Übertragbarkeit nicht zulassen. Dies verdeutlicht auch ein Teil der Ergebnisse der im Rahmen dieser Untersuchung durchgeführten Interviews mit US-amerikanischen und kanadischen Experten, über die im nächsten Kapitel berichtet wird.

Kapitel III:

Betriebliche Maßnahmen zur Unterstützung pflegender Arbeitnehmerinnen und Arbeitnehmer

- Internationale Erfahrungen -

Monika Reichert
Gerhard Naegele

1. Vorbemerkung

Ein wichtiger Untersuchungsschwerpunkt des Projektes bildete die Aufarbeitung des internationalen Forschungs- und Informationsstandes in bezug auf **betriebliche Maßnahmen** zur Vereinbarkeit von Erwerbstätigkeit und Hilfe/Pflege von älteren Angehörigen. Da nach eingehender Recherche festgestellt werden konnte, daß insbesondere die **USA und Kanada** sowie - bezogen auf den europäischen Kontext -**Großbritannien und Dänemark** in dieser Hinsicht führend sind - die Initiierung von betrieblichen wie staatlichen Maßnahmen hat hier bereits eine längere Tradition als in der Bundesrepublik Deutschland - erschien es sinnvoll, auf die in diesen Ländern vorliegenden Erfahrungen zurückzugreifen. Um diese Erfahrungen und weitere, nicht in der Literatur behandelte Aspekte zum Themenkreis „Betriebliche Maßnahmen für hilfe- und pflegeleistende Arbeitnehmer" zu ermitteln und zu vertiefen, wurde folgendes methodisches Vorgehen gewählt:

- Durchführung von Experteninterviews (bezogen auf die Situation in den USA und Kanada)
- Analyse einer Expertise (erstellt von DaneAge Foundation, Kopenhagen bezogen auf die Situation in Dänemark, vgl. Anhang I)
- Sichtung von „grauen" Informationsmaterialien (bezogen auf die Situation in Großbritannien, USA und Kanada).

Im Rahmen der **Experteninterviews**, die den Hauptbestandteil dieser Untersuchung bildeten und im Sommer 1994 durchgeführt wurden, sind sowohl amerikanische und kanadische Vertreterinnen und Vertreter der Wissenschaft, der Arbeitgeber, der Beratungsorganisationen von Arbeitgebern sowie der Anbieter von Dienstleistungen (die sogenannten „service providers" oder „vendors") befragt worden, deren Auswahl nach einer intensiven Sichtung von Literatur, Kongreßmaterialien, Mitteilungen aus der Fachpresse etc. erfolgte. Durch diese „Vorkehrung" war es möglich, ein breites Spektrum an Meinungen, Einschätzungen und Erfahrungen bzw. „ergiebige" Gespräche zu gewährleisten.

Bei der Darstellung der internationalen Erfahrungen wird wie folgt vorgegangen: In Gliederungspunkt 2 werden die Ergebnisse der Expertengespräche zur Situation in den USA und Kanada analog der Fragen des Interviewleitfadens dargelegt, wobei deren Übertragbarkeit auf die Bundesrepublik in einem gesonderten Abschnitt diskutiert wird. Anschließend werden in Gliederungspunkt 3 die wichtigsten dänischen bzw. britischen Erfahrungen in bezug auf Maßnahmen zur Vereinbarkeit von Erwerbstätigkeit und Hilfe/Pflege erörtert.

2. Betriebliche Maßnahmen zur Unterstützung pflegender Arbeitnehmerinnen und Arbeitnehmer: Erfahrungen aus den USA und Kanada

2.1 Wie wird der Begriff „working caregiver" definiert?

Da die Definition des Begriffs „working caregiver" sowohl für die Ermittlung der Prävalenzrate als auch im Hinblick auf mögliche Nutzer betrieblicher Maßnahmen sehr entscheidend ist (vgl. Kapitel II, Abschnitt 2.1), wurden unsere Interviewpartnerinnen und Interviewpartner nach der von ihnen präferierten Definition befragt. Die Antworten zeigten, daß im wesentlichen zwei divergierende Definitionen existieren: Zum einen - dies ist aber eine ausgesprochene Minderheitenmeinung - wird eine sehr **enge Definition** befürwortet, die sich an der konkreten Art der Hilfeleistungen orientiert und deren Ausgangspunkte die ADL- und die IADL-Skala[1] sind. Als „working caregiver" werden demnach lediglich die Arbeitnehmer bezeichnet, die ihren Angehörigen bei der Ausführung von mindestens einer ADL- sowie von IADL-Aktivitäten helfen. Demgegenüber neigt die weit überwiegende Mehrzahl der Gesprächspartner zu einer **weiter gefaßten Definition**. Unter „working caregiver" werden demnach auch jene Personen verstanden,

- die gelegentliche Hilfeleistungen, so z.B. bei der Haushaltsführung, bei Reparaturen oder im Umgang mit Behörden erbringen („soft help"),
- die emotionale und/oder finanzielle Unterstützung leisten sowie auch insbesondere diejenigen,
- die Hilfe- und Unterstützungsleistungen organisieren („management care").

„Hands on caregiving", wie viele dieser Gesprächspartner direkte, praktische Pflegeleistungen bezeichnen, ist demnach ebenso wenig eine notwendige Bedingung für eine Definition von „working caregiver" wie die räumliche Nähe zum Angehörigen. In diesem Zusammenhang wird immer wieder die Problematik des - insbesondere für Kanada und die USA typischen - „long-distance caregiving" betont. Mit diesem Begriff - er hat bereits in Kapitel II Erwähnung gefunden - ist gemeint, daß Kinder, die - häufig bedingt durch die hier hohe Arbeitnehmermobilität - regional weit entfernt von ihren hilfe- und pflegebedürftigen Eltern leben, Hilfe und Unterstützung „aus der Ferne" (z.B. über Telefon) organisieren und/oder Urlaub und Wochenenden nutzen, um Hilfe-/Pflegeleistungen für ihre Angehörigen zu erbringen.

---

[1] ADL = Activity of Daily Living (z.B. baden, anziehen), IADL = Instrumental Activity of Daily Living (z.B. einkaufen, putzen)

Die Begrenzung auf eine engere Definition im oben beschriebenen Sinne wird von den Verfechtern einer umfassenderen Definition mit dem Argument verworfen, daß auch „management care", „long-distance caregiving" und emotionale Unterstützung belastend sein können. Die Sorge um den weit entfernt leben- den Angehörigen kann beispielsweise zu mangelnder Konzentration am Arbeitsplatz führen, die u.U. wiederum die Arbeitsproduktivität beeinträchtigt. Anders ausgedrückt bedeutet dies, daß ein Arbeitnehmer dann als „working caregiver" anzusehen ist, wenn er sich durch die Pflege- und Unterstützungsleistungen belastet fühlt und sich dies auch auf die Situation am Arbeitsplatz auswirkt. Solche Personen sollten - so die überwiegende Meinung der Befragten - unabhängig von der Art und Dauer der Hilfeleistungen, die sie tatsächlich erbringen - berechtigt sein, betriebliche Maßnahmen in Anspruch zu nehmen.

Eine Selbstdefinition der Betroffenen als „working caregiver" wird im übrigen von allen Befragten abgelehnt. Es wird immer wieder darauf hingewiesen, daß viele Arbeitnehmerinnen und Arbeitnehmer sich selbst - trotz erheblicher Unterstützungs- und Hilfeleistungen für ihre Angehörigen - nicht als „caregiver", sondern z.B. lediglich als „good daughter" oder „good son" definieren. Auch Personen, die „long distance caregiving" ausüben, bezeichnen sich häufig nicht als „caregiver". Gerade die Art der Selbstdefinition, so die Gesprächspartner, sei aber ein entscheidender Grund für die Nicht-Nachfrage bzw. die Nicht-Inanspruchnahme betrieblicherseits vorgehaltener Hilfsangebote.

2.2 Wie hoch ist zur Zeit die Prävalenzrate?

In unmittelbarer Abhängigkeit von der Definition des Begriffs „working caregiver" steht die Prävalenzrate, d.h. der prozentuale Anteil der hilfe-/pflegeleistenden Arbeitnehmer an der Gesamtheit der erwerbstätigen Bevölkerung (vgl. hierzu auch die Ausführungen in Kapitel II, Abschnitt 2.1). Auf der Grundlage unterschiedlicher empirischer Erhebungen, die eine engere Definition verwandten, wird die Prävalenzrate für die USA und Kanada auf 7% -12% geschätzt. Eine weiter gefaßte Definition führt dann zu entsprechend höheren Raten. Da - wie berichtet - die meisten Gesprächspartner eine solche umfassendere Definition präferieren, wird davon ausgegangen, daß im Querschnitt betrachtet zwischen 12% und 20% aller amerikanischen Arbeitnehmer Erwerbstätigkeit und Hilfe/Pflege für ältere Angehörige vereinbaren.

Von den Befürwortern einer engen Definition wird allerdings betont, daß aufgrund ihrer Erfahrung eine zu weit gefaßte Definition zu aus ihrer Sicht unrealistischen Prävalenzraten führt (z.B. die Angabe von Rosenbach (1989), daß 46% aller Arbeitnehmerinnen und Arbeitnehmer Hilfe- und Pflegeverpflichtungen haben). Arbeitgeber und Entscheidungsträger in der Politik würden auf solche Raten vermutlich eher mit Skepsis als mit Aufmerksamkeit reagieren.

Auch würde eine zu weit gefaßte Definition die zielgruppengenaue Planung und Bereitstellung von Angeboten zumindest erschweren, wenn nicht gar unmöglich machen.

2.3 Welche Maßnahmen zur Vereinbarkeit von Erwerbstätigkeit und Hilfe/Pflege für ältere Angehörige sind in kanadischen bzw. amerikanischen Betrieben vorhanden?

Zur Information und zur begrifflichen Klärung sollen im folgenden die von unseren Gesprächspartnern genannten betrieblichen Maßnahmen zur Vereinbarkeit von Erwerbstätigkeit und Hilfe/Pflege für ältere Angehörige (vgl. Übersicht 1) genauer erläutert werden. Es ist jedoch zu beachten, daß die meisten dieser Maßnahmen **nicht speziell** für erwerbstätige Hilfe-/Pflegeleistende älterer Menschen angeboten werden, sondern grundsätzlich bei allen Varianten der Vereinbarkeitsproblematik in Anspruch genommen werden können.

1. Flexible Arbeitszeit- und Arbeitsplatzgestaltung

Die **wichtigsten und am weitesten verbreiteten** betriebliche Maßnahmen zur Vereinbarkeit von Erwerbs- und Hilfe-/Pflegetätigkeit beziehen sich auf die flexible Gestaltung der Arbeitszeit und des Arbeitsplatzes, denn eines der größten Probleme von Erwerbstätigen mit Hilfe-/Pflegeverpflichtungen ist Zeitmangel und Zeitdruck. Im Rahmen des Maßnahmenpakets „Flexible Arbeitszeit- und Arbeitsplatzgestaltung" werden vor allem folgende Formen unterschieden:

- **Flexible Arbeitszeiten:** Die flexible Arbeitszeit kann sich auf Arbeitsbeginn/Arbeitsende (gleitende Arbeitszeit), auf die Wochenarbeitszeit, aber auch auf die Länge der Pausen beziehen. Die Möglichkeit der flexiblen Arbeitszeit findet man sowohl informell und zugeschnitten auf Einzelfälle als auch institutionalisiert als Angebot für alle Angehörigen des Betriebes.

- **Teilzeit:** Im Rahmen der Teilzeit arbeiten Arbeitnehmer täglich einen vereinbarten Stundenumfang, der in aller Regel unter der Standardwochenarbeitszeit liegt.

- **Flexible Teilzeit**: Bei der flexiblen Teilzeit vereinbart der Arbeitnehmer mit dem Arbeitgeber eine bestimmte Stundenzahl pro Woche oder Monat. Wann diese Stundenzahl abgearbeitet wird, entscheidet der Arbeitnehmer selbst.

- **Arbeitszeitkonto:** Bei dieser Maßnahme einigen sich die Arbeitnehmer eines Unternehmens mit Zustimmung ihres Vorgesetzten untereinander, wer wann wieviel arbeiten möchte.

- **Job-sharing:** Beim Job-sharing teilen sich zumeist zwei Arbeitnehmer einen Vollzeitarbeitsplatz. Theoretisch möglich ist eine Aufteilung nach Monats-, Wochen-, Tages- oder Stundenrhythmus.

- **Heimarbeit:** Bei der Heimarbeit schließlich gestattet der Arbeitgeber dem Arbeitnehmer, sein Arbeitspensum zu Hause zu erledigen.

- **Freistellung:** Die Freistellung vom Arbeitsplatz kann sich auf einen längeren Zeitraum - z.B. ein Jahr (Stichwort: Pflegeurlaub) - beziehen, oder aber auf kurze Zeit befristet sein. Sie ist mit oder ohne Lohnausgleich und/oder mit oder ohne Garantie des alten Arbeitsplatzes oder eines ähnlichen Arbeitsplatzes anzutreffen, wobei jedoch die unbezahlte Freistellung eher die Regel ist. Einige Betriebe machen auch die Freistellung an sich oder aber ihre Länge von der Betriebszugehörigkeitsdauer abhängig. Seit kurzem sind amerikanische Betriebe, die mehr als 50 Arbeitnehmer beschäftigen, durch die Einführung des **„Family and Medical Leave Act"** per Gesetz allerdings dazu **verpflichtet**, ihren Arbeitnehmern eine **unbezahlte Freistellung von bis zu 12 Wochen pro Jahr** zu gewähren, wenn sie schwer kranke enge Familienangehörige (Ehepartner, Kinder, Eltern) betreuen wollen/müssen. Auch hat der Arbeitnehmer nach Beendung der Freistellungsphase u.a. das Recht, den gleichen oder einen gleichwertigen Arbeitsplatz (zurück) zu erhalten.

„The family and medical leave act permits eligible employees (generally, those working for employers with 50 or more employees) to take up to 12 weeks of unpaid leave per year for (1) the birth of the employee's child (also for adoption and foster care); (2) necessary care for an immediate close family member (spouse, child, or parent) with a serious illness, and (3) necessary care for a serious health condition preventing the employee from performing his or her job functions. Employees utilizing family or medical leave have the right (1) to have their employer maintain any prior health coverage, (2) to be restored to the same or an equivalent position upon return from leave, and (3) to all benefits or rights earned before taking the qualified leave".

2. Information, Beratung und Vermittlung („Information and referral service")

Information und Beratung von Angehörigen hilfe- und pflegebedürftiger älterer Menschen sind wichtige Voraussetzungen, um die Bekanntmachung und Inanspruchnahme von vorhandenen Diensten und Einrichtungen zu fördern, die geleistete Hilfe/Pflege zu optimieren und somit die aus der Hilfe-/Pflegesituation resultierenden Belastungen insgesamt zu reduzieren. Als bedeutsame Maßnahme für Arbeitnehmer mit Hilfe-/Pflegeverpflichtungen gegenüber älteren Menschen wird daher die Bereitstellung eines Informations-, Beratungs- und Vermittlungsservice („Information and referral service" bzw. „Consultation and referral service"), angesehen, denn „... employees don't want a way out of their caregiving responsibilities - they just want some help in coping", wie einer unserer Gesprächspartner dies ausdrückte. Dieser „Information and referral service" wird in den USA entweder **a) im Rahmen eines betrieblichen „Employee Assistance Program (EAP)" oder aber b) als besonders ausgewiesene betriebliche Maßnahme angeboten.**

Übersicht 1: Betriebliche Maßnahmen zur Vereinbarkeit von Erwerbstätigkeit und Hilfe/Pflege von älteren Angehörigen in Kanada und in den USA

---

1. **Flexible Arbeitszeit- und Arbeitsplatzgestaltung**
   - Flexible Arbeitszeiten
   - Teilzeitarbeit
   - Job-sharing
   - Heimarbeit
   - Freistellung

2. **Information, Beratung und Vermittlung ("Information and referral service")**
   - Individuelle, persönliche Fachberatung
   - Telefonische Informationsweitergabe und Vermittlung von Diensten und Einrichtungen
   - Initiierung von Seminaren und Ausstellungen
   - Bereitstellung von Informationsmaterial
   - Förderung der Bildung von Gruppen betroffener Arbeitnehmer (support groups)

3. **Finanzielle Unterstützung**
   - für betroffene Arbeitnehmer
   - für örtliche Dienste und Einrichtungen der Altenhilfe

4. **Bereitstellung von Serviceleistungen**
   - betriebseigene Tagesstätten für Hilfe- und Pflegebedürftige (Day Care Centres)
   - Kooperation mit „Private Geriatric Care Managern"

5. **Management Training**
   - Förderung eines Problembewußtseins und Beseitigung des Informationsdefizits auf der mittleren und unteren Vorgesetztenebene

---

zu a) „Information and referral service" angeboten im Rahmen des „Employee Assistance Program (EAP)": Bei dem EAP handelt es sich um eine betriebliche Maßnahme aus dem Gesamtkontext der in US-amerikanischen Großunternehmen weit verbreiteten „Human Resource"-Abteilungen, mit übrigens sehr viel weiter gehenden Aufgabenstellungen als die der betrieblichen Sozialarbeit in Deutschland. Das EAP wurde ursprünglich entwickelt, um alkohol- und drogenkranken bzw. -gefährdeten Arbeitnehmern zu helfen. In seiner heutigen Form umfaßt das EAP jedoch Information und Beratung hinsichtlich einer Vielzahl privater und familiärer Aspekte und ist somit nicht speziell auf die Bedürfnisse und Wünsche von Erwerbstätigen mit Hilfe-/Pflegeverpflichtungen ausgerichtet. Während eines persönlichen Gesprächs mit ausgebildeten Fachberatern können Arbeitnehmer also Probleme im Umgang mit den eigenen Kindern ebenso thematisieren wie solche in bezug auf die Hilfe/Pflege älterer Angehöriger. Die Aufgabe des Beraters ist es, die Ursachen des Problems zu ergründen, Informationen bereitzustellen und gemeinsam mit dem Betroffenen Lösungsmöglichkeiten zu entwickeln; u.U. erfolgt auch eine Vermittlung von Diensten und Einrichtungen.

Organisatorisch kann das EAP sowohl vom Unternehmen selbst im Rahmen der betrieblichen Sozialarbeit angeboten werden (z.B. bei Baltimore Gas & Electric Company) als auch außerhalb des Betriebes bei darauf spezialisierten **Sozialberatungsunternehmen („vendors")** angesiedelt sein (dies ist z.B. bei der Werbeagentur D'Arcy Masius Bention & Bowles, New York, der Fall). Für eine externe Servicebereitstellung spricht, daß hier die Anonymität der Betroffenen eher gewährleistet ist und das Unternehmen auf die personellen und technischen Ressourcen einer größeren Organisation zurückgreifen kann. Andererseits wird ein betriebsinternes EAP von den Gesprächspartnern als kostengünstiger angesehen.

zu b) „Information and referral service" angeboten als **eigenständige** betriebliche Maßnahme: Während Betriebe, die regional begrenzt agieren, Information und Beratung eher als Teil des EAP anbieten, sind es vor allem überregional tätige und große Unternehmen, die einen **besonderen** Service für hilfe- bzw. pflegeleistende Erwerbstätige offerieren. Folgende Gründe sind hierfür ausschlaggebend: Zum einen ist generell davon auszugehen, daß in solchen Unternehmen eine größere Anzahl von Betroffenen existiert. Zum anderen sind hier auch häufiger Arbeitnehmer beschäftigt, die von der „long distance caregiving-Problematik" betroffen sind.

> „For example, eldercare information can help employees with long-distance caregiving to reduce absences from work that might otherwise be required for travel (United States General Accounting Office, GAO/HEHS-94-64, 1994, S. 14)

Um ihren Arbeitnehmern die Inanspruchnahme dieses zielgruppenspezifischen „Information and referral service" zu ermöglichen, schließen Unternehmen mit darauf spezialisierten Beratungsorganisationen - den bereits erwähnten „vendors" - entsprechende Verträge ab. Einige dieser Beratungsorganisationen, die USA-weit agieren, sind:

- Work/Family Directions in Boston, Massachusetts
- Partnership Group in Landsdale, Pennsylvania
- Pathfinders/Eldercare in Scarsdale, New York State
- Aging Network Services in Bethesda, Maryland

Die Kosten eines Unternehmens für den „Ankauf" eines „Information and referral service" richten sich zumeist nach der Anzahl der beschäftigten Mitarbeiter, d.h. für jeden Mitarbeiter muß ein bestimmter Betrag pro Monat gezahlt werden (vgl. auch Gliederungspunkt 2.9). Möglich ist aber auch, daß nach der Anzahl der „Beratungsfälle" abgerechnet wird. Diese Berechnungsmodi bedeuten, daß die Marketingstrategie dieser „vendors" - z.B. von Work/Family Directions - insbesondere auf Unternehmen mit einer großen Mitarbeiterzahl ausgerichtet ist, da hier hohe Umsätze zu erwarten sind. Klein- und Mittelbetriebe sind als Klienten eher uninteressant.

Zumeist haben Organisationen wie Work/Family Directions regional arbeitende Lizenznehmer, die den „Information and referral service" vor Ort übernehmen. Diese Lizenznehmer wiederum erhalten alle notwendigen Unterlagen und Informationen - z.B. Anweisungen zur Durchführung von „Lunchtime-Seminaren" (s.u.) - von der Zentrale und unterliegen einer starken Kontrolle durch diese: Alle Aktivitäten müssen in Form von Berichten regelmäßig dokumentiert und weitergeleitet werden. Exemplarisch sei hier das Leistungsangebot und die Arbeitsweise von Maryland Elder C.A.R.E. (Baltimore), einem Lizenznehmer von Work/Family Directions, vorgestellt:

• **Leistungsangebot „Hot-line":** Als wichtigstes Element seines Leistungsangebotes unterhält Maryland Elder C.A.R.E. einen **telefonischen Informations- und Vermittlungsservice.** Arbeitnehmer, die bei einem Unternehmen beschäftigt sind, das einen Servicevertrag mit Maryland Elder C.A.R.E. abgeschlossen hat, haben die Möglichkeit, kostenlos unter einer sogenannten „800-number" anzurufen und ihre Informationswünsche zu äußern. Ihre Ansprechpartnerin - in diesem Fall eine Sozialarbeiterin - kann unter Anwendung eines EDV-Systems Anschriften und detaillierte Informationen über alle denkbaren Dienste und Einrichtungen der Altenhilfe im Staate Maryland abrufen und an den Anrufer weitergeben. Im Sommer 1994 waren Angaben über insgesamt 3.500 Dienste und Einrichtungen gespeichert. Um jeweils über die neuesten Informationen zu verfügen, ist sichergestellt, daß diese Dateien regelmäßig aktualisiert werden. Eine indirekte Kontrolle über die Qualität der vermittelten Dienste erfolgt dadurch, daß die Klienten zu einem späteren Zeitpunkt zu ihren Erfahrungen und zur Zufriedenheit mit eben diesen Diensten befragt werden.

Im Monatsdurchschnitt gehen bei Maryland Elder C.A.R.E - das im Sommer 1994 Verträge mit 115 Unternehmen aus dem Bundesstaat Maryland (z.B. mit Baltimore Gas & Electric Company) abgeschlossen hatte - ca. 25 bis 60 Anrufe ein, wobei keine gleichmäßige Verteilung über die Tages- wie Jahreszeit festzustellen ist. Die durchschnittliche Dauer dieser Anrufe beträgt ca. 10 Minuten, es sind jedoch auch Gespräche bis zu einer Stunde möglich. Grund für diese längeren Telefonate ist offensichtlich weniger das Bedürfnis nach Informationsvermittlung als vielmehr der Wunsch nach einer intensiven Beratung in allgemeinen Fragen zur Hilfe und Unterstützung älterer Angehöriger oder aber der Wunsch nach emotionaler Unterstützung, die im Rahmen der Möglichkeiten während eines solchen Telefonats auch gewährt wird. Diese **umfassende Beratung** unterscheidet Maryland Elder C.A.R.E. nach eigenen Angaben auch von den kommunalen Area Agencies on Aging (ebenfalls Beratungsstellen), an die im übrigen jene Personen weiterverwiesen werden, die nicht berechtigt sind, den „Information and referral service" in Anspruch zu nehmen. Zur Illustration sind in Übersicht 2 die unterschiedlichen Schritte dargelegt, die der Informations- und Vermittlungsservice umfaßt, wenn ein Arbeitnehmer z.B. einen Altenheimplatz für seinen älteren Angehörigen sucht.

- **Leistungsangebot „Lunch-time-Seminare":** Maryland Elder C.A.R.E. offeriert seinen Auftraggebern bzw. deren Arbeitnehmern des weiteren die sogenannten „Lunch-time-Seminare" (diese Seminare finden in der betrieblichen Mittagspause statt) mit denen insbesondere beabsichtigt wird, Betroffene **im Rahmen eines Vortrages** über die unterschiedlichsten Aspekte des Alterns und des Alternsprozesses aufzuklären. Neben der Behandlung von Themen wie z.B. Gesundheit, Pflege, Wohnen und Recht im Alter wird im Rahmen der „Lunch-time- Seminare" z.B. auch dargelegt, welche Angebote es von seiten des Betriebes selbst gibt, eine bessere Vereinbarkeit von Erwerbstätigkeit und Hilfe/Pflege für Angehörige zu erzielen. Dabei wird insbesondere auf den „Information and referral service" hingewiesen. Nicht zuletzt dienen diese Seminare der Schaffung von informellen „support groups" - Gruppen von Arbeitnehmern eines Betriebes, die von der Vereinbarkeitsproblematik betroffen sind (s.u.).

- **Leistungsangebot „Zur Verfügungstellung von schriftlichem Informationsmaterial":** Als eine weitere wichtige Hilfe für Arbeitnehmer mit Hilfe-/Pflegeverpflichtungen stellt Maryland Elder C.A.R.E. Informationsmaterial in Form von Broschüren, Büchern (z.B. Eldercare Handbook) und Videos bereit. Dieses Informationsmaterial ist kosenlos erhältlich.

Übersicht 2: Arbeitsweise des Maryland Elder C.A.R.E. bezogen auf das Leistungsangebot „Hot-line"

---

1. Der Arbeitnehmer ruft bei der Beraterin von Maryland Elder C.A.R.E. an. Ist die Beraterin nicht erreichbar, wird per Anrufbeantworter ein Rückruf innerhalb von vier Stunden zugesichert.

2. Im Rahmen dieses Gesprächs wird die Notwendigkeit deutlich, einen Altenheimplatz für einen pflegebedürftigen Angehörigen zu vermitteln.

3. Die Beraterin unterstützt den Arbeitnehmer bei der Formulierung eines Anforderungsprofils z.B. für ein Altenheim und nimmt grundlegende Daten des Anrufers und des älteren Angehörigen auf.

4. Die Beraterin identifiziert mit Hilfe eines computergestützten Software-programms drei Altenheime - möglichst unterschiedlicher Träger - , die sie als geeignet erachtet.

5. Die Beraterin ruft innerhalb von 48 Stunden nach dem ersten Telefonge-spräch zurück und nennt die von ihr ausgewählten Altenheime. Wenn nötig, bietet sie auch weitere Alternativen an.

6. Die Beraterin übersendet dem Arbeitnehmer die von ihr mündlich über-mittelten Informationen in schriftlicher Form und fügt z.B. ein „Eldercare handbook" bei.

7. Die Beraterin ruft 10 Tage nach Versand des Materials an und vergewis-sert sich, daß der Arbeitnehmer alle Informationsmaterialien erhalten hat. Bei Bedarf stellt sie zusätzliches Material zusammen und verschickt dieses.

8. Die Beraterin ruft erneut nach vier Wochen an, um festzustellen, ob der Arbeitnehmer mit Leistungen bzw. mit den von Maryland Elder C.A.R.E. empfohlenen Altenheimen zufrieden ist („Erfolgskontrolle").

- **Leistungsangebot „Caregiver fairs":** Ein wesentliches Element der Informationsvermittlung bilden schließlich noch Ausstellungen, die von Maryland Elder C.A.R.E in einigen Betrieben organisiert werden und die in den Pausen oder sogar während der Arbeitszeit ohne großen Aufwand besucht werden können. Solche Ausstellungen bieten dem Arbeitnehmer die Möglichkeit, sich gleichzeitig über mehrere die Hilfe-/Pflegesituation betreffenden Themen umfassend zu informieren und Experten zu befragen. So können sich in den Ausstellungen beispielsweise unterschiedliche Anbieter von Diensten und Einrichtungen der Altenhilfe mit ihrem Aufgabenspektrum vorstellen.

- **Leistungsangebot „Förderung der Bildung von support groups":** In manchen Unternehmen wird unter dem Stichpunkt „Beratung" auch die Bildung von „support groups" (z.B. von Pflegepersonen von Alzheimer-Patienten) unterstützt. Im Rahmen dieser Gruppen soll den Betroffenen die Möglich-keit geboten werden, Erfahrungen und Informationen auszutauschen, ihre Probleme mit anderen zu diskutieren sowie auch emotionale Unterstützung zu erhalten. Als Ansprechpartner steht diesen Gruppen ebenfalls ein Experte - z.B. ein Angestellter von Maryland Elder C.A.R.E - zur Verfügung, der gegebenenfalls Auskunft zu allen, die Vereinbarkeitsproblematik betreffenden Themen geben kann.

3. Finanzielle Unterstützung

Auf dem Hintergrund einer fehlenden gesetzlichen Absicherung des Pflegerisikos in den USA ist zu beachten, daß Arbeitnehmer, die Unterstützung und Pflege für ihre Angehörigen leisten, durch die dadurch entstehenden Kosten zum Teil erhebliche finanzielle Belastungen haben. Maßnahmen zur Vereinbarkeit von Erwerbstätigkeit und Hilfe/Pflege können sich daher auch auf finanzielle Unterstützungsleistungen durch den Betrieb beziehen, die **a) den betroffenen Arbeitnehmer und/oder b) örtliche Dienste und Einrichtungen der Altenhilfe begünstigen.**

zu a) Einige, zumeist große Unternehmen bieten ihren Arbeitnehmern eine sogenannte **„Long Term Care Insurance"** an. Im Rahmen dieser Pflegeversicherung finanziert entweder der Betrieb die Versicherungsbeiträge, einen Teilbetrag davon oder aber der Arbeitnehmer übernimmt die Finanzierung selbst. Die Versicherung ihrerseits erbringt Leistungen (z.B. Deckung eines Teils der Kosten für einen Aufenthalt im Altenheim, finanzielle Unterstützung für ärztliche und rehabilitative Maßnahmen) für den Arbeitnehmer selbst, seine Eltern und Kinder sowie für Pensionäre und ihre Ehepartner. In diesem Zusammenhang sind auch die **„Dependent Care Assistance Plans (DCAPs)"** zu nennen. Im Rahmen dieses Plans werden 5% des jährlichen Arbeitnehmereinkommens vor Abzug der Steuern auf einem betrieblicherseits verwalteten Sparkonto angelegt. Der Arbeitnehmer kann bei Bedarf - z.B. zur Finanzierung von Pflegekosten - einen Betrag von bis 5.000 $ von diesem Konto abheben.

zu b) Unternehmen können auch örtliche Dienste und Einrichtungen der Altenhilfe - z.B. in Form von regelmäßigen **Spenden** - finanziell unterstützen. Hierdurch ist es den entsprechenden Einrichtungen und Diensten z.B. möglich, bauliche und personelle Erweiterungen vorzunehmen, die wiederum eine Ausweitung des Leistungs- oder Platzangebotes zur Folge haben. Erwerbstätige Pflegende profitieren durch diese Maßnahme der Betriebe eher in indirekter Form.

4. Bereitstellung von Serviceleistungen

Anders als das Angebot von Information und Beratung für hilfeleistende und pflegende Erwerbstätige zielt die Bereitstellung von Serviceleistungen auf spezifische Bedürfnisse der betroffenen Arbeitnehmer ab. Mit solchen Maßnahmen soll vor allem jenen geholfen werden, die **konkrete Unterstützung** brauchen (z.B. Versorgung des Angehörigen während der Arbeitszeit oder bei Abwesenheit, praktische Hinweise bei der Pflegeplanung). Eine geringe Zahl von Unternehmen unterhalten zu diesem Zweck **betriebseigene Tagesstätten**, sogenannte Day Care Centres, in denen entweder nur hilfe- und pflegebedürftige ältere Angehörige oder aber Kinder und ältere Menschen („Intergenerational Day Care Centre") gemeinsam betreut werden. Daneben bieten diese Tagesstätten auch die Bereitstellung von Mahlzeiten und Fahrdiensten an. Betriebe, die keine betriebseigene Tagesstätte unterhalten können oder wollen, kooperieren mit nahegelegenen Einrichtungen, d.h. es werden bei Bedarf Betreuungsplätze für die Angehörigen der Arbeitnehmer „angemietet".

Schließlich sei noch erwähnt, daß bestimmte Betriebe Arbeitnehmern mit Pflegeverpflichtungen die Möglichkeit bieten, sich für einen gewissen Zeitraum von der Pflege und Unterstützung Angehöriger zurückziehen zu können (z.B. wegen einer Dienstreise oder eines Urlaubs). So wird z.B. vom Betrieb die Betreuung der Angehörigen zu Hause oder die Regelung anderer Pflegeverpflichtungen bzw. die Bezahlung dieser Tätigkeiten durch professionelle Helfer offeriert. In diesem Zusammenhang sind die **„Private Geriatric Care Manager"** zu nennen, eine neue Berufsgruppe professioneller Helfer, die sich vor kurzem in den USA etabliert hat. Diese bislang freiberuflich tätigen Personen können von Betrieben engagiert werden, um den erwerbstätigen Hilfe-/Pflegeleistenden die Versorgung ihrer älteren Angehörigen zu erleichtern bzw. sie grundsätzlich sicherzustellen; letztgenannter Aspekt gilt insbesondere bei „long distance care"-Verpflichtungen. Das Leistungsspektrum eines „Private Geriatric Care Managers" reicht dabei von der Erstellung eines Pflege- und Betreuungsplans über die Organisation von Hilfsdiensten bis hin zur Übernahme der konkreten Pflegetätigkeit. Allerdings sind diese Helfer nicht gerade „billig": Ein einstündiger Besuch bei der hilfe-/pflegebedürftigen Person kann bis zu 100 $ kosten.

5. Management Training

Da **unmittelbare Vorgesetzte** des Arbeitnehmers - also Personen der unteren und mittleren Managementebene - den häufigsten Kontakt zu Arbeitnehmern haben und mit ihren Problemen am Arbeitsplatz am ehesten konfrontiert werden, sehen einige Betriebe ein wichtiges Anliegen darin, diese „Schlüsselpersonen" für die Thematik der Vereinbarkeit von Erwerbstätigkeit und Pflege zu sensibilisieren. Ziel ist es dabei in erster Linie, das **Problembewußtsein zu fördern** sowie das häufig vorhandene Informationsdefizit - z.b. hinsichtlich des Umgangs mit betroffenen Arbeitnehmern und möglicher unterstützender Maßnahmen - zu beseitigen. Dies geschieht vor allem durch Fortbildungsmaßnahmen sowie durch die Bereitstellung von entsprechendem Informationsmaterial.

Die bisherigen Ausführungen **resümierend** läßt sich feststellen, daß eine Vielfalt von betrieblichen Maßnahmen zur Vereinbarkeit von Erwerbstätigkeit und Hilfe-/Pflegeverpflichtungen für ältere Angehörige in Kanada und in den USA vorhanden sind, die - insgesamt betrachtet - **in differenzierter Weise auf die vielschichtigen Problemlagen betroffener Arbeitnehmer reagieren.** In Tabelle 1 ist beispielhaft aufgeführt, in welchen Unternehmen die beschriebenen Maßnahmen jeweils zu finden sind.

2.4   Wie sind die zwei wichtigsten Maßnahmen - nämlich „Flexible Arbeitszeit- und Arbeitsplatzgestaltung und „Information and referral service" - zu bewerten?

•   **Flexible Arbeitszeit- und Arbeitsplatzgestaltung:** Das Maßnahmenpaket „Flexible Arbeitszeit und Arbeitsplatzgestaltung" repräsentiert nach Ansicht unserer Befragten ein **äußerst geeignetes Instrument zur Entspannung der Vereinbarkeitsproblematik.** Beachtet werden muß allerdings, daß nicht in allen Unternehmen flexible Arbeitszeitarrangements ohne Probleme praktiziert werden können und es daher sehr von der Bereitschaft des Arbeitgebers abhängt, ob eine solche betriebliche Maßnahme eingeführt wird oder nicht. Unsere Gesprächspartner verweisen in diesem Zusammen- hang z.B. darauf, daß die oben beschriebenen „flex-time-Modelle" - anders als andere Maßnahmen zur Vereinbarkeit von Erwerbstätigkeit und Hilfe/Pflege - die innerbetriebliche Organisation und Pla-nung von Arbeitsabläufen und Personaleinsatz stark beeinflussen. Vor allem die Vorgesetzten der unteren und mittleren Managementebene würden dann mit Anforderungen konfrontiert, die sie veranlassen könnten, „flex-time" nicht oder zumindest nur zögernd zu gewähren. Dies gilt um so mehr, je starrer die Arbeitsanforderungen und -bedingungen sind (z.B. in Betrieben mit Schicht- oder Fließbandarbeit). Des weiteren wird auch vermutet, daß eine Inanspruchnahme dann leichter gewährt wird, wenn Arbeitnehmer besonders leistungsorientiert und/oder ihrem Betrieb in hohem Maße verpflichtet sind. Anders ausgedrückt bedeutet dies, daß „gute" Mitarbeiter eher die Chance haben, Maßnahmen wie z.B. Arbeitszeitkonto oder Heimarbeit zu nutzen.

Tabelle 1: Betriebliche Maßnahmen zur Vereinbarkeit von Erwerbstätigkeit und Hilfe/Pflege für ältere Angehörige in den USA: Ein Überblick über beispielhafte Betriebe

Betriebliche Maßnahmen	Unternehmen
• Flexible Arbeitszeit- und Arbeitsplatzgestaltung	- IBM - United States Health Resources and Services - Ohio Bell - Boston Edison - Bank of America - Levi Strauss
• Information, Beratung und Vermittlung	- The Travelers - Champion International - Westinghouse Electric Company (im Rahmen des EAR, betriebsintern) - D´Àrcy Masius Beton & Bowles Inc. (im Rahmen eines externen Information and referral service) - Marriott Hotel
• Finanzielle Unterstützung	- Xerox - Ukrops - The Travelers - IBM - AT & T - Philip Moris - American Express
• Bereitstellung von Serviceleistung	- Strite Ride - Lancaster - Herman Miller Inc.
• Management Training	- Bank of America - Johnson & Johnson - AT & T

- „**Information and referral service**": Insgesamt wird zum „Information and referral service" von unseren Gesprächspartnern festgestellt, daß dieser Service bzw. seine Programmelemente bei relativ geringem organisatorischen und finanziellen Aufwand **sehr effektiv** sein können (man denke an die Bereitstellung von schriftlichem Informationsmaterial). So lenkt der „Information and referral service" einerseits die Aufmerksamkeit der Belegschaft auf das Thema „Vereinbarkeit von Erwerbstätigkeit und Hilfe/Pflege". Andererseits können seine unterschiedlichen Elemente dazu beitragen, daß die Arbeitnehmer aufgrund der gewonnenen Informationen besser mit ihrer Situation und den damit verbundenen Belastungen umgehen. Für den Erfolg des „Information and referral service" - übrigens die Maßnahme, die von amerikanischen Arbeitnehmern am häufigsten gewünscht wird - sprechen auch die vorliegenden Beobachtungen, nach denen die Nutzer zu 99% mit dieser Dienstleistung zufrieden sind.

Obwohl alle Gesprächspartner die besondere Bedeutung dieser betrieblichen Maßnahme hervorheben, wird jedoch auch ein entscheidender Nachteil benannt, der sich auf die telefonische „Hot-line" bezieht: Es wird darauf aufmerksam gemacht, daß einkommens- und bildungsschwache Arbeitnehmer sowie Arbeitsmigranten mit unzulänglichen Sprachkenntnissen eine telefonische Beratung der oben beschriebenen Art weniger in Anspruch nehmen. Diese eher anonymisierte Form der Kommunikation, bei der der Kontakt mit dem Ansprechpartner nicht von „Angesicht zu Angesicht" erfolgt, erschwert offenbar für die genannten Personengruppen die Formulierung von Problemen. Diese bislang vorliegende Erfahrung mit dem „Information and referral service" hat zu modifizierten Formen geführt, die - wie im Zusammenhang mit dem EAP berichtet - persönliche Beratung durch betriebsinterne Sozialberater oder aber durch vom Betrieb beauftragte Experten beinhalten.

Verständlich werden Bedeutung und Arbeitsweise des „Information and referral service" aber vor allem auf dem Hintergrund der - verglichen mit der Bundesrepublik - unterentwickelten „Altenhilfe-In-frastruktur" in den USA, die zudem von regionalen Besonderheiten geprägt ist und die insgesamt eine Orientierung auf dem „Altenhilfedienstleistungsmarkt" erschweren. Auch fehlt es in den meisten Bundesstaaten an einem effektiv arbeitenden öffentlichen Altenberatungsangebot, so daß Personen mit Beratungs- und Informationsbedarf (z.B. über einen Heimplatz, über häusliche Pflegehilfen) häufig keine Anlaufadresse haben. Dies gilt insbesondere im Falle von „long-distance-caregiving". Zwar gibt es USA-weit lokale Area Agencies on Aging, die sich allerdings in ihrer fachlichen wie personellen Ausstattung - insbesondere mit Blick auf eine Beratungstätigkeit - extrem unterscheiden. Genau in diese „Marktlücke" stoßen die organisierten Informations- und Beratungsangebote, wie sie z.B. von Work/ Family Directions angeboten werden.

Es sollte an dieser Stelle nicht unerwähnt bleiben, daß nicht nur unsere Gesprächspartner, sondern auch die erwerbstätigen Hilfe-/Pflegeleistenden selbst den betrieblichen Maßnahmen „flexible Arbeitszeitregelungen" und „Informationsbereitstellung" eine besondere Bedeutung beimessen. Dies wird aus folgendem Zitat deutlich:

> „To maintain both work and caregiving roles, caregivers identify both work schedule flexibility and information about community services for the elderly as the most useful options employers could offer" (United States General Accounting Office, GAO/HEHS-94-64, 1994, S. 2).

Grundsätzlich muß allerdings - so die Meinung unserer Gesprächspartner - **die Implementierung aller betrieblichen Maßnahmen sorgfältig geprüft** werden, um nicht an den Bedürfnissen der Arbeitnehmer vorbeizuzielen. Dabei ist zu beachten, daß jede Maßnahme für sich genommen bestimmte Vorteile bietet, so daß ein **komplementärer Einsatz** unterschiedlicher Maßnahmen zu einer deutlichen Effizienzsteigerung im Sinne der Nutzer führen kann (z.B. die Kombination von flexiblen Arbeitszeitregelungen und Bereitstellung von Informationsmaterialien). Generell wird den Betrieben bei der Implementation von Maßnahmen folgendes Vorgehen empfohlen, das Coberly (1991, S. 44-49) in neun Arbeitsschritte gegliedert hat:

> „1. Legitimize corporate attention to eldercare
> 2. Educate yourself
> 3. Evaluate the need for an eldercare Program
> 4. Develop a preliminary agenda of options
> 5. Refer and refine
> 6. Finalize proposal and present to management
> 7. Implement the approved Program
> 8. Manage, monitor, evaluate and adjust
> 9. Maintain and enrich".

2.5 Wie hoch ist die Implementationsrate von betrieblichen Maßnahmen zur Vereinbarkeit von Erwerbstätigkeit und Hilfe/Pflege älterer Angehöriger?

Genaue Angaben über die Implementationsrate von betrieblichen Maßnahmen zur Vereinbarkeit von Erwerbstätigkeit und Hilfe/Pflege liegen weder für Kanada noch für die USA vor. Als einen wesentlichen Grund hierfür wird die bereits erwähnte Schwierigkeit genannt, Maßnahmen, die die Versorgung älterer Angehöriger erleichtern sollen, **von denen zu trennen**, die allgemein betrieblicherseits zur besseren Be-wältigung von Familienpflichten angeboten werden. Teilzeitarbeit und flexible Arbeitszeiten - beides sehr populäre betriebliche Maßnahmen (vgl. auch Tabelle 2) - können beispielsweise ebenso für die Kinder-, Kranken- wie auch für die Altenbetreuung in Anspruch genommen werden.

Wie unter Punkt 2.3 ausgeführt, ist des weiteren zu berücksichtigen, daß eine große Zahl von Unternehmen über ein EAP verfügen, innerhalb dessen **auch** Information und Beratung im Hinblick auf die Versorgung und Unterstützung von älteren Familienmitgliedern geleistet wird. Dies wiederum hat zur Folge, daß die Implementationsrate von betrieblichen Maßnahmen, die **speziell** auf Erwerbstätige mit Hilfe-/Pflegeverpflichtungen gegenüber älteren Menschen abzielen, von unseren Gesprächspartnern nur sehr vorsichtig **geschätzt** werden kann: So wird für die USA angenommen, daß zwischen **1.000 bis 3.000** Arbeitgeber irgendeine Maßnahme zur Unterstützung der Hilfe/Pflege von **älteren** Menschen offerieren. Gleichzeitig wird die Zahl der Unternehmen, die über Programme zur Vereinbarkeit von Erwerbstätigkeit und Kindererziehung verfügen, auf 7.000 bis 8.000 geschätzt. Eine Umfrage unter 188 der „Fortune 500" (die 500 größten US-amerikanischen Unternehmen) ergab z.B., daß „nur" 21,1% von ihnen einen speziellen „Information and referral service" zur Unterstützung der Hilfe/Pflege von älteren Menschen haben. Eine solche Maßnahme bezogen auf die Kindererziehung wird stattdessen von 54,5% der befragten Unternehmen angeboten (vgl. auch Tabelle 2).

Bezogen auf **alle** amerikanischen Unternehmen wird veranschlagt, daß insgesamt 500 bis 1.000 Betriebe Verträge mit Beratungsorganisationen - z.B. mit Work/Family Directions - abgeschlossen haben und ihren Arbeitnehmern somit einen Informationsdienst zum Themenkreis „Alter und Pflege" zur Verfügung stellen. Eine kleine, kontinuierlich steigende - aber nicht näher zu beziffernde - Anzahl von Firmen ermöglicht ihren Arbeitnehmern die Bildung von Selbsthilfegruppen, organisiert Ausstellungen, auf denen sich die örtlichen Dienste und Einrichtungen der Altenhilfe präsentieren können, und/oder verteilt entsprechendes Informationsmaterial am Arbeitsplatz. Des weiteren wird vermutet, daß mehr als 2.000 Arbeitgeber das Informationspaket „Caregivers in the Workplace" - herausgegeben von der American Association of Retired Persons AARP - erworben haben, das sowohl Arbeitgeber als auch Arbeitnehmer in schriftlicher Form über das Thema Vereinbarkeit von Erwerbs- und Hilfe-/Pflegetätigkeit und über die damit verbundenen Aspekte aufklärt. Schließlich offerieren 110 amerikanische Firmen eine Art Pflegeversicherung. Insgesamt wird vermutet, daß betriebliche Maßnahmen zur Vereinbarkeit von Erwerbstätigkeit und Hilfe/Pflege von älteren Angehörigen in **ca. 3% bis 4% der großen Betriebe** zu finden sind.

2.6 In welchen Branchen sind betriebliche Maßnahmen besonders häufig zu finden?

Ebenso wenig, wie exakte Informationen über eine allgemeine Implementationsrate erhältlich waren, gibt es genaue Hinweise über branchenbezogene Implementationsraten. Unsere Gesprächspartner sind sich allerdings darüber einig, daß betriebliche Maßnahmen vor allem **in Unternehmen des Dienstleistungssektors** zu finden sind. Zu nennen sind hier insbesondere große Banken (z.B. National Bank of Canada, Bank of Novia Scotia, American Express), Versicherungskonzerne (z.B. Travelers Insurance Company) und Hotelketten (z.B. Mariott). Im produzierenden Gewerbe sind es in erster Linie die **großen Elektronikkonzerne** (z.B. AT & T, Remington) und vor allem die **multinational agierenden Großkonzerne** (IBM, Pepsi-Cola, Levi-Strauss, Hallmark).

Nach Einschätzung unserer Gesprächspartner scheint jedoch nicht so sehr die Branchenzugehörigkeit ein wesentlicher Prädiktor für die Initiierung von Maßnahmen zu sein, sondern eher Variablen wie

*   Größe des Unternehmens,
*   Unternehmensphilosophie im Hinblick auf eine generell familienfreundliche Politik,
*   Altersstruktur der Belegschaft,
*   Frauenanteil, insbesondere innerhalb der Altersgruppe von 40 bis 50 Jahren,
*   hoher Anteil an qualifizierten Beschäftigten sowie
*   **keine** gewerkschaftliche Orientierung innerhalb der Arbeitnehmerschaft.

Insbesondere das **betriebliche Interesse am Erhalt von Humankapital** wird als ein wesentlicher Grund dafür genannt, daß in bestimmten Branchen des Dienstleistungssektors mehr Unternehmen Maßnahmen eingeführt haben als in Produktionsbetrieben: Die Abhängigkeit von gut qualifiziertem Personal wird für den Dienstleistungsbereich höher eingeschätzt, denn im industriellen Bereich seien Arbeitnehmer leichter zu ersetzen. Andererseits wird in diesem Zusammenhang auch erwähnt, daß die Produktivität der Arbeitnehmer im industriellen Bereich sehr viel leichter meßbar ist. Folglich könnten industrielle Betriebe ohne größere Schwierigkeiten Erfolgskontrollen in bezug auf betriebliche Maßnahmen vornehmen.

Tabelle 2: Prozentualer Anteil von betrieblichen Maßnahmen zur Vereinbarkeit von Erwerbstätigkeit und Familie bezogen auf 188 der
„Fortune 500" Unternehmen (Galinsky, Friedman & Hernandez,
1991)

Rank	Program Description	% of Companies Offering Program
1	Part-time Schedules	87,6 %
2	Empolyee Assistance Programs	85,6 %
3	Personal Days	77,4 %
4	Flextime	77,1 %
5	Personal Leaves of Absence	70,4 %
6	**Child Care Resource and Referral**	**54,5 %**
7	Spouse Employment Assistance	51,9 %
8	DCAPs (Dependent Care Assistance Plans)	49,5 %
9	Job-Sharing Arragements	47,9 %
10	Flexplace	35,1 %
11	Family, Child Care Leaves for Mothers*	28,0 %
12	Family Counseling in Relocation	26,9 %
13	Work-Family Seminars	25,7 %
14	Cafeteria Benefits	25,1 %
15	Wellness/Health Programs	23,4 %
16	**Elder Care Consultation and Referral**	**21,1 %**
17	Adoption Benefits	15,7 %
18	Child Care Centers	13,0 %
19	Work-Family Management Training	9,6 %
20	Work-Family Support Groups	5,3 %
21	Corporate Foundation Giving	5,3 %
22	Family Illness Days	4,8 %
23	Discounts for Child Care	4,8 %
24	Sick Child Care	4,3 %
25	Work-Family Coordinators	3,2 %
26	Work-Family Handbook	2,7 %
27	Long Term Care Insurance	2,1 %
28	Consortium Centers for Child Care	1,6 %
29	On-site Caregiver Fairs	1,6 %
30	Vouchers for Child Care	1,1 %

Note: Ranking does not include disability leaves for new mothers, which are available in 100% of
the companies survey. * Family and child care leave policies for mothers that are also available to fathers are found in 22,3% of the companies, and are extended to adoptive parents
in 23,4% of the companies. Policies that include extended care for relatives are available in
16.0% of the companies. These variations are not counted separately in the above table.

2.7 Wie wird im Hinblick auf Maßnahmen zur Vereinbarkeit von Erwerbstätigkeit und Hilfe/Pflege die Situation im „Public sector" (öffentlicher Dienst) beurteilt?

Unsere Gesprächspartner stimmen darin überein, daß im „public sector" bislang keine systematische Einführung von Maßnahmen zur Vereinbarkeit von Erwerbstätigkeit und Hilfe/Pflege erfolgt ist und sich in diesem Bereich die Entwicklung noch langsamer vollzieht als im „private sector". Zwar sind in einigen Ministerien (z.B. im Department of Defense und im Department of Agriculture) und Ämtern Aktivitäten für Erwerbstätige mit Hilfe-/Pflegeverpflichtungen beobachtbar (z.B. „Lunch time Seminare"), insgesamt betrachtet sind dies jedoch deutliche Ausnahmen. Die derzeitige Situation im öffentlichen Sektor wird als umso erstaunlicher angesehen, da hier von einem höheren Durchschnittsalter der Beschäftigten auszugehen ist. Dies wiederum dürfte Auswirkungen auf den Anteil betroffener Personen haben.

Im Zusammenhang mit diesem Themenkomplex wird auch auf eine Untersuchung des United States General Accounting Office hingewiesen - durchgeführt im Auftrag des US Congresses - deren Ziel eine genauere Analyse von Art und Umfang betrieblicher Maßnahmen zur Vereinbarkeit von Erwerbs- und Hilfe-/Pflegetätigkeit in den 50 Bundesstaaten und den 100 größten Städten der USA war (United States General Accounting Office, GAO/HEHS-94/60, 1994). Zwar zeigte sich einerseits, daß fast alle befragten öffentlichen Arbeitgeber mindestens ein flexibles Arbeitszeitmodell oder - wenn auch in weitaus geringerem Maße - die Informationsbereitstellung bezogen auf die Hilfe/ Pflege älterer Menschen als Maßnahme zur Erleichterung der Balance zwischen Erwerbstätigkeit und Familienpflichten offerierten. Andererseits wurde gerade das weit verbreitete Unterstützungsangebot „Flexible Arbeitszeit" häufig nicht speziell für die hier diskutierte Vereinbarkeitsproblematik eingeführt, so daß „Managers and supervisors, therefore, may neither recognize their potential nor encourage their use by employees for elder care purposes" (GAO/HEHS-94/60, 1994, S. 6). Obwohl die Mehrzahl der befragten Bundes- und Landesbehörden sowie Kommunen gemäß der GAO-Studie die Einführung bzw. den Ausbau weiterer Unterstützungsmöglichkeiten für Erwerbstätige mit Hilfe-/Pflegeverpflichtungen plant, konnte dennoch eine gewisse Zurückhaltung festgestellt werden, die insbesondere mit der Unkenntnis von Prävalenzrate und/oder Kosten für betriebliche Maßnahmen begründet wird. Dessen ungeachtet wird im Rahmen des GAO-Reports u.a. folgende Empfehlung ausgesprochen:

> „Government's greater recognition and promotion of existing schedule flexibility options for elder care purposes is an effective way to address these issues. Such promotion, coupled with information resources, can help caregivers balance their work

and family responsibilities, help the elderly to live independently in their homes, and strengthen government's efforts to improve employee retention and productivity" (United States General Accounting Office, GAO/HEHS-94/60, 1994, S. 3)

2.8 Welche wesentlichen Gründe sind für Unternehmen zur Einführung von betrieblichen Maßnahmen ausschlaggebend?

Basierend auf ihren Erfahrungen werden von unseren Gesprächspartnern vor allem folgende Gründe angeführt (vgl. auch obere Graphik auf Seite 85):

- **Kostenreduzierung:** Häufig erfolgt die Einführung von Maßnahmen zur Erleichterung der Vereinbarkeit von Erwerbstätigkeit und Hilfe/Pflege von Angehörigen erst dann, wenn im Betrieb **negative Auswirkungen** der Pflegeverpflichtungen am Arbeitsplatz (z.B. in bezug auf Produktivität, Absentismusrate, Verlust von Humankapital) erkennbar sind bzw. befürchtet werden. Zwar verfügen die wenigsten Unternehmen über „harte" Daten, die diese negativen Auswirkungen und die dadurch entstehenden Kosten dokumentieren. Da jedoch entweder eigene betriebsintern durchgeführte Umfragen, Umfragen anderer Unternehmen und/oder wissenschaftliche Untersuchungen bestätigen, daß ein nicht unbeträchtlicher Teil der Arbeitnehmer Hilfe/Pflege für andere und Erwerbstätigkeit parallel ausführt bzw. in Zukunft verstärkt ausführen muß, ist dies für einige Unternehmen bereits Grund genug, eigene Maßnahmen zu initiieren. Dies erscheint umso dringender, als „Eldercare-Verpflichtungen" in der Regel von längerer Dauer sind als z.B. „Childcare-Verpflichtungen" und daher mögliche Nachteile und Kosten für einen Betrieb über einen wesentlich größeren Zeitraum anfallen.

- **Neue Unternehmenskonzepte:** Insgesamt sind solche Maßnahmen auch als Bestandteil neuerer betrieblicher Konzepte der **Humankapitalstärkung und -erhaltung** zu interpretieren. Humankapital bzw. „human resource" wird insbesondere in Betrieben mit einem hohen Bedarf an Fachkräften als wesentlicher Produktivfaktor angesehen, den es zu stärken und an den Betrieb zu binden gilt.

- **Arbeitnehmerorientierung:** Betriebe, die traditionell arbeitnehmerorientiert sind, sind häufig unter den ersten, die Maßnahmen zur Vereinbarkeit von Erwerbstätigkeit und Hilfe/Pflege für ältere Angehörige einleiten. Solche Maßnahmen sind hier Bestandteil einer generellen betrieblichen Sozialpolitik. Als beispielhaft gelten hier folgende Unternehmen: Xerox, Philip Morris, American Express und Johnson & Johnson. In solchen Betrieben gibt es eine entsprechende „corporate culture" (Betriebskultur) oder Unternehmensphilosophie (z.B. innovativ versus traditionell), die es erleichtert, auch neue Initiativen und Programme wie die der Unterstützung pflegen-

Business Factors Are More important to Companies Than Demographic Ones in Offering Corporate Eider Car Assistance

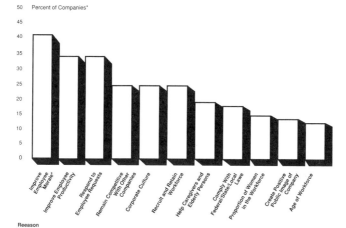

50 Percent of Companies*

Reeason

[a]Percent of companies reparting the factor had a great impact on their decision to offer elder care assistance.

[b]Sampling error for this estimate is plus or minus 14 percent.

Percent of Companies[b]

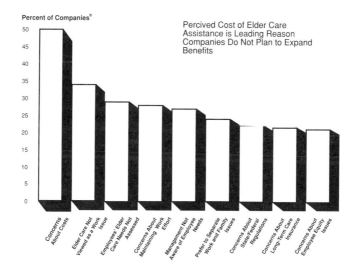

Percived Cost of Elder Care Assistance is Leading Reason Companies Do Not Plan to Expand Benefits

Reason for Not Implementing or Expending Elder Care Assistance

[a]Percent of companies reporting the factor had a great or impact on their decision not to expand elder care assistance

aus United States General Accounting Office (GAO) (1994). Long-term care: Private sector elder care could yield multiple benefits. Report to the Honorable Olympia Snowe, House of Representatives. GAO/HEHS-94-60. Washington,DC.

der und hilfeleistender Betriebsangehöriger zu realisieren. Ein wesentliches Ziel dieser Unternehmensphilosophie kann es dabei sein, im Betrieb ein „**supportive workplace environment**" zu schaffen, eine unterstützende Arbeitsumwelt also, in der alle Arbeitnehmer im Bedarfsfall und in unterschiedlichsten Krisensituationen - so auch in familiären Angelegenheiten - auf die Hilfe und Unterstützung des Betriebes zählen können.

Dazu zwei Schlußfolgerungen aus einer Evaluierungsstudie des Families and Work Institute:

> „Employees with more supportive relationships at work are more satisfied and committed workers"; und weiter: „Though developing a constructive social climate at work is not high on most workplace improvement agendas, the findings reported here reveal that it is an integral part of what makes companies work well" (Galinsky, Bond & Friedman, 1993, S. 22 u. S. 26).

- „**Survivor benefits**": Nach grundlegenden Veränderungen der innerbetrieblichen Organisation - zumeist verbunden mit massiven Freisetzungen - oder ganz allgemein nach intensivem Personalabbau werden von Betrieben aus „strategischen" Überlegungen heraus soziale betriebliche Maßnahmen eingeführt, um die **Moral und Arbeitszufriedenheit** der noch verbliebenen Arbeitnehmer zu stärken, d.h. „... letting those who survive downsizing know that the company still cares" (Friedman, 1993, S. 3). Daß dieser Grund von besonderer Bedeutung ist, wird auch durch eine Studie von Galinsky, Friedman und Hernandez (1991) bestätigt. Die von ihnen befragten Arbeitgeber nannten die Erhaltung der Moral innerhalb der verbliebenen Arbeitnehmerschaft als wichtigstes Motiv für die Initiierung von neuen Programmen und Maßnahmen.

- **Public Relations:** Ein weiterer Anlaß für die Implementation von betrieblichen Maßnahmen ist auch dann gegeben, wenn sich Unternehmen gegenüber der Öffentlichkeit, den Kunden und gegenüber den eigenen Arbeitnehmern als **innovative und familienfreundliche Firma** präsentieren wollen. Eng damit zusammen hängt das nächste Motiv:

- **Konkurrenz:** Als eine weitere wesentliche Motivation zur Einführung familienfreundlicher, betrieblicher Maßnahmen reicht für einen Teil der Betriebe bereits aus, daß ernsthafte nationale und internationale Konkurrenzunternehmen Vergleichbares zu bieten haben und man dem nicht nachstehen will. Bereits ein Artikel über ein Unternehmen im „Wall Street Journal" könne ein Anstoß sein - so eine Gesprächspartnerin. Mitunter will man aber auch ganz bewußt als erstes Unternehmen der Branche und damit **vor der Konkurrenz** aktiv werden. Dieses Vorgehen war beispielsweise bei den sogenannten „big six"- Unternehmen der USA der Fall.

- **Persönliche Betroffenheit:** Die Einführung von Maßnahmen kann auch dadurch erleichtert und beschleunigt werden, wenn wichtige Entscheidungsträger eines Unternehmens selbst privat von der Vereinbarkeitsproblematik betroffen sind.

In der konkreten betrieblichen Praxis sind zumeist mehrere Gründe gleichzeitig ausschlaggebend. Allerdings wird übereinstimmend vermutet, daß trotz aller „edlen" und altruistischen Motive („less than 5%", wie geschätzt wird) das „$-Argument" - d.h. werden durch die Initiierung von Maßnahmen Kosten gespart, ja oder nein? - das eigentlich Entscheidende sei. Dies gelte um so mehr, je kleiner der Betrieb sei. Andererseits wird aber auch die Meinung geäußert, daß es **nicht nur „cost-benefit-Motive"** sind, die eine Einführung von Maßnahmen begründen. Vielmehr sind solche Maßnahmen häufig eingebunden in übergeordnete Ziele der Personalentwicklungsplanung, die vor allem der Förderung und dem Erhalt der Stammbelegschaft dienen. Dies gilt vor allem für Betriebe mit hohen Anteilen an qualifiziertem Fachpersonal bzw. auf dem Hintergrund ihres zunehmenden Mangels.

Unsere Gesprächspartner nennen folgende wichtige Vorteile, die sich Betriebe von der Einführung betrieblicher Maßnahmen versprechen:

- Erhöhung der Produktivität,
- Erhöhung der Moral und Arbeitszufriedenheit,
- Erhalt von bislang getätigten Investitionen (z.B. Qualifizierungsmaßnahmen) in die wichtigste Ressource eines Unternehmens: den Arbeitnehmer,
- Reduzierung von Absentismus und Unpünktlichkeit,
- Unterstützung bei der Rekrutierung neuer Mitarbeiter und Sicherung des Personalbestandes sowie
- Verbesserung des Firmenimage sowohl in der Öffentlichkeit als auch in der Branche.

Dennoch bedeuten selbst die ökonomisch „überzeugendsten" Argumente und das Wissen darüber, daß das eigene Unternehmen quantitativ in beachtlicher Weise von der Eldercare-Problematik betroffen ist, nicht unbedingt auch gleichzeitig, daß Betriebe entsprechende Maßnahmen initiieren. Zwischen Problemwahrnehmung und betrieblicher Reaktion klafft eine deutliche Lücke. Unsere kanadischen Gesprächspartner, die in „nicht-reagierenden" Unternehmen z.T. erhebliche Prävalenzraten erhoben hatten, stellten folgende typische Reaktionsmuster darauf fest:

- Ca. 50% der betroffenen Betriebe geben zwar an, wertvolle Informationen erhalten zu haben, die sie künftig bei ihrer „Human resource policy" berücksichtigen wollen. Sie sind allerdings nicht - zumindest nicht in absehbarer Zeit - bereit, Maßnahmen oder Programme einzuleiten. Ausschlaggebend sind vor allem die damit verbundenen Kosten.

- Ein Teil der Betriebe erwägt zwar die Einführung von Maßnahmen, plant dies allerdings erst zu einem späteren Zeitpunkt. Begründet wird dies damit, daß zur Zeit wichtigere Themen auf der Tagesordnung stünden.

- Einige Unternehmen reagieren mit dem Hinweis, eine mögliche Einführung von Maßnahmen müsse zunächst mit der Gewerkschaft diskutiert werden, um gemeinsam Lösungsstrategien zu entwickeln.

- Schließlich gibt es auch Betriebe, die zwar ebenfalls keine Maßnahmen zur Vereinbarkeit von Erwerbstätigkeit und Hilfe/Pflege einleiten wollen, die aber zumindest die Notwendigkeit erkennen, ihr Management auf der mittleren und unteren Ebene für die Thematik zu sensibilisieren, d.h. konkret Überzeugungsarbeit mit dem Ziel zu leisten, Einstellungsänderungen zu bewirken.

2.9 Welche betrieblichen Kosten werden durch die Maßnahmen verursacht?

Die Kosten für betriebliche Maßnahmen lassen sich lediglich für den „gekauften" Informations- und Vermittlungsservice genau ermitteln. So zahlen beispielsweise Unternehmen, die Verträge mit Beratungsorganisationen - z.B. Work/Family Directions - abgeschlossen haben, beispielsweise einen Betrag von $ 1,50 je Arbeitnehmer und Monat. Bei einer Belegschaft von 1.000 Arbeitnehmern wären dies $ 18.000 jährlich. In einem von uns besuchten Unternehmen mit ca. 2.500 Mitarbeitern werden die Kosten für ihr betriebsfremdes Employee Assistance Program auf $ 40.000 bis $ 45.000 im Jahr beziffert.

2.10 Welche Charakteristika zeichnen die Nutzer von betrieblichen Maßnahmen aus?

Da das gesamte Feld noch nicht genügend untersucht worden sei, stehen - so unsere Gesprächspartner - nur wenige Daten zur Verfügung, die Auskunft über die Charakteristika der Nutzer geben könnten. Dennoch kommen einige Befragte aufgrund ihrer Erfahrungen zu dem Schluß, daß die Mehrzahl der Nutzer betrieblicher Maßnahmen weiblich, zwischen 25 und 45 Jahren alt, verheiratet und beruflich höher qualifiziert ist. Vorwiegend unterstützen diese Personen ihre Eltern, die wiederum in ca. 40% der Fälle mehr als 100 Meilen von den Hilfeleistenden entfernt wohnen („long distance care").

Betont wird weiterhin, daß die Nutzerstruktur mit der Art der angebotenen betrieblichen Maßnahme variiert. Zur Illustration dieses Aspektes wird beispielhaft auf die Variablen „**berufliche Qualifikation**" und „**Geschlecht**" rekurriert:

So wird mehrheitlich vermutet, daß es insbesondere die sogenannten „white collar worker" und damit die **höher qualifizierten Arbeitnehmer** seien, die betriebliche Angebote zur Erleichterung der Vereinbarkeit von Erwerbstätigkeit und Hilfe/Pflege - und hier vor allem den „Information and referral service" - nutzen. In bezug auf die Variable „Geschlecht" wird übereinstimmend betont, daß **Frauen** in weitaus stärkerem Maße als Männer an Lunch-time-Seminaren und Angehörigengruppen teilnehmen; ihr prozentualer Anteil an den Seminarteilnehmern wird zwischen 70% und 100% geschätzt. Allerdings ist eine wachsende Bereitschaft der Männer zur Teilnahme dann festzustellen, wenn sie gezielt angesprochen werden. Generell würden Männer aber in einem weitaus höheren Maße dazu neigen, den „Information and referral service" in Anspruch zu nehmen. Dieses Angebot käme ihrem Bedürfnis nach „handfesten" Informationen offensichtlich eher entgegen, zumal Männer häufiger für „management care" und „long-distance care" zuständig seien, zwei Arten der Hilfeleistung für ältere Angehörige, für die überdies ein großes Spektrum von Informationen notwendig sei. Während sich insgesamt die Anfragen von Frauen vorwiegend auf praktische Hilfe und Unterstützung beziehen, richten sich die Anfragen der Männer - den Beobachtungen unserer Gesprächspartner zufolge - stärker auf organisatorische (z.B. Transport), finanzielle und rechtliche Aspekte der Pflege. Von Interesse ist jedoch vor allem die Wahrnehmung, daß sich Männer ganz allgemein zunehmend für „Eldercare-Hilfen" interessieren - wenn auch innerhalb des erwähnten eingeschränkten Spektrums. Generell wird sogar eine „Trendwende" vermutet: Während sich in der Vergangenheit im Zusammenhang mit der „Childcare-Problematik" fast ausschließlich Frauen um betriebliche Unterstützung und Entlastung bemühen mußten, weil dies von den Männern/Vätern als primäres Anliegen der Frauen und Mütter betrachtet wurde, läßt sich nunmehr im Hinblick auf die „Eldercare-Thematik", speziell, wenn es um die eigenen Eltern geht, ein sehr viel stärkeres Eigen-Engagement der Männer erkennen.

2.11 Welche Probleme werden von erwerbstätigen Hilfe-/Pflegeleistenden thematisiert?

Bei der Beantwortung dieser Frage können unsere Gesprächspartner hauptsächlich auf die Erfahrungen zurückgreifen, die in Verbindung mit der Nutzung des „Information and referral service" gesammelt worden sind. In bezug auf die Daten von Family/Work Directions wird berichtet, daß sich 66% der Anfragen auf die Verfügbarkeit möglicher Dienste und Einrichtungen richten, 60% auf die Erfassung des tatsächlichen Bedarfs betroffener älterer Angehöriger (z.B. im Rahmen eines Assessments durch einen professionellen „Private Geriatric Care Manager"), 42% beziehen sich auf finanzielle Aspekte der Hilfe/Pflege, 17% auf Pflegeplanung und 13% auf rechtliche Probleme der Hilfe/Pflege, weitere 17% auf die Reduzierung von Stress/Belastung und 13% auf Kommunikationsprobleme. Kontaktanlässe für Arbeitnehmer mit „long distance care Verpflichtungen" beziehen sich zudem überdurchschnittlich häufig auf die Überprüfung der Möglichkeit eines Umzugs des Hilfe-/Pflegebedürftigen in den Wohnort des Arbeitnehmers, auf die Organisation von Pflegehilfen sowie auf die Beschaffung eines Heimplatzes am Wohnort des alten Menschen.

2.12 Wie wird das Nutzerverhalten beurteilt?

Insgesamt überwiegt bei den von uns Befragten die Vermutung, daß die vorhandenen Maßnahmen in den Betrieben **zu wenig genutzt** werden. Nutzerraten würden daher **kein** geeignetes Erfolgskriterium für das Beurteilen von Maßnahmen bilden. Auch werde das Ausmaß der Nutzung von betrieblichen Maßnahmen wesentlich von der angebotenen Unterstützungsform bestimmt. Da jedoch bislang nur der „Information and referral service" einer Evaluation bzw. Erfolgskontrolle unterzogen worden ist, können unsere Gesprächspartner lediglich dazu Angaben machen. Dabei ist allerdings wie folgt zu differenzieren: Wird der „Information and referral service" durch eine externe Beratungsorganisation, z.B. Work/Family Directions, angeboten, so schätzt man, daß innerhalb eines Jahres ca. 5% der Arbeitnehmer eines jeweiligen Betriebes diesen Service in Anspruch nehmen. Bildet dieser jedoch einen Bestandteil des „Employee Assistance Program", so ist eine noch geringere Nutzerrate feststellbar: Sie liegt bezogen auf alle Arbeitnehmer bei ca. 1%. Überhaupt richten sich nur ca. 7% aller Anfragen, die im Rahmen des EAP bearbeitet werden, auf das Thema „Eldercare". Es wird jedoch vermutet, daß die Nutzung des EAP deswegen unterbliebe, weil es ursprünglich für alkohol- und drogensüchtige Arbeitnehmer entwickelt wurde und daher noch heute für viele Arbeitnehmer mit einem Stigma behaftet sei.

Aufgrund der bislang nur **ungenügend erfolgten Evaluation** betrieblicher Maßnahmen fehlt es auch an genauen Angaben hinsichtlich der Dunkelziffer der „Nicht-Nutzer". Einen Einblick hierzu gibt eine Studie von Johnson (1992): Danach geben 28% der befragten Arbeitgeber an, die Inanspruchnahme der betrieblichen Maßnahmen sei niedriger als erwartet. Weitere 24% beurteilen sie höher, 27% genauso wie erwartet und 5% können zur Nutzerrate keine Angaben machen.

Als ein wesentlicher Grund für die noch zu geringe Inanspruchnahme wird von mehreren Gesprächspartnern vermutet, daß viele Betroffene Bedenken haben, **ihre Probleme am Arbeitsplatz zu artikulieren.** Gerade in einer schwierigen ökonomischen Lage, die von Arbeitsplatzabbau geprägt sei, würden im Falle des Bekanntwerdens konkrete Nachteile im Betrieb befürchtet, wenn man seine Probleme dem Vorgesetzten gegenüber eingesteht und damit zu erkennen gibt, daß man u.U. nicht mehr so belastbar und produktiv sei. Gerade diese Angst trägt - so die Auffassung einiger Gesprächspartner - mit dazu bei, daß ein Teil der Erwerbstätigen mit Hilfe-/Pflegeverpflichtungen betriebliche Maßnahmen wie z.B. flexible Arbeitszeiten oder Teilzeitarbeit nicht nachfragen.

Hinzu kommt, daß - wie bereits erwähnt - viele Erwerbstätige mit Hilfe-/Pflegeverpflichtungen sich selbst gar **nicht als „caregiver"** einstufen. Sie fühlen sich demzufolge auch nicht von Maßnahmen, die explizit für „working caregiver" deklariert sind, angesprochen. Dies wiederum kann darin begründet sein, daß Hilfe-/Pflegeleistungen für ältere Menschen und die damit verbundenen Aspekte häufig als ein **Tabuthema und überdies als eine ausschließlich familiäre Angelegenheit** angesehen werden, die privat zu bewältigen sind. Mehrere Gesprächspartner weisen zusätzlich darauf hin, daß die Mehrzahl der betroffenen Arbeitnehmer auch erst in akuten Krisensituation Hilfe und Unterstützung sucht und selten präventiv tätig wird, d.h. die Nutzerrate spiegelt selbstverständlich nicht die gesamte Zahl der erwerbstätigen Hilfe-/Pflegeleistenden wieder.

Schließlich ist - so eine mehrheitliche Meinung - die geringe Nutzung von betrieblichen Maßnahmen auch in einer **mangelnden Information** der Arbeitnehmer begründet. Viele wissen oftmals gar nicht, daß und in welcher Weise ihr Betrieb bei der Lösung der Vereinbarkeitsproblematik Hilfe leisten kann und formulieren dementsprechend auch keine Wünsche. Zwar werden betriebliche Maßnahmen bei ihrer Initiierung propagiert, die Unternehmen **unterlassen es aber dann häufig, regelmäßig dafür zu werben.** Es könne zudem nicht ausgeschlossen werden - so einige Gesprächspartner - daß die geringe Informationspolitik der Betriebe auf ökonomische Gründe zurückzuführen ist bzw. daß - insbesondere mit Blick auf die Nutzung spezieller Arbeitszeitregelungen - aktives Werben vor allem von den direkten Vorgesetzten deshalb unterbleibt, weil sie z.B. den zusätzlichen organisatorischen Aufwand, Ersatz zu besorgen, Arbeit umzuverteilen etc. fürchten.

2.13 Wie könnte die Inanspruchnahme betrieblicher Maßnahmen erhöht werden?

Jenseits des wirklichen Interesses der Betriebe an einer höheren Inanspruchnahme betrieblicher Maßnahmen stellt sich nun ganz generell die Frage, wie eine verbesserte Nutzung erreicht werden könnte. Folgende Vorschläge werden hierzu von unseren Gesprächspartnern unterbreitet:

*   Bewußtseinsarbeit und regelmäßige Information: Um betroffene Arbeitnehmer z.B. zur Nutzung des „Information and referral service", der persönlichen Beratung und/oder zu einer Teilnahme an Angehörigengruppen zu motivieren, wird vorgeschlagen, innerhalb der Arbeitnehmerschaft ein Bewußtsein für die Problematik der Vereinbarkeit von Erwerbstätigkeit und Hilfe/Pflege zu wecken und sie regelmäßig über die vorhandenen

betrieblichen Maßnahmen zur Erleichterung der Vereinbarkeitsproblematik zu informieren (z.B. durch Plakate, Artikel in Werkszeitung, Auslegen von Broschüren, E-Mail).

Hingewiesen wird auch darauf, daß mit der betrieblichen Informationspolitik, aber auch mit Maßnahmen wie „Lunch-time-Seminaren" und Austellungen - und dies hat sich als sehr bedeutsam erwiesen - nicht nur die hilfe-/pflegeleistenden Erwerbstätigen selbst angesprochen bzw. aufgeklärt werden, sondern auch jene Arbeitnehmer, **die noch nicht von der Vereinbarkeitsproblematik betroffen sind.** Erstens könne dadurch auch erreicht werden, daß auf seiten der Kollegen und Vorgesetzten ein Verständnis für jene geweckt wird, die aktuell betroffen sind. Zweitens würden Kollegen einen wesentlichen Multiplikator bei der Informationsvermittlung bilden, da sie für die von der Vereinbarkeitsproblematik betroffenen Arbeitnehmer häufig eine wichtige beratende Funktion haben. Drittens würde durch dieses Vorgehen ebenfalls im Sinne der Vorsorge gehandelt.

- **Ausrichtung des Angebots auf die jeweilige „corporate culture":** Schließlich müsse das Angebot speziell auf die Arbeitnehmerstruktur eines Betriebes ausgerichtet sein, d.h. die jeweilige „corporate culture" sei zu berücksichtigen. In bezug auf die „Lunch-time-Seminare" würde dies z.B. bedeuten, daß sowohl Art der Präsentation von Informationen als auch zeitlicher Umfang und zeitliche Verteilung während der Arbeitszeit den Bedürfnissen und den Charakteristika der Teilnehmer angepaßt werden müßten.

- **Information und Aufklärung von Managern auf der unteren und mittleren Ebene:** Wie bereits dargelegt, ist es für den Erfolg von betrieblichen Maßnahmen ganz entscheidend, die unmittelbaren Vorgesetzten für das Thema „Eldercare" zu sensibilisieren und sie ausführlich darüber zu informieren. Es wird davon ausgegangen, daß nur derart qualifizierte Personen in der Lage sind, den betroffenen Arbeitnehmern als verständnisvolle und kompetente Ansprechpartner zur Seite zu stehen. Des weiteren kann durch ein solches „Management-Training" auch eine Offenheit für u.U. aufwendige Hilfen (z.B. spezielle Arbeitszeitregelungen) gefördert werden.

- **Vielfalt von betrieblichen Maßnahmen:** Um möglichst viele Arbeitnehmer, die Hilfe und Pflege für ihre älteren Angehörigen leisten, zu unterstützen, sei es dringend erforderlich, ein breites Spektrum von betrieblichen Maßnahmen anzubieten, das der Differenziertheit von Problemen und Hilfe-/Pflegesituationen Rechnung trägt: Information und Beratung müssen ebenso möglich sein wie flexible Arbeitszeitarrangements.

- **Betriebliche Maßnahmen als normale Dienstleistung bzw. als „entitlement":** Betriebliche Maßnahmen zur Vereinbarkeit von Erwerbstätigkeit und Hilfe/Pflege von Angehörigen müßten als normale Dienstleistung und nicht als besondere „Wohltätigkeit des Betriebes an seine Arbeitnehmer" angeboten werden. Unsere Gesprächspartner verweisen in diesem Zusammenhang darauf, daß in Unternehmen, die insgesamt über eine familien- bzw. arbeitnehmerfreundliche „corporate identity" verfügen, Ängste vor Nachteilen am Arbeitsplatz weniger verbreitet seien und daß hier eine höhere Nutzung von Maßnahmen zu beobachten sei (z.B. bei IBM oder Polaroid). Entsprechende Maßnahmen würden hier nicht als besonderes Angebot deklariert, sondern als eine von vielen Maßnahmen eines „supportive workplace environment", auf die der Arbeitnehmer überdies einen berechtigten Anspruch („entitlement") hat.

- **Flexibilität:** Die Praxis zeige, daß viele Arbeitnehmer Erwerbstätigkeit und Hilfe/Pflege bis zu einem gewissen Ausmaß routiniert vereinbaren können. Es sind aber vor allem die unkalkulierbaren Krisensituationen („crisis episode"; z.B. plötzlicher Krankenhausaufenthalt, unmittelbar nach einem Schlaganfall eines älteren Angehörigen), die Probleme verursachen, welche ein schnelles und flexibles Reagieren erfordern. Dies bedeutet wiederum, daß die Inanspruchnahme vorhandener betrieblicher Maßnahmen ebenfalls **schnell, flexibel und ohne großen Aufwand** möglich sein muß (z.B. sich spontan einige Tage frei nehmen können). Relativ erfolglos bleiben demnach Maßnahmen, die starr sind bzw. deren Inanspruchnahme bürokratisch gehandhabt wird (z.B. aufwendiges Antragsverfahren).

2.14 Welche Gründe sind dafür ausschlaggebend, daß Betriebe keine Maßnahmen einführen?

Erwartungsgemäß gibt es mehrere Gründe, warum in der Mehrzahl der kanadischen und amerikanischen Unternehmen **keine** Maßnahmen vorhanden sind, die eine Vereinbarkeit von Erwerbstätigkeit und Hilfe/Pflege von älteren Angehörigen erleichtern könnten. Zu den wesentlichsten gehören nach Ansicht unserer Gesprächspartner (vgl. auch untere Graphik auf Seite 85):

- **Finanzielle Gründe:** Ein typisches Argument der Unternehmen - vor allem auf dem Hintergrund der gegenwärtigen Rezessionsphase - bezieht sich auf die Kosten, denn man ist nicht immer davon überzeugt, daß die Einsparungen, bedingt durch die Implementation von betrieblichen Maßnahmen (z.B. durch Abbau der Absentismusrate), die dafür aufzuwendenden finanziellen Mittel übersteigen. Unternehmen würden daher erst einmal „harte" Daten verlangen, die genau belegen, wieviele ihrer Arbeitnehmer tatsächlich betroffen bzw. „at risk" sind und wie sich dies wiederum auf ihre Produktivität auswirkt. Solche Daten aber liegen kaum vor.

- **Fehlende Nachfrage:** Häufig wird auch die fehlende Nachfrage von seiten der Arbeitnehmer als Grund angeführt. Man glaubt daraus zu schliessen, daß die Betroffenen lieber private Lösungen präferieren. Des weiteren überwiegt die Ansicht, daß es nicht Aufgabe des Unternehmens ist, seine Beschäftigten auch noch in der „Eldercare"-Problematik zu unterstützen.

- **Informationsdefizit:** Vor allem in kleineren Unternehmen fehle die Erkenntnis, daß es überhaupt betriebliche Folgeprobleme bei der Vereinbarkeit von Erwerbstätigkeit und Hilfe/Pflege für ältere Angehörige geben könne. Wenn überhaupt, dann wird die Balance von Erwerbstätigkeit und familiären Pflichten zudem lediglich im Hinblick auf Kindererziehung wahrgenommen.

- **Fehlendes Problembewußtsein:** Beobachtbar ist jedoch auch, daß ein Teil der Arbeitgeber zwar informiert ist, die Thematik aber dennoch ignoriert. Diesen Unternehmen werden eher kurzfristige Planungs- und Profitziele unterstellt, welche die Folgen des sozio-demographischen Wandels, die verstärkt in den nächsten Jahren sichtbar sein werden, ausblenden.

- **Gleichheitsgrundsatz:** Gegen die Einführung von betrieblichen Maßnahmen zur Unterstützung von Arbeitnehmern, die Hilfe/Pflege für ältere Angehörige leisten, spricht auch der Gleichheitsgrundsatz, nach dem bestimmte Gruppen von Arbeitnehmern nicht bevorzugt werden sollten. Werden z.B. Maßnahmen, die sich insbesondere auf die Versorgung älterer Menschen beziehen, eingeführt, müßten konsequenterweise auch Maßnahmen angeboten werden, die sich auf die Betreuung von Kindern beziehen. Dieser Gleichheitsgrundsatz ist betrieblicherseits häufig mit der Befürchtung verbunden, daß von seiten der Arbeitnehmer immer mehr und immer größere Ansprüche an den Betrieb gestellt werden.

- **Family and Medical Leave Act:** In den USA stellt für einzelne Unternehmen - so einige Gesprächspartner - schon die Einführung des „Family and Medical Leave Act" ein hinreichendes Angebot dar, so daß eigene betriebliche Maßnahmen nicht mehr notwendig seien. Dies gilt insbesondere in bezug auf kleine und mittlere Betriebe. Dem „Family and Medical Leave Act" käme hier demnach eine eher blockierende als fördernde Wirkung zu. Des weiteren wird vermutet, daß ein Teil der Unternehmen zwar durchaus Interesse an der Initiierung von betrieblichen Maßnahmen zeigt, aber aufgrund der in den USA anstehenden Gesundheitsreform erst einmal abwartend reagieren würde.

2.15 Wie können Betriebe zur Einführung von Maßnahmen motiviert werden?

Da die meisten Unternehmen in Kanada und in den USA über keine betrieblichen Maßnahmen zur Vereinbarkeit von Erwerbstätigkeit und Hilfe/Pflege für ältere Angehörige verfügen, interessierten Vorstellungen darüber, wie man Unternehmen motivieren könnte, hier initiativ zu werden. Von unseren Gesprächspartnern werden folgende Empfehlungen formuliert, die jeweils ihre eigenen Erfahrungen - z.B. als „Consultant" - widerspiegeln, Betriebsleitungen und andere betriebliche Schlüsselpersonen von der Notwendigkeit zu überzeugen, dieses „neue" Thema aufzugreifen:

- **Information und Aufklärung:** Unabdingbar sei zunächst erst einmal, auf überbetrieblicher Ebene die interessierte Öffentlichkeit über diese neue Variante der Vereinbarkeitsproblematik und die damit verbundenen nachteiligen Folgen für die Wirtschaft als Ganzes zu sensibilisieren. Dazu wird vorgeschlagen, nationale Konferenzen zum Thema zu organisieren, zu denen Arbeitgeberverbände, Gewerkschaften und Sozialpolitiker einzuladen wären. Flankierend sei es sinnvoll, durch regelmäßige Publikation in den einschlägigen Medien - und zwar solchen, die von Entscheidungsträgern in Unternehmen wahrgenommen werden - auf das Vereinbarkeitsthema hinzuweisen.

- **Betiebsinterne Untersuchungen:** Um erst einmal das eigene betriebliche Ausmaß und die jeweiligen Folgen der Vereinbarkeitsproblematik konnenzulernen, müßten Unternehmen dazu angeregt werden, eigene betriebsinterne Studien durchzuführen. Dieser Vorschlag wird jedoch nicht von allen Gesprächspartnern gleichermaßen akzeptiert. Es wird darauf hingewiesen, daß a) solche Untersuchungen innerhalb der Arbeitnehmerschaft vorschnelle Erwartungen wecken können und b) zu erwarten sei, daß aus Angst vor möglichen Nachteilen nicht alle Arbeitnehmer wahrheitsgemäße Angaben machen würden.

- **Innerbetriebliches Management Training:** Mit Blick auf die betriebliche Öffentlichkeitsarbeit wird angeregt, vor allem Manager der unteren und mittleren Ebene im Rahmen eines speziellen „Management Trainings" auf dieses neue Thema vorzubereiten. Dies hätte zwei wesentliche Vorteile: Zum einen können Schwierigkeiten hilfeleistender/pflegender Erwerbstätiger - z.B. in bezug auf eine Zusammenarbeit mit Kollegen - von den unmittelbaren Vorgesetzten eher erkannt und durch effektivere Interventionen rechtzeitig minimiert werden. Zum anderen dient dies auch der innerbetrieblichen PR-Arbeit, indem sich die Betriebsleitung dadurch wertvolle Multiplikatoren für die eigene Firmenpolitik verschaffen würde.

- **Anreize:** Zwar wird die Informationsvermittlung als eine wesentliche, aber nicht hinreichende Voraussetzung angesehen, um Unternehmen davon zu überzeugen, mit eigenen betrieblichen Maßnahmen auch tatsächlich zu beginnen. Da häufig exakte Daten, die das Kosten-Nutzen-Argument stützen würden, fehlen, müßten zusätzliche Anreize - wie z.B. Steuererleichterungen - für interessierte Betriebe geschaffen werden.

- **„Supportive environment":** Es reiche selbst nicht aus - so die überwiegende Meinung - Unternehmen mit dem Kosten-Nutzen-Argument zu überzeugen, zumal dies eine regelmäßige Bestätigung anhand von aktualisierten Daten erfordere. Effektiver sei es, die Implementierung betrieblicher Maßnahmen für Arbeitnehmer mit Hilfe-/Pflegeverpflichtungen als Beitrag zur Schaffung eines „supportive workplace environment" anzusehen und sie insgesamt als Teil eines umfassenden Programms zur Erleichterung der Vereinbarkeit von Erwerbstätigkeit und familiären Verpflichtungen und somit der allgemeinen betrieblichen Sozialpolitik und -arbeit zu propagieren. Sind im Unternehmen noch keinerlei Maßnahmen zur Vereinbarkeit von Erwerbstätigkeit und familiären Verpflichtungen vorhanden, wird folglich die Implementation eines Gesamtpakets von familienorientierten Maßnahmen empfohlen. Auch an eine schrittweise Einführung, die nach und nach die unterschiedlichen Bereiche - z.B. Kindererziehung, Hilfe/Pflege für ältere Angehörige - abdeckt, sei zu denken.

- **„Pressure Group":** Um die Motivation von Unternehmen zur Einführung von betrieblichen Maßnahmen zu steigern, sei es des weiteren hilfreich, wenn es innerhalb des Betriebes „Pressure Groups" gäbe, die auf das Thema aufmerksam machen, entsprechende Aktivitäten (z.B. Gespräche mit der Unternehmensleitung) entwickeln und immer wieder auf die Notwendigkeit zur Einführung von Maßnahmen verweisen müßten. Dazu reiche manchmal schon eine einzelne Person - zumal noch mit Kompetenz und Einfluß im Unternehmen - aus („internal advocate").

- **Variabilität der Kosten:** Da sich ein wichtiges Gegenargument der Betriebe auf die eventuell anfallenden Kosten bezieht, sollte ihnen verdeutlicht werden, daß es a) eine Bandbreite möglicher betrieblicher Maßnahmen mit unterschiedlicher Kostenintensität gibt und b) unterschiedliche Modelle der Finanzierung möglich sind. Diese Empfehlung wird mit folgendem Beispiel illustriert: So könnten Betriebe einen eigenen „Private Geriatric Care Manager" beschäftigen, dessen Aufgabe die Bereitstellung von Information, Beratung und konkreter, praktischer Hilfe für Arbeitnehmer mit Hilfe-/Pflegeverpflichtungen vor Ort wäre. Eine solche betriebliche Maßnahme würde u.U. den „Ankauf" der - für manche Unternehmen zu teuren - Dienstleistung „Information and referral service" überflüssig machen. Sollte auch dies die finanziellen Möglichkeiten - z.B. von Klein- und Mittelbetrieben - überschreiten, könnte ein weiterer Anreiz zur Initiierung von betrieblichen Maßnahmen in dem Vorschlag bestehen, sich mit anderen Betrieben zusammenzuschließen, um betriebliche Maßnahmen gemeinsam zu betreiben bzw. zu finanzieren.

2.16 Welche Rolle spielen die Gewerkschaften im Zusammenhang mit der Einführung von betrieblichen Maßnahmen?

Bei der Erörterung der Rolle der Gewerkschaften wird übereinstimmend bestätigt, daß sich diese in Kanada und in den USA bislang nur in geringem Umfang der Thematik „Betriebliche Maßnahmen für hilfe- und pflegeleistende Arbeitnehmer" angenommen haben und bisher auch in eine Diskussion dazu nicht einbezogen worden sind. Begründet wird dieser Sachverhalt wie folgt:

•   **Mangelndes Bewußtsein:** Der Aspekt „Eldercare" ist im Bewußtsein der meisten Gewerkschaften noch nicht präsent, was vor allem auf Informationsdefizite zurückgeführt wird. Die Vereinbarkeitsproblematik von Erwerbstätigkeit und Familie wird in aller Regel nur bezogen auf „Childcare" thematisiert; der gedanklich an sich naheliegende Schluß zur „Eldercare"-Problematik sei weitgehend noch nicht vollzogen. Wichtige Voraussetzung zur Motivation der Gewerkschaften, sich für auch hilfe- und pflegeleistende Erwerbstätige einzusetzen, sei zunächst die Behebung des Informationsdefizits durch gezielte Aufklärung.

•   **Andere Schwerpunkte:** Die derzeit zu beobachtende Rezession in der kanadischen und amerikanischen Wirtschaft erlaube keine Durchsetzung von Programmen, die sich auf die Vereinbarkeitsproblematik richten würden. Sehr viel wichtigere Themen seien für die Gewerkschaften zur Zeit Arbeitsplatzsicherung, Löhne und Gehälter und Altersversorgung, Themen also, die den Arbeitnehmer sehr viel unmittelbarer begünstigen.

•   **Gleichheitsprinzip:** Die Bedürfnisse einer, aus der Sicht der Gewerkschaften, kleinen Gruppe von Arbeitnehmern finden traditionell wenig Beachtung, da es Absicht der Gewerkschaften ist, dem Gleichheitsprinzip folgend alle Beschäftigtengruppen zu erreichen.

•   **Keine Lobby:** Die Betroffenen - in der Mehrzahl Frauen, die zudem häufig noch in „minderwertigen" Beschäftigungsverhältnissen (Teilzeit- und befristete Beschäftigung) arbeiten - haben innerhalb der männerdominierten Gewerkschaften keine Lobby bzw. sind auch nicht gewerkschaftlich organisiert. Hinzu kommt, daß innerhalb der Gewerkschaften noch immer die Einstellung vorherrscht, Maßnahmen zur Unterstützung der Hilfe und Pflege von älteren Angehörigen wären nur für Betriebe mit einem hohen Frauenanteil interessant.

- **Instrumentalisierung:** Die Gewerkschaften haben generell eine kritische Haltung gegenüber von Betrieben implementierten sozialen Maßnahmen. Diese könnten nämlich instrumentalisiert werden, um a) zu verhindern, daß die Gewerkschaften in den Unternehmen Einfluß gewinnen und um b) den Abbau anderer Vergünstigungen für Arbeitnehmer (z.B. „Health care benefits") zu rechtfertigen. Des weiteren wird auf seiten der Gewerkschaften vermutet, daß entsprechende Angebote - wie weiter oben beschrieben - lediglich als „survival benefit" dienen würden. Nicht zuletzt gibt es, wie lange Zeit auch in Deutschland, bei US-amerikanischen Gewerkschaften ein traditionell weit verbreitetes Mißtrauen gegenüber jeglicher Form von flexiblen Arbeitszeitregelungen bzw. gegenüber ihren möglichen Risiken wie Arbeitsintensivierung und Instrumentalisierung ausschließlich zugunsten von betrieblichen (und eben nicht Arbeitnehmer-) Interessen. In der Tat sind betriebliche Maßnahmen überwiegend in jenen Unternehmen zu finden, in denen die Arbeitnehmer nicht gewerkschaftlich organisiert sind, möglicherweise - so wird von einigen unserer Gesprächspartner vermutet - genau deswegen, um zu dokumentieren, daß im Betrieb gar keine Notwendigkeit für gewerkschaftliche Aktivitäten bestehe.

Allerdings haben sich die Gewerkschaften in den USA nicht immer so zurückhaltend verhalten. So gab es in ökonomisch günstigeren Zeiten durchaus gewerkschaftliche Initiativen im Hinblick auf betriebliche Maßnahmen zur Vereinbarkeit von Erwerbstätigkeit und Hilfe/Pflege für Angehörige, die zum Teil schon in entsprechende Verhandlungen bzw. Vereinbarungen mit den Arbeitgebern gemündet sind, so insbesondere im Zuständigkeitsbereich der Teacher's Union und der Automobilgewerkschaften.

Die derzeit allerdings nur bei einzelnen Gewerkschaften feststellbare Hinwendung zu Themen wie „Health care" und „Eldercare" wird vor allem als Ausdruck einer zur Zeit fehlenden „finanziellen Verhandlungsmasse" gewertet. Man sei daher daran interessiert, andere Felder zu besetzen. Von einigen Gesprächspartnern wird dies bereits als Teil der „Überlebensstrategie" der Gewerkschaften interpretiert: „Eldercare is one of the survival issues for the future of unions".

2.17 Welche Rolle spielt der Staat in bezug auf die Förderung der Vereinbarkeit von Erwerbstätigkeit und Hilfe/Pflege für ältere Angehörige?

Generell gilt sowohl für Kanada wie auch für die USA, daß der Einfluß des Staates auf den privaten Sektor und damit auf Unternehmen eher gering ist. Selbst in Kanada - einem Land, das in Anlehnung an Großbritannien und im Gegensatz zu den USA als Sozialstaat bezeichnet wird - ist ein Umbau zu beobachten. Laut Aussage unserer kanadischen Gesprächspartner sollen in

Zukunft bis zu 25% alle Sozialleistungen abgebaut werden, wobei tendenziell eine Privatisierung eines großen Teils staatlicher sozialer Leistungen angestrebt wird.

Als **einzige Initiative des Staates** zur Vereinbarkeit von Erwerbstätigkeit und Familie wird von unseren Gesprächspartnern in den USA der bereits mehrfach erwähnte „**Family and Medical Leave Act**" bezeichnet. In diesem Zusammenhang wird interessanterweise darauf hingewiesen, daß bei der Einführung des Gesetzes zunächst nur an Vereinbarkeitsprobleme in bezug auf die Kindererziehung gedacht wurde. Erst später erfuhr der „Family and Medical Leave Act" eine Erweiterung in bezug auf Hilfe/Pflege für ältere Angehörige. Einige unserer Gesprächspartner erhoffen sich von der Einführung des „Family and Medical Leave Act" eine Bewußtseinsweckung für die Vereinbarkeitsproblematik - insbesondere bei Klein- und Mittelbetrieben - sowie eine Anreicherung und Stimulierung der allgemeinen Diskussion zum Thema. Dem steht aber die Befürchtung gegenüber, daß der „Family and Medical Leave Act" neue betriebliche Initiativen hemmen könnte.

Unsere Gesprächspartner in den USA sind mehrheitlich der Auffassung, daß **steuerliche Anreize** („Tax relief") ein möglicher Ansatzpunkt des Staates sein könnten. Allerdings wird zu bedenken gegeben, daß die Reaktionen auf solche Überlegungen selbst progressiver und sozialpolitisch engagierter Politiker eher negativ sind. Erläutert wird dies mit dem Hinweis, daß Betriebe dann Steuererleichterungen für alle möglichen sozialen Maßnahmen einfordern könnten. Auch in Kanada stehen solche zweckgebundenen Steuererleichterungen für Betriebe derzeit nicht zur Debatte.

2.18 Welche Trends und Entwicklungen werden für die Zukunft erwartet?

Alle Gesprächspartnerinnen und Gesprächspartner sind sich darüber einig, daß das Thema „Vereinbarkeit von Erwerbstätigkeit und Hilfe/Pflege für ältere Angehörige" aufgrund der zu erwartenden demographischen Entwicklung und der damit verbundenen Situation auf dem Arbeitsmarkt in Zukunft, d.h. **schon in den nächsten fünf bis zehn Jahren, enorm an Bedeutung gewinnen** und damit in das öffentliche Bewußtsein rücken wird - wenn auch derzeit in den USA eine - durch die ökonomische Lage begründete - Stagnation in der Maßnahmenimplementation und -ausweitung feststellbar ist. Vermutet wird sogar, daß die Pflege und Versorgung Älterer - häufig bereits von Eltern und Großeltern („double-decker-generation") - in ihrer Bedeutung schon in wenigen Jahren die der Erziehung und Versorgung von Kindern übertreffen könnte.

1. Perspektiven bezogen auf die Betriebe

Betriebe werden - so die einhellige Meinung - diese Variante der Vereinbarkeitsproblematik dann nicht mehr länger ignorieren können und eine Vielfalt von Maßnahmen anbieten müssen, wollen sie auf der Suche nach qualifizierten Arbeitnehmern wettbewerbsfähig bleiben bzw. hochqualifizierte Kräfte nicht verlieren: „As more and more employees carry the responsibility for dependent care, managers must consider whether or not to introduce flexible work arrangements on their behalf". Dies gilt insbesondere vor dem Hintergrund von - vermutlich allerdings zu hohen - Schätzungen, nach denen künftig bis zu 46% der Arbeitnehmerinnen und Arbeitnehmer mit der Vereinbarkeitsproblematik konfrontiert sein könnten (Rosenbach, 1986).

Besondere Realisierungsschwierigkeiten werden wegen der vermutlich sehr geringen Zahl betroffener Arbeitnehmer im Bereich der Klein- und Mittelbetriebe gesehen. Diesen Betrieben wird aufgrund ihrer häufig geringen finanziellen und personellen Ressourcen empfohlen, **Konsortien zu bilden**, um ein gemeinsam finanziertes und getragenes Angebot von Maßnahmen firmenübergreifend in ihrer Region vorzuhalten.

Ganz generell wird übereinstimmend betont, daß a) die **Entwicklung neuer Maßnahmen** notwendig sei und daß b) „Eldercare" in Richtung auf das umfassendere **„Adult care"** ausgeweitet werden müsse. In diesem Zusammenhang wurden z.B. folgende neuen Instrumente und Angebote genannt:

• Einsatz technischer Hilfsmittel für Arbeitnehmer (z.B. mobile Telefone, Beeper),
• Implementation von Tages- und Kurzzeitpflegeeinrichtungen in den Betrieben,
• Spezialisierung der Angebote auf besondere Bedarfssituationen und Zielgruppen (z.B. Alzheimer-Patienten, dauerhaft Schwerstbehinderte),
• Geldspenden für die Träger von Diensten und Einrichtungen der Altenhilfe sowie
• Allgemeine Verbesserung der Kommunikation und Kooperation der Betriebe mit örtlichen Diensten und Einrichtungen der Altenhilfe.

Dies könnte insgesamt auch zur Überwindung der gegenwärtigen Stagnation beitragen und helfen, die noch in vielen Betrieben vorhandene Unsicherheit, die wesentlich mit fehlendem Problembewußtsein und Informationsdefiziten zusammenhängt, abzubauen.

Vermutet wird auch, daß das für die USA typische „long-distance caregiving" im Gefolge der steigenden Mobilität der erwerbstätigen Bevölkerung bald auch Europa erreichen dürfte. Hierauf sollten europäische Unternehmen vorbereitet sein. Mit Blick auf die USA wird gleichzeitig für einen verstärkten Ausbau kommunaler, nicht profitorientierter Dienste und Einrichtungen plädiert, da private Unternehmen - schon allein aus Gründen der Qualitätskontrolle - nicht alle Unterstützungsleistungen für ihre Arbeitnehmer erbringen können und sollten.

2. Perspektiven bezogen auf den Gesetzgeber

Hierzu wird sowohl für die USA wie auch für Kanada angenommen, daß aufgrund der zu erwartenden sozio-demographischen Veränderungen bald (weitere) regierungsoffizielle Reaktionen erfolgen würden und „Eldercare" dann als ein wichtiger Bereich der staatlichen Familienpolitik betrachtet werden müsse. Hinsichtlich der Möglichkeiten des Gesetzgebers zur Unterstützung der Betriebe werden Vorschläge auf zwei Ebenen gemacht: Einerseits sollten Betriebe, die familienfreundliche Programme und Maßnahmen anbieten, Vergünstigungen erhalten (z.B. Steuererleichterungen), andererseits sollte abe auch der Ausbau kommunaler, nicht profitorientierter sozialer Dienste und Einrichtungen gefördert werden.

3.   Perspektiven bezogen auf die Beschäftigten

Von allen Gesprächspartnern wird unisono prognostiziert, daß zukünftige Generationen von Arbeitnehmerinnen und Arbeitnehmern Maßnahmen zur Vereinbarkeit von Erwerbstätigkeit und Pflege älterer Angehöriger genauso **selbstbewußt einfordern** werden wie heute schon Maßnahmen zur Vereinbarkeit von Kindererziehung und Erwerbstätigkeit. Hilfe- und Pflegeleistungen für ältere Angehörige werden in den kommenden Jahren **kein Minderheiten- oder gar Tabuthema** mehr sein.

Insbesondere Frauen dürften in Zukunft nicht mehr länger bereit sein, allein aufgrund von Pflegeverpflichtungen aus dem Berufsleben auszuscheiden. Der zu erwartende Arbeitskräftemangel einerseits und die wachsende Bedeutung des Faktors berufliche Qualifikation bei Frauen andererseits würde es ihnen erleichtern, ihre Forderungen nach einer besseren Vereinbarkeit von familiären und beruflichen Verpflichtungen auch in der betrieblichen Praxis durchzusetzen. Ein „guter" Betrieb werde es sich demnach gar nicht mehr leisten können, künftig noch die Vereinbarkeitsproblematik seiner Arbeitnehmerinnen und Arbeitnehmer als deren reine Privatangelegenheit zu betrachten. Den Betrieben wird daher auch empfohlen, **pro-aktiv und präventiv tätig** zu werden, um das Auftreten konkreter Nachteile am Arbeitsplatz bereits im Vorfeld anzugehen.

Schließlich wird von der Mehrzahl unserer Gesprächspartner darauf hingedeutet, daß das Problem der Vereinbarkeit von Erwerbstätigkeit und Pflege nicht nur Frauen, sondern **in zunehmendem Maße auch Männer** betrifft. Anders als in bezug auf die Kindererziehung, die nach wie vor als primärer

Zuständigkeitsbereich der Frau betrachtet wird, fühlen sich Männer sehr viel stärker für ihre Eltern verantwortlich. Allerdings ist ihre Domäne dabei in höherem Maße „management care" als „hands on caregiving". Dennoch - so wurde betont - kann auch dies belastend sein und sich am Arbeitsplatz negativ auswirken. Maßnahmen, die eine Vereinbarkeit erleichtern, sollten daher in Zukunft nicht nur in Betrieben mit einem hohen Frauenanteil angeboten werden.

2.19 Übertragbarkeit der Ergebnisse auf die Situation in der Bundesrepublik

Die meisten der von unseren Gesprächspartnern vorgetragenen zukunftsbezogenen Perspektiven und Trenderwartungen könnten auch von deutschen Experten geäußert worden sein. So benennt z.B. der Zwischenbericht der „Enquete-Kommission Demographischer Wandel" des Deutschen Bundestages angesichts der zu erwartenden demographischen Entwicklung, der zunehmenden Frauenerwerbstätigkeit, des bereits jetzt schon partiell vorhandenen Facharbeitermangels und nicht zuletzt angesichts der steigenden Arbeitnehmermobilität auch in Deutschland (aber vor allem europaweit) die Vereinbarkeitsproblematik von Erwerbstätigkeit und Hilfe/Pflege als eine künftig vordringlich aufzugreifende sozialpolitische Aufgabe für den Staat, die Tarifparteien und die Betriebe selbst (Bundestags-Drucksache 12/7876, S.121). Diese Einschätzung steht aber im deutlichen Kontrast zur bundesdeutschen Realität, die eher von Distanz gegenüber entsprechenden Ideen bis hin zu ihrer eindeutigen Zurückweisung geprägt ist (vgl. Teil II dieses Projektberichtes).

Eine **unmittelbare Übertragbarkeit** der in diesem Kapitel dokumentierten US-amerikanischen und kanadischen Erfahrungen auf die bundesdeutsche Situation ist allerdings **nur bedingt möglich**. Vielfach erschließen sie sich erst auf dem Hintergrund der länderspezifischen betrieblichen, infrastrukturellen und arbeitsmarktbezogenen Voraussetzungen. So unterscheidet sich zum einen die Bedeutung der Gewerkschaften in den USA deutlich von der in Deutschland, wo „Arbeitnehmerthemen" mittlerweile sehr viel breiter diskutiert werden. Zum anderen ist „Familienorientierung" als Teil einer ausgewiesenen Betriebskultur für deutsche Unternehmen eher untypisch, auch für die multinationalen. Hinzu kommt, daß nur die wenigsten deutschen Großbetriebe über eine längerfristig orientierte Personalplanung verfügen, wenngleich „Human resource"-Themen zumindest in der betriebswirtschaftlichen Literatur zunehmend Verbreitung finden. Auch ist die gegenwärtige wirtschaftliche Lage in den USA und Kanada zu beachten, die einer ungeprüften Übertragbarkeit entgegensteht.

Nicht zuletzt sind die infrastrukturellen Voraussetzungen extrem unterschiedlich. Im Gegensatz zu den USA verfügt die Bundesrepublik in der Altenhilfe über ein engmaschiges Träger-, Dienste- und Einrichtungsnetz, in welchem Beratung und Vermittlung - wenn auch keineswegs immer als optimal zu bezeichnen - ein integraler Bestandteil ist. „Information and referral services", auf dem Dienstleistungsmarkt käuflich zu erwerben, hätte auf diesem Hintergrund in Deutschland vermutlich wenig Marktchancen und könnte hier vermutlich sehr viel besser von den etablierten Trägern der Altenhilfe angeboten werden. Des weiteren ist die Bundesrepublik in der Frage der Absicherung des Pflegerisikos den Ländern in Nordamerika voraus.

Dies heißt jedoch nicht, aus den US-amerikanischen und kanadischen Erfahrungen nicht profitieren zu können. **Überdenkenswert erscheinen uns:**

- die „Eldercare"-Problematik überhaupt erst einmal als betriebliches Thema anzuerkennen und zu behandeln,
- Recherchen, wie sie vor allem in Großbetrieben anzutreffen sind, dahingehend vorzunehmen, das Thema mit Daten transparent zu machen sowie
- die systematische Auswertung der Erfahrungen im Zusammenhang mit der Einführung und Nutzung unterschiedlicher Angebotstypen, wie sie im Detail in diesem Bericht wiedergegeben wurden.

Darüber hinaus ist konkret anzumerken:

1. Der Gedanke, das Thema **„Eldercare" als Teil der allgemeinen Vereinbarkeitsproblematik von Familie und Erwerbstätigkeit anzuerkennen und zu behandeln**, eröffnet nicht nur Perspektiven zur Lösung der Probleme der auch in Deutschland - wie unsere Daten zeigen (vgl. Kapitel IV) - quantitativ beachtlichen „sandwich-generation" (die auch bald eine „double-decker-generation" sein kann), sondern dient auch insgesamt der Entlastung erwerbstätiger Familienmitglieder. Dies wird z.B. auch explizit im bereits erwähnten Zwischenbericht der „Enquete-Kommission" betont und dort als ein wichtiges Element einer zukünftig erforderlichen Familienpolitik begriffen.

2. Bislang gibt es kaum institutionalisierte Kooperationen zwischen Betrieben und örtlichen (und überörtlich) arbeitenden Trägern und Anbietern der Altenhilfe. Hier gibt es zahlreiche naheliegende **Anknüpfungspunkte für Kooperationen**, schon, um die auch in Deutschland zu beobachtenden In-formationsdefizite abzubauen. Solche Kooperationsbeziehungen könnten insbesondere mit den bestehenden Altenberatungsstellen eingegangen werden. Auch die Frage der Finanzierung ihrer Leistungen gehört dabei in den Kontext von zu überprüfenden - inklusive der in Deutschland üblichen betrieblichen Spendenpraxis - Kooperationsmöglichkeiten.

3. Dies hätte darüber hinaus auch den beachtlichen Nebeneffekt, die Träger und Anbieter von Diensten und Einrichtungen der Altenhilfe in Deutschland selbst, die bislang eher die „erste Zielgruppe", nämlich die Pflegebedürftigen, und weniger dagegen die „zweite Zielgruppe" der pflegenden Angehörigen und schon gar nicht die der erwerbstätigen Pflegepersonen vor Augen haben, für die Anliegen und **zeitlichen Bedarfe dieses Personenkreises zu sensibilisieren und ihr Angebotsspektrum entsprechend zu erweitern bzw. zu differenzieren** (Stichwort: Trägerarbeits- und Öffnungszeiten).

4. Für die zumindest in bundesdeutschen Großbetrieben verbreitete betriebliche Sozialarbeit könnte die Vereinbarkeitsproblematik von Erwerbstätigkeit und Hilfe/Pflege zu einem zusätzlichen Aufgabenschwerpunkt werden. Dies gilt auch für die vorhandenen werksärztlichen Dienste. Beides ist bislang noch nicht geschehen.

3. Betriebliche Maßnahmen zur Unterstützung pflegender Arbeitnehmerinnen und Arbeitnehmer: Erfahrungen aus Großbritannien und Dänemark

Wie eingangs dargelegt ist es Ziel der weiteren Ausführungen, die bisherigen Informationen zu betrieblichen Maßnahmen zur Vereinbarkeit von Erwerbstätigkeit und Hilfe/Pflege durch die europäische Perspektive zu ergänzen, indem die diesbezüglichen Aktivitäten in zwei Ländern der europäischen Gemeinschaft - Großbritannien und Dänemark - überblicksartig analysiert werden. Da in Europa - und insbesondere in den genannten Ländern - die staatlichen Unterstützungssysteme weitaus besser ausgebaut sind als in den USA, ist es von Interesse zu erfahren, ob dies die Entwicklung von Maßnahmen in britischen und dänischen Betrieben, im öffentlichen Dienst oder auf Gesetzesebene beeinflußt hat.

• **Großbritannien**

Sichtet man das zur Verfügung stehende Material zur Erwerbstätigkeit und Hilfe/Pflege älterer Angehöriger innerhalb der EU, so stellt man fest, daß Großbritannien im Vergleich zu anderen EU-Ländern in dieser Hinsicht eine „**Vorreiterrolle**" einnimmt (Hoffmann & Leeson, 1994; Berry-Lound, pers. Mitteilung). Es ist zu vermuten, daß diese positive Entwicklung durch die - im Vergleich zu anderen Mitgliedstaaten der EU - hohe Frauenerwerbstätigkeit (Großbritannien rangierte 1989 nach Dänemark an 2. Stelle) sowie durch das hohe Maß an häuslicher Pflege forciert worden ist (BMFuS, 1994). Hinzu kommt, daß die Einstellung der britischen Regierung zur Familienpolitik eher als zurückhaltend bezeichnet werden kann. Initiativen zur Unterstützung der Familie werden daher gern dem privaten Sektor überlassen.

Auf den britischen Inseln sind nicht nur in einigen Unternehmen und Institutionen Maßnahmen zur Vereinbarkeit von Erwerbstätigkeit und Hilfe/Pflege zu finden, sondern auch staatliche und private Organisationen haben sich diesem Thema seit geraumer Zeit verstärkt angenommen und entsprechende Initiativen entwickelt. Das Beratungsunternehmen „Host Consultancy" in Horsham beispielsweise hat sich u.a. darauf spezialisiert, Betriebe und die öffentliche Verwaltung in Fragen der Vereinbarkeit von Erwerbstätigkeit und Hilfe/Pflege zu beraten, betriebliche Umfragen zu planen, durchzuführen und auszuwerten sowie entsprechende Trainingsprogramme für Manager zu veranstalten (Berry-Lound, pers. Mitteilung). Die im Rahmen dieser Aktivitäten gesammelten Erfahrungen haben zum einen zur Erstellung des Handbuches „An employers' guide to eldercare" (Berry-Lound, 1993) geführt, zum anderen dienten sie der Weiterentwicklung und Ausdifferenzierung von betrieblichen Maßnahmen und Beratungsleistungen.

Bemerkenswert ist des weiteren, daß - anders als beispielsweise in der Bundesrepublik - die Vereinbarkeitsproblematik auch schon in gerontologischen oder sozialpolitischen Forschungsarbeiten aufgegriffen worden ist, wobei die US-amerikanischen Untersuchungsergebnisse bezüglich der Identität und der erlebten Belastungen und Wünsche von erwerbstätigen Hilfe-/Pflegeleistenden im wesentlichen bestätigt wurden (vgl. Askham, Grundy & Tinker, 1992; Finch & Groves, 1983; Phillips, in Druck). In diesem Zusammenhang wird in britischen Studien auch die Rolle der Arbeitgeber betont, denn es wird übereinstimmend davon ausgegangen, daß ihre Anerkennung des Problems zu einem großen Teil dazu beitragen kann, den Konflikt zwischen Erwerbstätigkeit und Hilfe/Pflege zu minimieren.

> „Not only does there need to be encouragement for carers to work if they want to but there must be much more awareness on the part of employers of the needs of carers" (Askham, Grundy und Tinker, 1992, S. 79).

Trotz der auf unterschiedlichen Ebenen beobachtbaren Aktivitäten sind es auch in Großbritannien bislang vorwiegend **einige große Unternehmen bzw. Kommunen**, die betriebliche Maßnahmen zur Vereinbarkeit von Erwerbstätigkeit und Hilfe/Pflege anbieten (vgl. Tabelle 3), wobei - ebenso wie in den USA und Kanada - flexible Arbeitszeitmodelle und Informationsvermittlung die am weitesten verbreiteten Maßnahmen sind. Nach wie vor besteht daher auch in Großbritannien die Notwendigkeit, Arbeitgeber über die Vorteile von betrieblichen Maßnahmen für die betroffenen Arbeitnehmer sowie für die Betriebe selbst aufzuklären und sie zur Einführung von entsprechenden Programmen zu motivieren.

Als **staatliche** Initiative zur Unterstützung von Hilfe-/Pflegeleistenden ist in Großbritannien die **„Invalid Care Allowance"** zu nennen. Es handelt sich dabei um eine **finanzielle Zuwendung,** die jenen Hilfe-/Pflegepersonen gewährt wird, die ihre Erwerbsarbeit aufgegeben haben, um sich intensiver um Unterstützungsbedürftige kümmern zu können. Allerdings sind nach McLaughlin (1991) nur wenige Personen anspruchsberechtigt, da a) die zu unterstützende Person als schwerpflegebedürftig gelten muß und b) der Umfang der Pflegeleistungen 35 Stunden pro Woche nicht unterschreiten darf. Erwähnt werden sollte in diesem Kontext schließlich noch, daß in Großbritannien die Betreuungszeiten, die man auf die Versorgung von kranken und behinderten Angehörigen verwandt hat, in der Rentenversicherung angerechnet werden.

Tabelle 3: Betriebliche Maßnahmen zur Vereinbarung von Erwerbstätigkeit und Hilfe/Pflege in Großbritannien (nach Hoffmann & Leeson, 1994)

	Umfrage im Betrieb durchgeführt	Pflegeurlaub	Flexible Arbeitszeit	Job sharing	Teilzeitarbeit	Bereitstellung von Informationen	Finanzielle Unterstützung
Barclays PLC	ja	1-6 Monate	ja	ja	ja	ja	möglich
Hillingdon Bourgh Council	nein	ja	ja	—	—	—	nein
BBC	nein	ja	—	—	—	ja	möglich
Marks & Spencer	nein	ja	ja	ja	—	ja	möglich
Ford	ja	ja	ja	ja	—	ja	nein

- **Dänemark**

In Dänemark - einem Land, dessen staatliches Sozialsystem in vielen Bereichen als vorbildhaft gilt - wird das Thema Vereinbarkeit von Erwerbstätigkeit und Hilfe/Pflege seit ca. fünf Jahren diskutiert. Zwar ist zu vermuten, daß die „Hintergründe" dafür ähnlich sind wie in Großbritannien, allerdings spielt der dänische Staat eine noch entscheidendere Rolle als Unterstützungsinstanz:

> „Maßnahmen zur besseren Vereinbarkeit von Familie und Erwerbsleben besitzen innerhalb der dänischen Familienpolitik einen hohen Stellenwert, da sowohl die wirtschaftspolitische Bedeutung der Frauenerwerbstätigkeit als auch die Schwierigkeiten, Familien- und Berufsleben miteinander zu vereinbaren, im öffentlichen Bewußtsein fest verankert sind" (BMFuS, 1993, S. 64)

Als wichtigste staatliche Maßnahme zur Vereinbarkeit von Erwerbstätigkeit und Pflege ist das **„Leave of Absence"-Gesetz** zu nennen (vgl. die von DaneAge Foundation erstellte Expertise im Anhang I; Leeson & Tufte, 1994). Es ist mit dem amerikanischen „Family and Medical Leave Act" vergleichbar und bezieht sich auf jene Arbeitnehmer, die schwerkranke und sterbende Verwandte und Freunde in der häuslichen Umgebung betreuen möchten. Das „Leave of Absence"-Gesetz - das vor seiner Einführung im Rahmen eines Modellprojektes in der dänischen Provinz Ribe erprobt wurde - gewährt den Pflegenden auf Antrag, nach Zustimmung des Arbeitgebers sowie gegen Vorlage eines ärztlichen Attestes, das die Schwere der Erkrankung des zu Pflegenden bescheinigt, eine **Freistellung von maximal sechs Monaten**. Für ihre Pflegeleistungen bzw. als Kompensation des Verdienstausfalls erhalten die Pflegenden ein **Entgelt**, dessen Berechnung sich an ihrem durchschnittlichen Verdienst in den letzten 12 Monaten orientiert. Allerdings ist eine maximale Entgelthöhe festgelegt, die vor allem aus jenem Betrag gebildet wird, der für die Übernahme der gesamten häuslichen Pflege durch ambulante Dienste aufgewendet werden müßte.

> „The law provides anyone who is prepared to take care of someone wishing to die in his/her home. The carer can apply for compensation for loss of income. The possibility is not automatically a right as the employer must agree to it. The hospital must issue a declaration that medical treatment offers the patient no further hope. The patient must   also agree to be cared for in his/her own home" (Leeson, Nielsen & Stauersböll, 1994, S. 35 im Anhang II).

Neben den Geldleistungen kann die pflegende Person auf Wunsch **auf ein umfangreiches Angebot der ambulanten Dienste zurückgreifen**. So sind kostenlose Wohnungsanpassungsmaßnahmen ebenso möglich wie die Betreuung des Pflegebedürftigen in einer Kurzzeitpflegeeinrichtung. Auch ist jederzeit die Beratung durch Psychologen, Ergotherapeuten und/oder Krankenschwestern möglich.

Es muß jedoch angemerkt werden, daß die Einführung dieses Gesetzes ursprünglich **nicht** darauf ausgerichtet war, erwerbstätige Pflegeleistende zu entlasten. In erster Linie waren es vielmehr humane und ökonomische Gründe, die die dänische Regierung zu einem solchen Schritt veranlaßten. Das „Leave of Absence"-Gesetz zielt demnach zum einen darauf ab, Schwerkranken und Sterbenden eine Betreuung und Pflege in der vertrauten häuslichen Umgebung durch ihnen nahestehende Menschen zu gewährleisten. Zum anderen ist damit aber gleichzeitig auch beabsichtigt, die mit der institutionellen Versorgung dieses Personenkreises einhergehenden hohen Kosten zu reduzieren und dem Staat den teilweisen Rückzug aus seiner allumfassenden Verantwortung zu ermöglichen.

Obwohl bislang noch keine wissenschaftlich fundierte Evaluation des „Leave of Absence"-Gesetzes durchgeführt worden ist, wird seine Einführung bislang von allen Beteiligten als **Erfolg** gewertet (vgl. Leeson, Nielsen & Stauersböll, 1994 im Anhang II). Dieser Erfolg kann aber auch als ein Grund dafür angesehen werden, daß **dänische Unternehmen bislang kaum Aktivitäten** zur Erleichterung der Vereinbarkeit von Erwerbstätigkeit und Hilfe/Pflege entwickelt haben (Hoffman & Leeson, 1994). Zwar sind Regelungen für betroffene Arbeitnehmer auf individueller Ebene vorhanden, viele Arbeitgeber in Dänemark weisen aber dennoch eine generelle Mitverantwortung für die Unterstützung von im Erwerbsleben stehenden hilfe-/pflegeleistenden Arbeitnehmern und damit für die Versorgung älterer Menschen von sich. Vielmehr sehen sie es nach wie vor als Aufgabe des Staates an, hier entsprechende Initiativen zu entwickeln.

Die dargelegten britischen und dänischen Erfahrungen und Aktivitäten **zusammenfassend** läßt sich festhalten, daß in beiden Ländern erste wichtige Schritte zur Verbesserung der Situation von erwerbstätigen Hilfe-/Pflegeleistenden unternommen worden sind. Dennoch werden auch hier Defizite deutlich, die sich insbesondere auf a) eine (noch) geringe Implementationsrate von betrieblichen Maßnahmen und b) fehlende Evaluationsstudien beziehen. Diese Defizite gilt es selbstverständlich nicht nur in den hier betrachteten Ländern, sondern in ganz Europa zu vermindern, wobei nicht nur die Betriebe sondern **alle Sozialpartner** aufgefordert sind, ihren Beitrag zur Verbesserung der Vereinbarkeit von Erwerbstätigkeit und Hilfe/Pflege zu leisten.

Kapitel IV:

Erwerbstätige Pflegepersonen älterer hilfe- und pflegebedürftiger Menschen in der Bundesrepublik Deutschland: Partizipation im und Ausscheiden aus dem Erwerbsleben

Sekundäranalyse der Studie
„Möglichkeiten und Grenzen der selbständigen Lebensführung"

Ursula Dallinger

1. Vorbemerkung

Durch das gleichzeitige Ansteigen der Zahl älterer hilfe- und pflegebedürftiger Menschen und der Erwerbsbeteiligung der Frau mittleren Alters, traditionell Helferin Älterer, wächst die Wahrscheinlichkeit, daß Pflege und Beruf parallel ausgeübt werden. In Deutschland verfügen wir bislang kaum über Kenntnisse, wie groß der Personenkreis berufstätiger Pflegender ist und durch welche sozialen Merkmale er sich auszeichnet. Diese Lücke soll mit der hier vorgelegten Auswertung einer Sekundäranalyse der Repräsentativerhebung zum Hilfe- und Pflegebedarf in Deutschland zumindestens teilweise geschlossen werden. Die Erhebung wurde 1991 von Infratest Sozialforschung München im Auftrag des Bundesministeriums für Familie und Senioren durchgeführt. Die im Rahmen des Forschungsprojektes „Möglichkeiten und Grenzen selbständiger Lebensführung" erhobenen Daten zur Situation pflegender Angehöriger lassen auch einen Einblick in das Thema Beruf und Pflege zu.

Den Ergebnissen über berufstätige Pflegepersonen soll ein kurzer Blick auf die Datenbasis der Tabellenanalyse, auf die wir für die Untersuchung des Verhältnisses zwischen Beruf und Pflege zurückgreifen konnten, vorangestellt werden. Aus einer Stichprobe von insgesamt 60.938 Personen in Privathaushalten der alten und neuen Bundesländer ermittelte die Infratest-Studie eine Gruppe von 2.950 Personen mit Hilfe- und Pflegebedarf[1] . Von diesen wiederum erhalten 1.971 Personen Unterstützung durch **eine Hauptpflegeperson**. Laut Infratest-Definition handelt es sich bei den Hauptpflegepersonen um die nicht-professionellen Helfer und Helferinnen aller Altersgruppen, die **regelmäßig** Hilfe leisten und **mehr als andere Helfer** die Pflegeverantwortung tragen. Da im Mittelpunkt dieser hier vorliegenden Sekundäranalyse die Frage nach der Erwerbsbeteiligung und den Folgen der Pflege für die Erwerbstätigkeit von Pflegepersonen älterer Menschen steht, waren zwei Selektionsschritte an diesem Gesamt der Pflegepersonen vorzunehmen.

Erstens war es erforderlich, die Hauptpflegepersonen auf den Kreis der potentiellen **Erwerbspersonen** im Erwerbsalter von 16 bis unter 65 Jahren einzugrenzen. Aus der Gesamtzahl von 1.971 Pflegepersonen wurden durch dieses erste Selektionskriterium 1.321 Pflegepersonen im Alter von 16 bis 64 Jahren ausgewählt. Tabelle 1 zur Altersverteilung der Hauptpflegepersonen zeigt, daß damit zwei Drittel aller Pflegepersonen einbezogen wurden.

---

1   Zur Abgrenzung und Definition von Hilfe- und Pflegebedarf siehe Infratest 1992, 14 ff.

Tabelle 1: Altersverteilung der Hauptpflegepersonen (in Prozent)

Alter	(n=1.971)
unter 30 Jahre	3,5
30 bis unter 40 Jahre	8,8
40 bis unter 65 Jahre	55,4
65 Jahre und älter	30,6
keine Angabe, weiß nicht	1,7
Summe	100,0

Tabelle 2: Altersverteilung der gepflegten Personen (in Prozent)

Alter	(n=1.971)
bis 39 Jahre	10,6
40 bis 64 Jahre	18,6
65 bis 79 Jahre	34,4
80 Jahre und älter	36,5
Summe	100,1

Zweitens wurde als Auswahlkriterium eingeführt, daß die von einer Hauptpflegeperson versorgte Person **über 65 Jahre** alt sein soll, da die Sekundärauswertung auf die Situation von Berufstätigen, die **ältere Menschen** pflegen, abzielt. Dagegen enthält die Ausgangsbefragung außerdem Pflegepersonen von behinderten Kindern, Jugendlichen und Erwachsenen mittleren Alters. Laut Tabelle 2 wurden mit dem zweiten Auswahlkriterium etwa 71% aller Hilfe- und Pflegeempfänger des ursprünglichen Samples mit einer Hauptpflegeperson erfaßt. Die Grundlage der Analyse zur Berufstätigkeit von Pflegepersonen bil-den demnach 940 Hauptpflegepersonen im Erwerbsalter, die ältere, über 65jährige hilfe- und pflegebedürftige Menschen versorgen.

Die **Zielsetzung der Sekundäranalyse** ist zum Großteil vom zur Verfügung stehenden Tabellenmaterial vorgegeben. So lassen sich berufstätige und nicht berufstätige Pflegepersonen in ihrer Verteilung nach unterschiedlichen Merkmalen, die im Zusammenhang mit dem Verhältnis zwischen Erwerbstätigkeit und Pflegeverantwortung relevant sind, beschreiben wie auch mittels Prozentsatzdifferenzen Unterschiede zwischen den beiden Gruppen feststellen. Weniger formal ausgedrückt lauten dann die Fragestellungen, die über eine Deskription des Ausmaßes der Erwerbsbeteiligung sowie der Aufgabe der Erwerbstätigkeit hinaus an das Material herangetragen werden können: haben erwerbstätige und nicht erwerbstätige Pflegepersonen unterschiedliche familiäre und berufliche Voraussetzungen und Ressourcen? Zeichnen sich bei erwerbstätigen und nicht erwerbstätigen Pflegenden divergierende Pflegesituationen ab? Ähnlich lauten die Fragen im Zusammenhang mit den Konsequenzen der Pflege für die Erwerbsbeteiligung. Ein Vergleich der Verteilungen bei Pflegenden, die den Beruf aufgeben oder einschränken mit jenen, die ihn fortsetzen, gibt Aufschluß über die eventuell spezifischen familiären, beruflichen und pflegerischen Bedingungen in jener Gruppe, die Beruf und Pflege vereinbaren, sowie jener, die die Erwerbstätigkeit einschränken oder aufgeben. Letztlich können aus den Unterschieden zwischen beiden Pflegepersonengruppen Hinweise auf Bedingungen abgelesen werden, die für die gleichzeitige Ausübung von Pflege und Beruf relevant sind.

Einleitend ist eine Anmerkung zu den sprachlichen Bezeichnungen erforderlich. Aus Gründen der besseren Lesbarkeit wird im folgenden nicht immer die ausführliche Formulierung „16- bis 64jährige Hauptpflegepersonen", sondern die kürzere Bezeichnung „Pflegepersonen" für diese Gruppe verwendet. Wenn zusätzlich auch die über 65jährigen Pflegepersonen gemeint sind, wird dies deutlich gemacht.

2. Partizipation im Erwerbsleben

2.1 Umfang der Erwerbstätigkeit von Pflegepersonen

Zunächst ist es von Interesse, wieviele Pflegepersonen überhaupt Beruf und Pflege verbinden. Im Bundesgebiet sind von insgesamt 856.000 Pflegepersonen im Erwerbsalter, die ältere Menschen versorgen, 380.000 Pflegepersonen entweder geringfügig, teilzeit oder vollzeit beschäftigt[2] . Damit sind im Querschnitt betrachtet 44,9% der Personen zwischen 16 und 64 Jahren, die Hilfe und Pflege für ältere Menschen leisten, in das Erwerbsleben integriert und praktizieren Pflege und Beruf als Doppelaufgabe (Tab. 3). Eine Längsschnittstudie, die es erlaubt, die Betroffenheit einzelner Personen über einen längeren Zeitraum zu erfassen, würde vermutlich die Prävalenzrate der Doppelrolle in Pflege und Beruf noch erhöhen.

---

[2] Betrachtet man die Pflegepersonen von Hilfe- und Pflegebedürftigen aller Altersgruppen, dann ist hochgerechnet von 589.000 erwerbstätigen Pflegepersonen (geringfügig, teilzeit oder vollzeit beschäftigten) unter insgesamt 1.388.000 Pflegepersonen im Erwerbsalter auszugehen. 43,8% der Pflegepersonen im Erwerbsalter, die Hilfe- und Pflegebedürftige aller Altersgruppen versorgen, sind also erwerbstätig. Die Erwerbsbeteiligung der PflegerInnen älterer Menschen unterscheidet sich demnach nicht wesentlich von der generellen Erwerbstätigkeit unter Personen, die einen Hilfe- und Pflegebedürftigen versorgen.

Tabelle 3: Erwerbsbeteiligung von Pflegepersonen über 65jähriger hilfe- und pflegebedürftiger Menschen absolut (hochgerechnet für die Bevölkerung im Bundesgebiet) und in Prozent

	Pflegepersonen* von über 65jährigen Hilfe- und Pflegebedürftigen	
	absolut hochgerechnet	in Prozent (n=940)
erwerbstätig	380.000	44,9
nicht erwerbstätig	472.000	54,8
gesamt	856.000	99,7

* Pflegepersonen zwischen 16 und 64 Jahren

Wird das Drittel der Pflegepersonen, die nicht mehr im Erwerbsalter sind, also alle Pflegepersonen betrachtet, dann fällt die Quote der am Erwerbsleben partizipierenden Pflegepersonen mit 29,7% selbstverständlich geringer aus.

Die Pflegeverantwortung ist bekanntlich sehr ungleich auf die **Geschlechter** verteilt. Dies spiegelt sich in Schaubild 1 wider, das weibliche und männliche Pflegepersonen nach der Erwerbsbeteiligung differenziert: schon weil weibliche Pflegende deutlich in der Mehrheit gegenüber den männlichen Pflegenden sind, handelt es sich auch bei den Personen mit gleichzeitig pflegerischer und beruflicher Verantwortung in der weitaus größten Zahl um Frauen. Die Frage, wie Beruf und Pflege zu vereinbaren sind, ist von absoluten Zahlen ausgehend ein „Frauenproblem". Betrachtet man jedoch männliche und weibliche Pflegepersonen als je getrennte Gruppen, dann zeigt sich, daß Männer relativ öfter - wenn sie überhaupt Pflege übernehmen - außerdem noch erwerbstätig sind[3]. Umgekehrt sind weibliche Pflegende etwas häufiger nicht erwerbstätig.

Diese **geschlechtsspezifisch unterschiedliche Erwerbsbeteiligung** wird noch deutlicher, wenn man die Erwerbsbeteiligung nach dem Geschlecht getrennt berechnet, wie es das Schaubild 2 darstellt. Die Erwerbsbeteiligung weiblicher Pflegepersonen liegt, faßt man die zeitlich variierenden Formen der Erwerbstätigkeit bei Frauen zusammen, mit 42,4% unter der der männlichen Pflegepersonen, von denen 57,8% im Beruf stehen. Dieses Ergebnis entspricht der niedrigeren Erwerbsbeteiligung der weiblichen Bevölkerung insgesamt und deckt sich außerdem mit Erhebungen zu Pflegepersonen in den USA, die bei pflegenden Töchtern eine Erwerbsbeteiligung von 44% und bei pflegenden Söhnen von 55% feststellen (Stone et al. 1987).

---

[3] Allerdings beruhen diese Aussagen wegen des geringen Anteils der Männer insgesamt unter den Pflegepersonen auf kleinen absoluten Zahlen

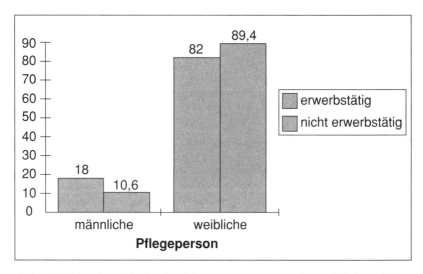

Schaubild 1: Geschlecht der Pflegepersonen von über 65jährigen Hilfe- und Pflegebedürftigen nach Erwerbsbeteiligung (in Prozent)

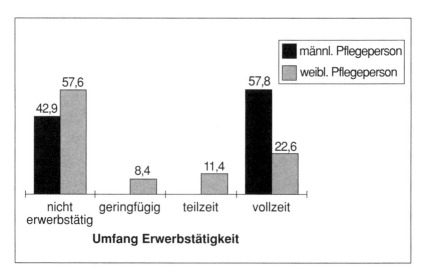

Schaubild 2: Erwerbsbeteiligung von Pflegepersonen nach Geschlecht (in Prozent)

Zudem gibt das Schaubild 2 Aufschluß über die zeitliche Untergliederung des Status „erwerbstätig", was vor dem Hintergrund der Vermutung, daß der **zeitliche Umfang** der Erwerbstätigkeit eine der wesentlichen Bedingungen dafür ist, ob die doppelten Anforderungen in Beruf und Pflege zu vereinbaren sind, besonders relevant ist. Demnach wäre unter Pflegepersonen ein relativ hoher Anteil an Teilzeitbeschäftigten zu erwarten, da so zeitliche Ressourcen für die Pflege offenstehen, und weil Frauen mit Familienpflichten diese Beschäftigungsform bekanntlich bevorzugen. Die Vollzeitbeschäftigung (über 35 Stunden pro Woche) ist dennoch die dominierende Form der Tätigkeit auch bei Pflegepersonen. Trotz doppelter Aufgaben in Familie und Beruf ist die Mehrheit der Pflegenden voll im Erwerbsleben beansprucht. Dabei existieren deutliche geschlechtsspezifische Divergenzen: denn erstens ist der Anteil vollzeit erwerbstätiger Männer beträchtlich höher als der der Frauen, zweitens wird geringfügige (weniger als 15 Stunden) und Teilzeitbeschäftigung (15 bis unter 35 Stunden pro Woche) überhaupt nur von Frauen mit Pflegeaufgaben ausgeübt.[4]

Bei der Interpretation der Daten zum Beschäftigungsumfang im Hinblick auf die Vereinbarkeit von Pflege und Beruf muß zweierlei berücksichtigt werden: a) Der hohe Anteil der Pflegenden, die mehr als 35 Stunden wöchentlich im Beruf stehen, ist deutlich von den Daten aus den neuen Bundesländern geprägt, wo dies die (bislang) dominierende Beschäftigungsform ist (siehe Abschnitt 8). Unter den Erwerbsbedingungen der alten Länder ist also die Teilzeitbeschäftigung unter jener Gruppe, die wir hier betrachten, doch höher. b) Da bei Frauen mit Familienaufgaben die Nachfrage nach Teilzeitarbeit das Angebot übersteigt, kann die relativ hohe Vollzeitquote auch das Ergebnis fehlender Alternativen sein.[5]

Ein **Vergleich** der **Erwerbstätigenquote** bei männlichen und weiblichen Pflegepersonen mit der der **Gesamtbevölkerung** gibt weitere Hinweise über evtl. Restriktionen der Vereinbarkeit von häuslicher Pflege und Berufstätigkeit. Dazu soll als adäquate Vergleichsbasis nur die Bevölkerung im Alter zwischen 40 und 65 Jahren herangezogen werden, da die überwiegende Mehrheit

---

[4] Ein Vergleich der Verteilung von Pflegerinnen auf einzelne Arbeitszeitkategorien mit der von weiblichen Erwerbstätigen allgemein - der allerdings wegen unterschiedlicher Kategorien in beiden Datenquellen nur eine Annäherung bringt - zeigt, daß Pflegepersonen etwas häufiger geringfügig und dafür weniger teilzeit beschäftigt sind (Schupp 1991, 261). Die Daten der männlichen Pflegepersonen sollten wegen der geringen Fallzahl nicht weiter interpretiert werden.

[5] Als dritter Grund für den hohen Vollzeitanteil wäre noch die Selektivität der Stichprobe zu bedenken. Aussagen über die Bedeutung der zeitlichen Beanspruchung durch den Beruf für die häusliche Pflege auf der Basis von Daten zu berufstätigen Pflegepersonen beleuchten nur den Ausschnitt der (noch) „erfolgreich" zu Hause Pflegenden, da jene nicht im Sample enthalten sind, die eine Pflege gar nicht erst übernommen haben oder sie bereits aufgeben mußten. Bei einer derartigen Selektivität des Samples wäre allerdings zu vermuten, daß vollzeit Beschäftigte relativ seltener in einer Stichprobe aus Pflegepersonen vertreten sind, was ja gerade nicht zutrifft.

(89,4%) der Pflegepersonen dieser Altersgruppe angehört. Die Erwerbstätigenquote aller Altersstufen würde das Bild verzerren, da die jüngeren Frauen mit relativ hohen Erwerbstätigenquoten unter den Pflegepersonen wenig vertreten sind. Desweiteren werden die Erwerbsquoten von Männern und Frauen getrennt verglichen (siehe Tab. 4).

Tabelle 4: Erwerbstätigenquote[1]) von Pflegepersonen und der Bevölkerung[2]) von 40 bis 65 Jahren (1991) nach Geschlecht (in Prozent)

	weiblich	männlich
Pflegepersonen	42,4	57,8
Bevölkerung	47,0	78,8

[1] Anteil Erwerbstätiger an der Bevölkerung/ den Pflegepersonen des entsprechenden Alters und Geschlechtes

[2] Quelle: Statistisches Bundesamt (Hg.) 1990, Bevölkerung und Erwerbstätigkeit, Fachserie 1, Reihe 4.1.1., Stuttgart, S. 23

Die Erwerbstätigenquote weiblicher Pflegepersonen liegt nur geringfügig unter der der weiblichen Bevölkerung entsprechenden Alters. Deutlich weicht die Erwerbstätigenquote der männlichen Pflegepersonen gegenüber der der männlichen Bevölkerung im Alter von 40 bis 65 Jahren nach unten ab.

Die im Vergleich niedrigere Erwerbsbeteiligung der Pflegepersonen kann als erster Hinweis auf die Schwierigkeit, Aufgaben in Pflege und Beruf zu vereinbaren, gelesen werden. Die niedrigere Erwerbsbeteiligung von Pflegepersonen muß allerdings keineswegs auf einen Ausstieg aus der Erwerbstätigkeit zurückzuführen sein. Ebenso könnte sie als Ergebnis des Zusammenhangs interpretiert werden, daß Nicht-Berufstätige häufiger eine häusliche Pflege übernehmen. Von Bedeutung dürfte weiterhin sein, daß Pflegepersonen überdurchschnittlich zu den älteren ArbeitnehmerInnen gehören, deren Erwerbsbeteiligung bereits ab dem Ende des 5. Lebensjahrzehntes und insbesondere am Anfang des 6. Lebensjahrzehnts stark abnimmt und so die niedrige Erwerbstätigenquote zustande käme. Diese Erklärung bietet sich insbesondere für die relativ stärker reduzierte Erwerbsbeteiligung pflegender Männer an (zur Altersverteilung siehe Abschnitt 3).

Im Zuge dieses ersten Blicks auf den Umfang der Erwerbsbeteiligung von Pflegepersonen und auf einige wesentliche Verteilungsmerkmale darf der Grad der **Hilfe-und Pflegebedürftigkeit** nicht fehlen. Denn einmal weisen vorliegende Forschungsergebnisse (Scharlach u.a. 1989) darauf hin, daß der Grad der Hilfe- und Pflegebedürftigkeit der gepflegten Person eng mit dem Umfang der Erwerbsbeteiligung (und dem Belastungsempfinden) korreliert[6]. Zudem liegt ein Zusammenhang zwischen dem Umfang der Erwerbstätigkeit einerseits und dem Grad der Einschränkungen der Gepflegten andererseits nahe, da eine zeitlich umfangreiche Versorgung eher die Berufstätigkeit beeinträchtigt. Dieser Zusammenhang spiegelt sich auch in den Zahlen für die Pflegepersonen in der Bundesrepublik wieder (siehe Schaubild 3).

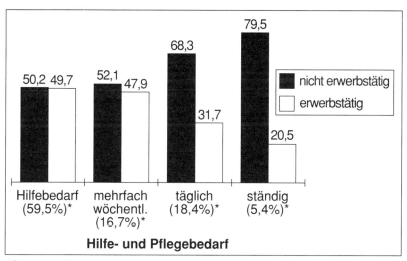

Hilfe- und Pflegebedarf

* Prozent der Hilfe- und Pflegebedürftigen.

Schaubild 3: Umfang der Erwerbsbeteiligung nach Pflegebedarf der versorgten Person (in Prozent)

Der Interpretation der Daten ist vorauszuschicken, daß die Größe der einzelnen Pflegebedürftigkeits-stufen sehr unterschiedlich ausfällt. So beträgt etwa der Anteil der ständig Pflegebedürftigen nur 5,4% der in die Sekundäranalyse einbezogenen Hilfe- und Pflegebedürftigen, weshalb man sich vergegenwärtigen sollte, daß der Anteil von ca. 80% nicht erwerbstätigen Pflegepersonen, die ständig Pflegebedürftige versorgen, eine äußerst kleine Gruppe repräsentiert. Daher ist im Schaubild die Stärke der einzelnen Pflegestufen angegeben. Zunächst einmal ist festzuhalten, daß - handelt es sich

---

[6]   Allerdings zeigen Studien auch, daß der Grad der körperlichen Pflegebedürftigkeit nur wenig bedeutsam ist für Beeinträchtigungen im beruflichen Alltag der Pflegenden. Geringe Möglichkeit der häuslichen Abwesenheit, Belastung und berufliche Störung gehen vielmehr von mentalen Störungen und Verhaltensauffälligkeiten älterer Pflegebedürftiger aus (Stone/ Short 1990).

um Hilfebedarf[7] oder mehrfach wöchentlichen Pflegebedarf[8] - keine nennenswerten Differenzen zwischen dem Umfang der Erwerbstätigkeit der Pflegeperson bestehen. Beide Bedarfstufen scheinen keine Restriktion für die Erwerbsbeteiligung zu bedeuten. Bei den Pflegepersonen, die täglich pflegebedürftige ältere Menschen versorgen, sieht das Verhältnis zwischen Erwerbstätigen und nicht Erwerbstätigen allerdings recht ungleich aus: zwei Drittel gehen keiner Erwerbstätigkeit nach. In der Gruppe der ständig Pflegebedürftigen verschiebt sich die Relation zu etwa vier Fünfteln nicht beruflich eingebundener VersorgerInnen und einem entsprechend kleinen Anteil von einem Fünftel, die auch bei ständigem Pflegebedarf noch im Be-ruf stehen. Als Fazit bleibt festzuhalten: Bedarf der ältere Mensch einer zeitlich sehr umfangreicher Versorgung, dann ist die Pflegeperson eher nicht berufstätig.

Welches Bild ergibt sich, wenn zusätzlich nach dem zeitlichen Umfang der Berufstätigkeit differenziert wird? Nach Tabelle 5 wird deutlich, daß - sieht man einmal von der bereits festgestellten Abnahme Erwerbstätiger bei intensiverem Bedarf an Pflege ab - geringfügig oder teilzeit beschäftigte Pflegepersonen mit Anstieg der Versorgungsintensität bis hin zu täglichem Pflegebedarf leicht zunehmen und erst bei noch größerem Pflegebedarf ein deutlicher Rückgang erfolgt. Die Schwelle, ab der der Anteil berufstätiger Pflegepersonen drastisch zurückgeht, liegt für Vollberufstätige bereits früher, und zwar zwischen der Pflegebedarfsstufe „mehrfach wöchentlich" notwendiger und „täglicher" Versorgung. Bei täglichem Pflegebedarf sinkt ihr Anteil zugunsten einer Zunahme bei teilzeit oder nicht erwerbstätigen Pflegepersonen. Die Möglichkeit der Erwerbstätigkeit parallel zur Pflege sind also für Vollzeitbeschäftigte begrenzter als für Teilzeitbeschäftigte, eine allein schon angesichts der zeitlichen Beanspruchung bei einer Vollzeitstelle naheliegendes Ergebnis.

Tabelle 5: Umfang der Erwerbsbeteiligung von Pflegepersonen nach Pflegebedarf der gepflegten Person (in Prozent)

	Hilfebedarf	Pflegebedarf mehrfach wöchentl.	Pflegebedarf täglich	Pflegebedarf ständig
nicht erwerbstätig	50,2	52,1	68,3	79,5
geringfügig/ teilzeit	16,2	17,2	21,3	11,6
vollzeit erwerbst.	33,5	30,7	10,4	8,9
Summe	100	100	100	100

---

[7] Personen mit weniger gravierenden und überwiegend auf die hauswirtschaftliche Selbstversorgungsfähigkeit begrenzten Einschränkungen.

[8] Pflegebedarf bedeutet zusätzlichen körperlichen Versorgungsbedarf der jeweiligen Intensität (mehrfach wöchentlich, täglich, ständig; siehe dazu Infratest 1992, 14 ff.)

120

Dennoch ist der Umfang der Hilfe- und Pflegebedürftigkeit für den Ewerbssta-
tus der Pflegeperson - also: ob sie erwerbstätig ist oder nicht - im statistischen
Sinne weniger relevant als andere Merkmale. Bivariate Analysen des Zusammenhanges zwischen dem Erwerbsstatus und Merkmalen der Pflegeperson
sowie der Pflegebedürftigen zeigen, daß die Variablen Geschlecht, Alter, Familienstand, Art der Tätigkeit, Schulabschluß - also soziodemographische Merkmale der Pflegeperson selbst, die auch nach Bevölkerungsdaten einen Einfluß auf die Erwerbsbeteiligung von Frauen haben - stärker mit dem Erwerbsstatus zusammenhängen als die unmittelbar pflegebezogenen Variablen wie
„Pflegebedarf" oder „Belastung". Deshalb sollen im folgenden zunächst diese
sozio-demographischen und beruflichen Merkmale der Pflegeperson im
Zusammenhang mit ihrem Erwerbstatus beschrieben werden. Bei der Reduzierung der Erwerbsbeteiligung infolge der Pflege (siehe Abschnitt 7) treten
umgekehrt dann alle Merkmale, die auf die Pflegesituation bezogen sind, in
den Vordergrund: so hängt etwa der Pflegebedarf stärker mit der Einschränkung oder Fortsetzung der Erwerbstätigkeit zusammen als z.B. Qualifikati-
onsmerkmale. Sehr weitreichende Aussagen sollten allerdings nicht auf bivariaten Analysen mit einem niedrigen Datenniveau gründen; es lassen sich daraus aber einige Hinweise auf die Relevanz einzelner Zusammenhänge
gewinnen, die in die folgende Auswertung einfließen. Die genauen Angaben zu
Chi-Quadrat-Werten und Kontingenzmaßen finden sich im Anhang II (Tab. A9).

2.2 Soziodemographie erwerbstätiger und nicht erwerbstätiger Pflegepersonen im Vergleich

Der Frage, ob es eine bestimmte soziale Gruppe ist, die Beruf und Pflege
gleichzeitig ausübt, soll nun mittels eines Vergleiches der soziodemographi-
schen Merkmale berufstätiger und nicht berufstätiger Pflegender nachge-
gangen werden.

Zunächst zur **Altersverteilung** von Pflegepersonen. Der Anteil Erwerbstätiger ist bei Pflegepersonen in der Altersgruppe von 40 bis 49 Jahren am höchsten, selbst in der darunterliegenden Altersgruppe bis 39 Jahre ist sie sogar
etwas geringer, weil sich hier evtl. die reduzierte Erwerbsbeteiligung wegen
Kindererziehung bemerkbar macht (siehe Schaubild 4). In der älteren Gruppe
der 50 bis 59jährigen ist der Anteil der Erwerbstätigen bereits abgesunken,
was allerdings nicht auf die Pflege zurückzuführen sein muß, da die Erwerbsbeteiligung in der Bevölkerung (bedingt durch Frühverrentung und Arbeitslosigkeit älterer ArbeitnehmerInnen) einen ähnlichen Verlauf aufweist. Bei über
60jährigen spielt die Erwerbstätigkeit von Pflegepersonen kaum noch eine
Rolle; dies steht ebenfalls im Einklang damit, daß in der Bevölkerung zwischen 60 und 65 Jahren die Erwerbsbeteiligung bereits sehr zurückgegangen
ist. Bei dieser Analyse der altersspezifischen Erwerbstätigenquote ist zu
berücksichtigen, daß die jüngste und die älteste Gruppe der Pflegepersonen

im Erwerbsalter, die über 65jährige Hilfe- und Pflegebedürftige versorgen, nach absoluten Zahlen recht klein sind gegenüber der Gruppe der 40 bis 59jährigen, die zusammen etwa drei Viertel aller erwerbstätigen Pflegenden ausmachen.

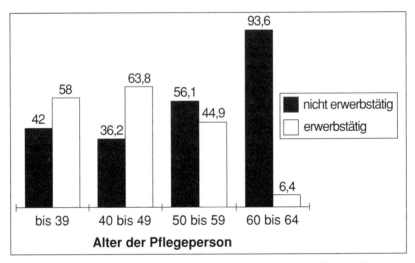

Schaubild 4: Erwerbsbeteiligung der Pflegepersonen nach Alter (in Prozent)

Da es sich bei Pflegepersonen in der Mehrheit um Frauen handelt, läßt sich folgern, daß sich insbesondere bei dem größer werden Teil der Frauen mittleren Alters, die nach einer „Kinderpause" wieder oder durchgängig im Erwerbsleben stehen (Lauterbach 1991; Schulz/ Kirner 1992), die Frage stellt, wie Beruf und Pflege vereinbart werden können. Bei der nach Alter differenzierenden Betrachtung schält sich eine weitere spezifische Gruppe heraus: die bereits oben dargestellte, relativ stark reduzierte Erwerbstätigkeit männlicher Pflegepersonen läßt sich vor dem Hintergrund der Altersverteilung als Ergebnis des frühen Ausscheidens aus dem Beruf etwa ab dem Alter von 60 Jahren erklären. Demnach handelt es sich vor allem um pflegende frühverrentete Söhne oder Ehemänner.

Vergleicht man erwerbstätige und nicht erwerbstätige Pflegepersonen hinsichtlich der Verteilung nach **Familienstand**, dann fallen die höheren Anteile geschiedener oder getrennt lebender und lediger Personen unter den erwerbstätigen Pflegenden ins Auge (siehe Schaubild 5). Umgekehrt übersteigt unter den nicht erwerbstätigen Pflegepersonen der Anteil der verheirateten Pflegepersonen deutlich den Anteil der erwerbstätigen an den genannten Familien-

122

standsgruppen. In der geringeren Erwerbsbeteiligung von verheirateten Pflegepersonen dürfte die niedrigere Erwerbsquote verheirateter Frauen allgemein zum Ausdruck kommen (BMFJ 1993, 107 ff.; siehe Tabelle A1 im
Anhang II).

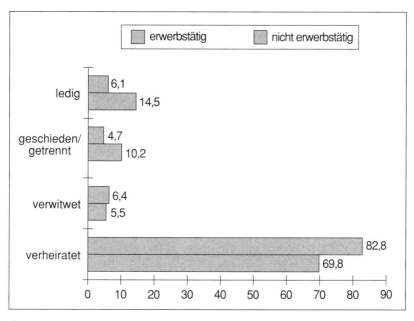

Schaubild 5: Erwerbsbeteiligung der Pflegepersonen nach Familienstand
(in Prozent)

Noch deutlichere Differenzen zwischen den beiden Gruppen der Pflegeper-
sonen weist die Verteilung nach der **Haushaltsform**, in der Pflegeperson und
HilfeempfängerIn leben, auf (siehe Schaubild 6). Während erwerbstätige Pflegepersonen zu etwa zwei Dritteln einen von der hilfe-und pflegebedürftigen
Person getrennten Haushalt haben, leben nur 44% der nicht erwerbstätigen
Pflegepersonen in einem anderen Haushalt als die zu versorgende Person.
Der beträchtlich niedrigere Anteil berufstätiger Pflegepersonen, die gemeinsam mit der älteren versorgten Person leben, dürfte in Zusammenhang damit
stehen, daß die berufstätigen Pflegenden eher die leichter Versorgungsbe-
dürftigen betreuen; denn mit der Schwere des Pflegebedarfes nehmen die
gemeinsamen Haushalte zu (Infratest 1991). Getrenntes Wohnen scheint,
zusätzlich zur oder bedingt durch eine nur geringere Pflegebedürftigkeit der
betreuten Person, einer der Faktoren zu sein, die die Berufstätigkeit begün-

stigen. Auch hier ist zu berücksichtigen, daß die Zahlen für die getrennten Haushalte maßgeblich von den höheren Anteilen getrennt lebender erwerbstätiger PflegerInnen in den neuen Bundesländern beeinflußt sind (siehe Abschnitt 8).

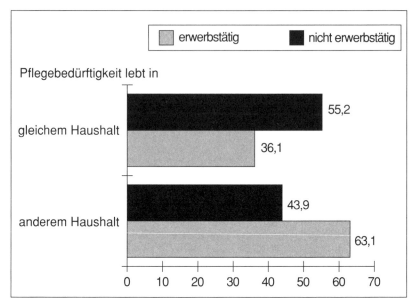

Schaubild 6: Haushaltsform nach Erwerbsbeteiligung der Pflegeperson (in Prozent)

2.3 Erwerbsstatus und Qualifikationsniveau

Inwiefern weicht die Verteilung von berufstätigen und nicht berufstätigen Pflegepersonen hinsichtlich ihrer **beruflichen Stellung**, der **Art der Tätigkeit** und der **schulischen Qualifikation** voneinander ab? Mit diesen Merkmalen werden zum einen für die Arbeitsmarktpartizipation von Frauen wesentliche Faktoren angesprochen; zum anderen können diese Variablen als Hinweise auf die soziale Differenzierung unter Personen mit doppelter Berufs- und Pflegeverantwortung gewertet werden.

Die in Schaubild 7 dargestellte prozentuale Verteilung von erwerbstätigen und nicht erwerbstätigen Pflegepersonen zeigt, daß die größte Gruppe der berufstätigen wie der nicht berufstätigen Pflegenden Angestellte/r ist bzw. war. Innerhalb der Gruppe der Angestellten überwiegen deutlich die erwerbstätigen Pflegepersonen gegenüber den nicht erwerbstätigen. Erwerbstätige Pflegende sind außerdem unter den Beamten sowie den Selbständigen in der Mehrzahl. Dagegen stellen die nicht erwerbstätigen Pflegenden in der Gruppe der derzeitigen oder ehemaligen ArbeiterInnen den etwas größeren Anteil dar. Der Überhang nicht erwerbstätiger Pflegepersonen unter den Landwirten und den mithelfenden Familienangehörigen kann nicht interpretiert werden, da er sehr gering ausfällt und zudem diese Kategorien mit zu kleinen Fallzahlen besetzt sind. Die Tatsache, daß in einigen Tätigkeitsarten häufiger nicht erwerbstätige Pflegepersonen vorkommen (z.B. bei den ArbeiterInnen), kann nun nicht eindeutig auf die offensichtlich besseren Vereinbarkeitsbedingungen in bestimmten Berufsgruppen zurückgeführt werden. Denn auch die überhaupt geringere Erwerbsbeteiligung von Frauen in bestimmten Berufen, v.a. ist dies von den ArbeiterInnen bekannt ist, schlägt sich in den Ergebnissen nieder.

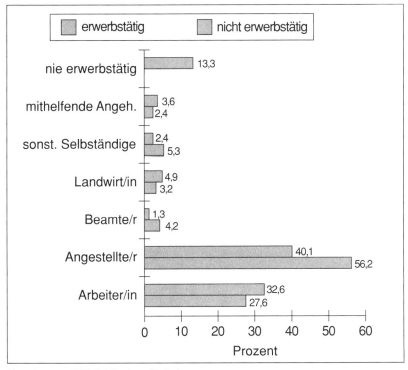

hinzu kommen 0,3% Schüler bzw. Studenten

Schaubild 7: Berufliche Stellung von Pflegepersonen nach Erwerbsbeteiligung (in Prozent)

Sind erwerbstätige Pflegepersonen auf einem höheren **beruflichen Qualifikationsniveau** beschäftigt als nicht berufstätige Pflegepersonen? Diese Frage liegt nahe, da die Art der Beschäftigung bzw. ein höheres Qualifikationsniveau der Beschäftigung mit einer stärkeren beruflichen Identifikation zusammenhängt (Gavranidou 1993; Krombholz 1993). In Bezug auf Pflegepersonen
müßte dies bewirken, daß höherqualifiziert Beschäftigte öfter bei Beginn der
Pflege überhaupt (noch) berufstätig waren und außerdem bei konfligieren-
den beruflichen und pflegerischen Anforderungen eher nicht zur Berufsaufgabe bereit sind. Schaubild 8 zeigt, daß nicht erwerbstätige PflegerInnen
überproportional oft in angelernten Tätigkeiten zu finden waren. Die Anteile
erwerbstätiger und nicht erwerbstätiger an den qualifizierten Tätigkeiten, in
denen immerhin ca. die Hälfte beider Gruppen beschäftigt ist bzw. war, sind
aber annähernd gleich besetzt. Dagegen sind Pflegepersonen in höher- und
in hochqualifizierten Berufen etwas öfter derzeit erwerbstätig; sie üben also
eher die Doppelrolle in Beruf und Pflege aus.

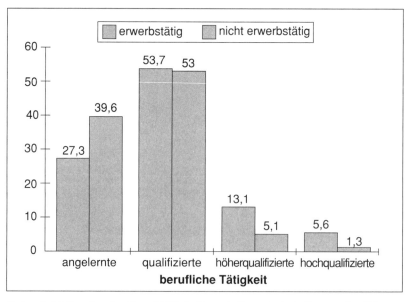

Schaubild 8: Art der Berufstätigkeit nach Erwerbsbeteiligung der Pflegeperson (in Prozent)

Einen ähnlichen, sogar noch deutlicher ausgeprägten Trend weist auch das
schulische Qualifikationsniveau im Zusammenhang mit der Erwerbsbeteiligung von Pflegepersonen auf (Schaubild 9). Während beim Vorliegen eines

Hauptschulabschluβes der Anteil nicht erwerbstätiger PflegerInnen um 36,5 Prozentpunkte über dem der erwerbstätigen PflegerInnen liegt, übersteigt bei der mittleren Reife die Gruppe der erwerbstätigen die nicht erwerbstätigen PflegerInnen um 21%, beim Abitur um 6,3%. Keinen Abschluβ hat nur ein sehr kleiner Anteil beider Gruppen.

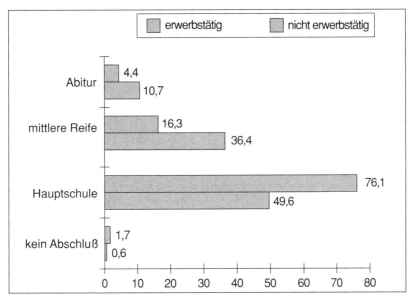

Schaubild 9: Schulabschlüsse von Pflegepersonen nach Erwerbsbeteiligung (in Prozent)

Betrachtet man vergleichend die (für die unterschiedliche Tabellengröße korrigierten) Kontingenzkoeffizienten als Maß des Zusammenhanges der in diesem Kapitel behandelten Variablen mit dem Erwerbsstatus der Pflegeperson, dann zeigt sich ein jeweils signifikanter, mittelstarker Einfluß. Am höchsten fällt der Wert für das Alter der Pflegeperson aus, der als negativer Zusammenhang zu verstehen ist: je älter die Pflegeperson, desto eher ist sie nicht erwerbstätig. Es folgt der Zusammenhang zwischen Familienstand und Erwerbsstatus und schließlich das Qualifikationsniveau der Tätigkeit und der Schulabschluß (siehe Tab. A9 im Anhang II). Diese bivariaten Werte sollten nicht überbewertet werden, sondern ledig-lich Anhaltspunkte über die Signifikanz und den Stellenwert einzelner Faktoren geben. (Erst multivariate Analysen könnten etwa Kovarianzen, Interdependenzen und den Einfluß einzelner Variablen zeigen.)

2.4 Haushaltseinkommen erwerbstätiger und nicht erwerbstätiger Pflegepersonen

Die folgenden Angaben zum **Haushaltseinkommen** beziehen sich nur auf Pflegesituationen, in denen ein gemeinsamer Haushalt der gepflegten und der hilfeleistenden Person besteht. Damit spiegeln sie die Einkommenssituation von nur 37% der Pflegehaushalte mit erwerbstätiger und 56,1% der Pflegehaushalte mit nicht erwerbstätiger Pflegeperson. Generelle Aussagen über Differenzen zwischen den Einkommen mit bzw. ohne Berufstätigkeit sind also nicht möglich. Außerdem werden die monatlichen Netto-Haushaltseinkommen von Pflegehaushalten in den alten und neuen Bundesländern getrennt ausgewiesen, um dem unterschiedlichen Einkommensniveau Rechnung zu tragen.

Das durchschnittliche Nettoeinkommen von Haushalten in **Westdeutschland** mit einer erwerbstätigen Pflegeperson (4689 DM) ist um 574 DM höher als in Pflegehaushalten ohne erwerbstätige Pflegeperson (4115 DM). Dieses durchschnittlich höhere Haushaltseinkommen spiegelt sich auch in der Verteilung der Haushalte mit und ohne erwerbstätige Pflegeperson auf einzelne Einkommensgruppen (Schaubild 10). Während sich 38,2% der erwerbstätigen Pflegehaushalte der Einkommensklasse von über 5000 DM zuordnen, geben nur 23,1% der Haushalte ohne erwerbstätige Pflegeperson an, ein solches Einkommen zu erzielen. In der Einkommensklasse von 4000 bis 5000 DM sind Haushalte mit erwerbstätiger Pflegeperson und Haushalte ohne erwerbstätige Pflegeperson in annähernd gleichem Umfang vertreten. In allen unter 4000 DM liegenden Einkommensklassen verkehrt sich die Relation zu einem höheren Anteil der Haushalte ohne erwerbstätige Pflegeperson.[9] Bei der Einkommensklasse von 3000 bis 4000 DM ebenso wie bei allen Haushalten mit einem Einkommen unter 3000 DM liegt der Anteil der Haushalte ohne erwerbstätige PflegerIn um jeweils etwa ein Zehntel über dem der Haushalte mit erwerbstätiger Pflegeperson. Es gehören also relativ mehr Haushalte mit berufstätigen Pflegepersonen den höheren Einkommengruppen an.

In den **neuen Bundesländern** folgt die Einkommensverteilung der Haushalte mit und ohne erwerbstätige Pflegepersonen einem anderen Muster, das sich bereits in einer größeren Differenz von 1157 DM zwischen den durchschnittlichen monatlichen Haushaltsnettoeinkommen der beiden Gruppen ankündigt (3287 DM in Haushalten mit erwerbstätiger Pflegeperson; 2130 DM in Haushalten mit nicht erwerbstätiger Pflegeperson). Die Unterschiede zwischen den Anteilen der Pflegehaushalte mit und ohne erwerbstätige Pflegeperson an den einzelnen Einkommensgruppen sind sehr viel stärker ausgeprägt als in Westdeutschland. Das insgesamt niedrigere Einkommensniveau der ostdeutschen Pflegehaushalte ergibt sich aus dem allgemeinen Einkommensgefälle zwischen West- und Ostdeutschland.

---

[9] Die Ausnahme bildet ein Einkommen unter 750 DM; da die Zahl aber sehr klein ist, kann sie nicht die Basis für Schlußfolgerungen sein.

Ein Einkommen über 5000 DM erreichen in den neuen Ländern überhaupt nur 2,8% der Haushalte mit erwerbstätiger Pflegeperson, aber keine Haushalte, in denen die Pflegeperson nicht erwerbstätig ist (Schaubild 11). Eine sehr viel größere Gruppe der erwerbstätigen Pflegepersonen (27,6%) erzielt ein Einkommen zwischen 4000 und 5000 DM, wohingegen nur 3,6% der Haushalte ohne erwerbstätige Pflegeperson über ein solches Einkommen verfügen. In der Einkommensgruppe zwischen 3000 und 4000 DM ist der um 30 Prozentpunkte höhere Anteil der Haushalte mit erwerbstätiger PflegerIn gegenübe Haushalten, in denen die Pflegeperson nicht erwerbstätig ist, noch beträchtlicher. Den unter 3000 DM liegenden Einkommensgruppen gehören dagegen 85,6% der Haushalte ohne erwerbstätige Pflegeperson an, aber nur noch etwa 30% der Haushalte mit erwerbstätiger Pflegeperson sind in diesem Einkommensbereich vertreten. Gesondert hervorzuheben ist, daß sich immerhin ca. 13% der Haushalte ohne erwerbstätige Pflegeperson bei Einkommen unter 1500 DM einordnen, dagegen hier der Anteil der Haushalte mit berufstätiger PflegerIn verschwindend gering ist.

Insgesamt betrachtet sind in Ostdeutschland die Einkommensdifferenzen zwischen Haushalten mit und ohne berufstätige Pflegeperson beträchtlich. Zwei Drittel der Haushalte, in denen auch die Pflegeperson ein Einkommen erzielt, haben ein Einkommen über 3000 DM, aber nur 11,3% der Haushalte, in denen die Pflegeperson nicht erwerbstätig ist. Demgegenüber sind in Westdeutschland die Differenzen in der Anzahl der Haushalte mit gehobenem Einkommen zwischen Haushalten mit oder ohne erwerbstätige Pflegeperson geringer: Haushalte, in denen die Pflegeperson verdient, liegen zu 59,5% über einem Einkommen von 4000 DM, verdient die Pflegeperson nicht, dann übersteigt immer noch bei 40,9% der Haushalte das Einkommen die 4000 DM - Grenze. Als Erklärung für die Ost-West-Unterschiede könnte vermutet werden, daß das Einkommen der Frau in den neuen Bundesländern einen sehr viel wichtigeren Beitrag zum Haushaltseinkommen leistet als in den alten Ländern. Fehlt es, dann sinkt das Haushaltseinkommen stark ab. Da es sich hier aber um Haushalte handelt, in denen auch die pflegebedürftige Person mit Rente oder ein anderes Haushaltsmitglied zum Einkommen beitragen kann, können Einkommensdifferenzen nicht eindeutig auf das Einkommen aus Erwerbstätigkeit einer Pflegeperson zurückgeführt werden.

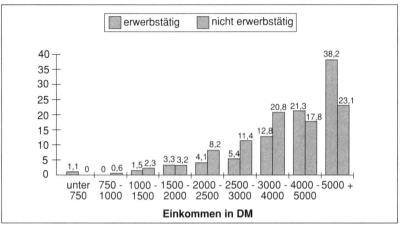

*keine Angabe 12,6%

Schaubild 10: Monatliche Nettoeinkommen von Pflegehaushalten in den **alten** Bundesländern nach Erwerbsbeteiligung der Pflegeperson (in Prozent)

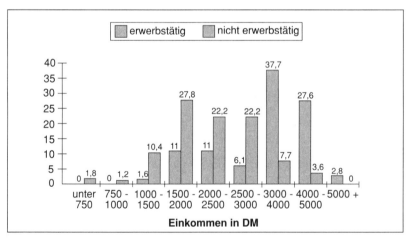

keine Angabe 2,8%

Schaubild 11: Monatliches Nettoeinkommen von Pflegehaushalten in den **neuen** Bundeländern nach Erwerbsbeteiligung der Pflegeperson (in Prozent)

2.5 Pflegeaufwand, Belastung und Hilfspersonen erwerbstätiger und nicht erwerbstätiger Pflegender

Eine in der Diskussion um die Versorgung älterer pflegebedürftiger Menschen häufig geäußerte Vermutung ist, daß das familiäre Hilfenetz durch die steigende Erwerbsbeteiligung der Frauen geschwächt oder in seiner Tragfähigkeit bedroht werde. Erwerbstätigkeit reduziere das Engagement der Frauen, die ja den größten Teil der informellen Helfer ausmachen, für die Familie und u.a. auch für die Pflege älterer Menschen. Selbst wenn man derart pessimistische Vorannahmen über die Folgen der Erwerbstätigkeit nicht teilt, so ist es doch plausibel, daß die Zeitressourcen erwerbstätiger informeller Helfer auf beide Aufgaben verteilt werden müssen. Dies müßte sich in Differenzen des zeitlichen Umfanges, den die Pflege bei berufstätigen und nicht berufstätigen Pflegenden einnimmt, niederschlagen.

In der Tat sind Unterschiede im **zeitlichen Umfang der Pflege** zwischen den beiden Gruppen sichtbar (siehe Tab. 6). Während etwa ein Fünftel der erwerbstätigen Pflegepersonen nach eigenen Angaben täglich rund um die Uhr für die Versorgung zur Verfügung stehen, ist der Anteil der „ganztags" Pflegenden bei den nicht Erwerbstätigen mit knapp zwei Dritteln sehr viel höher. Allerdings sind fast die Hälfte der berufstätigen PflegerInnen täglich stundenweise in der Pflege engagiert und ein Fünftel gibt an, mehrmals wöchentlich zur Verfügung zu stehen. Die Anteile der nicht erwerbstätigen PflegerInnen sind hier entsprechend niedriger: täglich stundenweise steht noch ein Viertel, mehrmals wöchentlich nur ein Zehntel zur Verfügung. Nur wenige Pflegepersonen - erwerbstätigen wie auch nicht erwerbstätige - haben einmal wöchentlich und seltener Pflegeaufgaben.

Es ergeben sich demnach für erwerbstätige und nicht erwerbstätige PflegerInnen unterschiedliche zeitliche Beanspruchungen: Schwerpunkt des Engagements der ersteren ist die tägliche, aber stundenweise Versorgung, der der zweiten die tägliche und ständige Versorgung. Eine zeitliche Begrenzungen der Pflegepotentiale, verursacht durch den Beruf, ist damit allerdings nur teilweise bestätigt. Denn die höhere zeitliche Beanspruchung der nicht erwerbstätigen Pflegepersonen kann durch den in dieser Gruppe größeren Anteil gemeinsamer Haushalte und die Versorgung intensiver Pflegebedürftiger bedingt sein.[10]

---

10 Genauere Auskunft über eventuell eingeschränkte Pflegetätigkeiten könnten Informationen über das Engagement in den einzelnen Versorgungsarten (persönliche pflegerische Versorgung, hauswirtschaftliche Hilfe etc.) geben. Vermutlich ließen sich dann differentiell typische Bereiche, in denen erwerbstätige Pflegepersonen ihre zeitlichen Ressourcen einschränken müssen, erkennen (Brody/ Schoonover 1986). Eine Differenzierung nach Hilfebereichen und die Frage, ob diese Grenzen durch andere Personen des informellen oder formellen Netzwerkes ausgeglichen werden, wären wesentliche Fragestellungen für weitere sozialgerontologische Forschungen.

Tabelle 6: Zeitaufwand der Pflege nach Erwerbsbeteiligung der Pflegeperson (in Prozent)

	erwerbstätig	nicht erwerbstätig	gesamt
täglich, rund um die Uhr	20,2	64,3	44,6
täglich stundenweise	48,4	20,3	32,7
mehrmals wöchentl.	20,3	9,9	14,6
einmal pro Woche	9,1	2,9	5,6
14-tägig	1,2	2,4	1,8
einmal monatl. u. seltener	0,3	0	0,1

Meist wird davon ausgegangen, daß Pflege und Beruf als doppelte Anforderung die **Belastung der Pflegenden** steigern. Wie ist die Belastung unter den erwerbstätigen und nicht erwerbstätigen Pflegenden verteilt?

Eine sehr starke Belastung berichten etwa ein Viertel der nicht erwerbstätigen, dagegen nur etwa ein Fünftel der erwerbstätigen HelferInnen, die ältere Menschen versorgen (siehe Schaubild 12). Als eher stark belastet stufen sich allerdings nicht erwerbstätige und erwerbstätige Pflegepersonen etwa gleichermaßen ein; dies ist in beiden Gruppen das am häufigsten genannte Maß der Belastung. Der Anteil der Personen, der sich eher wenig belastet fühlt, ist bei erwerbstätigen Pflegepersonen um ein Zehntel größer als bei nicht erwerbstätigen Pflegepersonen.

Dieses Ergebnis ist auf zweierlei Weise zu interpretieren. Zum einen wäre bestätigt, daß Erwerbstätigkeit kein eindimensionales Konstrukt ist, das lediglich belastende Faktoren enthält, sondern ebenfalls entlastende Funktionen hat (Scharlach u.a. 1991, 779; Pearlin u.a. 1990). Die geringeren Werte der Belastungseinschätzung bei erwerbstätigen Pflegepersonen können aber auch damit erklärt werden, daß diese weniger stark gesundheitlich eingeschränkte Hilfe- und Pflegebedürftige versorgen und seltener in gemeinsamen Haushalten mit ihnen leben als nicht erwerbstätige Pflegende. Beides sind wesentliche Faktoren des Belastungsempfindens (Stoller/ Pugliese 1989).

Es wäre zu vermuten, daß Hauptpflegepersonen, die erwerbstätig sind, öfter von weiteren Helfern unterstützt werden. Der Anteil erwerbstätiger Pflegepersonen, die über weitere Hilfspersonen verfügen, beträgt 68,8% und liegt damit nur geringfügig über dem Anteil der zusätzlichen Helfer, die bei nicht erwerbstätigen Pflegepersonen einbezogen sind (65,3%) (siehe Tab. 7). Der Kreis zusätzlicher Helfer und Helferinnen setzt sich überwiegend aus Familienangehörigen zusammen (48,1% bei erwerbstätigen und 53,9% bei nicht erwerbstätigen Pflegepersonen). Erwerbstätige Pflegepersonen beziehen häufiger Nachbarn und Bekannte zusätzlich als informelle Helfer ein. Daher umfaßt der Helferkreis bei 13,8% der erwerbstätigen und nur bei 6,5% der nicht erwerbstätigen Pflegepersonen sowohl Familienanghörige wie auch Verwandte und Angehörige. Insgesamt ist der Kreis außerfamilialer Helfer jedoch nur klein. Etwa ein Drittel der erwerbstätigen und nicht erwerbstätigen Pflegepersonen leisten die Versorgung des älteren Menschen allein.

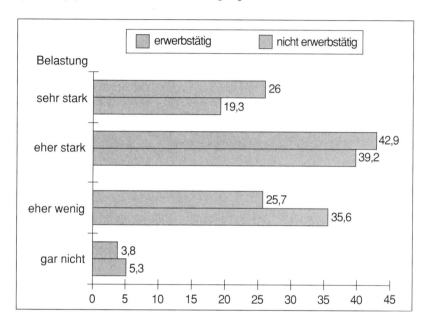

Schaubild 12: Belastung von Pflegepersonen nach Erwerbsbeteiligung (in Prozent)

Während der voriger Abschnitt das informelle Hilfenetz beleuchtete, geht es nun um das **formelle Hilfenetz**. Eine gängige These in der öffentlichen Diskussion um die Versorgung Pflegebedürftiger älterer Menschen beinhaltet, daß durch die zunehmende Erwerbstätigkeit der Frau das informelle Hilfenetz geschwächt und durch formelle, öffentliche oder private Dienstleistungsangebote ersetzt werde. Demnach müßten erwerbstätige Pflegepersonen mehr formelle, bezahlte Hilfsdienste in Anspruch nehmen als nicht erwerbstätige Pflegepersonen. Abgesehen von solch kritischen Einschätzungen der modernen Familie und Frauenrolle liegt es aber nahe, daß die formellen Hilfsdienste die meist vollzeit beschäftigten PflegerInnen stärker entlasten müßten.

Auch zeigte eine Studie, daß berufstätige Pflegepersonen die gerin- geren zeitlichen Ressourcen für die Pflege durch das verstärkte Hinzuziehen von Dienstleistungen wettmachen (Brody/ Schoonover 1986, 378 f.). Für den Vergleich der Nutzung formeller Hilfen in beiden Gruppen der Pflegenden wird zwischen den alten und den neuen Bundesländern unterschieden, da es interessanterweise große Differenzen der Inanspruchnahme von sozialen Diensten[11] zwischen Ost- und Westdeutschland gibt.

Betrachtet man zunächst einmal lediglich Westdeutschland, dann zeigt sich, daß der Anteil der ambulante soziale Dienste nutzenden Pflegepersonen kaum nach dem Erwerbsstatus der Pflegeperson va-riiert. In beiden Erwerbs- statusgruppen sind bei ca.19% auch ambulante soziale Dienste beteiligt (siehe Schaubild 13). In Ostdeutschland liegt der Anteil der PflegerInnen, die von formellen Hilfen Gebrauch machen, mit insgesamt 36,6% allerdings sehr viel höher. Aber auch hier gibt es zwischen der Gruppe der nicht erwerbs- tätigen und der Gruppe der erwerbstätigen Pflegepersonen kaum Abwei- chungen. Die Erwerbsbeteiligung hat demnach keinen Einfluß auf die Inan- spruchnahme von ambulanten sozialen Diensten.

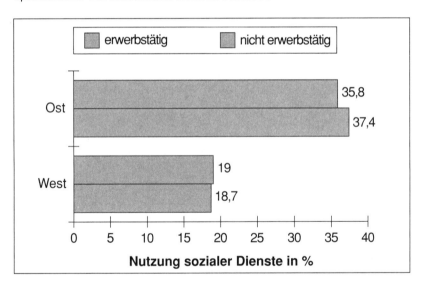

Schaubild 13: Nutzung von sozialen Diensten nach neuen und alten Bundesländern und nach Erwerbsbeteiligung der Pflegeper- son (in Prozent der einzelnen Gruppen)

---

[11] Als soziale Dienste sind zusammengefaßt: ambulante soziale Dienste, Gemeindeschwestern, Nachbarschaftshilfe und freiberufliche Pflegekräfte.

Tabelle 7: Weitere HelferInnen nach Erwerbsbeteiligung der Pflegeperson (in Prozent)

	erwerbstätig	nicht erwerbstätig	gesamt
keine	31,2	34,7	32,4
1 Helfer	31,7	29,5	28,7
2 Helfer	19,2	20,6	19,8
3 und mehr Helfer	17,9	15,2	19,0
Summe	100	100	99,9

Wie könnte die in Ostdeutschland wesentlich höhere Nutzung ambulanter Dienste erklärt werden? Die selbstverständlichere Nutzung staatlicher Dienstleistungen, die in der ehemaligen DDR kostengünstig oder kostenfrei zur Verfügung standen, und eine weniger stark ausgeprägte Ideologie, daß Pflege allein Sache der Familie sei, könnte hier weiter wirken. Ein anderer Grund wäre, daß die ambulanten Dienste in der Aufbauphase überwiegend als AB-Maßnahmen liefen, die kostenfrei waren und daher stärker genutzt wurden.

Der insgesamt fast gleiche Umfang von Hilfsdiensten setzt sich in den beiden Gruppen hinsichtlich der Erbringer unterschiedlich zusammen (siehe Tab. 8). In Westdeutschland nutzen erwerbstätige PflegerInnen die ambulanten Dienste und die Gemeindeschwester im Vergleich zu den PflegerInnen ohne berufliche Pflichten seltener, dagegen die Nachbarschaftshilfe und die freiberuflichen, privat finanzierten Pflegekräfte häufiger. In Ostdeutschland sind es dagegen die ambulanten Dienste und freiberufliche Kräfte, die im Beruf stehende Pflegepersonen relativ öfter als Helfer einbeziehen. Diese Zusammensetzung des formellen Netzes könnte zum einen auf Finanzierungsbedingungen der ambulanten Dienste zurückzuführen sein: die oft „nur" hilfebedürftigen Personen, die von Berufstätigen betreut werden, haben keine Ansprüche auf ambulante Leistungen. Zum anderen dürften die ambulanten Dienste den speziellen Bedürfnissen von berufstätigen PflegerInnen zum Teil wenig entsprechen (z.B. längere Beaufsichtigung, Verfügbarkeit auch nachmittags).

Tabelle 8: Art der genutzten Hilfsdienste nach alten und neuen Ländern und nach Erwerbsbeteiligung der Pflegeperson (in Prozent)

	West erwerbst.	nicht erwerbst.	Ost erwerbst.	nicht erwerbst.
ambulante Dienste	6,4	11,5	20,0	11,5
Gemeindeschwester	4,8	6,6	16,3	17,5
Nachbarschaftshilfe	6,0	1,3	7,6	7,8
freiberufliche Pflege-kräfte	2,4	1,7	3,9	1,9
Art des Dienstes un-bekannt	1,2	1,5	0,4	1,1

3. Erwerbstätigkeit der Pflegenden und die Eigenschaften der älteren Hilfe- und Pflegebedürftigen

Während im vorangegangenen Abschnitt die Merkmale der Pflegeperson im Vordergrund standen, sollen nun einige Merkmale der älteren Hilfe- und Pflegebedürftigen in den Vergleich zwischen berufstätigen und nicht berufstätigen Pflegepersonen einbezogen werden. In Abschnitt 2 wurde bereits gezeigt, daß der Umfang, in dem Personen mit regelmäßigem Pflegebedarf versorgt werden, zwischen den beiden Vergleichsgruppen der erwerbstätigen und nicht erwerbstätigen Pflegepersonen variiert. Zunächst wird dieser Vergleich der Pflegebedürftigkeit der von erwerbstätigen und nicht erwerbstätigen Pflegepersonen versorgten älteren Menschen mit genaueren Angaben zur Intensität des Hilfe- und Pflegebedarfes differenziert. Im Anschluß daran geht es um die Frage, ob es auch hinsichtlich von Variablen, die die soziale Situation des älteren Menschen beleuchten, Differenzen nach dem Erwerbsstatus der Pflegeperson gibt.

Die jeweils größte Gruppe der Hilfe- und Pflegebedürftigen benötigt in beiden Erwerbsgruppen mehrmals täglich **Hilfe im Haushalt** (siehe Tab. 9). Die Verteilung des Hilfebedarfes bei hauswirtschaftlicher Versorgung folgt in etwa dem schon bei den gegebenen Hilfen (Abschnitt 5) festgestellen Muster: ältere Menschen, die mehrmals täglich der Hilfe bei der Hausarbeit bedürfen, werden häufiger von nicht im Erwerbsleben stehenden Pflegepersonen betreut als von erwerbstätigen Pflegepersonen. Bei weniger intensivem, aber immer noch einmal täglichem oder mehrmals wöchentlichem Unterstützungsbedarf sind die erwerbstätigen PflegerInnen die leicht bzw. deutlich überdurchschnittlich repräsentierte Gruppe. Ältere Menschen, die lediglich einmal wöchentlich und seltener hauswirtschaftliche Unterstützung benötigen, kommen in geringem Umfang vor und die Unterschiede nach der Erwerbsbeteiligung der Pflegeperson sind gering.

Tabelle 9: Bedarf der über 65jährigen Hilfe- und Pflegebedürftigen an Hilfe bei der Haushaltsführung nach Erwerbsbeteiligung der Pflegeperson (in Prozent)

	erwerbstätig	nicht erwerbstätig	gesamt
mehrmals täglich	44,6	62,0	54,0
einmal täglich	17,4	13,2	15,0
mehrmals wöchtl.	24,9	12,2	18,1
einmal pro Woche	8,8	4,6	6,4
14tägig und seltener	1,6	4,4	3,2
nicht Aufgabe des Helfers	2,2	3,1	2,8
keine Angabe	0,6	0,5	0,5
Summe	100,0	100,0	100,0

Der Bedarf an hauswirtschaftlicher Unterstützung kann fast immer auch entsprechend gedeckt werden. 10,9% der erwerbstätigen PflegerInnen, aber lediglich 3,4% der nicht durch den Beruf beanspruchten Personen schätzen ihre Unterstützung als nicht ausreichend ein.

Das Bedarfsmuster bei der **pflegerischen Versorgung** gestaltet sich im Grunde ähnlich (siehe Tab. 10). Nicht erwerbstätige gaben häufiger als erwerbstätige PflegerInnen an, daß die betreuten Älteren zeitlich intensivste Pflege (ständige, alle 2-3 Stunden) benötigen. Benötigen die Betreuten eine weniger aufwendige, aber immerhin noch 2-3 mal tägliche oder einmal täglich Pflege, dann sind Erwerbstätige und nicht Erwerbstätige annähernd gleich oft die Hilfeleistenden. Insgesamt zeichnet sich nach den Daten der Trend ab, daß die von Erwerbstätigen versorgten älteren Menschen einen etwas geringeren Bedarf an pflegerischer Versorgung haben als die von nicht erwerbstätigen PflegerInnen versorgten. Es fällt auf, daß ein Viertel bis ein Fünftel der älteren Menschen keinen pflegerischen Versorgungsbedarf aufweist. Dabei handelt es sich um jene Personen des Samples, die hauswirtschaftlich hilfebedürftig, aber nicht körperlich pflegebedürftig sind.

Wie schon bei der Unterstützung im Haushalt, so ist auch bei der persönlichen Pflege der Anteil derer, die ihre Hilfepotentiale als nicht ausreichend einschätzen, gering, aber dennoch bei den Berufstätigen höher (13%) als bei den nicht durch Erwerbstätigkeit Beanspruchten (5,3%).

Ein Vergleich der chronischen Krankheiten und Behinderungen der versorgten Personen hinsichtlich evtl. Unterschiede nach Erwerbsstatus der Pflegeperson erbringt keine nennenswerten Ergebnisse. Deutlichere Prozentsatzdifferenzen zwischen von erwerbstätigen und nicht erwerbstätigen Gepflegten sind lediglich bei den Rheuma- und den Gichterkrankungen vorhanden.[12]

Tabelle 10: Bedarf an Pflege der über 65jährigen Hilfe- und Pflegebedürftigen nach Erwerbsbeteiligung der Pflegeperson (in Prozent)

	erwerbstätig	nicht erwerbstätig	gesamt
ständig, alle 2-3 Std.	18,3	36,3	27,1
2-3 mal täglich	18,8	16,8	17,8
einmal täglich	11,1	12,4	11,8
mehrmals wöchentl.	10,9	5,8	8,0
einmal wöchentl.	7,2	2,0	4,3
14tägig und seltener	7,0	6,2	6,5
nie	26,8	20,5	23,5
Summe	100,0	100,0	100,0

Nach diesen Bedarfsvariablen sollen nun die sozio-demographischen Merkmale der Hilfe- und Pflegebedürftigen, die über die soziale Seite der Pflegesituation Aufschluß geben können, analysiert werden. Betrachtet man zunächst das **Geschlecht der versorgten älteren Menschen** im Hinblick auf etwaige Differenzen nach dem Erwerbsstatus der PflegerIn, dann fällt auf, daß Männer öfter von nicht erwerbstätigen Pflegepersonen versorgt werden, dagegen Frauen öfter von einer Pflegeperson, die erwerbstätig ist (siehe Schaubild 14). Dieses Ergebnis dürfte dadurch bedingt sein, daß über 65jährige pflegebedürftige Männer wegen der Altersdifferenz in Ehen eher von einer (Ehe-) Partnerin versorgt werden, die - nach unserer Altersabgrenzung für Pflegepersonen - noch unter 65 Jahre alt ist. Außerdem ist angesichts des niedrigen weiblichen Pensionierungsalters bei der Altersgrenze von 65 Jahren die Wahrscheinlichkeit, daß Frauen bereits pensioniert sind, relativ hoch.[13]

---

12 Ein Vergleich der Angaben zu den seelischen Beeinträchtigungen der versorgten älteren Menschen ergibt ebenfalls keine wesentlichen Prozentsatzdifferenzen zwischen den Älteren, die von erwerbstätigen oder von nicht erwerbstätigen Pflegepersonen versorgt werden. In beiden Gruppen schätzten etwa 50% die versorgte Person als geistig abgebaut ein. Da aber ca. 41% der Befragten zu den seelischen Beeinträchtigungen keine Angabe machten, sind die Daten nur begrenzt aussagekräftig.

13 Diese Interpretation der Daten wird noch deutlicher, analysiert man die hilfe- und pflegebedürftigen Männer und Frauen getrennt hinsichtlich des Erwerbsstatus der sie versorgenden Personen. Wird eine Frau versorgt, dann sind 48,3% der Pflegepersonen erwerbstätig; wird ein Mann gepflegt, dann sind nur 32,1% erwerbstätig.

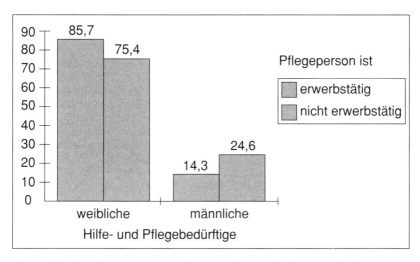

Schaubild 14: Geschlecht der älteren Hilfe- und Pflegebedürftigen nach Erwerbsstatus der Pflegeperson (in Prozent)

Insgesamt betrachtet gehört der Großteil der versorgten Personen der Altersgruppe der über 80jährigen an. Die **Altersverteilung** älterer Hilfe- und Pflegebedürftiger auf die erwerbstätigen oder nicht erwerbstätigen Pflegepersonen weist nur leichte Differenzen auf (siehe Tab. 11). „Jüngere" 65-79jährige Hilfe- und Pflegebedürftige haben geringfügig öfter berufstätige als nicht berufstätige Hilfspersonen. Entsprechend ist auch der Anteil der hochbetagten 80jährigen und älteren Menschen, die Hilfe von einer nicht erwerbstätigen Person erhalten, nicht deutlich höher. Hochbetagte ältere Menschen können demnach ebenso mit der Versorgung durch eine berufstätige Pflegeperson rechnen.

Tabelle 11: Alter der Hilfe- und Pflegebedürftigen nach Erwerbsbeteiligung der HelferIn (in Prozent)

Alter der versorgten Person	Pflegeperson		
	erwerbstätig	nicht erwerbstätig	gesamt
65-79 Jahre	42,2	38,0	39,8
80 J. und älter	57,8	62,0	60,2
Summe	100,0	100,0	100,0

Etwa vier Fünftel der von Berufstätigen und drei Viertel der von nicht Berufstätigen versorgten Personen sind verwitwet (siehe Tab 12). Zusammen mit
dem bei der sehr kleinen Gruppe der geschiedenen älteren Pflegebedürftigen
ebenfalls bestehenden Überhang an berufstätigen Pflegepersonen betrachtet, zeichnet sich ein leichter Trend ab, daß - ist der Ehepartner nicht verfügbar - die PflegerIn eher erwerbstätig ist. Bei den alleinstehenden Älteren mit
den am ehesten defizitären Hilfemöglichkeiten sichern also erwerbstätige tendenziell stärker als nicht erwerbstätige PflegerInnen die häusliche Versorgung. Unter den verheirateten älteren Menschen verfügt ein größerer Anteil
über eine nicht erwerbstätige PflegerIn. Dieses Ergebnis läßt zusammen mit
den vorigen Daten zu den Pflegebedürftigen das folgende Bild entstehen: jüngere, d.h. eher noch verheiratete versorgungsabhängige Männer erhalten
öfter von einer nicht erwerbstätigen unter 65jährigen Ehepartnerin Pflege,
die verwitweten, hochbetagten Frauen hingegen eher von der berufstätigen
Kindergeneration.

Tabelle 12: Familienstand der hilfe- und pflegebedürftigen Person nach
Erwerbsbeteiligung de Pflegeperson (in Prozent)

	erwerbstätig	nicht erwerbstätig	gesamt
verwitwet	81,2	76,2	78,3
verheiratet	8,8	18,3	14,1
geschieden/ getrennt	6,7	2,1	4,2
ledig	3,1	3,0	3,0
keine Angabe	0,2	0,4	0,4
Summe	100,0	100,0	99,0

4. Wenn die Grenze der Vereinbarkeit erreicht ist: Reduzierung und Aufgabe der Erwerbstätigkeit

Berufstätigkeit und Pflegeverantwortung sind zwei Aufgabenbereiche, die
häufig sich überschneidende und schwer miteinander zu koordinierende
Anforderungen an die zeitlichen, physischen und psychischen Ressourcen
der Hauptpflegeperson stellen dürften (vgl. Kapitel II). Zwar kann nicht pauschal davon ausgegangen werden, daß die Betreuung älterer Menschen in
einen Konflikt mit der Berufstätigkeit tritt. Unter bestimmten Bedingungen -
etwa wenn die Hilfebedürftigkeit oder der Umfang der Erwerbstätigkeit gering
sind - können beide Bereiche relativ reibungslos nebeneinander existieren.

Ob „Pflege und Beruf" zu konkurrierenden Lebensbereichen werden, hängt vermutlich außer von der Erwerbstätigkeit der Pflegeperson sowie der Intensität des Pflegebedarfes des älteren Menschen weiterhin von einem Komplex an familiären bzw. privaten Lebensumständen und nicht zuletzt von den Bedingungen am Arbeitsplatz ab.

Die Schwierigkeit, Pflege und Beruf zu vereinbaren, muß aus zwei Perspektiven betrachtet werden, denn Pflege und Beruf können sich **gegenseitig** beeinträchtigen. Auf der einen Seite sind (a) negative Auswirkungen auf die Erwerbstätigkeit, auf der anderen Seite ist (b) ein reduziertes Pflegepotential zu erwarten.

a) Eine Beeinträchtgung der Berufstätigkeit durch Pflegeveranwortung tritt auch nicht nur als Einschränkung oder Aufgabe des Berufes in Erscheinung, sondern schlägt sich ebenfalls am Arbeitsplatz, auf die Berufschancen, auf das Einkommen, die Familie, den Gesundheitszustand der Pflegeperson u.a. nieder. Mit der im folgenden beschriebenen Einschränkung oder Aufgabe der Erwerbstätigkeit verfügen wir jedoch über einen sozialpolitisch besonders relevanten Indikator für die Auswirkungen der Doppelaufgabe auf die Erwerbsbeteiligung. Da die Mehrheit der Pflegepersonen Frauen sind, besteht das Risiko, daß die pflegebedingte Aufgabe der Erwerbstätigkeit die soziale Absicherung der Frauen im Alter durch zu geringe eigene Erwerbsbeteiligung gefährdet. Eine genauere Analyse **beruflicher** Beeinträchtigungen (im Unterschied zur globalen Beeinträchtigung der Arbeitsmarktpartizipation) von Pflegepersonen sollte Gegenstand weiterer Forschung sein. Mit den Daten der Befragung durch Infratest kann aber erstmals gezeigt werden, wie hoch im Bundesgebiet der Anteil der Personen ist, bei denen die Pflege Folgen für die Erwerbsbeteiligung generell hat und welche spezifischen Merkmale diese Personengruppe kennzeichnen. Eine detailliertere Analyse der beruflichen und betrieblichen Situation von Pflegepersonen findet sich in Kapitel IV.

b) Ist in der Situation der um die Potentiale der Pflegeperson konkurrierenden Aufgaben ein Ausgleich nicht mehr möglich, dann stehen im Grunde zwei „Lösungen" des Vereinbarkeitskonfliktes zur Verfügung: entweder die Aufgabe der Pflege (z.B. durch Heimübersiedlung des Pflegebedürftigen) oder aber die Reduktion der Arbeitszeit bzw. das Ausscheiden aus dem Beruf der Pflegeperson. Mit den Daten der Sekundäranalyse können Informationen über diesen zweiten Weg gegeben werden. Der andere Ausgang des Vereinbarkeitskonfliktes, die unter dem Begriff des reduzierten Pflegepotentials Erwerbstätiger diskutierte Pflege im Heim, ist natürlich anhand eines Samples von Pflegepersonen von zu Hause versorgten Pflegebedürftigen nicht zu erfassen. Zur Untersuchung der Frage, ob die Berufstätigkeit tatsächlich familiäre Pflege einschränkt, müssten auch Personen, die nicht bzw. nicht mehr pflegen einbezogen werden.

4.1 Wie oft reduzieren Pflegepersonen die Erwerbstätigkeit?

Über die Auswirkungen der Pflege auf die Erwerbsbeteiligung gibt Schaubild 15 getrennt nach Geschlecht Auskunft: etwa 66% der Frauen und sogar 86% der Männer, die häusliche Pflege leisten, setzen ihre Erwerbstätigkeit fort; d.h. insgesamt bleiben 70,3% kontinuierlich im Beruf. Eingeschränkt wird die Erwerbsbeteiligung von etwa 18% der weiblichen, aber nur von etwa 7% der männlichen Pflegenden. Zu einer Aufgabe der Erwerbstätigkeit kommt es bei 16,2% der weiblichen erwerbstätigen Pflegepersonen und bei 7,7% der pflegenden und erwerbstätigen Männer. Faßt man die beiden Kategorien, in denen die Erwerbsbeteiligung reduziert wurde, zusammen, dann nimmt immerhin ein Drittel der Frauen und 14% der Männer mit Pflegeverantwortung im Beruf Einschränkungen hinsichtlich der Arbeitszeit vor. Diese Ergebnisse stehen im Einklang mit Studien aus den USA, die ebenfalls zeigen, daß die Pflege bei Männern weniger Einfluß auf die Erwerbsbeteiligung hat, diese also seltener als Frauen den zeitlichen Umfang der Erwerbstätigkeit reduzieren oder aus dem Beruf ausscheiden (Stone et al. 1986; Stoller 1983).

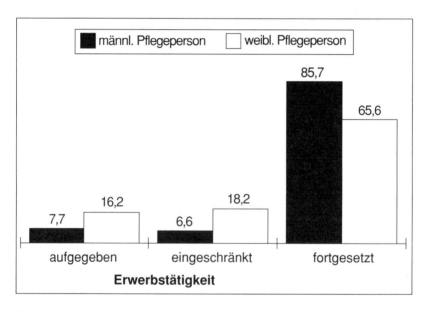

Schaubild 15: Folgen der Pflege für die Erwerbsbeteiligung von Pflegepersonen nach Geschlecht (in Prozent)

Nach bivariaten Analysen des Zusammenhanges zwischen der Reduzierung der Erwerbsbeteiligung und verschiedenen (uns zur Verfügung stehenden) Merkmalen der Pflegesituation ergeben sich die stärksten Zusammenhänge bei der Höhe des Hilfe- und Pflegebedarfes wie auch bei der Belastung. Die niedrigeren Werte für die anderen sozio-demographischen wie auch beruflichen Merkmale weisen dagegen auf deren geringeren Einfluß hin. In der Reihenfolge dieser Wertigkeit sollen sie auch in den folgenden Kapiteln behandelt werden (die genauen Werte für Signifikanz und Kontingenzkoeffizient sind im Anhang II in Tabelle A10 zu finden).

4.2 Variieren berufliche Folgen nach Grad der Pflegebedürftigkeit sowie Belastung?

Pflegenden, die eine „nur" Hilfebedürftige versorgen, ist es meist möglich, die Erwerbstätigkeit fortzusetzen (siehe Schaubild 16). Mit zunehmendem Pflegebedarf schrumpft der Anteil, der kontinuierlich im Beruf bleibt, und es wächst komplementär der Anteil, der eine Einschränkung oder Aufgabe der Erwerbstätigkeit vornimmt. Bei täglichem und ständigem Versorgungsbedarf wird schließlich öfter die Erwerbstätigkeit ganz aufgegeben als lediglich eingeschränkt.

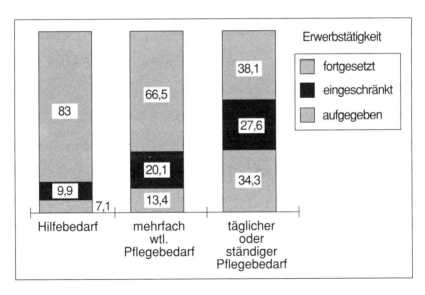

Schaubild 16: Folgen der Pflege für die Erwerbsbeteiligung nach Hilfe- und Pflegebedarf des Versorgten (in Prozent)

Analysiert man die Folgen des Ausmaßes an Hilfe- und Pflegebedarf für die Erwerbsbeteiligung außer-dem mittels zweier weiterer, eng an den Hilfe- und Pflegebedarf angelehnter Indikatoren - erstens des Bedarfs an Hilfe bei der **Haushaltsführung** oder der **Pflege**, zweitens der Häufigkeit der **tatsächlichen Hilfeleistung** - dann bestätigt sich im Grunde der schon festgestellte Trend, daß ein stärkerer Bedarf wie auch die eine zeitlich intensivere Hilfeleistung entweder bei hauswirtschaftlicher Hilfe oder körperlicher Pflege zu einer höheren Rate an Pflegepersonen mit reduzierter oder aufgegebener Erwerbstätigkeit führt.[14]

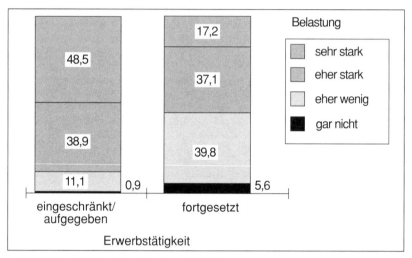

zu 100% fehlende Werte: „keine Angabe, weiß nicht"

Schaubild 17: Belastung der Pflegeperson nach beruflichen Folgen der Pflege (in Prozent)

14 Bei Personen mit mehrmals täglichem Hilfebedarf bei der Haushaltsführung ist der Anteil der die Erwerbstätigkeit einschränkenden Pflegepersonen doppelt so hoch wie der Anteil der Pflegepersonen ohne berufliche Auswirkungen (siehe Tab. A2 im Anhang). Im Bereich der pflegerischen Hilfen geht ein intensiver Bedarf (ständig und alle 2-3 Stunden) ebenfalls einher mit einem sehr viel höheren Anteil an Pflegepersonen, die die Erwerbstätigkeit einschränken oder aufgaben (siehe Tab. A3 im Anhang). Bei den kontinuierlich Erwerbstätigen ist die Intensität des Pflegebedarfes gleichmäßiger auf weniger intensive Hilfe verteilt, ein Viertel gab sogar an, daß pflegerischer Bedarf nicht vorliegt.

Auch vom Zeitaufwand für die Versorgung her betrachtet liegt es auf der Hand, daß sich intensive Pflege auf die Erwerbstätigkeit negativ auswirkt: doppelt so viele Pflegepersonen leisten eine „Rund-um-die-Uhr-Pflege", die von Auswirkungen der Pflege auf die Erwerbstätigkeit berichten (siehe Tab. A4). Pflegepersonen, die die Berufstätigkeit fortsetzen können, geben zu einem höheren Anteil weniger intensive, aber immerhin täglich stundenweise Hilfe an. Dennoch ist es erstaunlich, daß ein Drittel auch der weiter erwerbstätigen Pflegerinnen intensivste ständige Pflege leistet.

Das Alter der versorgten Person, von dem anzunehmen ist, daß es ebenfalls über den Grad der Pflegebedürftigkeit für die Aufgabe des Berufes eine Rolle spielt, verteilt sich auf eine überraschende Weise auf die beiden Gruppen der Pflegepersonen mit bzw. ohne eingeschränkte Erwerbstätigkeit. Denn unter den Pflegepersonen der hochbetagten, über 80jährigen ist der Anteil der kontinuierlich im Beruf bleibenden mit 52,7% höher als unter den Pflegepersonen von 65-79jährigen Menschen, die nur zu 47,3% im Beruf bleiben. Eine Erklärung für das geringere Verbleiben im Beruf könnte sein, daß unter den Pflegepersonen der jüngeren Altersgruppe auch EhepartnerInnen anzutreffen sind, die selbst schon im Ruhestand oder eher bereit sind, aus dem Erwerbsleben auszuscheiden.

Ältere Menschen, deren Pflegeperson die Erwerbstätigkeit einschränkte oder aufgab, haben häufiger bestimmte chronische Erkrankungen und Behinderungen wie Schlaganfall, Sprachstörungen, Lähmungen, Muskelerkrankungen und Inkontinenz als jene Gruppe älterer Menschen, die von kontinuierlich berufstätigen PflegerInnen versorgt werden.

Pflegepersonen, die die Erwerbstätigkeit eingeschränkt oder aufgegeben haben, gaben deutlich häufiger starke **Belastungen** an als jene, die keine Veränderungen im Berufsleben vornehmen mußten (siehe Schaubild 17). Der größte Anteil der Personen mit beruflichen Folgen gehört der Gruppe mit sehr starkem Belastungsempfinden an, während die größte Gruppe der unverändert Erwerbstätigen sich auf die beiden mittleren Belastungsstufen verteilt. Eine hohe Belastung geht demnach mit einer eingeschränkten Berufstätigkeit einher. Dieser Zusammenhang liegt aufgrund des bereits oben beschriebenen Ergebnisses nahe, daß nicht erwerbstätige Pflegepersonen i.d.R. stärker funktional eingeschränkte ältere Menschen versorgen.[15]

4.3 Geht die eingeschränkte Erwerbstätigkeit mit spezifischen soziodemographischen Merkmalen der Pflegeperson einher?

Die Konsequenzen der Pflege für die Erwerbsbeteiligung sind auch hinsichtlich der sozialen Situation, die hier mittels einiger soziodemographischer Merkmale beschrieben werden soll, unterschiedlich.

Aus der in Tabelle 13 dargestellten Verteilung der „Fortsetzer und der Reduzierer" geht hervor, daß bis etwa zum **Alter** von 60 Jahren eine Einschränkung des Berufes von gut einem Viertel der erwerbstätigen Pflegenden vorgenommen wird. In der Alterstufe über 60 Jahren steigt dieser Anteil auf

---

15 Mit dem Umfang der Pflegebedürftigkeit nimmt das Belastungsempfinden stark zu, deshalb dürfte letzteres quasi das Vermittlungsglied zu Einschränkung der Erwerbstätigkeit sein. Mißt man den Zusammenhang zwischen Pflegebedarf und Belastung, ergibt sich ein signifikanter Wert (Chi-Quadrat 287,95 df = 9,p = 0,000) bei Kendalls Tau b von 0,467

annähernd 40% der vorher erwerbstätigen Pflegenden an; daraus läßt sich folgern, daß mit der Nähe zum Rentenalter die Einschränkung und Aufgabe etwas zunimmt, jedoch keineswegs zur mehrheitlichen Praxis wird.

Der **Familienstand** der Pflegeperson ist eine weitere Variable, von der anzunehmen ist, daß sie einen Einfluß auf die Berufseinschränkung oder -aufgabe hat, da die in der weiblichen Bevölkerung mit dem Familienstand variierenden Erwerbsquoten (Mayer u.a. 1991) auch bei den überwiegend weiblichen Pflegepersonen im Berufsaufgabeverhalten sichtbar sein müßten. Auch von den verheirateten Pflegepersonen reduziert nur ein Drittel die Arbeitsmarktpartizipation; dies ist allerdings doppelt so viel wie unter alleinstehenden Pflegenden (siehe Tab 13). Letztere Gruppe der Pflegepersonen weist also eine deutlich größere berufliche Kontinuität auf.

Lebt die Pflegeperson in einem anderen **Haushalt** als die ältere Pflegebedürftige, dann ist die Fortsetzung der Erwerbstätigkeit deutlich häufiger möglich als bei gemeinsamen Haushalten (siehe Tab. 13). Umgekehrt schränken die mit der Pflegebedürftigen zusammenlebenden Personen deutlich öfter das berufliche Engagement ein oder geben den Beruf auf. Hier dürfte die schon hinsichtlich des Erwerbsstatus (siehe Abschnitt 3) festgestellte Tatsache zu Buche schlagen, daß mit der Schwere des Pflegebedarfes auch die gemeinsamen Haushalte zunehmen, in denen wiederum das Belastungsempfinden höher ist.

Tabelle 13: Alter, Familienstand der Pflegeperson sowie Haushaltsform nach beruflichen Folgen der Pflege (in Prozent)

	Einschränkung/ Aufgabe	Fortsetzung	gesamt
bis 49 Jahre	25,6	74,4	100
50 bis 59 Jahre	28,2	71,9	100
> 60 Jahre	39,9	60,1	100
verheiratet	33,7	66,3	100
alleinstehend	17,3	82,6	100
anderer Haushalt	17,2	82,8	100
gleicher Haushalt	41,2	58,8	100

Jede der drei Variablen steht zwar in einem signifikanten Zusammenhang mit der Einschränkung oder Aufgabe der Erwerbsbeteiligung, der Einfluß der einzelnen Faktoren ist aber als nicht sonderlich hoch einzuschätzen (siehe Tab.

A10 im Anhang II). Lediglich getrennte Haushalte von Pflegebedürftiger und Pflegeperson lassen den Kontingenzwert höher ausfallen, d.h. bei getrenntem Wohnen wird Erwerbstätigkeit seltener reduziert oder aufgegebenen.

4.4   Welche Bedeutung haben Beruf und Einkommen für Einschränkung und Aufgabe der Erwerbstätigkeit?

Da die Mehrzahl der befragten Pflegepersonen des Samples Frauen sind, müßten sich die allgemein für die weibliche Bevölkerung geltenden Trends und Bedingungen der Erwerbsbeteiligung, etwa, daß die schulische und berufliche Qualifikation eng mit der Höhe der Erwerbsbeteiligung von Frauen zusammenhängt, auch im Erwerbsverhalten bei Pflegenden auswirken. Die entsprechend unserer Personengruppe modifizierte Fragestellung wäre, ob höherqualifizierte Pflegepersonen den Beruf eher fortsetzen als weniger qualifizierte. Außerdem sind schulische und berufliche Qualifikation, berufliche Stellung und Einkommen als Indikatoren für eine etwaige soziale Differenzierung jener Personen zu nutzen, bei denen sich die Reduzierung der Erwerbstätigkeit konzentriert. Die Analyse zeigt, daß Pflegepersonen mit **Hauptschulabschluß** in der Gruppe, die die Erwerbstätigkeit einschränkte oder aufgab, häufiger vertreten sind als in der Gruppe mit fortgesetzter Erwerbsbeteiligung (siehe Schaubild 18). Umgekehrt übersteigt bei den höheren Schulabschlüssen (mittlere Reife, Abitur) der Anteil der kontinuierlich im Beruf bleibenden Pflegepersonen den Anteil der die Erwerbsbeteiligung reduzierenden Pflegepersonen.

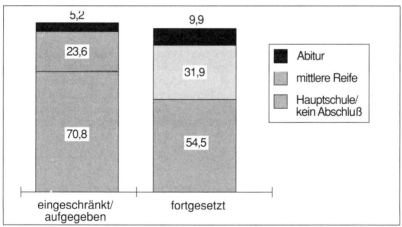

zu 100 fehlenden Prozente sind Antworten „weiß nicht, keine Angabe"

Schaubild 18: Schulische Qualifikation nach beruflichen Folgen der Pflege (in Prozent)

Pflegepersonen in **qualifizierten Beschäftigungen** - sie machen die größte Gruppe der unverändert wie auch der eingeschränkt Erwerbstätigen aus - weisen kaum Unterschiede hinsichtlich der Fortsetzung oder Einschränkung der Erwerbsbeteiligung auf (siehe Tab. 14). Eine etwas häufigere Einschränkung bzw Aufgabe des Berufes findet lediglich bei den angelernt beschäftigten Pflegepersonen statt. Höher- und hochqualifiziert tätige Personen bleiben dagegen auch als Pflegende etwas öfter im Erwerbsleben; die Differenzen sind allerdings sehr gering. Der Chi-Quadrat-Test belegt, daß der Zusammenhanges zwischen Einschränkung der Erwerbsbeteiligung und Art der Tätigkeit nicht signifikant ist.

Tabelle 14: Art der Tätigkeit der Pflegeperson nach den beruflichen Folgen der Pflege (in Prozent)

Art der Tätigkeit	Erwerbstätigkeit eingeschränkt/ aufgegeben	Erwerbstätigkeit fortgesetzt
angelernt	36,6	27,7
qualifiziert	52,6	55,0
höherqualifiziert	7,7	11,5
hochqualifiziert	3,1	5,3
weiß nicht, k.A.	-	0,5
Summe	100,0	100,0

Vergleicht man die **berufliche Stellung** derer, die die Erwerbstätigkeit einschränkten oder aufgaben, mit denen, die auch als Pflegepersonen kontinuierlich berufstätig sind (siehe Schaubild 19), dann fällt auf, daß insbesondere die ArbeiterInnen öfter die Erwerbstätigkeit einschränken. Eine ähnliche Tendenz geht auch aus den Daten der Landwirte und der sonstigen Selbständigen hervor. Angestellte, die Pflegeaufgaben haben, zeigen die Tendenz, die Erwerbstätigkeit aufrechtzuerhalten, wobei aber auch hier ein beachtlicher Anteil von 44% mit Einschränkung oder Aufgabe der Beschäftigung auf die Pflege reagierte.

Bei der Interpretation von **Einkommensdifferenzen** zwischen Pflegehaushalten, in denen die Pflegeperson den Beruf einschränkte bzw. aufgab, und Haushalten, in denen die Pflegeperson fortgesetzt berufstätig ist, ist für die alten Bundesländer eine Quote von annähernd 20% an Antwortverweigerungen zu berücksichtigen. Differenzen in der Einkommensverteilung zwischen Pflegepersonen nach unterschiedlichen Folgen der Pflege für die Erwerbsbeteiligung können daher nur als grobe Tendenzen betrachtet werden. In den

148

alten Bundesländern (siehe Schaubild 20) besteht ein deutlicher Einkommensunterschied zwischen den beiden Gruppen lediglich bei Haushaltseinkommen zwischen 4000 und 5000 DM, das etwa 25% der Haushalte mit kontinuierlich erwerbstätiger Pflegeperson erreichen, aber nur etwa 12% der Haushalte mit eingeschränkter oder aufgegebener Erwerbstätigkeit der Pflegeperson. In allen anderen Einkommensstufen kommen Pflegehaushalte der beiden Gruppen in etwa gleich oft vor, auch die hohen Einkommen über 5000 DM werden ungeachtet der Folgen der Pflege für die Erwerbstätigkeit gleich oft erreicht.

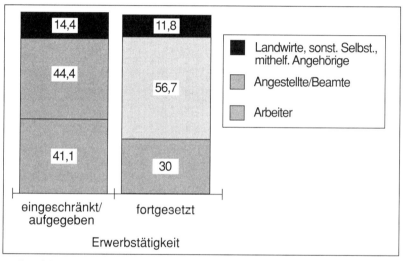

zu 100% fehlende Prozentangaben: „weiß nicht, keine Angabe"

Schaubild 19: Berufliche Stellung der Pflegeperson nach beruflichen Folgen der Pflege (in Prozent)

Pflegehaushalte in den neuen Bundesländern (siehe Schaubild 21), in denen die Pflegeperson unvermindert erwerbstätig ist, erzielen etwas öfter ein höheres Einkommen (3000 bis 4000 DM), während Pflegehaushalte mit eingeschränkter Erwerbstätigkeit der Pflegeperson stärker im unteren Mittelfeld der Einkommen rangieren (2000 bis 3000 DM). Über ein niedriges Einkommen (1000 bis 2000 DM) verfügen jeweils ein Drittel der Haushalte mit eingeschränkter sowie mit unverminderter Erwerbstätigkeit der Pflegeperson.

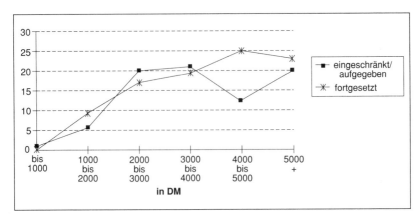

Schaubild 20: Monatliches Einkommen westdeutscher Pflegehaushalte nach beruflichen Folgen der Pflege (in Prozent)

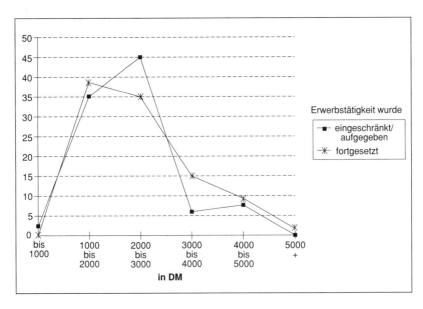

Schaubild 21: Monatliches Einkommen ostdeutscher Pflegehaushalte nach beruflichen Folgen der Pflege (in Prozent)

Die Daten zu den Einkommensunterschieden nach den Folgen, die die Pflege auf die Erwerbsbeteiligung hat, lassen keine eindeutige Gesamttendenz erkennen, etwa daß die Erwerbstätigkeit bei hohen bzw. niedrigen Einkommen häufiger eingeschränkt oder aufgegeben wird. Lediglich Haushaltseinkommen, die im oberen Bereich der mittleren Einkommen angesiedelt sind, werden in Ostdeutschland etwas seltener und in Westdeutschland deutlich weniger von Haushalten erreicht, in denen die Pflegeperson die Erwerbstätigkeit einschränkte. Die annähernd gleichen Anteile der Pflegehaushalte mit reduzierter wie auch kontinuierlicher Erwerbstätigkeit bei den niedrigen ebenso wie bei den hohen Einkommen verweisen eher darauf, daß eine Einschränkung der Erwerbstätigkeit relativ unabhängig vom Haushaltseinkommen ist.

4.5 Verfügen kontinuierlich erwerbstätige Pflegende über mehr Hilfen?

Die Verfügbarkeit von weiteren Hilfspersonen zusätzlich zur HauptpflegerIn führt erstaunlicherweise kaum zu einer Varianz des Anteils derer, die die Erwerbstätigkeit einschränken bzw. aufgeben oder fortsetzen: Pflegepersonen, die die Erwerbstätigkeit fortsetzen, verfügen zu 65,5% über weitere Helfer, Pflegepersonen, die den Beruf einschränken oder aufgeben zu 61,1%. Diese nur geringe Differenz der zusätzlichen informellen Hilfe zeigt, daß fortgesetzt Berufstätige sich kaum verstärkt auf Hilfspersonen stützen, um ihre Erwerbstätigkeit aufrechtzuerhalten. Nach den eigenen Ergebnissen kann dies die Folge eines geringeren Pflegebedarfes, den erwerbstätige Pflegende zu bewältigen haben, sein; nach anderen Studien (Stoller 1983; Moss u.a. 1993) liegt noch eine weitere Erklärung nahe: erwerbstätige Pflegende schränken die eigene Freizeit und Ruhepausen ein, um zeitliche Mehrbelastung auszugleichen.

Die Nutzung ambulanter Hilfsdienste differiert ebenfalls wider Erwarten kaum zwischen Pflegepersonen, die die Erwerbstätigkeit fortsetzen, und Pflegepersonen, die sie einschränken oder aus dem Erwerbsleben ausscheiden (siehe Tab. 15). Daher kann die intensive Nutzung von Hilfsdienste nicht der Grund sein, weshalb bestimmte Pflegepersonen die Erwerbstätigkeit fortzusetzen in der Lage sind. Wie bereits gezeigt wurde, ist das Ausmaß, in dem Hilfsdienste einbezogen werden, in Ostdeutschland deutlich höher, differiert aber nicht danach, ob die Berufstätigkeit fortgesetzt oder eingeschränkt wird (vgl. Abschnitt 3).

Tabelle 15: Nutzung ambulanter Hilfsdienste nach Auswirkungen der Pflege auf die Erwerbsbeteiligung (in Prozent)

	West		Ost	
	eingeschränkt/ aufgegeben	fortgesetzt	eingeschränkt/ aufgegeben	fortgesetzt
ja	18,4	16,8	32,8	32,6
nein	79,6	82,2	64,2	66,0
weiß nicht, k.A.	2,0	1,0	3,0	1,4
Summe	100,0	100,0	100,0	100,0

5. Häusliche Pflege und Erwerbstätigkeit in den neuen Bundesländern

Die bereits in vorherigen Kapiteln begonnene Beschreibung von Differenzen der Pflegesituation zwischen den alten und den neuen Bundesländern soll nun systematisch fortgesetzt werden. Um die Darstellung auf wesentliche Aspekte zu konzentrieren, kommen lediglich die Bereiche zur Sprache, in denen sich auffällige Diskrepanzen zwischen Ost- und Westdeutschland abzeichnen.

Einer der hervorstechenden Unterschiede ist die in den neuen Bundesländern **höhere Erwerbsbeteiligung der Pflegepersonen** älterer hilfe- und pflegebedürftiger Menschen. Wie Tabelle 16 zeigt, beruht dies fast ausschließlich auf Vollzeitbeschäftigten: die Quote der vollzeit beschäftigten Pflegepersonen in Ostdeutschland ist doppelt so hoch wie in Westdeutschland. Teilzeit oder geringfügige Beschäftigung war zum Befragungszeitpunkt in den neuen Ländern selten.

Tabelle 16: Erwerbsbeteiligung der Pflegepersonen von über 65jährigen Hilfs- und Pflegebedürftigen in Ost- und Westdeutschland (in Prozent)

	West	Ost	Gesamt
nicht erwerbstätig	57,3	50,1	55,2
geringfügig beschäftigt	9,5	1,7	7,2
teilzeit beschäftigt	11,5	5,9	9,8
vollzeit beschäftigt	21,1	42,3	27,4
k. A.	0,6	-	0,5
Summe	100,0	100,0	100,0

Betrachtet man die Erwerbstätigkeit männlicher und weiblicher Pflegepersonen in Ost- und Westdeutschland getrennt, dann sinkt zwar in den neuen wie
alten Ländern die Erwerbsbeteiligung der weiblichen Pflegepersonen etwas
unter den Prozentanteil für die Bevölkerung allgemein, bleibt in Ostdeutschland dennoch höher (46,5%) als in Westdeutschland (39,8%). Die höhere
Frauenerwerbsquote in der ehemaligen DDR setzt sich also in der Gruppe
der Pflegepersonen und noch nach der „Wende" fort. Gemessen an der
besonders hohen Erwerbsquote in der weiblichen Bevölkerung, wie sie für die
ehemalige DDR und die neuen Bundesländer spezifisch war bzw. ist, liegt
aber die Erwerbstätigkeitsquote der Pfle-gerinnen mit einem viel größeren
Abstand unter dem Bevölkerungsdurchschnitt als in den alten Ländern (Statistisches Bundesamt 1990, 20).

Die erwerbstätigen wie auch die nicht erwerbstätigen Pflegepersonen setzen
sich in Ostdeutschland zu einem größeren Anteil aus Männern zusammen.
24,1 % der ostdeutschen erwerbstätigen Pflegenden sind Männer, aber nur
15% der entsprechenden westdeutschen Gruppe. Unter den nicht erwerbstätigen Pflegenden machen die Männer in Ostdeutschland 12,6%, in Westdeutschland 9,8% aus.

Das **Qualifikationsniveau** der Pflegepersonen in den neuen Bundesländern
ist generell höher: nur etwa ein Zehntel erwerbstätiger Pflegepersonen ist
angelernt beschäftigt, während es unter westdeutschen Pflegenden ein Drittel sind. Entsprechend verteilen sich die ostdeutschen Pflegenden, die
Erwerbstätigen ebenso wie die nicht Erwerbstätigen, auf höhere Qualifikationsniveaus. Die Tendenz, daß erwerbstätige Pflegepersonen eher zu den
höher qualifizierten gehören, ist aber auch in Ostdeutschland vorhanden.
Zusätzlich läßt sich die Qualifikation der Pflegepersonen anhand des Indika-
tors Schulabschluß vergleichen. Ostdeutsche erwerbstätige Pflegepersonen
weisen in den weiterführenden Schulabschlüssen einen deutlicheren Abstand
zu den nicht erwerbstätigen PflegerInnen auf als die westdeutschen Pfleger-
rInnen (siehe Tab. A5 im Anhang II). Die Tendenz, daß Erwerbstätige mit Pfle-
geauf-gaben eine höhere Qualifikation haben, ist in den neuen Bundesländern also stärker ausgeprägt.

Die Differenzen zwischen Ost- und Westdeutschland hinsichtlich der **gemeinsamen oder getrennten Haushaltsführung** sind bei den erwerbstätigen
Pflegepersonen beträchtlich. So beträgt der Anteil der getrennt von der Hilfe-
und Pflegebedürftigen lebenden berufstätigen Pflegenden in den neuen Ländern 71%, in den alten Ländern lediglich 59%. Die Zahlen für nicht erwerbstätige Pflegepersonen weichen nicht wesentlich voneinander ab.

Interessanterweise ist in den neuen Bundesländern ein geringerer Anteil der
zu Hause betreuten älteren Menschen regelmäßig pflegebedürftig als in den
alten Ländern (siehe Tab. A6 im Anhang II). Die für das gesamte Bundesge-

biet gültige Beobachtung, daß bei Erwerbstätigkeit der Pflegenden öfter nur **hauswirtschaftlicher Hilfebedarf** abgedeckt werden muß, bestätigt sich für ostdeutsche Pflegesituationen noch ausgeprägter. Hinzu kommt, daß auch die nicht erwerbstätigen Pflegenden in geringerem Umfang als in den alten Ländern die Gruppe der regelmäßig Pflegebedürftigen versorgen. Dies dürfte damit zusammenhängen, daß in den neuen Bundesländern aufgrund bislang differenter institutioneller und sozialer Bedingungen andere Selektionsprozesse bei Pflegebedürftigkeit stattfinden, so daß Pflegebedürftige mit höherem Bedarf letztlich etwas seltener zu Hause gepflegt werden. Für ein an sich unterschiedliches Niveau der Hilfe- und Pflegebedürftigkeit in Ost- und Westdeutschland gibt es keine plausiblen Gründe.

Damit hängt zusammen, daß erwerbstätige Pflegepersonen in den neuen Ländern vergleichsweise seltener ständige, tägliche Pflege leisten als in den alten Ländern. Die Gesamttendenz einer geringeren Beteiligung erwerbstätiger Pflegender an einer Intensivpflege ist hier also noch deutlicher. Vermutlich als Folge davon wird eine sehr hohe Belastung seltener als im Westen angegeben.

Zur Frage, wie oft und welche Pflegenden sich zur **Einschränkung oder zum Ausstieg aus der Erwerbstätigkeit** entscheiden, ergibt die Differenzierung nach dem ost- oder westdeutschen Wohnort der Pflegeperson, daß in Ostdeutschland seltener die Partizipation am Erwerbsleben ganz aufgegeben wird (siehe Tab. A7 im Anhang II). In etwa gleichem Umfang schränken ost- wie westdeutsche Pflegepersonen die Erwerbstätigkeit ein. Infolgedessen ist die fortgesetzte Berufstätigkeit in den neuen Bundesländern etwas höher als in den alten Ländern.

Außerdem ist das Ergebnis, daß die **ArbeiterInnen** sich eher zur Aufgabe oder Einschränkung des Berufes entscheiden, nun als ein eher westdeutsches Phänomen festzumachen (siehe Tab. A8 im Anhang II). Denn während sich in den neuen Ländern ArbeiterInnen, Angestellte etc. etwa gleich auf die beiden Gruppen mit eingeschränkter oder fortgesetzter Erwerbstätigkeit verteilen, kommt in den alten Ländern eine Einschränkung des Berufes bei den westdeutschen ArbeiterInnen, die pflegen, häufiger vor.

6. Zusammenfassung

Die Erwerbstätigkeit ist bei Pflegepersonen, die im Erwerbsalter (d.h. zwischen 16 und 65 Jahre alt) sind und ältere Hilfe- und Pflegebedürftige in Privathaushalten versorgen, keineswegs eine Randerscheinung. Von diesen gut zwei Dritteln **aller** Pflegepersonen in Deutschland waren 1991 etwa 45% berufstätig. Der Großteil von ihnen arbeitet vollzeit. Dennoch bleibt damit die Erwerbstätigenquote von Menschen mit Pflegeverantwortung unter der der

Bevölkerung, was auf die eingeschränkte Möglichkeit der Kombination von Pflege und Beruf hinweist. Die Erwerbsbeteiligung von Pflegepersonen läßt sich nach Merkmalen sowohl der Pflegeperson selbst wie auch des betreuten älteren Menschen differenziert analysieren. So sind männliche häufiger als weibliche Pflegepersonen parallel zur Pflegerolle erwerbstätig. Die familienstandsspezifischen Erwerbstätigenquoten bei Frauen erscheinen analog auch in der Verteilung erwerbstätiger und nicht erwerbstätiger PflegerInnen: Verheiratete gehören häufiger zu den nicht im Beruf stehenden Pflegepersonen als Alleinstehende. Betrachtet man die Altersverteilung der erwerbstätigen und nicht erwerbstätigen Pflegenden, dann zeigt sich eine gleichbleibend hohe Erwerbsbeteiligung bis in die Altersgruppe der 50- bis 59jährigen. Erst darüber ist ein Rückgang in der Erwerbsbeteiligung zu beobachten, der ebenfalls dem Verlauf in der Bevölkerung entspricht.

Welche berufsbezogenen Merkmale charakterisieren die hier im Mittelpunkt stehende Gruppe der häusliche Pflege leistenden Erwerbstätigen? Welche Erwerbsstatusgruppen sind von Vereinbarkeitsproblemen betroffen? Personen, die sowohl pflegerische als auch berufliche Verantwortung übernehmen, sind eher Angestellte, Beamte und Selbständige; dagegen waren nicht erwerbstätige Pflegepersonen eher als ArbeiterInnen, Landwirte und mithelfende Familienangehörige beschäftigt. (Allerdings sind die Differenzen nach der beruflichen Stellung und z.T. die Fallzahlen so klein, daß auf ihnen keine weitreichenden Schlußfolgerungen aufgebaut werden sollten.) Das schulische Qualifikationsniveau weist schon eher eine eindeutige Tendenz zu höherer Qualifikation bei erwerbstätigen Pflegenden auf. Als wichtigerer Indikator ist zudem das Qualifikationsniveau der Erwerbstätigkeit einzuschätzen: auch hier geht der Trend zu höherer Qualifikation der erwerbstätigen Pflegenden.

Die Aussagen über Differenzen in der Verteilung auf unterschiedliche Einkommenskategorien sind insofern begrenzt, als nur das Einkommen von gemeinsamen Haushalten verfügbar war. Von daher trifft das Ergebnis, daß die erwerbstätigen Pflegehaushalte häufiger in den höchsten Einkommensgruppen zu finden sind, nur auf einen kleinen Teil der Pflegepersonen zu.

Nun werden die Ergebnisse der eher den pflegerischen Aspekt beleuchtenden Merkmale der Vereinbarkeitsproblematik zusammengefaßt. Die Intensität des Hilfe- und Pflegebedarfes des älteren Menschen stellt eine vermutlich bedeutsame Bedingung für die Vereinbarung von Pflege und Beruf dar. Die Daten der Sekundäranalyse bestätigen zunächst diese Vermutung, denn nicht erwerbstätige Pflegende betreuen relativ öfter regelmäßig Pflegebedürftige. Die zeitlich umfangreichere Beteiligung an Pflege von nicht durch die Berufstätigkeit doppelt beanspruchten PflegerInnen läßt sich auch anhand des Umfangs der geleisteten Hilfe zeigen. Letztere sind häufiger an den zeitlich intensivsten hauswirtschaftlichen und pflegerischen Hilfen beteiligt. Dennoch leisten auch erwerbstätige Pflegepersonen schwerpunktmäßig tägliche

Hilfe sowohl hauswirtschaftlicher als auch pflegerischer Art trotz - wie gezeigt wurde - überwiegender Vollzeitbeschäftigung. Ein weiterer Unterschied zwischen erwerbstätigen und nicht erwerbstätigen Pflegepersonen weist in eine ähnliche Richtung und hängt wahrscheinlich eng mit dem Pflegebedarf zusammen: so ist der Anteil der Pflegenden, die gemeinsam mit der versorgten Person wohnen, unter berufstätigen beträchtlich kleiner als unter nicht berufstätigen Pflegepersonen. Die Verbindung zwischen Pflegebedarf und gemeinsamem oder getrenntem Haushalt von älterer Pflegebedürftiger und Pflegeperson ist plausibel, da mit steigendem Pflegebedarf der älteren Menschen die Zahl gemeinsamer Haushalte zunimmt.

Erwerbstätige PflegerInnen schätzten sich weniger oft als sehr schwer durch die Pflege belastet ein als nicht erwerbstätige PflegerInnen. Ob dies ein Resultat des weniger gravierenden Versorgungsbedarfes oder aber der belastungskompensierenden Wirkung der Partizipation am Erwerbsleben ist, läßt sich anhand der Daten nicht entscheiden. Aber auch für erwerbstätige Pflegende ist das Belastungsempfinden meist hoch.

Die populäre These, daß die Erwerbstätigkeit von Pflegepersonen zu einer stärkeren Nutzung von formellen Hilfen führe, daß folglich die „familiäre" Verantwortung delegiert werde an Dienstleistungen, erhält durch die Ergebnisse der Sekundäranalyse keine Unterstützung. Erwerbstätige Pflegepersonen nehmen in gleichem Umfang wie nicht durch den Beruf belastete Pflegepersonen soziale Dienste in Anspruch. Deutlich unterschied sich aber die Nutzung von Hilfsdiensten zwischen den alten und den neuen Bundesländern, was entweder eine Folge der selbstverständlicheren Nutzung staatlicher Angebote als Erfahrung aus der DDR-Realität ist oder aber auf bestimmte institutionelle Bedingungen während des Aufbaus neuer ambulanter Dienste zurückzuführen ist.

Wieviele und welche Pflegepersonen den Beruf einschränken oder ganz aufgeben ist selbstverständlich von besonderem sozialpolitischen Interesse. Aufgrund der vorliegenden Querschnittsdaten läßt sich feststellen, daß Pflegende überwiegend die Erwerbstätigkeit aufrechterhalten. Um allerdings den vollen Umfang des Konfliktes zwischen Berufstätigkeit und Pflege zu erfassen, wäre eine Längsschnittuntersuchung sowie der Einbezug auch nicht pflegender Personen in das Sample erforderlich. Denn eine Stichprobe mit häuslich Pflegenden deckt nicht jene Schwierigkeiten der Vereinbarung von Pflege und Beruf ab, die sich so auswirken, daß häusliche Pflege erst gar nicht zustande kommt.

Ein hoher Grad an Pflegebedürftigkeit und ein hoher Umfang der Versorgungsleistungen sind gekoppelt an einen steigenden Anteil derer, die die Erwerbstätigkeit einschränken oder aufgeben. Wesentlich stärker ist auch das Belastungsempfinden bei der Gruppe, die den Beruf einschränkt oder aufgegeben hat, ausgeprägt. Beide Merkmale der Pflegesituation scheinen daher entscheidend dafür zu sein, ob die Doppelrolle als pflegende Berufstätige überhaupt realisierbar ist.

Die Entscheidung zur Einschränkung der Berufstätigkeit wird - wobei diese Tendenzen aber nur schwach ausgeprägt sind - relativ öfter von weiblichen Pflegepersonen, die verheiratet sind, getroffen. Dagegen zeigt sich eine höhere berufliche Kontinuität bei den jüngeren Pflegenden unter 40 Jahren. In welcher Phase des Erwerbslebens sich eine Pflegeperson befindet, ist also relevant dafür, welche Option im Spannungsfeld zwischen Beruf und Pflege „gewählt" wird. Eingeschränkte Erwerbstätigkeit wird außerdem eher von Angelernten und von ArbeiterInnen praktiziert. Auf der mittleren Qualifikationsstufe sind jedoch die beruflichen Folgen der Pflege nahezu gleich.

Da die Daten zum Haushaltseinkommen bei eingeschränkter Berufstätigkeit wegen der hohen Zahl der Antwortverweigerungen wenig zuverlässig sind, nur eine generelle Überlegung: Einkommenseinbußen durch den Wegfall des Einkommens der Pflegeperson bei Aufgabe der Erwerbstätigkeit dürften nur für die am unteren Ende der Einkommensskala rangierenden Haushalte gravierend sein. Für genauere Einschätzungen der Folgen der Pflege für das Haushaltseinkommen müßten aber unbedingt weitere Informationen über die Haushaltsgröße vorliegen. Eindeutig ist jedoch, daß eine eingeschränkte oder aufgegebene Erwerbstätigkeit stets negative Folgen für die eigenständige soziale Sicherung der meist weiblichen PflegerInnen hat.

Unterschiede zwischen den neuen und den alten Bundesländern ergeben sich v.a. aus der generell in den neuen Ländern zum Befragungszeitpunkt (noch?) höheren Frauenerwerbstätigkeit. So kommt die Höhe der Erwerbstätigkeit unter den weiblichen Pflegepersonen überwiegend durch Pflegerinnen aus Ostdeutschland zustande. Auch die Arbeitsmarktpartizipation männlicher Pflegender ist hier größer. Die Erwerbstätigkeit wird infolge dieser stärkeren Integration in das Erwerbsleben in Ostdeutschland seltener als in Westdeutschland eingeschränkt oder aufgegeben.

Kapitel V:

Fallstudien über erwerbstätige Hilfe-/Pflege-leistende in der Bundesrepublik Deutschland

Brigitte Beck

1. Ziele und Vorgehensweise der qualitativen Untersuchung

1.1 Zielsetzung

Ziel dieses qualitativen Untersuchungsteils ist es, anhand von 20 Fallstudien beispielhaft Erkenntnisse über den beruflichen und familiären Alltag von Erwerbstätigen mit Hilfe- und Pflegeverpflichtungen, über ihre Arbeitsbedingungen und -zeiten, über betriebliche und familiäre Regelungsformen und Konflikte, sowie über Unterstützungsmaßnahmen durch Dritte zu gewinnen. Im Zentrum sollen dabei die besonderen Aspekte der Bewältigung der Doppel- oder sogar Dreifachbelastung, sowie insbesondere auch die subjektive Sichtweise der Betroffenen - ihre Erwartungen, Wünsche, Problemeinschätzungen und Bewältigungsstrategien - stehen. Der beruflichen Situation ist dabei, der Intention der Arbeit entsprechend, das Hauptaugenmerk gewidmet.

1.2 Methodisches Vorgehen

1.2.1 Erhebungsauswahl

Ursprünglich war vorgesehen, die Untersuchungsteilnehmer aus jenen Betrieben, in denen auch die Expertengespräche mit den Personalabteilungen und Betriebsräten stattfinden (Betriebe, die in Form von Tarif- oder Betriebsvereinbarungen Maßnahmen für pflegende Arbeitnehmer vorsehen) zu rekrutieren (vgl. hierzu den Untersuchungsteil des WSI). Es zeigte sich jedoch, daß diese Betriebe nur wenige Personen benennen konnten, die solche Maßnahmen in Anspruch nehmen und die für ein Interview in Frage gekommen wären. Einige potentielle Interviewpartner schieden aus, weil es sich bei den zu Pflegenden um Kinder oder jüngere Ehepartner handelt, in dieser Untersuchung aber ausschließlich die Problematik von Erwerbstätigen, die Hilfe- bzw. Pflegeleistungen für ältere Angehörige erbringen, erfaßt werden sollte. Insgesamt konnten so nur vier Interviewpartner gewonnen werden. Es zeigte sich, daß diese Maßnahmen für pflegende Mitarbeiterinnen und Mitarbeiter in den Betrieben eine marginale Rolle einnahmen, nicht allgemein bekannt waren oder nicht nachgefragt wurden. Handelt es sich bei der betrieblichen Maßnahme für pflegende Mitarbeiterinnen und Mitarbeiter um eine längere Beurlaubung, so besteht außerdem während des Zeitraums der Beurlaubung in der Regel kein Kontakt des Betriebs zum „Beurlaubten". Auf weitere mögliche Gründe für die Nichtinanspruchnahme solcher Maßnahmen sei zum einen auf den Untersuchungsteil des WSI, zum anderen auf Abschnitt 3.2.2 dieses Untersuchungsteils verwiesen.

Es wurden daher unabhängig von den Expertengesprächen mit den o.g. Betrieben verschiedenste Institutionen kontaktiert und um Mithilfe bei der Gewinnung von Interviewpartnern gebeten (Unternehmen unterschiedlicher Branchen - auch der öffentlichen Hand -, Frauenbeauftragte, ambulante Dienste, Allgemeiner sozialer Dienst einer Kommune, Selbsthilfegruppen, Ärzte), wobei sich zeigte, daß persönliche Kontakte des jeweiligen Ansprechpartners vor Ort entscheidend für den Erfolg waren.

Um ein möglichst breites Spektrum an Lebens- und Arbeitsbedingungen von berufstätigen Hilfs-/ Pflegepersonen darzustellen, wurden folgende Auswahlkriterien zugrunde gelegt:

- Alter, Geschlecht, Familienstand der Hilfs-/Pflegeperson
- Beruf, Betrieb, Arbeitszeit
- Maßnahmen im Betrieb vorhanden/nicht vorhanden
- Verwandschaftsverhältnis zum Hilfs-/Pflegebedürftigen
- Art der Hilfs-/Pflegeleistungen
- Inanspruchnahme von ambulanten Diensten ja/nein
- regionale Unterschiede (Stadt - Land).

1.2.2 Wesentliche Charakteristika der befragten Personen

Die Stichprobe setzt sich aus 18 Frauen und 2 Männern zusammen.

Das **Alter** der Befragten variiert beträchtlich zwischen 38 Jahren und 55 Jahren, umfaßt also eine Zeitspanne von 17 Jahren. Das Durchschnittsalter betrug 48 Jahre. Tabelle 1 gibt einen Überblick über die Altersverteilung, wobei über die Hälfte der Befragten 45 Jahre und älter war. Eine detailliertere Altersangabe ist Tabelle 2 zu entnehmen.

Tabelle 1:   Altersklassen der Hilfe-/Pflegepersonen in Jahren

36-40	41-45	46-50	51-55
3	8	2	7

Zehn Befragte (9 Frauen, 1 Mann), also die Hälfte, sind verheiratet (3 davon in 2. Ehe) und leben mit dem **Ehepartner/der Ehepartnerin** zusammen. Zwei weitere Frauen sind ebenfalls noch verheiratet, leben aber von ihrem jeweiligen Ehemann bereits seit Jahren getrennt und mit ihrem jetzigen Lebenspartner zusammen. Eine dieser beiden Frauen hat die Scheidung eingereicht, die andere hat sich schon vor 18 Jahren von ihrem Mann getrennt, sich aber aus Angst vor finanziellen Forderungen seinerseits nicht scheiden lassen. „Ich weiß es nicht, wie er sich über Wasser hält, ich will es auch nicht wissen, wenn er uns nur in Ruhe läßt und nichts von uns will". Die (Noch-)Ehemänner dieser beiden Frauen gingen und gehen keiner geregelten Arbeit nach.

Vier Befragte (3 Frauen, 1 Mann) leben mit ihrem **Lebenspartner/ihrer Lebenspartnerin** zusammen, zwei davon sind noch verheiratet (s.o.), eine Frau ist verwitwet, der zweite männliche Gesprächspartner ist ledig. Sechs Frauen sind **alleinstehend**, zwei davon sind ledig, vier geschieden (in einem Fall zweimal). Eine der geschiedenen Frauen lebt im Haus ihres alleinstehenden Bruders, der nur am Wochenende nach Hause kommt, weil er in einer weiter entfernten Stadt arbeitet, aber dann verschiedenfach Aufgaben eines „Partners" übernimmt.

Elf der Befragten haben **Kinder**, fünf davon je zwei (in einem Fall ein leibliches und ein zur Adoption vorgesehenes Kind), sechs je ein Kind. Das jüngste der Kinder der Befragten ist 9 Jahre alt, das älteste 32 Jahre. Auch hier zeigt sich eine beträchtliche Spannweite von 23 Jahren. Bei sieben der Befragten leben die Kinder oder eines davon (noch) mit im Haushalt, in zwei Fällen im selben Haus, aber in einer eigenen Wohnung. Ein (einjähriges) Enkelkind hat erst eine der Befragten.

Bei neun der Befragten leben die Pflegebedürftigen im selben Haushalt, wobei es sich in einem Fall um die Ehefrau handelt, die seit ihrer psychischen Erkrankung hilfe- und pflegebedürftig ist, in einem Fall das „immer schon so war", d.h. bereits vor Eintritt der Pflegebedürftigkeit, in den übrigen sieben Fällen erst, seit für die nun Pflegebedürftigen ein selbständiges Leben in der eigenen Wohnung nicht mehr möglich war. In Tabelle 2 sind nur die im Haushalt lebenden Pflegebedürftigen mit aufgeführt. Eine Aufstellung nach Pflegepersonen und Pflegebedürftigen findet sich in Tabelle 4 in Abschnitt 2.1.

Wie sehr die „Kernfamilie" einem Wandel unterliegt, zeigen die verschiedenen Lebens-, Familien- und Haushaltsverhältnisse der Fallstudien. Tabelle 2 soll den Überblick erleichtern, sie stellt dar, wieviele Personen in welchem Alter und in welchem Verwandschaftsverhältnis im Haushalt der Befragten leben.

Vierzehn der Befragten **wohnen** in Großstädten, drei in Mittelstädten und drei in unterschiedlichen Dörfern, wobei es sich in zwei Fällen um sehr abgeschiedene kleine Dörfer handelt, was für die Betroffenen bedeutet, daß sie auf ein Auto angewiesen sind und Fahrten zum Einkaufen, zum Arzt oder Krankenhaus längere Zeit in Anspruch nehmen. Die Befragten leben in fünf verschiedenen Bundesländern.

Sieben der Befragten wohnen in einer Mietwohnung, eine in einer städtischen Unterkunftsanlage, vier in Eigentumswohnungen. In einem Haus mit Garten wohnen acht Befragte, fünf davon als Besitzer dieses Hauses.

Tabelle 2: Anzahl der im Haushalt lebenden Personen nach Alter und Verwandschaftsgrad

Hilfs-/Pflege-person	Partner	Kinder	Hilfs-/Pflege bedürftiger	Anzahl der Personen
Frau A., 45 J.	Ehemann, 50 J.	Sohn, 20 J.	Schwiegerm., 69 J.	4
Frau B., 43 J.	Ehemann, 53 J.	-	-	2
Frau C.,52 J.	-	-	Mutter, 83 J.	2
Herr D., 40 J.	Lebenspartnerin, 45 J.	-	-	2
Frau E., 55 J.	Lebenspartner, 60 J.	-	Mutter, 83 J.	3
Frau F., 53 J.	-	-	-	1
Frau G., 38 J.	Ehemann, 40 J.	Tochter, 17J. Pflegetochter, 11 J.	-	4
Frau H., 45 J.	-	-	-	1
Frau I., 53 J.	Ehemann, 55 J.	-	-	2
Frau K., 45 J.	Ehemann, 48 J.	Sohn, 23 J. Tochter, 1G J.	-	4
Frau L., 45 J.	Lebenspartner, 64 J.	-	Mutter 84 J.	3
Frau M., 50 J.	-	-	Mutter, 90 J.	2
Frau N., 42 J.	Ehemann, 45 J.	Tochter, 14 J.	-	3
Frau O., 52 J.	Bruder, 60 J.	Sohn, 23 J.	Mutter, 91 J.	4
Frau P., 50 J.	-	-	-	1
Herr R., 54 J.	Ehefrau, 53 J.	-	hier Ehefrau	2
Frau S., 39 J.	Lebenspartner, 56 J.	Tochter, 9 J.	-	3
Frau T., 43 J.	Ehemann, 46 J.	Sohn, 10 J.	Mutter, 74 J.	4
Frau U., 55 J.	Ehemann, 59 J.	-	Mutter, 88 J.	3
Frau W., 55 J.	Ehemann, 58 J.	-	-	2

Ein detaillierter Überblick über die **berufsbezogenen** Daten der Befragten findet sich - thematisch zugeordnet - im Abschnitt 3.1.2.

1.2.3 Erhebungsinstrument

Als Grundlage für die durchgeführten 20 Fallstudien diente ein Leitfaden, der folgende Themenbereiche umfaßt:

- Persönliche, familiäre und häusliche Bedingungen der Hilfs-/Pflegeperson
- Ausbildung, Beruf, Berufsverlauf, Tätigkeitsbeschreibung
- Persönliche, familäre und häusliche Bedingungen des Hilfs-/Pflegebedürftigen
- Hilfe-/Pflegesituation
- Inanspruchnahme von ambulanten Diensten
- Hilfe / Beteiligung durch andere Personen (Familie, Freunde, Nachbarn)
- Auswirkungen der Hilfe-/Pflegetätigkeit auf den Beruf
- Auswirkungen der Hilfe-/Pflegetätigkeit auf Familie und Freizeit
- Belastungseinschätzung in den Bereichen Hilfe/Pflege, Beruf, Familie und Freizeit
- finanzielle Situation
- Einschätzung der zukünftigen Entwicklung in den Bereichen Hilfe/Pflege, Beruf, Familie und Freizeit.

Die Interviews wurden weitgehend als offenes Gespräch, das durchschnittlich zwei bis drei Stunden dauerte, geführt und auf Kassettenrecorder aufgezeichnet. Manche Problembereiche wurden erst nach Ende des „offiziellen Gesprächs" und nachdem das Gerät abgeschaltet war, artikuliert. Diese Aussagen wurden handschriftlich aufgezeichnet.

1.2.4 Auswertung

In einem ersten Schritt wurden die auf Kassetten aufgezeichneten Interviews vollständig transkribiert und um die handschriftlichen Notizen ergänzt. In einem weiteren Schritt wurden die so gewonnenen Informationen mit Hilfe des Leitfadens themenzentriert zusammengefaßt. Auf dieser Grundlage wurden von allen Befragten Fallbeschreibungen angefertigt, die nach den inhaltlichen Themengruppen gegliedert wurden. Diese Fallbeschreibungen illustrieren die komplexen Lebenssituationen, den beruflichen und familiären Alltag und die damit verbundenen Belastungen der Befragten.

In einem weiteren Schritt wurden die Fallstudien im Querschnitt analysiert, diese Ergebnisse werden in den folgenden Gliederungspunkten dargestellt: Abschnitt 2 befaßt sich mit der gesamten Hilfe-/Pflegesituation der Befragten.

Neben einer Darstellung der Gruppe der Hilfe- und Pflegebedürftigen wird hier insbesondere auf die Gründe, die für die Befragten dazu beitrugen, die Hilfe/Pflege zu übernehmen und weiter durchzuführen, sowie auf Art, Dauer und Umfang der von den Befragten erbrachten Hilfe- und Pflegeleistungen eingegangen. Außerdem wird dargestellt werden, ob, und wenn ja durch wen die Befragten Unterstützung bei der Hilfe/Pflege erfahren, welche Belastungen und Bewältigungsstrategien auftreten und wie sie die künftige Entwicklung der Hilfe-/Pflegesituation einschätzen. In Abschnitt 3 wird der Darstellung der beruflichen Situation der Befragten breiter Raum gewidmet. Nachdem zuerst auf die Berufsbiographie der Befragten eingegangen wird, werden die von einem Teil der Befragten in Anspruch genommenen betrieblichen Maßnahmen zur Vereinbarkeit von Beruf und Pflege vorgestellt. In einem zentralen Punkt werden die Auswirkungen der Vereinbarkeit von Erwerbstätigkeit und Hilfe/Pflege auf die Befragten dargestellt, sodann ihre unterschiedlichen Bewältigungsstrategien deutlich gemacht. Detailliert folgen mögliche Verbesserungsvorstellungen der Befragten hinsichtlich ihrer beruflichen Situation sowie eine künftige Entwicklungseinschätzung derselben. In Abschnitt 4 wird auf die private und gesundheitliche Situation der Befragten eingegangen, Auswirkungen auf Familie und Freizeit werden ebenso dargestellt wie die Selbsteinschätzung des Gesundheitszustandes der Befragten. Abschließend erfolgt in Abschnitt 5 eine Zusammenfassung der wichtigsten Ergebnisse der Fallstudien.

An dieser Stelle soll noch darauf hingewiesen werden, daß im folgenden stets das Begriffspaar Hilfe/Pflege verwandt wird. Der Begriff „Pflege" allein scheint hier zu kurz gegriffen, um das Spektrum der Leistungen, die von den Befragten für ihre älteren Angehörigen erbracht worden, auszudrücken, obwohl es sich bei diesen fast ausschließlich um „Pflegebedürftige" handelt. Von den Befragten selbst wurde überwiegend der Begriff „sich kümmern" verwendet, wenn sie von ihren Angehörigen und den für sie erbrachten Hilfe- und Pflegeleistungen sprachen, was auch dem umfassenden englischen Begriff „care" wesentlich mehr entspricht als der Begriff „Pflege".

2. Hilfe-/Pflegesituation

Eine wesentliche Variable für das Ausmaß der erlebten Belastungen bei dem Versuch, Erwerbstätigkeit und Hilfe/Pflege zu vereinbaren, bildet der Grad der Hilfe- und Pflegebedürftigkeit der zu versorgenden Person (vgl. Kapitel II, Abschnitt 3.1). Die Interviewpartner wurden deshalb ausführlich zur Hilfe-/Pflegesituation befragt. Im folgenden wurden die hierzu gesammelten Aussagen zusammenfassend dargestellt, wobei insbesondere auf die Art der von den Befragten erbrachten Hilfe- und Pflegeleistungen und die damit verbundenen Belastungen eingegangen wird. Ziel der Ausführungen ist es hierbei, einen Eindruck von den unterschiedlichen Hilfe- und Pflegesituationen zu vermitteln, die von erwerbstätigen Hilfe- und Pflegeleistenden zu bewältigen sind.

2.1 Die Hilfe-/Pflegebedürftigen

Bei den Hilfe-/Pflegebedürftigen handelt es sich ausschließlich um nahe Verwandte. In der Mehrzahl der Fälle werden die Hilfe-/Pflegeleistungen für die Mutter und manchmal zusätzlich den Vater, in zwei Fällen für die Schwiegermutter, in je einem Fall für die Großmutter, die Tante, die Ehefrau und den geschiedenen Ehemann erbracht.

Sechs der Befragten leisten nicht nur einer, sondern mehreren Personen Unterstützung. Hier handelt es sich um eine Art von Hilfeleistung, die man als „Hucke-Pack-Pflege" bezeichnen könnte. So unterstützen vier der Befragten ihre Mutter bei der Pflege des Vaters, in einem Fall wird die Mutter bei der Pflege der Tante unterstützt und in einem Fall die Eltern bei der Pflege der Großmutter. Diese „Hucke-Pack-Pflege" umfaßt sowohl einen Anteil an der pflegerischen Betreuung des „Hauptpflegebedürftigen", als auch unterschiedlich umfangreiche Hilfeleistungen für die „Hauptpflegeperson", die ohne diese Unterstützung die Pflege nicht (mehr) leisten könnte. Auf diese Hilfeleistungen wird in Abschnitt 2.2.2 noch näher eingegangen werden.

Da in fünf Fällen für zwei Personen und in einem Fall für drei Personen Hilfe und Pflege geleistet wird, leisten die 20 Befragten für insgesamt 27 Personen Hilfe und/oder Pflege.

Tabelle 3 zeigt die Einteilung der Hilfe-/Pflegebedürftigen in Altersklassen. Das Durchschnittsalter beträgt 79 Jahre. Die jüngste Hilfe-/Pflegebedürftige ist 53 Jahre, die Älteste 93 Jahre.

Tabelle 3: Altersklassen der Hilfe-/Pflegebedürftigen in Jahren

51-55	56-60	61-65	66-70	71-75	76-80	81-85	86-90	91-95
1	1	1	4	3	2	7	5	3

Bei neun der Befragten lebt die jeweilige Pflegebedürftige (hier handelt es sich durchweg um Frauen und um nur eine Person) im gleichen Haushalt, in drei Fällen wohnen die Pflegebedürftigen im gleichen Haus, aber in einer eigenen Wohnung (einmal in einem Mietshaus einen Stock tiefer, zweimal in einem Zweifamilienhaus, wobei dieses in einem Fall im Besitz der Pflegeperson und und im anderen im Besitz des Pflegebedürftigen ist). Bei vier der Befragten wohnen die Hilfe- und Pflegebedürftigen „nebenan", „gegenüber" oder „um die Ecke". Insgesamt sieben der Befragten wohnen also nicht direkt mit den Hilfe- und Pflegebedürftigen zusammen, aber in unmittelbarer Nähe, wobei sich das in zwei Fällen „eher zufällig" ergab, in den anderen fünf Fällen aber so geplant war.

Lediglich bei vier Befragten wohnen die Hilfe-/Pflegebedürftigen nicht in unmittelbarer Nähe, sondern sind nur mit dem Fahrrad, öffentlichen Verkehrsmitteln oder dem Auto zu erreichen. Hier wurde ein Umzug nicht in Erwägung gezogen, weil der Grad der Hilfebedürftigkeit noch ein selbständiges Wohnen erlaubt, bzw. weder die Hilfe-/Pflegebedürftigen noch die Hilfe-/ Pflegepersonen ihr Zuhause aufgeben wollten und/oder der Partner der Hilfe-/ Pflegeperson dagegen war, den Hilfe-/Pflegebedürftigen aufzunehmen. Daß dabei der Grad der Pflegebedürftigkeit nicht unbedingt ausschlaggebend ist, zeigt sich bei Herrn D. (Vater und Mutter schwerpflegebedürftig) und Frau B. (Tante schwerpflegebedürftig); hier beträgt die räumliche Entfernung zum Pflegebedürftigen in einem Fall 80 km, im anderen Fall 30 km.

Tabelle 4 gibt einen Überblick über den Verwandtschaftsgrad der hilfe/pflegebedürftigen Personen, ihr Alter und die Hilfe-/Pflegedauer.

2.2 Die Hilfe-/Pflegeleistungen

Die Hilfe-/Pflegeleistungen werden im folgenden nach Dauer, Art und zeitlichem Umfang dargestellt.

2.2.1 Dauer der Hilfe/Pflege und Gründe für deren Übernahme und Weiterführung

Die Hilfe-/Pflegedauer bei den Befragten variiert beträchtlich. Bei den Angaben ist überdies zu bedenken, daß sich bei einigen Befragten die Hilfe-/Pflegeleistungen langsam steigerten, ein genauer Zeitpunkt daher nicht festzulegen ist. Häufig werden auch unterstützende Leistungen, z.B. Mithilfe im Haushalt, Regelung von Behördenangelegenheiten und Dienstleistungen für die Eltern noch nicht als besondere Hilfe wahrgenommen, so daß sich erst allmählich eine Verlagerung ergab, und „irgendwann" die Befragten viele oder alle Dinge des täglichen Lebens für den Hilfe-/Pflegebedüftigen regelten und die Verantwortung dafür übernahmen.

Fünf der Befragten gaben an, sich „eigentlich schon immer" um die Mutter, bzw. um Mutter und Vater gekümmert zu haben, sie wohnten auch entweder ihr ganzes Leben mit den Eltern zusammen oder in deren unmittelbarer Nähe.

Während sich das Ausmaß der Hilfeleistungen häufig eher langsam und kaum wahrnehmbar steigerte, gab es für vierzehn Befragte konkrete Anläße, bei denen sich „von heute auf morgen" das Befinden der An-gehörigen verschlechterte und/oder diese nach einem Krankenhausaufenthalt nicht mehr „alleine zurecht kamen". Zwei der Befragten bemerkten längere Zeit „gar nicht, was eigentlich los war", weil die Eltern sich „nicht in die Karten schauen lassen" wollten und ihre zunehmende Hilflosigkeit verbargen, „die haben dann gemauert" (Frau U.). Herr D., dessen Mutter mit der Pflege des unruhigen und aggressiven Ehemanns überfordert war und zunehmend „verwirrter" wurde, bis sie „umfiel" und mit Magengeschwüren in ein Krankenhaus eingeliefert wurde, meint, daß er und seine Geschwister

Tabelle 4: Hilfe- und pflegebedürftige Personen, Alter und Pflegedauer

Fall	Alter	Hilfe-/ Pflegebedürftige	Alter	Hilfe-/Pflegedauer
Frau A.	45	Schwiegermutter	69	1 Jahr
Frau B.	43	Tante	93	2 Jahre
		Mutter	83	"
Frau C.	52	Mutter	83	17 Jahre
Herr D.	40	Vater	84	6 Monate
		Mutter	74	"
Frau E.	55	Mutter	80	10 Jahre*
Frau F.	53	Mutter	80	6 Monate
Frau G.	38	Großmutter	86	3 Jahre
		Vater	76	2 Jahre
		Mutter	67	2 Jahre
Frau H.	45	Vater	83	25 Jahre*
		Mutter	83	"
Frau I.	53	Mutter	91	3 1/2 Jahre*
Frau K	45	Vater	73	3 Jahre
		Mutter	69	"
Frau L.	45	Mutter	84	15 Jahre 1 Jahr intensiv
Frau M.	50	Mutter	90	13 Jahre*
Frau N.	42	Schwiegermutter	86	3 1/2 Jahre
Frau O.	52	Mutter	91	15 Jahre 5 Jahre intensiv
Frau P.	50	gesch. Ehemann	57	3 Jahre
Herr R.	54	Ehefrau	53	ca. 15 Jahre
Frau S.	39	Vater	65	2 Jahre*
		Mutter	66	"
Frau T.	43	Mutter	74	3 Jahre
Frau U.	55	Mutter	88	8 Jahre 3 Monate intensiv
Frau W.	55	Mutter	90	13 Jahre

* Die Befragten gaben an, sich „schon immer" um die Angehörigen „zu kümmern".

„lange Zeit die Augen verschlossen (haben) oder wir haben
halt nicht gesehen, wie der Zustand tatsächlich ist. Gut, man
hat keine Erfahrung. Man meint, einen Menschen vor sich
zu haben, der normal ist. Und dann merkt man, daß man
eigentlich keine Leistung mehr fordern kann, wie das vor
zehn oder zwanzig Jahren der Fall war".

Auch bei Frau U., die ihre Eltern jedes Wochenende besuchte, wollten die
Eltern von zu viel Hilfe nichts wissen; „laßt uns bloß in Ruhe, wir kommen
prima klar". Als die Mutter nach einer Virusinfektion schwer erkrankte, und
„total verwirrt" war, konnten die Eltern „nun wirklich nicht mehr" alleine leben.
Frau U. nahm deshalb die Mutter und ihre Schwester den Vater zu sich, „also
meine Schwester kann immer schon mehr mit meinem Vater und meine Mutter hing immer mehr an mir".

Negative Vorstellungen von Alten- und Pflegeheimen, verbunden mit Ängsten
des älteren Angehörigen, einmal dorthin zu müssen, scheinen für einen Teil
der Befragten der Grund gewesen zu sein, die Hilfe/Pflege auf jeden Fall leisten zu wollen. Alten- und Pflegeheime sind für diese Befragten und noch
mehr für ihre Angehörigen nach eigenen Aussagen keine Alternative, selbst
wenn die Pflege mit sehr großen Belastungen verbunden ist.

So hat Frau B. die Pflege ihrer Tante, die sie aufzog, als ihre Mutter noch
berufstätig war, übernommen, weil ihre Tante und ihre Mutter „beide immer
entsetzt berichteten von Leuten, die nun ins Altenheim müssen, und wie
furchtbar das ist und wie entsetzlich". Frau T. wiederum hatte ihrer Mutter
bereits früher, als diese noch nicht pflegebedürftig war, „das Versprechen
gegeben", sie nie in ein Heim zu geben. Als nach einem Schlaganfall der Pflegefall eintrat, nahm sie deshalb ihre Mutter zu sich.

> „Ich habe immer gesagt, meine Mutter kommt nicht ins
> Heim. Ich fühlte mich verpflichtet, das ging damals nicht
> anders. Also ich hätte da nicht anders handeln können."

Auch Frau K., die halbtags arbeitet und ihrer Mutter bei der Versorgung des
an einem Gehirntumor erkrankten Vaters hilft, meint:

> „Ich würde niemals jemanden im Stich lassen, egal ob mein
> Vater oder meine Mutter krank wird. Ich würde die nicht
> abschieben irgendwo in ein Altenheim."

Für Frau I., die vollzeit berufstätig ist, und deren 91jährige Mutter schwerpflegebedürftig ist, ist dies eine Frage auf Leben und Tod:

„Meine Mutter würde ich niemals in ein Heim tun, weil ich weiß, das würde ihr Lebensende bedeuten, und ich bin nicht der liebe Gott, der sie dann sozusagen zum Tode verurteilt."

Bei Frau G., die während ihres Studiums in einem Altenheim jobbte, trugen die dortigen Erfahrungen zu ihrem Entschluß, sich um Eltern und Großmutter zu kümmern, bei: „Ich habe die dortigen Verhältnisse kennengelernt und möchte meinen Eltern so lange wie möglich einen Heimaufenthalt ersparen".

Die Schwiegermutter von Frau A., die nach einem Schlaganfall in ein Pflegeheim mit Rehabilitation verlegt wurde, war aufgrund der dort größtenteils verwirrten Mitbewohner der Meinung, in einem „Irrenhaus" zu sein. Sie war deshalb sehr unglücklich, „weinte viel" und bat ihren Sohn und ihre Schwiegertochter bei deren allwöchentlichen Besuchen immer wieder, sie doch mit nach Hause zu nehmen. Ihr Sohn, der das „nicht länger durchhielt", fragte Frau A., ob sie einverstanden sei, „die Mutter da rauszuholen". Dieser wäre es „ja lieber gewesen, sie wäre dageblieben, wenn ich ehrlich sein soll"; trotzdem stimmte sie zu „ich kann meinen Mann ja auch verstehen, wenn das jetzt meine Mutter gewesen wäre".

In einigen Fällen scheint das Alten- bzw. Pflegeheim also ein solches Schreckensbild zu vermitteln bzw. der Gedanke für die Befragten so unvorstellbar zu sein, ihre Angehörigen dorthin „abzuschieben", daß trotz der Belastungen von Beruf und Familie die Pflege übernommen wurde und auch aufrechterhalten wird. Zwar ist zu bedenken, daß es sich bei den eben zitierten um verheiratete Frauen handelt, bei denen der Verdienst des Partners wesentlich zum Haushaltseinkommen beiträgt, aber auch einige der alleinstehenden Frauen halten die Pflege - zum Teil schon seit vielen Jahren - aufrecht. Frau C., die vor 17 Jahren aus beruflichen Gründen umzog, um „einen sicheren Arbeitsplatz zu haben", nahm ihre Mutter mit in die über 100 km entfernte Großstadt, als diese schwer erkrankte, nicht mehr selbständig leben konnte und so schnell kein Heimplatz zu finden war. Damals sagten ihr die Ärzte: „ihre Mutter lebt nicht mehr lange". Später brachte es Frau C., die vollzeit berufstätig ist, „nicht übers Herz", die Mutter „jetzt noch wegzugeben".

Bei zwei Befragten nahmen behandelnde Ärzte großen Einfluß auf die Entscheidung, die Hilfe/Pflege zu übernehmen. Frau F., die in ihrer Kindheit von ihrer Mutter „schwer mißhandelt worden" ist, und lange Zeit keinen Kontakt mehr zu ihr hatte, ist da

„ganz unvorbereitet hineingeschlittert, es ist kein Liebesdienst oder so".

Der Hausarzt ihrer Mutter rief sie an und bat sie, sich um die Mutter zu kümmern. Nach einem von Frau F. veranlaßten Krankenhausaufenthalt ihrer Mutter „bedrohte" sie die Krankenhausärztin, „wenn ich mich nicht genug um meine Mutter kümmere, dann werden sie mir das in Rechnung stellen".

Frau P. wurde vom Krankenhaus angerufen, als ihr geschiedener Mann nach einer Gehirnblutung dort im Koma lag, und sonst niemand die Einwilligung zu Eingriffen geben konnte. Sie war während des langen Krankenhausaufenthalts Ansprechpartner der Ärzte und hat dann die „Vormundschaft" für ihn übernommen, weil es „sonst keiner machte" und ihr außerdem ihre inzwischen verstorbene Mutter das Versprechen abgenommen hatte, sich um ihren Exmann zu kümmern. Seitdem sorgt sie für ihn, kommt jeden Nachmittag nach der Arbeit vorbei und „kümmert sich" um ihn.

> „Also unterstützen, ihn aufbauen, ich denke, das baut ihn schon auf dadurch, daß ich jeden Tag da bin, ja, und mit ihm spreche."

2.2.2 Art der Hilfe- und Pflegeleistungen

Die von den Befragten erbrachten Hilfe- und Pflegeleistungen spiegeln ebenfalls das Spektrum der Hilfe-/Pflegesituationen wider. Sie reichen - wie im weiteren dargelegt wird - von emotionaler Unterstützung durch tägliche Besuche und Anrufe bis hin zur Verrichtung der Grundpflege bei Schwerstpflegebedürftigkeit. Tabelle 5 zeigt die von den einzelnen Befragten für die Hilfe-/ Pflegebedürftigen erbrachten Leistungen.

Meist werden die Hilfe- und Pflegeleistungen der Betroffenen sowohl von ihnen selbst als auch von den Ärzten, die sie dazu aufforderten, als „sich kümmern" bezeichnet; „sich (um jemanden) kümmern" heißt, Hilfeleistungen zu übernehmen, weil die- oder derjenige „nicht mehr alleine zurecht kommt", „es nicht mehr geregelt kriegt". Konkret bedeutet dies zum einen, Hilfe bei den Ausführungen der instrumentellen Aktivitäten des täglichen Lebens (z.B. Hilfe zur Weiterführung des Haushalts, Erledigung von finanziellen Angelegenheiten und Behördengängen) zu gewähren. Zum anderen umfassen die Unterstützungsleistungen aber auch Aspekte der Grundpflege (z.B. Waschen, Anziehen Verabreichung von Medikamenten) sowie die permanente Anleitung zur selbständigen Durchführung von Alltagsaufgaben und zur Strukturierung des Tagesablaufes. Schließlich leisten auch alle Befragten ein hohes Maß an emotionaler Unterstützung, wobei in drei Fällen überwiegend eine solche Hilfeleistung erbracht wird. Ein Beispiel hierfür ist Frau F., die neben ihren Besuchen bei ihrer Mutter auch noch oft von dieser angerufen wird.

„Sie vergißt vieles und fragt dann nach, es sind manchmal sehr lange Telefonate, über eine Stunde und länger, weil sie dann quasseln will.“

„Sich kümmern“ kann aber auch bedeuten, jemand zu unterstützen, die Pflege für einen anderen zu leisten, in dem vor allem „emotionale Unterstützung“ geleistet wird, aber auch auf den Pflegebedürftigen ab und zu „aufgepaßt“ wird und/oder eine gewisse Arbeitsteilung betrieben wird, z.B. Autofahrten ins Krankenhaus, Behördengänge usw. Häufig ist hier die Grenze dieser schon erwähnten „Hucke-Pack-Pflege“ fließend, zuerst werden nur bestimmte Unterstützungen geleistet, nach einiger Zeit leisten die Betroffenen aber sowohl Pflege für den Pflegebedürftigen als auch Hilfe für die Pflegeperson in größerem Ausmaß, die Verantwortung für die Aufrechterhaltung der häuslichen Pflege liegt nun bei ihnen. Die betroffenen Personen sind nun dafür zuständig, daß z.B. die Mutter den Vater überhaupt noch zu Hause pflegen kann und damit auch dafür, daß die Eltern noch weiter zusammen leben können.

Der eigentlich pflegende Ehepartner (bei unseren Fallstudien die Frauen, die ihre Männer pflegen) ist meist sehr stark durch die Pflege belastet und selbst nicht mehr besonders belastbar. Die Angst der Befragten, daß dieses „Glied in der Kette“ reißt, daß die Mutter selbst zu krank wird oder sogar vor dem Vater stirbt, ist daher groß.

Wie bereits erwähnt, leisten sechs der Befragten eine solche „Hucke-Pack-Pflege“, wobei sich in einem Fall das Gewicht bereits verschoben hat. Die Mutter von Herrn D. ist nun selbst schwerpflegebedürftig.

Bei neun der Befragten sind die Hilfe-/Pflegebedürftigen nicht mehr in der Lage, die Wohnung zu verlassen, können aber noch umhergehen. Die Hilfeleistungen erstrecken sich hier vor allem auch auf pfle-gerische Verrichtungen. Einige der Pflegebedürftigen sind inkontinent und/oder geistig verwirrt. In einigen Fällen sind die Betroffenen zwar nicht oder meist nicht inkontinent, können aber nicht alleine die Toilette aufsuchen. Dies bedeutet für die Befragten vor allem nachts eine größere Belastung, da sie drei bis viermal aufstehen müssen, um der Pflegebedürftigen (nur Frauen) zu helfen, aus dem Bett aufzustehen, sie zur Toilette zu begleiten, dort wieder „hochzuhieven“ und in das Bett zurückzubringen. Bei vier der Befragten leiden die Pflegebedürftigen unter nächtlicher Unruhe, sie „wandern“ umher. Der Vater von Frau S., „verstellt die Heizung und redet total laut“, die Mutter von Frau U. „geht in die Küche und will irgend etwas tun und fängt an, abzuwaschen oder so was“, so daß die Betroffenen „mit halben Ohr wachliegen“, die Nacht meist nicht ungestört verläuft.

Tabelle 5: Hilfe- und Pflegeleistungen

Hilfe- und Pflegeleistung	A	B*	C	D*	E	F	G*	H*	I	K*	L	M	N	O	P	R	S*	T	U	W
Anziehen/Ausziehen	X	X	X	2x					X		X	X	X	X			X	X	X	
Waschen/Duschen	X	X	X	2x					X	X	X	X	X	X		X	2x	X	X	
Baden	X		X	2x	X	X			X	X		X	X	X		X	2x			X
Weitere Körperpflege	X	X	X	2x	X				X	X	X	X	X	X			2x	X	X	
Inkontinenzversorgung	X	X	X	2x	X				X		X							X	X	
Toilette benutzen		X		2x	X				X		X	X							X	
Medizinische Behandlungspflege	X	X	X		X				X	X	X							X	X	X
Setzen/Aufstehen	X								X	X	X	X						X	X	
Umhergehen im Haus		X			X													X		
Umhergehen außerhalb des Hauses	X	X		2x					X	X			X	X		X		X	X	X
Mahlzeiten einnehmen			X						X	X			X				2x	X	X	
Mahlzeiten zubereiten		2x	X	2x	X			2x	X	X	X	X	X	X	X	X	2x	X	X	X
Medikamente einnehmen	X	X	X	2x	X			2x		X	X			X	X	X	2x		X	X
Wohnung sauberhalten	X		X		X			2x	X		X	X		X	X	X	2x	X	X	X
Wohnung heizen								2x						X						
Wäsche waschen	X		X	2x	X			2x	X		X	X	X	X	X	X	2x	X	X	X
Haus/Garten in Ordnung halten				2x			3x			2X				X						
Einkaufen	X	2x	X	2x	X		3x	2x	X	2X		X	X	X	X	X	2x	X	X	X
Hinbringen/Abholen		X	X	2x	X	X			X	2X			X	X		X	2x	X		X
Außenkontakte aufrechterhalten		X	X		X		3x	2x	X	2X	X	X	X		X	X		X	X	
Formulare ausfüllen	X	X	X	2x	X	X	3x	2x	X	2X	X	X	X	X	X	X	2x	X	X	X
Regeln von Finanzen	X		X	2x	X	X	3x	2x	X	X	X	X	X	X	X	X	2x	X	X	X
Dienstleistungen organisieren	X	X	X	2x	X		3x	2x	X	2X	X	X	X	X	X	X	2x	X	X	X
Emotionale Unterstützung	X	2x	X	2x	X		3x	2x	X	2X	X	X	X	X	X	X	2x	X	X	X
Therap. Unterstützung	X	X		2x	X				X		X	X	X	X	X	X	2x	X	X	
Gesellschaft leisten/Unterhalten	X	2x	X	2x	X		3x	2x	X	2X	X	X	X	X	X	X	2x	X	X	X

Bei drei der Befragten können sich die Pflegebedürftigen kaum oder überhaupt nicht mehr bewegen, in zwei Fällen sind sie zusätzlich vollständig desorientiert. Die Mutter von Frau C. kann sich nur noch unter Schwierigkeiten aufsetzen, ist aber geistig noch sehr rege, die Mutter von Frau L. hingegen ist

> „vollkommen hilflos, sie kann nicht alleine essen, sie kann
> nicht alleine trinken, sie kann nicht alleine im Bett wieder
> hochrucken".

Die Schwiegermutter von Frau A. ist, seitdem sie einen dritten Schlaganfall erlitten hat, bis auf die rechte Hand vollständig gelähmt. Sie kann nicht mehr sprechen und schlucken und wird über eine Dünndarmsonde ernährt, regelmäßig muß Schleim abgesaugt werden und der Bauch massiert werden, um die Verdauung anzuregen. In beiden Fällen muß ständig darauf geachtet werden, daß sich die Betreffenden nicht wundliegen.

Tabelle 6 gibt einen Überblick über die von den Befragten genannten Krankheiten der Hilfe- und Pflegebedürftigen, wie sie von den behandelnden Ärzten diagnostiziert wurden; in einigen Fällen wurden für die Krankheitsbezeichnungen die medizinischen Fachausdrücke ergänzt.

Wie aus dieser Tabelle zu ersehen ist, hat die Mehrheit der Angehörigen der Befragten einen oder mehrere Schlaganfälle erlitten, die dabei aufgetretenen Beeinträchtigungen und Lähmungen bedingten meist die Hilfe- und Pflegebedürftigkeit. Einige der älteren Frauen leiden an einer sehr schmerzhaften Osteoporose, diese ist z.B. bei der Mutter von Frau U. so stark, daß sie „manchmal vor Schmerzen schreit". Von den fünf krebskranken Pflegebedürftigen ist in drei Fällen die Krankheit durch Operationen nach derzeitigem Stand erfolgreich behandelt worden, hier mußte aber jeweils die Ernährung der Krankheit angepasst werden (mehrere kleine Mahlzeiten, Schonkost), in den beiden anderen Fällen hingegen schreitet die Krankheit fort. Dies bedeutet für die Betroffenen und ihre Angehörigen kontinuierliche Belastungen durch wiederkehrende Krankenhausaufenthalte mit weiteren Operationen, Bestrahlungen und Chemotherapie, die wiederum ein hohes Maß an emotionaler Unterstützung erfordern.

Neben durch Schlaganfall verursachten Lähmungserscheinungen sind Verwirrtheitszustände, Inkontinenz und Herzinsuffizienz die am häufigsten genannten Krankheiten. Einige der Pflegebedürftigen sehen und hören sehr schlecht; wird ein Hörgerät getragen, kommen die Betreffenden meist nicht damit zurecht. Frau C. muß ihre Mutter in beträchtlicher Lautstärke anschreien, wenn sie sich mit ihr unterhält.

> „Weil sie nichts mehr hört, strengt mich die Unterhaltung
> wahnsinnig an."

2.2.3 Zeitlicher Umfang der geleisteten Hilfe/Pflege

Die Mehrzahl der Befragten hat Schwierigkeiten, die Zeit, die sie täglich für Hilfe- und Pflegeleistungen aufbringen, in einer konkreten Stundenzahl auszudrücken. Frau E.:

> „Mein Gott, das ist unterschiedlich, da müßte man alles einbringen. Vom Betten machen, bis ihre Kleidung ausrichten. Das fließt so ineinander."

Am einfachsten erscheint eine Zeitangabe für diejenigen Befragten zu sein, die nicht mit und auch nicht in unmittelbarer Nähe der Befragten wohnen, sondern nach der Arbeit für eine oder zwei Stunden zu ihren Angehörigen fahren, wobei hier die einfache Anfahrtszeit meist zusätzlich noch ca. 1/2 Stunde beträgt. Allerdings läßt sich hier der zeitliche Umfang der oft zahlreichen Telefonate schwer fassen.

Diejenigen Befragten, die mit den Pflegebedürftigen zusammen in einer Wohnung leben, fühlen sich, wenn sie zu Hause sind,

> „ständig auf der Matte" (Frau T.).

In einigen Fällen kam es sehr auf die jeweilige psychische und physische Tagesform der Hilfe- und Pflegebedürftigen an, so sind z.B. einige nur zeitweise inkontinent oder verwirrt, so daß hier große Schwankungen bei der Zeitdauer der täglichen Versorgung möglich sind. In manchen Fällen gibt es auch, wie bereits erwähnt, nächtliche Hilfeleistungen. Bei einigen Befragten war auch das Wochenende, vor allem aber der Samstag, der häufig für eine intensive Körperpflege der Hilfe- und Pflegebedürftigen verwandt wird, besonders zeitaufwendig. Frau N. , die pro Tag ca. 2 - 3 Stunden für die Betreuung ihrer Schwiegermutter aufwendet, meint:

> „Samstag ist Oma-Tag, den halt' ich mir immer frei, da bade ich sie, wasche ihr die Haare, mache die totale Körperpflege und putze die Wohnung für sie".

Tabelle 6: Krankheiten der Hilfe- und Pflegebedürftigen

Fall	Diagnosen der jeweiligen Hilfe- und Pflegebedürftigen
Frau A.	Schlaganfall, fast vollständige Lähmung, ständige Bettlägrigkeit, nicht ansprechbar desorientiert
Frau B.	Darmkrebs, Herzinsuffizienz, Osteoporose, Seh-Hörschwäche
Frau C.	Magenkrebs, Seh-Hörschwäche, Arthrose, Herzinsuffizienz, Beinbrüche, zeitweise Inkontinenz
Herr D.	Mutter: Alzheimer, Vater: Schlaganfall, Gehbehinderung, Inkontinenz
Frau F.	Herzinsuffizienz, geistiger u. körperlicher Abbau, Verwirrtheit
Frau G.	Großmutter: Herzinsuffizienz, Bewegungseinschränkungen, geistiger Abbau, Vater: chron. Leberleiden, geistiger Abbau, Mutter: Unselbständigkeit
Frau H.	Mutter: Schlaganfall, Seh-Hörschwäche, Sprachstörungen, Vater: Seh-Hörschwäche, Herzinsuffizienz, Darmkrebs, geistiger u. körperlicher Abbau, Magengeschwüre, Inkontinenz
Frau I.	Blindheit, Schwerhörigkeit, Bewegungseinschränkungen, Gicht, Herzinsuffizienz, geistiger Abbau, zeitweise Inkontinenz, Depressivität, Unruhe, Tetanieanfälle, Bronchitis
Frau K.	Bösartiger Gehirntumor (Gesichtslähmung, Sprachstörungen, Persönlichkeitsveränderungen, Aggression, Unruhe, Gleichgewichtsstörungen) Prostatahypertrophie
Frau L.	Schlaganfall, ständige Bettlägrigkeit, Inkontinenz, geistiger u. körperlicher Abbau, desorientiert, Verwirrtheitszustände
Frau M.	Nervenlähmung in den Extremitäten, Osteoporose
Frau N.	Gicht, Gehbehinderung, Lähmung rechter Arm, zeitweise Inkontinenz, Herzinsuffizienz, Diabetes, Blindheit auf einem Auge, auf dem anderen nur noch 20% Sehkraft, Hörschwäche, Gallenkoliken
Frau O.	Schlaganfall, Herzinsuffizienz, geistiger Abbau, Seh- und Hörschwäche
Frau P.	Schlaganfall durch Unfall, Epilepsie, Rheuma, alkoholkrank, Darmstörungen
Herr R.	chron. Psychose, Depression
Frau S.	Vater: Schlaganfall, rechtsseitige Lähmung, Beeinträchtigung Sprachzentrum, Gehbehinderung, zeitweise Inkontinenz, Mutter: alkoholkrank, Leberzirrhose, Verwirrtheits- und Unruhezustände, zeitweise Inkontinenz
Frau T.	Schlaganfall, geistiger Abbau, Verwirrtheit, zeitweise Inkontinenz, Herzrasen nach zwei Herzinfarkten
Frau U.	Osteoporose, Verwirrtheit, Arteriosklerose im Kopf, zeitweise Inkontinenz, Herzinsuffizienz
Frau W.	Schlaganfall, Herzinsuffizienz, Osteoporose, Seh-Hörschwäche, geistiger Abbau

Besondere Schwankungen in den zeitlichen und emotionalen pflegerischen Anforderungen gibt es bei Frau G., deren Eltern die pflegebedürftige Großmutter versorgen, aber auch selbst bereits manchmal hilfe- und pflegebedürftig sind. Der Vater von Frau G. erleidet immer häufiger akute Krankheitsschübe, die durch seine stark vorgeschädigte Leber ausgelöst werden, und bei denen sein Leben schon einige Male „an einem seidenen Faden hing". Während dieser oft monatelangen Krankenhausaufenthalte ist seine sonst relativ gesunde Ehefrau, die Mutter von Frau G., total überfordert. „Dann kümmert sie sich um nichts mehr, daß sie auch nicht mehr dran denkt, richtig zu essen oder sich zu versorgen, sie bricht richtig mit ihrem eigenen Leben dann ab." Während Frau G. normalerweise ca. 5 Stunden pro Woche mit Hilfeleistungen für Eltern und Großmutter verbringt, ist sie und ihre Familie in dieser Zeit dann „rund um die Uhr im Einsatz". Die Mutter muß in's Krankenhaus gefahren werden, der Vater dort gefüttert, „weil er nicht mehr Essen wollte" und für „Mutter und Oma muß wirklich alles gemacht werden".

Berücksichtigt man die o.g. Einwände, so ist lediglich eine grobe Bestimmung des täglichen zeitlichen Umfangs der Hilfe- und Pflegeleistungen, die von den Befragten selbst erbracht werden, möglich.

Demnach verwendet

- eine Befragte ca. eine Stunde,
- fünf der Befragten ca. zwei Stunden,
- sechs ca. drei Stunden,
- vier ca. vier Stunden,
- einer ca. fünf Stunden und
- drei Befragte ca. sechs Stunden pro Tag für Hilfe- und Pflegeleistungen.

2.3   Hilfeleistungen durch Dritte

2.3.1   Inanspruchnahme von ambulanten und teilstationären Diensten

Eine Sozialstation nehmen interessanterweise lediglich fünf der Befragten für die Pflegebedürftigen wochentags in Anspruch. In vier Fällen kommt hier am Morgen eine Schwester der Sozialstation, um die Grund- und Behandlungspflege durchzuführen, in einem Fall am Mittag.

Die Schwiegermutter von Frau N. wird, wenn Frau N. mit ihrer Familie im Kurzurlaub ist, morgens von der Sozialstation betreut. Bei den Angehörigen von vier Befragten leistete jeweils eine Sozialstation vorübergehend nach einem Krankenhausaufenthalt die Grund- und Behandlungspflege, in diesen Fällen lehnten die Betreffenden aber nach einiger Zeit eine weitere Hilfe ab. Die Eltern von Frau S. „akzeptierten" die Hilfe nicht, weil

> „es muß schon jemand sein, den sie kennen, sonst gibt es nur Streitereien".

Die Mutter von Frau W. wurde von den

> „barschen Schwestern... regelrecht angeschnauzt, sie sollte sich mal ein bißchen beeilen, sie hätten nicht so viel Zeit. Bis so eine alte Frau aus dem Bett ist und zur Tür, das dauert eben seine Zeit, ist nicht so wie bei jüngeren Menschen".

Die Mutter von Frau W. verzichtete deshalb auf die Hilfe der Sozialstation, um wieder länger schlafen zu können. „Sie schläft immer gerne bis mittags, weil sie nachts nicht schlafen kann, also schläft sie dann am Tage."

Bei der Mutter von Frau I. wechselte das Personal häufig, „die jungen Dinger verstanden die Mutter auch nicht" und gingen nicht auf deren Wünsche ein. „Meine Mutter verträgt sich mit denen auch nicht." Frau I. und ihre Mutter verzichteten deshalb schließlich auf jede Hilfe einer Sozialstation. „Mutter muß sich nicht ärgern und ich auch nicht."

Die Mutter von Frau M. erhält seit 17 Jahren Hilfe zur Pflege nach dem Bundessozialhilfegesetz, die in Form von einer wochentags täglich achtstündigen Betreuung von Behindertendiensten geleistet wird. Nach großen Schwierigkeiten mit dem Personal eines Wohlfahrtsverbandes, das mit der Mutter „nicht gerade vorsichtig" umging, obwohl deren Knochen aufgrund der Krankheit sehr leicht brechen, und einer „Zeit, wo man wirklich im Stadtviertel keine Möglichkeit gesehen hat, jemand anderen zu bekommen", fand sich „zum Glück" ein privater Verein, der die Pflege übernahm und von dem die Mutter „gut betreut" wird. Frau A. und Frau U. bezahlen am Vormittag jeweils private Pflegerinnen, in einem Fall für zwei Stunden, in einem Fall für fünf Stunden pro Tag. Frau U. ist mit dieser Hilfe sehr zufrieden, die beiden Frauen, die sich bei ihrer Mutter abwechseln, übernehmen auch im Haushalt kleinere Tätigkeiten. „Also die eine sagt, ich hab' da mal gesaugt, die andere sagt, ich hab' da mal das Fenster geputzt." Frau A. hingegen meint, daß die vom Krankenhaus vermittelte Pflegerin „auf deutsch gesagt nichts" macht, aber „aufpaßt".

Vier der Befragten nehmen für ihre Angehörigen „Essen auf Rädern" in Anspruch, das jeweils für 14 Tage tiefgefroren geliefert wird.

Kurzzeitpflege nahmen vier der Befragten bereits für ihre Angehörigen in Anspruch. Frau E. war damit nicht zufrieden, da sich niemand um die Mutter kümmerte und diese auch nach ihrer Ansicht falsch ernährt wurde. Der Vater von Herrn D. war bereits zweimal zur Kurzzeitpflege in einem Heim untergebracht, während seine Ehefrau im Krankenhaus war.

> „Da hat er sich mit Händen und Füßen gewehrt. Es war keine angenehme Sache."

Frau A. würde gerne einmal für die Schwiegermutter Kurzzeitpflege in Anspruch nehmen, dies scheiterte aber bisher daran, daß „man sich ja schon ein Jahr vorher anmelden" muß.

Die krebskranke Mutter von Frau E. war bis vor einiger Zeit in einer Tagespflegeeinrichtung, bis ihr die langen Fahrten mit dem „Sammelbus" dorthin und zurück zu anstrengend wurden, da sie immer die Erste war, die morgens geholt wurde, und die Letzte, die am nachmittag wieder zurückgebracht wurde. Die Mutter von Frau T. war ebenfalls bis zu ihrem Schlaganfall dreimal in der Woche in einer Tagespflegeeinrichtung, und war dort sehr zufrieden.

Zu den beiden Schwerstpflegefällen von Frau A. und Frau L. kommt außerdem je zweimal in der Woche für je zwei Stunden eine Krankengymnastin.

Sowohl diejenigen der Befragten, die derzeit für ihre Angehörigen eine Sozialstation in Anspruch nehmen, als auch diejenigen, die das nur für eine Zeit taten, äußerten Kritik an der Art und Weise, in der die Leistungen erbracht werden. So wechselt vor allem in Großstädten häufig das Personal. Das Personal sei manchmal nicht gut ausgebildet, häufig seien die Schwestern zu sehr in Eile und würden nur das „allernotwendigste" erledigen.

> „Die Damen sind aber immer in Zeitnot, die machen das ziemlich husch-husch." (Frau N.)

Frau F. würde gerne mit den Schwestern ab und zu Rücksprache wegen des Befindens ihrer Mutter und der Art der Leistungen nehmen, diese sind aber nie zu erreichen. Bei zwei Befragten, die in einer ländlichen Umgebung wohnen, „schauten" allerdings die betreffenden Schwestern der Sozialstation, die jeweils ebenfalls am Ort wohnten, nach ihrem Feierabend „nochmal vorbei". Begründet wurde dies mit der auf dem Land noch besser funktionierenden Nachbarschaftshilfe.

Die Wünsche der Befragten hinsichtlich der ambulanten Dienste kreisen insbesondere um mehr und flexiblere Betreuung. Pflegerische Betreuung sollte vor allem auch am Nachmittag und Abend, aber auch an den Wochenenden möglich sein. Darüber hinaus wünscht sich aber ein Großteil der Befragten

Hilfe z.B. beim Transport zu verschiedenen Ärzten (Fachärzte, z.b. Augen-
und Ohrenärzte, deren Hilfe gerade von älteren Menschen mit Seh-und Hör-
störungen benötigt wird, machen kaum oder überhaupt keine Hausbesuche)
oder auch für Spazierfahrten, da es ihnen alleine nicht möglich ist, den/die
Pflegebedürftige z.b. in ein Auto zu setzen und ihm/ihr auch wieder heraus-
zuhelfen. Einige Befragte wünschen sich außerdem, daß sich ab und zu
jemand mit den Hilfe-/Pflegebedürftigen, die oft als einzigen Ansprechpartner die Hilfe-/Pflegeperson haben und sonst über keinerlei Kontakte mehr verfügen, unterhält. So wünscht sich z.b. Frau B., daß noch jemand von der
Sozialstation am Nachmittag nach der Tante schauen würde,

> „der auch mal diese Animierstunde übernehmen würde oder
> die Tante mit dem Rollstuhl zu Arztterminen begleiten
> würde".

2.3.2 Hilfe / Beteiligung durch andere Personen

Ist ein Partner/eine Partnerin vorhanden, so kann dieser/diese wesentlich zur
Ent- oder Belastung der Vereinbarkeitsproblematik von Pflege, Familie und
Beruf beitragen, indem er/sie sich entweder an der Hilfe oder Pflege für den
Angehörigen und/oder dem gemeinsamen Haushalt beteiligt, oder aber der
Hilfe-/Pflegeleistung ablehnend gegenübersteht und „da auch noch Druck"
macht. Dies gilt in abgeschwächter Form auch für die Kinder der Hilfe-/Pfle-
geperson.

Bei den beiden Schwerstpflegefällen, der Schwiegermutter von Frau A. und
der Mutter von Frau L., leisten die jeweiligen Partner einen Großteil der Hilfe
und Pflege. Ohne sie wäre eine häusliche Pflege wahrscheinlich nicht durch-
führbar. Der vollzeit berufstätige Mann von Frau A. übernimmt die Versorgung
seiner Mutter, sobald er nach Hause kommt, während sich Frau A. dann um
den Haushalt kümmert und ihm nur noch gelegentlich hilft, z.B. beim Umbet-
ten. Am Wochenende wechselt sich das Ehepaar halbtagsweise in der Pflege
ab.

Der bereits pensionierte Lebenspartner von Frau L. ist tagsüber bei deren
Mutter. Er wäscht sie, wechselt ihre Windeln, füttert sie und paßt auf sie auf,
bis Frau L. von der Arbeit zurückkommt, auch wenn diese Überstunden leisten muß. Am Wochenende versorgen beide gemeinsam die Mutter, bei Kurz-
urlauben wechseln sie sich ab. Der Lebenspartner von Frau L. hilft dieser
außerdem in Haus und Garten. Frau L. bezahlt ihm für seine Hilfe bei der Versorgung der Mutter monatlich DM 800,- und weiß „daß das verdammt wenig
ist", für die erbrachte Leistung und die vielen Stunden, die er bei ihrer Mutter
verbringt. Der Lebenspartner begründet seine Hilfe damit, daß sich beide
gemeinsam dafür entschieden haben, die Pflege zu übernehmen, außerdem

habe er die Mutter von Frau L. gern und Frau L. und er „sind halt Freunde". Die Lebenspartnerin von Herrn D. und der Lebenspartner von Frau E. beteiligen sich ebenfalls in größerem Umfang an der Hilfe/Pflege. So fährt die Lebenspartnerin von Herrn D. an den Wochenenden mit zu den Eltern von Herrn D. und versucht, dessen Mutter in die Hausarbeiten „immer so ein bißchen miteinzubinden .. sie will immer etwas zu tun haben". Frau E. lebte bis vor einem Jahr alleine im selben Mietshaus, in dem ihre arbeitslose Schwester zusammen mit der Mutter eine Wohnung bewohnte und diese hauptsächlich versorgte. Als die Schwester wieder eine Arbeitsstelle fand, und deshalb die Mutter nicht mehr versorgen konnte, zog Frau E. mit ihrer Mutter zusammen zu ihrem Lebenspartner, die Mutter bewohnt nun dort das „Kinderzimmer". Frau E. reduzierte wegen der Versorgung ihrer Mutter ihre Arbeit und wird seitdem auch finanziell von ihrem Lebenspartner unterstützt, der sich auch an Hilfe- und Pflegeleistungen für die Mutter beteiligt.

Bei einigen der Befragten beteiligen sich die Ehemänner zwar nicht an den pflegerischen Tätigkeiten und auch kaum am Haushalt, übernehmen aber, so scheint es, vor allem typisch „männliche" Arbeiten, wie Regelung von finanziellen Angelegenheiten, Autofahrten zum Arzt oder zu Besuchen, Großeinkauf, Reparaturen im Haus etc. So erledigt der Ehemann von Frau N. für seine Mutter „eigentlich mehr die ganzen finanziellen Dinge", z.B. Anträge wegen Schwerbehinderung, Antrag auf Befreiung der Rezeptgebühren, fährt seine Mutter zum Zuckertest, zum Arzt oder deren Schwester. Vormittags, wenn Frau N. in der Arbeit ist, „schaut" er nach der Mutter, unterhält sich mit ihr, abends bringt er ihr oft das Abendbrot.

> „Nur eben das Waschen, die Körperpflege und das Putzen,
> das macht er nicht."

Die Ehemänner von Frau B., Frau T. und Frau U. übernehmen ebenfalls solche Hilfeleistungen wie der Mann von Frau N., allerdings in geringerem Umfang, was zum einen daraus resultieren mag, daß es sich bei den Pflegebedürftigen nicht um deren direkte Angehörige handelt, und sie zum anderen beruflich „stark eingespannt" sind. Sie helfen vor allem, wenn „Not am Mann" ist, dienen aber in allen drei Fällen als verständnisvolle Gesprächspartner und entwickeln zusammen mit ihren Frauen Bewältigungsstrategien. So hat z.B. der Mann von Frau T. darauf bestanden, daß seine Frau zusammen mit ihrem Sohn einen dreiwöchigen „Cluburlaub" antrat, in dem sie überhaupt nicht an zu Hause denken und auch nicht anrufen sollte. In dieser Zeit übernahm er die Versorgung seiner Schwiegermutter, wobei abgesprochen war, daß er auch eventuell auftretende Probleme, z.B. Erkrankung der Pflegebedürftigen oder sogar deren Tod „alleine regeln" wollte.

Der Ehemann von Frau K. beteiligt sich „ein bißchen" an der Pflege seines Schwiegervaters, in dem er sich ab und zu „zu ihm setzt" oder ihn in das weiter entfernt liegende Krankenhaus fährt.

Die Ehemänner von Frau I. und Frau W. hingegen beteiligen sich weder an Hilfe- und Pflegeleistungen noch am gemeinsamen Haushalt und dienen auch nicht als Gesprächspartner. Frau I. will ihren „schwer zuckerkranken Mann damit nicht belasten", Frau W. befürchtet, daß ihr Ehemann „dann schimpft, weil ich mich nicht schone und zuviel für die Mutter tue", und sagt deshalb lieber nichts. Es belastet sie aber, daß „der zu Hause nicht mal ein Staubtuch in die Hand nimmt".

Obwohl in einigen Fällen die Kinder noch im Haus wohnen, beteiligen sie sich nicht oder kaum an Pflege und/oder Haushalt und werden von ihren Müttern, die dieser Doppel- und Dreifachbelastung ausgesetzt sind, auch nicht dazu herangezogen. Lediglich die siebzehnjährige Tochter von Frau G. übernimmt in der Familie diverse Aufgaben, kauft ein, kümmert sich um ihre Adoptivschwester, „führt die Hunde aus", und streicht z.B. den Gartenzaun der Großeltern. Die Söhne von Frau A. „haben alle beide Angst", daß sie bei der Pflege etwas falsch machen, die Tochter von Frau K. „ekelt sich", weil der Großvater nicht mehr richtig schlucken kann, und ihm das Essen „immer wieder hochkommt", sie muß deshalb nur dann auf ihn „aufpassen", wenn alle anderen ausfallen. „Dann muß sie auch ran."

Frau E., deren Schwester früher den Hauptteil der Pflege für die Mutter geleistet hat, wird nun auch von dieser unterstützt, wenn sie z.B. in den Urlaub fahren will, oder am Wochenende verreisen möchte. Die Schwester von Frau P. kümmert sich ebenfalls um deren geschiedenen Mann, wenn Frau P. in den Urlaub fährt. Die Schwester von Herrn D. kommt an den Wochenenden, an denen er selbst erst am Sonntag bei seinen Eltern eintrifft, am Samstag „für ein paar Stunden" bei den Eltern vorbei, um nach dem Nötigsten zu sehen. Die Eltern von Frau N. übernehmen die Versorgung der Schwiegermutter, wenn Frau N. mit ihrer Familie in den Kurzurlaub fährt.

In einem Fall beteiligt sich ein Nachbar sehr aktiv an der Hilfe und Pflege. Der Nachbar der Eltern von Herrn D. kommt jeweils morgens und abends für zwei Stunden bei diesen vorbei, leert den Urinbeutel des Vaters, der einen Dauerkatheder trägt, überwacht die Medikamenteneinnahme und „organisiert dann so ein bißchen die Sachen", wobei er hierfür pro Stunde DM 17,- erhält. Der Nachbar könne, so Herr D., zwar „das Geld gut gebrauchen, weil er Frührentner ist", hat die Betreuung aber vor allem übernommen, weil „die Mutter dem Nachbarn und seiner Frau (früher) viel geholfen hat". In Zukunft will der Nachbar die Betreuung allerdings nur noch in eingeschränktem Umfang wahrnehmen.

„Er sagt, so macht er das nicht mehr. Die Belastung ist zu hoch. Es geht einfach an die Substanz."

Bei Frau C. und Frau P. schauen die Nachbarinnen bei Bedarf nach den Hilfe-/Pflegebedürftigen, haben auch den Schlüssel zur Wohnung und kaufen auch ab und zu mit ein. Wenn bei dem geschiedenen Mann von Frau P. die Morgenzeitung nach einiger Zeit noch vor der Türe liegt, ruft die Nachbarin Frau P. an und schaut selbst nach, ob „was passiert" ist.

Die übrigen Befragten erfahren von den Nachbarn keine Unterstützung, zum Teil auch deshalb, weil sie keine fremde Hilfe in Anspruch nehmen wollen. So hat z.B. die Nachbarin von Frau H., mit der diese sich „gut versteht", schon mehrmals ihre Hilfe angeboten, aber deren Mutter „will das nicht, sie will niemand belästigen".

Frau F. hat für ihre Mutter eine Haushaltshilfe eingestellt, die auch mal mit zum Arzt geht und etwas auf sie achtet. Sie kommt zweimal in der Woche für je zwei Stunden. Auch im Haushalt von Tante und Mutter von Frau B. übernimmt eine Haushaltshilfe das Putzen. Frau T. und Frau P. haben für ihren eigenen Haushalt eine Putzfrau, wobei diese Frau T. auch ab und zu bei der Pflege der Mutter behilflich ist.

2.4 Belastungen und Bewältigungsstrategien

Als besonders belastend empfindet ein Großteil der Befragten die mit der Krankheit, meist dem Schlaganfall einhergehende Wesensveränderung der Hilfe- und Pflegebedürftigen. Frau B. äußert sich über die Wesensveränderung ihrer Tante:

„Sie ist wirklich miesepetrig, depressiv und im Grunde wie ein kleines Kind, das immer nein sagt. Früher war sie ganz fröhlich und lustig."

Frau I. sagt von ihre Mutter, daß diese

„jetzt wahnsinnig negativ, pessimistisch, jammerig, eigenwillig und entsetzlich anspruchsvoll"

ist. Frau N. belasten die depressive Phasen der Schwiegermutter, die „immer so unzufrieden ist".

„Weil ich so von mir aus mir unheimlich viel Mühe gebe, und auch mein Mann und mein Kind, aber sie verschreckt alle damit, das macht mich eigentlich traurig."

Die Väter von Herrn D. und Frau H. sind sehr aggressiv und autoritär. Herr D. führt die zunehmende Verwirrtheit seiner Mutter auf das aggressive Verhalten seines Vaters zurück. „Sie ist halt sehr labil, wenn irgendwas ist." Er redet deshalb auf den Vater ein, sich zusammenzureißen und schonender mit der Mutter umzugehen.

> „Weihnachten gab es einen Riesenknatsch, weil ich ihm gesagt habe, wenn er nicht mitmacht, muß er in ein Heim."

Auch das Wesen des Vaters von Frau H. hat sich in den letzten Jahren stark verändert, er ist jetzt sehr unruhig, nervös und aggressiv und fängt oft Streit an, besteht immer wieder „auf seinem Recht", „streitet alles ab" (z.B. wenn er nachts wieder die Heizung verstellt hat), „kommandiert" seine Ehefrau und seine Tochter „herum" und „läßt sich bedienen", „der holt sich nicht einmal selbst einen Löffel". Da seine Ehefrau selbst bereits leicht pflegebedürftig ist, erledigt dann Frau H. die Befehle ihres Vaters „damit es keinen Streit gibt". Auch Frau S. vermittelt zwischen ihrem Vater, der sich nicht mehr richtig artikulieren kann, und der Mutter, die nicht versteht, was er ihr sagen will, was auf seiten des Vaters zu Wutanfällen und auf seiten der Mutter zu noch mehr Unverständnis führt.

Die fortschreitende Krebserkrankung des Vaters von Frau K. und der Mutter von Frau E. empfinden diese beiden als besonders belastend. Frau E. und ihre Schwester kümmern sich „ganz intensiv" um die Mutter, wenn diese im Krankenhaus ist und operiert wird.

> „Wir sind bei ihren Operationen, wenn sie aufwacht, sind wir da. Und zwar zu zweit, weil es keiner von uns mehr sehr gut aushält. Gerade das, was mit diesen Operationen zusammenhing, das hat uns auch wehgetan und auch uns belastet. Das hat sehr, sehr viel Kraft gekostet."

Nach diesen Krankenhausaufenthalten ist die Mutter nicht mehr besonders belastbar und leidet unter massiven Angstzuständen.

> „Sie ist nur noch aus Angst zusammengesetzt, das belastet schon sehr."

Frau K. beklagt sich sehr über die Rücksichtslosigkeit der Ärzte in dem 50 km entfernten Krankenhaus, wenn sie ihren an einem bösartigen Gehirntumor erkrankten Vater dorthin zu Chemotherapie, Bestrahlungen und Kontrolluntersuchungen fährt. Oft muß sie dort stundenlang mit ihrem geschwächten Vater auf Untersuchungen warten oder mehrere Untersuchungen in verschiedenen Abteilungen, wie z.B. der Computertomographie, können nicht koordiniert werden.

„Der Opa kann daheim keine halbe Stunde auf dem Platz sitzen, dann wird dem schlecht. Ich kann nicht mit dem dahin fahren und sitze drei, vier Stunden da, das hält der nicht aus."

Am schlimmsten ist es für sie, den körperlichen und geistigen Abbau ihres Vaters zu beobachten, obwohl die Ärzte immer wieder sein Krankheitsbild verharmlosen. Durch mehrere Operationen und Bestrahlungen ist sein Gesicht entstellt und „innen alles verbrannt", er kann nicht mehr richtig schlucken und riechen und sieht ständig „graue Schleier" vor den Augen, die er „immerzu wegreißen" möchte.

„Dann können sie ihm doch sagen, Sie müssen lernen, damit ein bißchen klarzukommen ..., sie sollen doch nicht sagen: sie haben keine Geduld, das wird schon wieder, die Muskeln müssen sich wieder kräftigen. Das ist doch Quatsch."

Da sie bei den Ärzten keine Unterstützung findet, und ihr kein Glauben geschenkt wird, wenn sie über neue Beschwerden ihres Vaters berichtet, nimmt sie nun für Besprechungen mit den Ärzten ihren Ehemann mit. „Bei dem sind die nicht so frech und unhöflich."

Insgesamt sieben Befragte klagen über Unverständnis und mangelnde Kenntnisse von behandelnden Haus- und Krankenhausärzten. Frau L. holte ihre Mutter auf eigene Verantwortung wieder aus dem Krankenhaus, weil sie dort „riesengroße offene Stellen" hatte, d.h. wundgelegen war. Frau T. hat inzwischen gelernt, sich gegenüber der Hausärztin durchzusetzen. Als diese sich vor kurzem weigerte, einen Hausbesuch bei der bettlägrigen Mutter zu machen, weil sie der Ansicht war, „das müßte doch zu machen sein, daß sie die Mutter zu zweit ins Auto kriegen", bestand Frau T. auf einem Krankentransport und fuhr auch nicht mit in die Arztpraxis.

„Da muß man sich dann auch wirklich noch durchsetzen. Wenn man es nicht weiß oder sich nicht richtig traut, also, vor drei Jahren hätte ich meine Mutter dann noch mit einer Freundin zusammen ins Auto gezerrt. Absurd, und so bin ich gar nicht mitgefahren und die Sprechstundenhilfe mußte dann meine Mutter aus- und anziehen. Und dann war das klar."

Frau A. hat am meisten Angst vor Krisensituationen, z.B. mittags heimzukommen und ihre Schwiegermutter leblos vorzufinden, weil sie sich dann „nicht mehr zu helfen weiß" und so gelähmt vor Angst ist, „daß ich nicht mal mehr meinen Mann anrufen kann, weil ich überhaupt nicht mehr denken kann".

Für Frau I. ist die größte Belastung, „daß ich in der Nacht nicht mehr durchschlafen kann", weil sie von ihrer Mutter zwei- bis dreimal geweckt wird, wenn diese zur Toilette muß.

> „Ich komme mir manchmal vor wie die Nonnen, die zum Beten aufstehen."

Die nächtlichen Störungen, wenn die Pflegebedürftigen zur Toilette müssen oder aber herumwandern, bedeuten für vier Befragte eine sehr große Belastung. Frau U. schläft deshalb nur „ein, zwei Stunden und ist dann wieder wach", wenn sie hört, daß ihre Mutter aufsteht.

> „Ich muß mich gewaltsam am Bett festhalten, weil ich denke, sie geht nur zum Klo, und dann gehe ich nicht gucken."

Für drei der Befragen ist auch das Übergewicht der Pflegebedürftigen eine große Belastung. Frau I., deren Mutter „immer korpulenter wird", „schleppt" ihre Mutter nachts zur Toilette und hat große Probleme, ihre Mutter zu baden, ebenso wie Frau H., die selbst fünfundvierzig Kilogramm wiegt, ihr Vater, dem sie beim Baden hilft, dagegen fünfundachtzig Kilogramm.

> „Ich weiß gar nicht, wie ich ihn packen soll. Wenn der hinfällt, brechen wir alle beide zusammen."

Mit den Anforderungen und Belastungen durch die Hilfe und Pflege gehen die Befragten im wesentlichen ähnlich um, wobei sich drei Hauptstrategien herauskristallisieren. Der größere Teil der Befragten vermag es kaum, Grenzen zu ziehen und tut sein möglichstes, die Hilfe- und Pflegebedürftigen nicht aufzuregen, nicht (noch) mehr zu verwirren, erfüllt ihre Wünsche, hält Ungewohntes und Belastendes von ihnen fern und vermeidet Streit. Frau U., deren Mutter depressiv ist und oft weint:

> „Man muß aufpassen, daß man kein falsches Wort sagt. Meine Mutter ist eine relativ schwierige Frau."

Frau H. geht ihrem Vater lieber aus dem Weg, wenn er wieder auf seinem Recht beharrt, „sonst fange ich dermaßen einen Streit an, daß alles fliegt, so narrisch macht der mich". Ihrer Mutter zuliebe gibt sie oft nach, denn diese möchte „keinen Aufruhr im Haus haben".

Ein Teil versucht, sich auf die Wesensveränderungen der Hilfe- und Pflegebedürftigen einzustellen, aber Grenzen zu ziehen, nicht jedem Wunsch oder Befehl nachzugeben und auch etwas Abstand zu gewinnen, in manchen Fällen mit Unterstützung durch Gesprächskreise oder therapeutische Behandlung. Frau T. empfindet die Persönlichkeitsveränderung ihrer Mutter, die früher

„so einen perfektionistischen Anspruch" hatte und ihr mit Normen die Kindheit schwergemacht hat, besonders belastend, sie versucht aber, darüber hinwegzusehen. Wenn z.B. nun ihre Mutter beim Abendessen ihr Gebiß aus dem Mund nimmt und auf den Tisch legt, während Frau T. in ihrer Kindheit keinen Fleck auf die Tischdecke machen durfte,

> „überholt einen plötzlich die Kindheit und steht jetzt vor einem ... man ist damit konfrontiert, was einem früher angetan wurde, und ich muß jetzt ganz toll tolerant sein. Das ist eigentlich, was ich denke, was am schwierigsten ist. Da gehört ganz viel Toleranz dazu und Vergebung".

Frau T. geht deshalb seit einiger Zeit in eine Gruppe für pflegende Töchter und Schwiegertöchter. Dort hat sie gelernt, „auch mal loslassen" zu können und sich „nicht pausenlos verantwortlich zu fühlen". Frau F., die in ihrer Kindheit von ihrer Mutter „fürchterlich zusammengeschlagen" wurde, nahm bis vor einiger Zeit eine Psychotherapie in Anspruch und möchte sich nun wieder behandeln lassen. Herr R. nimmt an einem Gesprächskreis für Angehörige von psychisch Kranken teil, der von einem Krankenhaus, in dem seine Frau behandelt wurde, eingerichtet ist.

Frau S. war nur am Anfang mit der Pflegesituation ihrer Eltern überfordert, sie konnte dann aber Strategien entwickeln, die die Belastungen reduzierten. So versucht sie z.B. nicht, an ihrer Mutter, die sehr viel trinkt und raucht, „herumzuerziehen", wie ihre jüngere Schwester, die der Mutter das Rauchen und Trinken verbieten wollte, was „absolut keinen Sinn" hat.

> „Ich stresse mich vielleicht am Anfang, aber hernach geht es wieder. Ich mach' eigentlich nicht viel Stress."

Ein kleiner Teil der Befragten zieht gegenüber den Hilfe- und Pflegebedürftigen deutliche Grenzen und knüpft die Hilfe- und Pflegeleistungen an die Bedingung, daß der Hilfe-/Pflegebedürftige „auch mitmachen muß", d.h. dazu beitragen muß, daß sich die Situation nicht durch sein Verschulden verschlechtert. Diese Befragten haben es u.U. leichter, einen gewissen Abstand zu halten.

Frau P., deren geschiedener Ehemann ständig von epileptischen Anfällen bedroht ist, die, wenn er alleine ist, lebensgefährlich sein können, hat gelernt, damit umzugehen und fühlt sich durch diese Situation nicht mehr sehr belastet.

> „Seitdem ich mir klargemacht habe, ich kann ihn nicht unter eine Glashaube setzen, die Anfälle kommen, ob ich nun da bin oder nicht."

Da die Häufigkeit und Schwere der Anfälle allerdings von seinem durch die Alkoholkrankheit bedingten Alkoholkonsum abhängig waren, forderte sie den sofortigen Entzug

> „und ich habe ihm klar und deutlich gesagt, wenn du das nicht läßt, dann kannst du nicht mehr mit meiner Hilfe rechnen, dann bist du allein ....wenn du willst, daß ich weiter für dich da bin und dir helfe, dann mußt du es auch lassen, und dann hat er es gelassen".

Herr P. hörte mit dem Trinken auf, ist seit anderthalb Jahren „trocken" und hat seit einem Jahr keinen epileptischen Anfall mehr erlitten.

Ebenso wie Frau S. mit ihrem durch einen Schlaganfall rechtseitig gelähmten Vater trainiert auch Frau P. mit ihrem geschiedenen Mann verlorengegangene Fähigkeiten wieder an. Dieses beschert beiden Seiten Erfolgserlebnisse, wodurch wiederum die Belastungen durch die Pflegeleistungen etwas gemindert werden.

Auch Frau G. versucht, ihre Eltern

> „pflegeleichter zu kriegen, daß ich sage, gewisse Probleme müßt ihr einfach nicht mehr auf den Markt schmeißen, wie mal gerade in dem Moment was haben zu wollen,wo man z.B. einen Sammeleinkauf machen kann. Oder ab und zu mal jemand vergällen, wie die Haushaltshilfe, die sie hatten."

Als sie erfuhr, daß ihr schwer leber- und gallenkranker Vater den Diätplan nicht eingehalten hatte, hat es „tierisch Ärger" gegeben, „weil er sich den Lachs und die Schlagsahne nur so reingezogen hat, bis ich gesagt habe, nein, entweder ihr lebt jetzt danach, oder aber nicht mehr mit mir".

2.5 Einschätzung der zukünftigen Hilfe-/Pflegesituation

Einige Befragte hoffen, daß die/der jeweilige Hilfe-/Pflegebedürftige „bald von ihrem Leiden erlöst ist", und „einen gnädigen Tod" hat, weil das „ja kein Leben mehr ist".

Insgesamt zehn Befragte denken darüber nach, den Hilfe-/Pflegebedürftigen eventuell in einem Pflegeheim unterzubringen, wenn sich dessen Zustand weiter verschlechtert, wobei in keinem Fall klar ist, wann „dieser Punkt" erreicht sein wird und ob die Befragten es dann wirklich „übers' Herz bringen". Für manche Befragte, die ihre Berufstätigkeit aus finanziellen Gründen nicht aufgeben können, wird das der Fall sein, wenn die Pflege in der verbleibenden Zeit nicht mehr leistbar ist. Viele haben deshalb, wie Frau L. Angst davor, daß

„sich der Zustand so verschlechtert, daß sie zu Hause für mich nicht mehr pflegbar ist, und ich gezwungen bin, sie in ein Pflegeheim einzuweisen".

Für einige der Befragten, die die Pflege bereits seit Jahren leisten, wäre dies besonders schmerzhaft, da sie es letztendlich nicht „geschafft" hätten, Beruf und Pflege zu vereinbaren und ihren Angehörigen einen Heimaufenthalt „zu ersparen", was für sie die bereits erbrachte Leistung in gewisser Weise negiert. Frau H. hat z.B. große Angst davor, daß ihre Mutter vor dem Vater verstirbt und sie diesen dann alleine weiterversorgen müßte. Sie zieht in Erwägung, ihren Vater dann in einem Pflegeheim unterzubringen.

„Aber ich bring' das nicht zusammen, ich könnte das nicht machen."

Auch Herr D., dessen Mutter zum Zeitpunkt des Interviews im Krankenhaus und dessen Vater deshalb zeitweise im Pflegeheim ist, weiß nicht genau, wie es weitergehen soll. Der Vater wird „spätestens in einem Monat, wenn er Geburtstag hat, wird er Randale machen, daß er heim will, dann ist absehbar, daß der Zoff losgeht". Herr D. glaubt nicht, daß

„wir es schaffen, so konsequent zu sein, daß er im Heim bleibt"

und sucht deshalb nun „krampfhaft" jemanden, der sich im Haus der Eltern gegen Mietfreiheit und Entgelt um die Eltern kümmert und die Pflege übernimmt.

Frau T., die bevor sie die Pflege ihrer Mutter übernahm, noch der Ansicht war, „meine Mutter kommt nie in ein Heim", glaubt, daß sie „mittlerweile so weit (ist), ...wenn die Mutter zum totalen Pflegefall, der rund um die Uhr betreut werden müßte...dann zu sagen, dann geb' ich sie in ein Heim". Dies hätte sie „vor drei Jahren nie gedacht".

„Da habe ich sogar gesagt, wenn jetzt mein Mann nicht mitspielt, dann trenne ich mich eher von dem, als daß ich meine Mutter ins Heim geben. Das würde ich jetzt nie wieder sagen. Ich würde auch jedem abraten, eine häusliche Pflege zu machen."

Ebenso wie Herr D. wird sie aber, wenn ihre Mutter (die zum Zeitpunkt des Interviews wegen eines weiteren Schlaganfalls im Krankenhaus war, dessen Folgen noch nicht abzuschätzen waren), wieder aus dem Krankenhaus entlassen wird, erst einmal versuchen, mit Hilfe einer bezahlten Kraft, die dann auch mal am Wochenende kommt, die Pflege zu Hause zu „organisieren", weiß aber, daß das auch „ein finanzielles Problem sein wird".

Insgesamt wollen zehn Befragte, wenn die Hilfe-/Pflegeleistungen mehr Zeit erfordern, weitere Hilfen in Anspruch nehmen, entweder die Sozialstation oder privat bezahlte Helfer. Frau U. hat inzwischen die Erfahrung gemacht, daß man

> „alles kaufen kann, wenn man genügend Geld hat, findet sich auch am Wochenende jemand" (der die Pflege übernimmt).

Für fünf der Befragten kommt eine Übersiedlung der Pflegebedürftigen in ein Pflegeheim auch dann nicht in Betracht, wenn die Pflege noch zeitintensiver würde. Frau A. , deren Schwiegermutter ein Schwerstpflegefall ist, meint, darüber würde nicht nachgedacht, „weil das gar nicht in Frage kommt für meinen Mann". Selbst „wenn er das machen würde, würde ich immer Vorwürfe zu hören kriegen. Auch wenn er das gar nicht will, aber irgendwann kommt das dann. So würde ich ja auch reagieren". Frau A. meint deshalb, sie habe „keine Zukunft mehr".

Von den Befragten, bei denen die Hilfe-/Pflegebedürftigen noch nicht im selben Haushalt leben, würden drei die jeweiligen Angehörigen zu sich nehmen, wenn sich die Situation verschlechtert, in zwei Fällen haben aber die jeweiligen Ehemänner bereits ihr „Veto eingelegt".

> „Mein Mann würde das gar nicht machen, der entscheidet das schon mal ganz eindeutig." (Frau B.)

Bei einigen Befragten zeichnet sich der nächste Pflegefall bereits ab, oder ist zumindest möglich. Die meisten hoffen aber, daß „dieser Kelch" an ihnen „vorübergehe" und wollen „da erst mal nicht daran denken" (Frau W.). Frau B., die ihre Tante pflegt und berichtete, daß diese und ihre Mutter entsetzt von Bekannten berichteten, die in ein Altenheim abgeschoben werden, hofft trotzdem, daß ihre Mutter, wenn sie selbst ein Pflegefall würde, doch

> „dann so vernünftig ist, in ein Altenheim zu gehen und dann nicht die gleichen Rechte für sich reklamiert".

Die größte Belastung von Frau K. ist die Vorstellung, daß ihre Mutter nicht mehr in der Lage ist, sich um den Vater zu kümmern. Sie fürchtet, daß die Familie dann ins Haus der Eltern ziehen müßte. „Ich glaube, dann käme es soweit, daß wir rüberziehen müßten. Ihn herholen ist auch nicht möglich, weil er sich hier bei mir nicht wohlfühlt, sich nicht schickt." Die Schwiegermutter von Frau K. wird ebenfalls in absehbarer Zeit nicht mehr alleine wohnen können und war wegen eines Beinbruchs schon für ein Vierteljahr bei Frau K. „zur Pflege". Die Schwiegermutter würde gerne in ein Altenheim ziehen, Frau K. befürchtet aber, daß ihre Familie dann zur Zuzahlung herangezogen würde, da die Schwiegermutter nur eine Rente von DM 230,- hat, und wäre daher bereit, sie zu sich zu nehmen.

„Ich habe gesagt, irgendwann kann ich ein Altenheim auf-
machen. Dann kann ich die alle drei zusammen hinsetzen
und kann die versorgen. Ich würde niemals jemanden weg-
tun."

Einige Befragte befürchten, so wie Frau K., bei einem eventuell erforderlichen
Pflegeheimaufenthalt der Angehörigen zur Zuzahlung herangezogen zu werden, weil die Pflegebedürftigen eine sehr niedrige Rente haben. Sie empfinden dies als „doppelte Ungerechtigkeit", da sie einerseits selbst „ein Leben
lang gearbeitet" haben und gleichzeitig die Pflege geleistet haben, bis es nicht
mehr möglich ist.

Die Eltern von Frau N., die ihre Schwiegermutter pflegt, leben noch alleine,
der Vater, der „Krebs und gerade eine ganz schwere Herzoperation über-
standen" hat, wird von seiner Ehefrau versorgt. Wenn diese „nicht mehr
kann", würde Frau N. für ihre Eltern

„das Gleiche tun, was ich im Moment tue"

und die beiden zu sich nehmen. Sie hofft allerdings, daß sie sich nicht alleine
um den Vater kümmern muß, sondern die Mutter noch lebt und ihr hilft, denn
„mein Vater ist ein nicht ganz so einfacher Mensch, charakterlich recht dominant".

3. Berufliche Situation

Wesentliche Intention dieses Projektes war es, die besondere berufliche
Situation von erwerbstätigen Pflegenden zu erfassen. Während die auf die
häusliche Pflege und auf das evtl. Konfliktpotentia zwischen Pflegendem und
Gepflegtem bezogenen Belastungen relativ gut dokumentiert sind, gibt es für
die Bundesrepublik nur wenige Informationen zu den beruflichen Belastungen
von erwerbstätigen Pflegenden. Wie jedoch die Literaturanalyse zeigt (vgl.
Kapitel II, Abschnitt 3.2), sind die Konsequenzen der Mehrfachbelastung bei
der Vereinbarkeit von Erwerbstätigkeit und Hilfe/Pflege im Berufsalltag besonders sichtbar. Im Rahmen der Fallstudien wurde daher dieser zentralen Problematik breiter Raum gewidmet.

Die durch die Fallstudien erhaltenen Informationen werden wie folgt gegliedert: Zunächst wird die berufliche „Biographie", d.h. die Berufsausbildung und
der Berufsverlauf dargestellt. Zum Teil können bereits hieraus Schlüsse auf
den Umgang mit Doppelbelastungen gezogen werden, - darauf - wie z.B.
Beruf und Familie miteinander vereinbart werden und welche Bedeutung der
eigenen Berufstätigkeit beigemessen wird.

Daran anschließend erfolgt eine Darstellung der von einem Teil der Befragten in Anspruch genommenen Maßnahmen, wobei es sich ausschließlich um solche zur Arbeitszeitreduzierung oder Beurlaubung in unterschiedlichem Ausmaß handelte. Bei diesen Maßnahmen handelt es sich nicht speziell um solche, die auf die besondere Situation von pflegenden Erwerbstätigen zugeschnitten sind, sondern um solche, die vor dem Hintergrund des derzeit zu beobachtenden Stellenabbaus helfen, Personalkosten einzusparen. Unterschiede in den Auswirkungen auf die Betroffenen zwischen Betrieben mit und ohne Maßnahmen konnten daher nicht festgestellt werden, weshalb auch ein solcher Vergleich unterblieb. Hingewiesen sei hier auf bei einigen Fällen auftretende Schwierigkeiten bei der Genehmigung solcher Maßnahmen, die in Abschnitt 3.2.8 behandelt werden.

Im folgenden Abschnitt wird sodann detailliert auf die von den Befragten geschilderten Auswirkungen der Vereinbarkeit von Erwerbstätigkeit und Hilfe/Pflege auf ihre Berufstätigkeit eingegangen, wobei auch positive Auswirkungen dargestellt werden. Ein weiterer Punkt befaßt sich mit den unterschiedlichen Bewältigungsstrategien der Befragten, hierauf folgen die Verbesserungswünsche der Befragten hinsichtlich ihrer beruflichen Situation.

Abschließend erfolgt eine Einschätzung der Befragten hinsichtlich ihres weiteren Berufsverlaufs, bezogen auf die weitere Vereinbarkeit von Erwerbstätigkeit und Hilfe/Pflege.

Für die Zusammenfassung sei auf Abschnitt 5 verwiesen.

3.1   Ausbildung und Berufsverlauf

3.1.1 Schul- und Berufsausbildung

Das Ausmaß der Schulbildung bei den Befragten ist unterschiedlich. Sechs der Befragten (fünf Frauen und ein Mann) haben die Hauptschule abgeschlossen. Fünf Frauen haben eine für die damalige Zeit typisch weibliche schulische Qualifikation, sie absolvierten die Handelsschule bzw. eine Hauswirtschaftsschule. Zwei Frauen haben die Mittlere Reife erworben, sechs Befragte (ebenfalls fünf Frauen und ein Mann) das Abitur. Eine Befragte besuchte die Sonderschule.

Tabelle 7:   Schulbildung

Sonderschule	Hauptschule	Hauswirtschafts-/ Handelsschule	Realschule	Gymnasium
1	6	5	2	6

Fünf der Befragten haben keine Berufsausbildung. Gründe hierfür waren entweder die Mithilfe in der elterlichen Landwirtschaft, „schneller Geldverdienst in der Fabrik" oder fehlende Initiative und Arbeitsmarktkenntnisse. So arbeitete Frau M. wie ihre Mutter als Buchhaltungskraft, „obwohl ich das nie hatte werden wollen", nachdem ihr Wunsch, Dekorateurin zu werden, an ihren „furchtbar schlechten Noten" scheiterte. Frau W. hatte zwar die „höhere Handelsschule" absolviert, danach aber keine konkreten Vorstellungen von einem künftigen Beruf. „Ich war zu dumm mit 19 Jahren, es hat auch keiner gesagt, jetzt mach mal' eine Lehre oder so." Sie ging deshalb zuerst zur Post, wechselte aber wegen des Schichtdienstes bald zu einer Bank, wo sie sich von der Telefonistin „bis in den Schalterraum" hocharbeitete.

Vier der Befragten absolvierten eine Lehre in einem handwerklichen Beruf (Bauzeichnerin, Elektromechaniker, Friseuse, Schneiderin), fünf in einem kaufmännischen Beruf (Industrie-, Einzelhandels- und Bürokauffrau). Ein abgeschlossenes Studium haben fünf der Befragten (Diplom-Bibliothekarin, Sozialpädagogin, Grund- und Hauptschullehrerin, Diplom-Mathematiker, Sozialarbeiterin mit Zweitstudium als Volljuristin).

Frau U. brach ihr Studium kurz vor dem Diplom ab und ging zurück in ihre Heimatstadt, wo sie „im Büro" arbeitete, weil ihre Eltern „in einer auch finanziell schwierigen Situation" waren. Nach einiger Zeit nahm sie das Studium zwar wieder auf, fand aber „nicht mehr so richtig den Anschluß" und war „dann auch schon verheiratet". Nachdem sie schon den „Einstieg in den Job hier", einer Sachbearbeitertätigkeit, hatte, gab sie ihr Studium ganz auf und hat es „ehrlich bis heute nicht bereut".

3.1.2 Berufsverlauf und nun ausgeübte Tätigkeit

Schwangerschaft, Heirat und Geburt der Kinder bedeuten für neun befragte Frauen Brüche im Berufsverlauf, die Ehescheidung für manche, vor allem aus finanziellen Gründen, einen Wiedereinstieg oder Neuanfang.

Frau W., Frau H. und Frau K. wurden mit knapp 20 Jahren schwanger, heirateten und gaben ihren Beruf auf, arbeiteten aber in unterschiedlichem Umfang in versicherungsfreien bzw. nicht angemeldeten Tätigkeiten. Frau W. übernahm während ihrer ersten Ehe stundenweise für ihren Mann, der eine kleine Firma leitete, Schreibarbeiten, nach der Scheidung arbeitete sie halbtags festangestellt als Bürokraft. Frau K. half „von morgens bis abends" in der Pension ihrer Eltern, die gleich gegenüber lag, „so konnte ich die Kinder mitversorgen, die waren immer mit drüben". Nach 15 Jahren bekam sie „keinen Einstieg mehr" in ihrem Beruf als Bauzeichnerin, so daß sie halbtags in einer Möbelfabrik zu arbeiten begann. Frau H. arbeitete aushilfsweise in einem Friseurgeschäft und wurde nach der Scheidung vom Arbeitsamt in eine

Fabrik vermittelt, wo sie als „Stanzerin" im Akkord arbeitete. Frau E. nahm, als ihre Tochter zwei Jahre alt war, Pflegekinder auf; als sie sich nach einigen Jahren von ihrem Mann trennte, begann sie ganztags als Verkäuferin in einem großen Kaufhaus zu arbeiten.

Frau A., Frau G. und Frau N. nahmen nach unterschiedlichen Zeiträumen, in denen sie wegen der Kinder zu Hause blieben, ihre Berufstätigkeit wieder auf, Frau G. und Frau N. allerdings mit reduzierter Stundenzahl.

Sechs der befragten Frauen standen aus familiären Gründen über längere Zeiträume hinweg in Arbeitsverhältnissen ohne Sozialversicherungsschutz. Sie arbeiteten entweder nur mit geringer Stundenzahl oder saisonaler Begrenzung.

Elf Befragte (mehr als die Hälfte), darunter die beiden Männer, sind ohne Unterbrechungen seit Arbeitsbeginn berufstätig (vgl. auch Tabelle 8).

Tabelle 8: Berufsunterbrechungen in Jahren

keine Unterbrechung	Unterbrechung bis zu einem Jahr	Unterbrechung bis zu 5 Jahren	Unterbrechung bis zu 10 Jahren	Unterbrechung mehr als 10 Jahre
11	1	3	4	1

Einige der Befragten haben sich „hochgearbeitet" und spezialisiert, so Frau N. in ihrem „Wunschberuf" als Metallographin, Frau P., die in einer Abendschule eine zweite Ausbildung absolvierte, Herr D., der eine Zusatzausbildung abschloß, Frau C., die laufend betriebsinterne Fort- und Weiterbildungskurse, vor allem im EDV-Bereich, besuchte, und Frau G., die nach ihrem Studium als Sozialarbeiterin ihr Jurastudium „durchzog".

Derzeitige Berufstätigkeit

Wie die nachstehende Tabelle zeigt, üben sieben der Befragten eine angelernte, fünf eine qualifizierte, vier eine höher qualifizierte und vier eine hoch qualifizierte Tätigkeit aus.

Tabelle 9: Art der Berufstätigkeit nach Qualifikationsniveau

angelernt	qualifiziert	höher qualifiziert	hochqualifiziert
7	5	4	4

Die Befragten gaben folgende Berufsbezeichnungen für ihre derzeit ausgeübten Tätigkeiten an:

- Automatenbedienerin (Fabrikarbeiterin)
- Badefrau in einem Dusch- und Wannenbad
- Buchhalterin
- Diplom-Bibliothekarin
- Diplom-Mathematiker
- Elektromechaniker
- Grund- und Hauptschullehrerin
- Hilfskraft im Verkauf
- Juristin und Dozentin
- Metallographin
- Personalsachbearbeiterin
- Sachbearbeiterin (3x)
- Sachbearbeiterin in der Sozialverwaltung
- Sekretärin
- Sekretariatskraft
- Verkäuferin
- Verpackerin
- zweite Sekretariatskraft.

Obwohl die genannten Berufe ein breites Tätigkeitsspektrum dokumentieren,
gibt es eine Häufung in den frauenspezifischen Bereichen Sekretariat und
Sachbearbeitung, hier arbeiten neun der Befragten.

Die Hälfte der Befragten ist im Öffentlichen Dienst beschäftigt, in acht Fällen
ist hier der Arbeitgeber ein Bundesland, in zwei Fällen eine Kommune. Drei
der Befragten arbeiten bei unterschiedlichen, großen Unternehmen der Elek-
troindustrie, jeweils eine Befragte in einem Pharma- bzw. in einem Chemie-
konzern, jeweils eine in einem Kaufhaus bzw. bei einer Supermarktkette, eine
Befragte in einer Möbelfabrik und eine in einem kleinen Bauunternehmen. Die
Betriebsgrößen schwanken beträchtlich zwischen den großen Konzernen mit
einigen zehntausend Mitarbeitern über die Möbelfabrik mit ca. 1.200 Mitarbeitern bis zu der Baufirma mit 20 Mitarbeitern.

3.1.3 Inanspruchgenommene betriebliche Maßnahmen zur Vereinbar-
keit von Beruf und Pflege

Acht der Befragten nehmen oder nahmen betriebliche Maßnahmen zur besseren Vereinbarkeit von Beruf und Pflege in Anspruch, wobei es sich ausschließlich um solche zur Arbeitszeitreduzierung oder Beurlaubungen in
unterschiedlichem Ausmaß handelt. Andere Maßnahmen für pflegende Mitarbeiterinnen und Mitarbeiter werden von den Arbeitgebern der Befragten

nicht angeboten. In einigen Fällen handelt es sich um Teilzeitvereinbarungen oder Beurlaubungen, die aus einer Reihe von Gründen, darunter auch der Pflege von Angehörigen, beantragt werden können, d.h. sie sind nicht ausschließlich für pflegende Mitarbeiterinnen und Mitarbeiter vorgesehen, wurden aber von den von uns Befragten aus diesem Grund in Anspruch genommen.

Die Informationen zu den Maßnahmen stammen ausschließlich von den Befragten, sind also keine „offiziellen" Firmen- oder Behördendarstellungen. Für die Betroffenen war es wichtig, daß sie eine solche Maßnahme in Anspruch nehmen konnten, sie verfügten meist nicht über „korrekte" Bezeichnungen und detaillierte Angaben, sondern wußten nur, was für sie wichtig zu wissen war. Die Anspruchsvoraussetzungen und das Procedere werden daher aus Sicht der Betroffenen wiedergegeben, für eine genaue Darstellung von betrieblichen Maßnahmen für pflegende Mitarbeiterinnen und Mitarbeiter sei auf den vom WSI bearbeiteten Untersuchungsteil dieses Projektes hingewiesen.

Tabelle 10 gibt einen Überblick über die von den Befragten in Anspruch genommenen Maßnahmen.

3.2 Auswirkungen der Hilfe/Pflege auf die berufliche Situation

Wie zu zeigen sein wird, sind die Auswirkungen der Doppel- bzw. Dreifachbelastung von erwerbstätigen Pflegenden vielfach, aber zum Teil sehr unterschiedlich, da sie die subjektive Sichtweise der Betroffenen widerspiegeln. Diese unterschiedliche Sichtweise ergibt sich u.a. aus der unterschiedlichen Bedeutung, die die Einzelnen ihrem Beruf beimessen; ob sie z.B. „nur wegen des Geldes" arbeiten, oder weil „das auch eine Berufung" ist, oder aber auch durch das jeweils herrschende „Betriebsklima", das dazu führen kann, daß die Belastungen am Arbeitsplatz eher als gering oder sehr stark empfunden werden.

3.2.1 Reduzierung der Arbeitszeit und Beurlaubung

Wie Tabelle 11 zeigt, sind sieben der Befragten Vollzeitbeschäftigte, zwölf üben in unterschiedlichem Umfang Teilzeitbeschäftigungen aus, wobei hier die Varianten 30 Wochenstunden mit jeweils 6 Stunden pro Tag und 20 Wochenstunden mit je 4 Stunden pro Tag am häufigsten sind. Da Frau B. seit zwei Jahren beurlaubt ist, erscheint sie nicht in der Tabelle.

Tabelle 10: Inanspruchgenommene Maßnahmen im Überblick

Erwerbstätige	Maßnahme	seit wann	Befristung	Besonderheiten	Öffentlicher Dienst
Frau A.	Arbeitszeitreduzierung auf 30 Wochenstunden	5 Monaten	1 Jahr	keine Probleme, da die Vorgesetzte "einen ähnlichen Fall mit ihrer Mutter hat"	Nein
Frau B.	Unbezahlte Beurlaubung	2 Jahren	1 Jahr	Antragstellung und Verlängerung je 6 Monate im voraus - Frau B. wollte ihre Vollzeit- auf eine Halbtagsstelle reduzieren, dies wurde abgelehnt, Dauer bis Bewilligung erreicht: mehr als sechs Monate	Ja
Herr D.	Arbeitszeitreduzierung auf 3 Tage (24 Wochenstunden)	5 Monaten	6 Monate	keine Probleme, sofort genehmigt. Verständnis von Vorgesetzten und Kollegen	Nein
Frau E.	Arbeitszeitreduzierung auf 20 Wochenstunden	9 Monaten	keine	Betrieb bietet Teilzeitregelung für alle Mitarbeiter ohne Angabe von Gründen an - erfährt Ende des Monats "Einsatzplan" für kommenden Monat	Nein
Frau H.	Unbezahlte Beurlaubung	3 Monaten, beendet	3 Monate	keine Probleme, Gewährung sofort, Rat und Regelung durch den betrieblichen Sozialarbeiter	Nein
Frau L.	Arbeitszeitreduzierung auf 30 Wochenstunden	9 Monaten	nach Absprache	Abteilungsinterne Regelung bei relativ freier Zeiteinteilung, Genehmigung dauerte über ein Jahr und kam nur auf "Druck" zustande	Nein
Herr R.	Arbeitszeitreduzierung auf 30 Wochenstunden	6 Monaten	1 Jahr	Genehmigung dauerte über ein Jahr, jetzt relativ freie Zeiteinteilung	Ja
Frau U.	Bezahlte Beurlaubung	10 Tage, bereits ausgeschöpft	maximal 10 Tage im Jahr	keine Probleme	Nein

Tabelle 11: Aufteilung nach Voll- und Teilzeitbeschäftigung

Vollzeit	32,5 WS	30 WS	24 WS	22,5 WS	20 WS
7	1	6	1	1	3

WS = Wochenstunden

Fünf der Befragten waren bereits vor Übernahme der Hilfe- und Pflegetätigkeit aus familiären Gründen teilzeit beschäftigt. Hier handelt es sich um verheiratete Frauen, die wegen Kindererziehung und Haushalt entweder ihre Stunden reduzierten oder nur Stellen annahmen, die ausdrücklich für Teilzeitbeschäftigte angeboten wurden. Diese durch die bereits früher praktizierte Stundenreduzierung vorhandene „Frei-Zeit" wurde mehr oder weniger nahtlos statt zur Betreuung der Kinder nun auf die Betreuung der Pflegebedürftigen verwandt.

Acht der Befragten (sechs Frauen und die beiden Männer) arbeiten aufgrund der Hilfe- bzw. Pflegeverpflichtung weniger, wobei sechs ihre Stunden an ihrem Arbeitsplatz reduziert haben. Frau O. hingegen suchte sich, als sie vor fünfzehn Jahren die damals noch rein hauswirtschaftliche Versorgung ihrer Eltern übernahm, eine Halbtagsstelle. Frau S. gab den neben ihrer Berufstätigkeit ausgeübten „Nebenjob" als „Schlitzerin" in einem Supermarkt (sie öffnete mit einem Messer die Warenkartons und räumte die Ware dann in Regale) auf.

Frau B., die im öffentlichen Dienst eine leitende Funktion innehatte, und der elf Mitarbeiter unterstellt waren, mußte sich für die Pflegetätigkeit beurlauben lassen, obwohl sie einen Antrag auf Teilzeitbeschäftigung gestellt hatte. Mit einer Halbtagtätigkeit wäre für sie Beruf und Pflege zu vereinbaren gewesen. Ihr Antrag wurde mit der Begründung „Führung und Leitung sind unteilbar" von ihrem Vorgesetzten abgelehnt.

Frau H., die vollzeit berufstätig ist, ließ sich von ihrer Firma für drei Monate beurlauben, als während eines Krankenhausaufenthalts der Mutter „der Vater zu Hause nicht alleine bleiben" konnte. Sie arbeitet nun seit einigen Monaten wieder mit voller Stundenzahl und versorgt ihre Eltern nach der Arbeitszeit.

3.2.2 Einkommenseinbußen durch Arbeitszeitreduzierung oder Beurlaubung

Arbeitszeitreduzierungen oder Beurlaubungen gehen immer mit für die Betroffenen zum Teil erheblichen monatlichen Einkommensverlusten einher, wie Tabelle 12 zeigt.

Eine Kompensation dieser Einkommenseinbußen in voller Höhe - vor allem auch unter Berücksichtigung der Rentenversicherungs- und evtl. Krankenkassenbeiträge - durch Zuwendung des Pflegebedürftigen oder durch Pflegegeld findet kaum statt. Frau A. nimmt sich von der Rente der Pflegebedürftigen DM 500,-, Frau E. DM 300,- und Frau O. hat für die Versorgung ihrer Eltern vor fünfzehn Jahren ein unbebautes Baugrundstück in einem abgeschiedenen Dorf erhalten. Frau H. bekam von ihrem Vater, nachdem sie „knapp an einer Schelle (Ohrfeige) vorbei kam", den monatlichen Nettoeinkommensverlust erstattet, als sie sich drei Monate beurlauben ließ, um ihn zu versorgen, ihre Krankenkassenbeiträge bezahlte sie selbst, die Rentenbeiträge waren ihr „zu teuer".

Tabelle 12: Einkommenseinbußen durch Arbeitszeitreduzierung

Pflegeperson	Arbeitszeitreduzierung/ Beurlaubung	Monatliche Netto- Einkommenseinbußen dadurch
Frau A.	30 Wochenstunden	DM 800,-
Frau B.	Beurlaubung	DM 3.500,-
Herr D.	24 Wochenstunden	DM 1.000,-
Frau E.	20 Wochenstunden	DM 600,-
Frau H.	Beurlaubung	DM 1.900,-
Frau L.	30 Wochenstunden	DM 600,-
Frau O.	22,5 Wochenstunden	DM 300,-
Herr R.	30 Wochenstunden	DM 800,-
Frau S.	Nebenjob aufgegeben	DM 400,-

Wenn Pflegegeld gewährt wird, erfolgt es entweder in Form von Sachleistungen an die jeweiligen Sozialstationen oder wird zur Bezahlung von privaten, dritten Helfern aufgewandt, ist also kein zusätzliches Einkommen der Pflegepersonen. Lediglich Frau S., die ihren Nebenjob aufgab, erhält nun an Pflegegeld für beide Eltern „das Doppelte", d.h. insgesamt DM 800,-. Einige der Befragten gaben an, nicht nur keine finanzielle Gegenleistung zu bekommen, sondern zusätzlich noch für die Pflegebedürftigen „dazuzubuttern", z.B. in dem sie die Kosten für Medikamente und Hilfsmittel, bei Inkontinenzkranken auch für Windeln (Frau L. „alleine für Windeln gehen jeden Monat 200 Mark drauf") aus eigener Tasche bezahlen. Wohnen die Pflegebedürftigen mit im Haushalt, so erfolgen des öfteren auch keine Zuwendungen für Miete und Haushalt, weil die Pflegebedürftigen entweder nur über ein geringes Einkommen verfügen oder man solche Zahlungen nicht einfordern will.

Neben den aktuellen Einkommenseinbußen sind den Befragten auch die Einbußen im späteren Renteneinkommen bewußt. In Betrieben, in denen eine Zusatzrente/Betriebsrente gewährt wird, mindert sich auch dieser Anspruch.

Aus den Angaben der Befragten läßt sich schließen, daß Stundenreduzierungen und Beurlaubungen nicht nur vom Grad der Hilfe- und Pflegebedürftigkeit, sondern vor allem auch von den finanziellen Möglichkeiten des/der Betroffenen abhängig sind. Wie aus Tab. 13 zu ersehen ist, nehmen nur zwei Alleinstehende eine Stundenreduzierung in Anspruch, um die durch die Pflege und Beruf bedingten Belastungen zu vermindern. Im Gegensatz zu Personen, die mit einem Ehe- oder Lebenspartner zusammenleben, sind sie ausschließlich auf das von ihnen selbst erzielte Einkommen angewiesen. Aber auch bei verheirateten Pflegenden wird durch die verringerten Einkünfte das Haushaltseinkommen geschmälert und die Abhängigkeit vom Partner verstärkt.

Tabelle 13:   Familienstand und Arbeitszeit

Arbeitszeit	alleinstehend (ledig, gesch. od. verwit.)	mit Lebenspartner	verheiratet
Vollzeit	5	—	2
32,5 WS	—	1	—
30 WS	—	1	5
24,5 WS	—	1	—
22,5 WS	1	—	—
20 WS	—	1	2
Beurlaubung	—	—	1

3.2.3 Gestiegener Arbeitsdruck

Eines der größten Probleme von erwerbstätigen Pflegenden ist der Zeitdruck. Die zur Verfügung stehende Zeit muß für die Anforderungen in Beruf, Pflege und Familie genau eingeteilt werden. Kommt es zu unvorhersehbaren Zwischenfällen (z.B. dringender Arztbesuch mit dem Pflegebedürftigen, längere - durch die Pflegetätigkeit bedingte - Telefonate am Arbeitsplatz), muß der tägliche Arbeitsumfang in noch kürzerer Zeit bewältigt bzw. nachgearbeitet werden. Sechs Befragte gaben an, daß der Arbeitsdruck sich beträchtlich erhöht hat.

Besonders belastend ist für zwei Befragte, daß zwar „die Stunden reduziert wurden, aber nicht die Arbeit". Sie müssen in kürzerer Zeit die gleichen Aufgaben bewältigen, die Arbeitsbereiche wurden nicht neu verteilt, was zu Streß und Gewissensbissen führt. Frau L.:

> „Ich gebe ganz ehrlich zu, im Beruf müßte ich manchmal mehr tun. Man gibt sich Mühe, und man versucht, das Beste zu geben. Aber es gelingt nicht immer. Weil man oft so müde und so abgespannt ist, daß man selbst beim besten Willen nicht kann, weil irgendwo die Tatkraft fehlt."

Sowohl Frau L. als auch Herr R. haben zwar die Stunden reduziert, arbeiten aber immer noch wesentlich mehr, als es die vertraglich vereinbarte Stundenzahl vorsieht. Auch als beide noch vollzeit berufstätig waren, war ihr Arbeitsaufwand in der tatsächlichen Stundenzahl nicht zu bewältigen. Herr R. arbeitete zeitweise „60 und mehr Stunden in der Woche".

> „Es gab Zeiten, da ging ich morgens um 6.00 Uhr in den Dienst und kam um Mitternacht wieder nach Hause."

Herr R., der im Rechenzentrum einer Universität arbeitet, findet es besonders schlimm, daß nun aus Zeitgründen seine „Dienstleistungsfunktion", wie er die Beratung von Assistenten und Studenten nennt, zu kurz kommt. „Ich habe das Gefühl, denen wird durch meine Stundenreduzierung ganz konkret etwas vorenthalten." In diesen beiden Fällen ist die Reduzierung der Arbeitszeit nicht in erster Linie zur Reduzierung des individuell zu bewältigenden Arbeitspensums vorgenommen worden. Vielmehr dient sie den Betroffenen als Möglichkeit, den von anderen an sie herangetragene Mehrarbeit mit Hinweis auf die reduzierte Arbeitszeit zu begrenzen.

3.2.4 Geringere Belastbarkeit, mangelndes Leistungsvermögen und Konzentrationsschwierigkeiten

Die Mehrheit der Befragten erlebt ein Nachlassen der allgemeinen Leistungsfähigkeit und Konzentrationsmängel, besonders in Krisensituationen, die meist durch die Verschlechterung des Befindens des Hilfe-/Pflegebedürftigen entstehen. Plötzliche Krankenhausaufenthalte, gesundheitliche Verschlechterungen mit einem dadurch erforderlichen höheren Pflegeaufwand bedingen auch einen höheren Organisations- und Zeitaufwand und das oft mühsam organisierte und austarierte „Management" der Hilfe- und Pflegeleistungen gerät ins Wanken. Hinzu kommen emotionale Belastungen. Entscheidungen müssen häufig unter akutem Zeitdruck getroffen werden. Als Frau U. ihre Mutter, die sie schon seit längerem an den Wochenenden versorgte, nach einer plötzlichen Verschlechterung des Gesundheitszustandes zu sich nahm und Hilfe während ihrer Abwesenheit organisieren mußte, wirkte sich der enorme Druck auf ihre Arbeitsergebnisse aus.

> „Das war ein großes Durcheinander. Und da hab' ich schon
> wirklich Scheiße gebaut, auf Deutsch gesagt. Ich hatte alles
> andere im Kopf, als notwendigerweise in meinem Kopf sein
> mußte, und da hab' ich schon relativ viele Fehler gemacht,
> die ich hinterher dann wieder ausgebügelt hab'."

Auch das Gefühl, daß ständig etwas passieren könnte, trägt zu Konzentrationsschwierigkeiten und geringerer Belastbarkeit bei. Frau K. schildert diese Anspannung während der Arbeitszeit so:

> „Wenn's dem Vater morgens schon dreckig geht, ... dann
> denk' ich dauernd, gleich kriegst Du einen Anruf und irgend-
> was ist passiert."

Frau I. denkt des öfteren, daß ihre Mutter, die während der Arbeitszeit ihrer Tochter alleine zu Hause ist, umgefallen ist und hilflos am Boden liegt, weil so etwas schon zweimal vorgefallen ist.

Bei manchen Befragten wird die Hilfe- und Pflegesituation zusätzlich noch durch familiäre Probleme, z.T. auch aus der Pflegesituation resultierend, überlagert. Einige der Befragten sorgen sich um ihre Ehe bzw. die Beziehung zum Lebenspartner, die durch die Übernahme der Hilfe- und Pflegeleistungen leidet. Andere haben unabhängig davon Probleme mit ihren Kindern. So ist der Sohn von Frau O. psychisch krank und hat sich von seiner Umwelt vollständig zurückgezogen, die Tochter von Frau W. ist heroinsüchtig, ihr Sohn geht keiner geregelten Arbeit nach, und die Pflegetochter von Frau G. ist schwer verhaltensgestört, sie stiehlt und verschwindet oft tagelang, die Familie ist deshalb „bei der Polizei bestens bekannt". Auch diese zusätzlichen Sorgen wirken sich auf die Konzentration und Produktivität am Arbeitsplatz aus. Zwei Zitate von Frauen, die sowohl durch die Pflegeverpflichtungen als auch durch familiäre Probleme belastet sind, verdeutlichen dies.

> „Doch, es gab Phasen, da stand ich neben mir. Aber ich habe halt mit Einwilligung meines Chefs Sachen gemacht, die nicht brand-eilig waren, habe unwichtige Sachen vorgezogen." (Frau G.)

> „Wie meine Kräfte nachgelassen haben, das ist sowas von erschreckend, das kann ich gar nicht beschreiben. Ich fühle mich nachmittags wie ein ausgelaufenes Gefäß, wirklich total am Ende." (Frau W.)

Als besonders belastend wird von einigen Befragten „das schlechte Gewissen" und die Angst genannt, daß die beruflichen Anforderungen aufgrund der pflegerischen Belastungen nicht mehr umfassend und zufriedenstellend bewältigt werden können. Frau F. schildert das so:

> „Ich habe Gewissensbisse, weil ich jetzt mehr Fehler mache. Da ist jetzt eine Belastung aufgetreten, die vorher keine war. Die Belastung ist eher stark."

Diese Ängste können blockierend wirken und wiederum Konzentrationsschwierigkeiten und mangelndes Leistungsvermögen bewirken; ein Teufelskreis entsteht.

3.2.5 Arbeitsunterbrechungen, später Kommen oder früher Gehen, Fehlzeiten

Arbeitsunterbrechungen durch Telefongespräche, die durch die Pflege bedingt sind, geben acht der Befragten an. Während in einigen Fällen Anrufe nur in Krisensituationen erfolgen, dient der - in manchen Fällen mehrmals täglich erfolgende - „Kontrollanruf" beim Pflegebedürftigen vor allem der Beruhigung, daß „alles in Ordnung ist", soll diesem emotionale Unterstützung vermitteln und/oder ihm helfen, den Tagesablauf zu strukturieren. Frau I., deren Mutter zu Hause während ihrer Abwesenheit bereits zwei Mal stürzte und dann hilflos am Boden lag, telefoniert mehrmals täglich mit ihr, um sich zu vergewissern, daß ihr nichts zugestoßen ist; und „zwischendurch muß ich sie auch erinnern, daß sie ihre Tabletten nimmt". Da ihre Mutter erblindet ist, gibt sie ihr genaue Anweisungen, wo sie Dinge, die sie für die Mutter am Morgen vorbereitete, z.B. Essen, Medikamente, hingestellt hat.

Einige der Befragten kommen ab und zu morgens später zur Arbeit, weil es dem Pflegebedürftigen entweder schlecht geht oder wenn, gerade bei Personen, die tagsüber von jemand Drittem betreut werden, „Not am Mann ist, weil der Pflegedienst nicht oder zu spät kommt" (Frau C.). Andere gaben an, ab und zu früher gehen zu müssen, weil mit oder für den Pflegebedürftigen Arzt-, Krankenhaus- oder Massagetermine sowie Behördengänge wahrgenommen werden müssen. Frau N., deren Mann vormittags zu Hause ist, weil er nachmittags und abends arbeitet, empfindet es als große Erleichterung, daß sie „morgens auf jeden Fall" zur Arbeit gehen kann, auch wenn sich ihre Schwiegermutter nicht wohlfühlt, „weil mein Mann vormittags greifbar ist".

Fehlzeiten sind, so scheint es, besonders vor dem Hintergrund des derzeitig vielfach zu beobachtenden Arbeitsplatzabbaus ein heikles Thema und bedeuten für die Betroffenen daher zusätzliche psychische Belastungen. In keinem Fall wird angegeben, schon mal aus Krankheitsgründen daheim geblieben zu sein, um den Pflegebedürftigen versorgen zu können. Auch wurde von der Hälfte der Befragten betont, daß man trotz Doppel- oder Dreifachbelastung nie oder kaum krank sei. Bemerkungen wie „ich war in 25 Jahren noch nicht einen Tag krank", „ich bin noch nicht einmal zur Kur gefahren, obwohl ich eine bräuchte", „da hab' ich mir nichts zuschulden kommen lassen" verdeutlichen die Angst der Befragten, nicht als voll leistungsfähig zu gelten bzw. u.U. Krankheitstage für andere Zwecke verwandt zu haben. Lediglich zwei der Befragten geben an, jetzt „schon mal öfter krank" zu sein und begründen dies mit ihrem „angeschlagenen Immunsystem", dessentwegen man „anfälliger für jeden Virus" sei. Als die Interviews geführt wurden, waren zwei der Befragten krankgeschrieben, in einem Fall wegen eines offenen Magengeschwüres, im anderen wegen einer Augenoperation, die eine sonst drohende Blindheit vermeiden sollte.

3.2.6 Mangelnde Urlaubserholung

Vierzehn Befragte gaben an, Urlaub zur Aufrechterhaltung der Pflege oder zur Wahrnehmung von Arztterminen zu nehmen. Bei zwei der Befragten „ging der ganze Jahresurlaub drauf", um in einer akuten Krisensituation die Pflege zu organisieren. In den meisten Fällen werden aber sporadisch Urlaubstage zur Versorgung der Pflegebedürftigen genommen, entweder weil es dem Pflegebedürftigen schlecht geht oder weil Arzt-, oder Krankenhaustermine mit ihm oder Behördengänge für ihn wahrzunehmen sind. Dies führt dazu, daß der Erholungswert eines zusammenhängenden Urlaubs nicht mehr gewährleistet ist. Außerdem reduziert sich bei Stundenreduzierung aufgrund der kürzeren Arbeitszeit auch der Urlaubsanspruch, was bedeutet, daß weniger Zeit zur Erholung zur Verfügung steht.

Ein Großteil der Befragten verbringt außerdem den Urlaub zu Hause, so daß in dieser Zeit zwar keine beruflichen Anforderungen, aber trotzdem weiterhin die Pflegeverpflichtungen bestehen, von „Abschalten" oder „Ausspannen" also nur sehr bedingt gesprochen werden kann. Häufig werden in dieser Zeit auch Dinge erledigt, die im mit Beruf, Pflege und Familie bis auf die Minute zugepackten Alltag nicht mehr erledigt werden konnten und deshalb für die Urlaubszeit „aufgespart" wurden. Drei der Befragten nehmen die Hilfe-/Pflegebedürftigen mit in den Urlaub, den sie in Kurorten verbringen. Der Erholungswert ist auch hier kaum vorhanden.

3.2.7 Keine Möglichkeit, Überstunden zu leisten

Sechs der Befragten geben an, daß keine Überstunden mehr möglich seien, weil die dafür erforderliche Zeit aufgrund der Pflegeverpflichtung nicht mehr zur Verfügung steht. In weiteren vier Fällen können Überstunden nicht direkt anschließend an den Arbeitstag geleistet werden, weil man zu diesem Zeitpunkt nach Hause muß, aber durch Mitnahme der Arbeit nach Hause oder durch ein späteres „nocheinmal in den Betrieb fahren" übernommen werden.

3.2.8 Verhalten von Vorgesetzten und Kollegen

Das „Betriebsklima" trägt für die Befragten wesentlich zur Arbeitsmotivation und Bedeutung, die sie ihrem Beruf beimessen, bei. Ein „schlechtes Betriebsklima" wird daher allgemein als starke Belastung empfunden.

In manchen Betrieben wird das „Klima" unabhängig von der persönlichen Belastung durch die Pflege als schlecht empfunden, z.B. wegen „Nichtmenschlichkeit" des Vorgesetzten oder wegen Arbeitsplatzabbaus. In anderen Fällen aber hat es sich erst durch Eintritt der Pflegesituation für den Einzelnen (meist negativ) verändert bzw. zugespitzt. Dem Verhalten von Vorgesetzten und Kollegen kommt daher eine besondere Rolle zu, wenn es darum geht, Erwerbstätigkeit und Pflege zu vereinbaren.

Neben einem allgemeinen „Verständnis" für die Situation von pflegenden Mitarbeiterinnen und Mitarbeitern hängt es wesentlich von den jeweiligen direkten Vorgesetzten ab, ob Anträge auf betriebliche Maßnahmen für pflegende Mitarbeiterinnen und Mitarbeiter genehmigt werden, und wenn ja, wie dann die Arbeitsbedingungen nach einer solchen Genehmigung gestaltet werden. Aber auch bei Einzelproblemen der Mitarbeiter, die die Pflegesituation betreffen, entscheidet der oder die Vorgesetzte, z.B. ob Mitarbeiter später kommen oder früher gehen können, wenn es ihnen nicht möglich ist, Überstunden zu leisten oder wenn sie ad hoc einen Tag Urlaub für die Pflege nehmen müssen. Aber auch dem Verhalten der Kolleginnen und Kollegen kommt hierbei große Bedeutung zu, z.B. in dem diese solche Maßnahmen mittragen und die oder den Betroffenen nicht isolieren, weil sie das Gefühl haben, „der wird eine Extrawurst gebraten" oder sich zurückgesetzt fühlen, weil sie oder er keine Zeit mehr für Kollegenkontakte hat.

Die Hälfte der Befragten berichtet über mangelndes Verständnis und fehlendes Einfühlungsvermögen von Vorgesetzten und/oder Kollegen. In einigen Fällen hatte das Verhalten, insbesondere der Vorgesetzten, gravierende Auswirkungen auf Beruf und Pflege, so daß permanenter Leistungsdruck, Demotivation und/oder „innere Kündigung" die Folge waren.

Interessant ist in diesem Zusammenhang, daß häufig Verständnis und Einfühlungsvermögen davon abhängig sind, ob und wie die Vorgesetzten und Kollegen selbst mit Hilfe- und Pflegebedürftigkeit in der Familie konfrontiert wurden.

Gerade in höher qualifizierten Tätigkeiten ist es oft nicht üblich, Beruf und Pflege zu vereinbaren. Die Lehrerin Frau T. meint, daß sich „dieses Problem" für ihre Vorgesetzten und Kollegen „gar nicht stellt".

> „Die sehen das aus einem anderen Blickpunkt, die sind alle im Heim, die Eltern."

Bemerkungen wie

> „irgendwas müssen Sie jetzt doch mal machen, damit Ihre Mutter in ein Heim kommt, das ist doch viel sinnvoller, das geht doch gar nicht, daß Sie die zu Hause versorgen",

oder

> „bringen Sie sie doch in's Altenheim, da gehört Sie doch hin, mein Vater ist auch dort",

> „im Pflegeheim wäre sie doch besser aufgehoben",

zitieren drei der Befragten. Mit solchen Aussagen der Vorgesetzten soll offensichtlich versucht werden, das eigene Tun zu rechtfertigen und es als alleinigen „Lösungsweg" darzustellen.

Vorgesetzte

Drei der Befragten in höher oder hoch qualifizierten Berufen erfuhren bei der Beantragung von Stundenreduzierung (einmal auf eine Halbtagstätigkeit, zweimal auf je 30 Wochenstunden) massive Ablehnung durch ihren direkten Vorgesetzten, wobei in zwei dieser Fälle (im Öffentlichen Dienst) vom Arbeitgeber eine solche Möglichkeit für pflegende Mitarbeiter, in dem dritten Fall eine andere Maßnahme für pflegende Mitarbeiter angeboten wurde.

In zwei Fällen dauerte die Genehmigung des Antrags über ein Jahr und kam erst „auf Drängeln und massiven Druck" zustande. In beiden Fällen hatten die direkten Vorgesetzten den Antrag nicht „nach oben" weitergeleitet. Erst nachdem sich die Betroffenen an den jeweils „nächsthöheren Chef" wandten, wurde der Antrag genehmigt, in einem Fall vor allem auch deshalb, weil sich die Betroffene darauf berief, daß ihr Arbeitgeber „nach außen hin so eine Propaganda" um eine Betriebsvereinbarung zur Unterstützung pflegender Mitarbeiterinnen und Mitarbeiter „machte".

Der Antrag von Frau B. auf Reduzierung ihrer Vollzeit- auf eine Halbtagstätigkeit wurde von ihrem Chef mit der Begründung „Führung und Leitung ist unteilbar" abgelehnt. Als einzige Möglichkeit wurde ihr eine Beurlaubung angeboten, die allerdings ein halbes Jahr vorher zu beantragen sei. Nachdem Frau B., die in einer akuten Notsituation war, weil die Pflege von „heute auf morgen" geleistet werden mußte, „da wirklich weinend zusammengebrochen" war, stellte sie einen Antrag auf Beurlaubung und konnte diese dann nach einem halben Jahr, das für sie „eine irrwitzige Belastung" darstellte, antreten.

> „Ich habe also die Erfahrung gemacht, ich war völlig allein gelassen, ich wurde meinem Schicksal überlassen, und da ging meine Motivation flöten."

In den übrigen Fällen wurden die Anträge auf Stundenreduzierung und Freistellungen meist schnell und reibungslos genehmigt, was von den Betroffenen darauf zurückgeführt wird, daß die Vorgesetzten um die Anforderungen und Schwierigkeiten von Pflegeleistungen wissen. Herr D. war

> „eigentlich überrascht, daß ich von Seiten des Betriebes keinerlei Probleme bekomme. Im Gegenteil, nur, sie haben mich gefragt, ob ich mir das auch gut überlegt hätte".

Einige seiner Vorgesetzten und Kollegen hätten ihn „im Grunde davor gewarnt, das zu machen, weil sie zum Teil auch aus eigener Erfahrung heraus gesagt haben, daß es letzten Endes an die Substanz geht". (Bei den von Herrn D. erwähnten Vorgesetzten und Kollegen handelt es sich durchwegs um ganztags berufstätige Männer, deren Ehefrauen zu Hause sind und einen Großteil der Pflege leisten.)

Eine gut funktionierende „Sozialberatung" wies Frau H., die, als ihre Mutter ins Krankenhaus mußte, „von einem Tag auf den anderen" ihren Vater versorgen sollte, auf die Möglichkeit einer betrieblichen Freistellung für drei Monate hin und regelte die Antragstellung, so daß Frau H. „gar nichts mehr tun" brauchte.

Vor allem in den Tätigkeiten im Büro- und Sekretariatsbereich, die von einer relativen Abhängigkeit vom meist männlichen „Chef" gekennzeichnet sind, ist die Belastung durch ein schlechtes Verhältnis zu ihm und sein eventuelles Unverständnis für pflegerische Belange besonders groß, andererseits die Motivation sehr hoch, „wenn er einen versteht". Der oder die Vorgesetzte bestimmen manchmal ad hoc den Ablauf des Arbeitstages, die Tätigkeit und das Ende der täglichen Arbeitszeit ist hier oft direkt davon abhängig, „was er braucht und wie lange er mich braucht". Andererseits ist dieses Gefühl des „Gebrauchtwerdens", aber auch die Vielseitigkeit der Arbeit für einige Befragte sehr wichtig und räumt ihrer Berufstätigkeit einen hohen Stellenwert ein.

Frau F., die im Sekretariat eines Universitätsinstituts arbeitet und sich und ihr Büro dort „als Dreh- und Angelpunkt" empfindet, schwärmt von den meist männlichen Mitarbeitern und ihrem Chef, die ihr helfen, mit den Belastungen von Pflege und Beruf fertig zu werden,

„in dem sie sich geduldig meine Klagen anhören. Und wenn ich eben mal ein paar Fehler mehr mache, ist es nicht so schlimm, mich auch trösten".

Sie geht deshalb „jeden Morgen gerne in die Arbeit, und bin jetzt eigentlich ringsum zufrieden".

Frau W. hingegen, die ebenfalls in einem Sekretariat arbeitet, aber dort „nur die zweite Kraft" ist, erfährt von ihrem Chef „totales Unverständnis" für die Pflegesituation. Nachdem ihr Chef darauf bestand, daß sie noch länger bleibt, obwohl ihre reguläre Arbeitszeit beendet war, sie aber „wegmußte, weil ich einen Massagetermin für die Mutter hatte, und da kann man nicht eine Viertelstunde zu spät kommen", versuchte sie, „ein offenes Gespräch mit ihm zu führen, was voll danebengegangen ist".

„Also er hat mir vorgeworfen, ich nähme nur die Vorteile der Gleitzeit in Anspruch und die Nachteile, die würde ich nicht wollen, obwohl ich damals einen Haufen Überstunden hatte. Ich war sehr erschrocken darüber, daß er das nicht mal gemerkt hat."

Nach dieser Erfahrung will Frau W.

„nicht nocheinmal mit dem Chef reden, das kann ich irgend-
wie nicht, ich habe das Gefühl, ich komme nicht ran an ihn.
Er versteht es nicht oder er will es nicht verstehen".

Je nachdem, ob die Befragten „ein gutes persönliches Verhältnis zum Chef"
haben oder der/die Vorgesetzte aufgeschlossen ist, wird bei einigen Befragten „auch schon mal ein Auge zugedrückt", wenn man später kommt oder
früher geht, wobei aber immer betont wird, daß die Arbeit trotzdem erledigt
werden muß. Dabei scheinen Vorgesetzte gegenüber späterem Kommen
weniger Einwände zu haben als gegen frühere Beendigung der Arbeitszeit.
Offensichtlich liegt das an der morgendlichen Anfangsphase, während am
Nachmittag oder Abend eher eine Unterbrechung der Arbeit befürchtet wird,
oder der/die Vorgesetzte darauf angewiesen ist, daß die Arbeit an diesem Tag
noch erledigt wird bzw. man zur Erledigung einer Arbeit den „Zugriff" auf den
Mitarbeiter braucht.

In einigen Fällen erwarten Vorgesetzte daher auch, daß man sich im Rahmen
der Gleitzeit ihrer Arbeitszeit anpasst. So reagiert die Vorgesetzte von Frau
P. mit Unverständnis darauf, daß diese bereits um 7.00 Uhr morgens mit der
Arbeit beginnt, um möglichst früh nach Hause gehen und ihren Pflegeverpflichtungen nachgehen zu können. Sie erwartet, daß sich Frau P. ihrer Einteilung anpaßt, morgens später kommt, mittags zwei Stunden Pause macht
und dafür abends länger bleibt. Frau P. lehnt dies ab, fühlt sich aber durch
diese Situation „stark belastet", sie tröstet sich damit, daß unter der „Nichtmenschlichkeit" ihrer Vorgesetzten „alle Kollegen zu leiden haben".

Kollegen

Auch Arbeitskollegen reagieren nicht immer verständnisvoll. So haben einige
Befragte das Gefühl, daß man ihnen unterstellt, die Arbeitszeit nicht aufgrund
der Pflege, sondern aus einem Bedürfnis nach mehr Freizeit reduziert zu
haben, oder daß sie einen Arbeitsplatz „besetzt halten". Die vollzeit berufstätige Frau I. meint, man höre halt „ab und zu hintenherum dann wieder, mein
Gott, die schon wieder mit ihrer Mutter, soll sie halt' daheim bleiben".

Manchmal bekommen bisher selbstverständliche kleine Hilfeleistungen unter
Kollegen, wie z.B. das Bedienen des Telefons, wenn derjenige gerade nicht
am Arbeitsplatz ist, eine andere Bedeutung.

„Plötzlich heißt es, ich muß die Arbeit von der mitmachen".

(Frau L., die ihre Arbeitszeit um täglich zwei Stunden reduzierte.) Frau L. hat
deswegen „ständig ein schlechtes Gewissen".

„Und das ist eigentlich auch ein gewisser Streß, eigentlich immer Angst zu haben, daß andere etwas für mich tun müßten, weil ich noch nicht da bin oder weil ich schon wieder weg bin."

Manche Kollegen aber auch Vorgesetzte haben kein Verständnis für die aufgrund der Pflegeverpflichtung nicht mögliche Teilnahme an organisierten Kollegenkontakten, z.b. Betriebsausflügen oder -feiern; es wird unterstellt, daß es sich hierbei um vorgeschobene Entschuldigungen handelt, um nichts mit „den anderen" zu tun haben zu müssen.

Acht Befragte gaben außerdem an, daß sie keine Zeit mehr haben, weiterhin nach Feierabend Kollegenkontakte zu pflegen.

Einige Befragte erfahren von den Vorgesetzten und Kollegen zwar Verständnis, aber keine konkrete Hilfe. Frau N. drückt dies wie folgt aus:

„Alle haben Verständnis, aber keiner hilft."

3.2.9 Fort- und Weiterbildung/Dienstreisen/Aufstiegschancen

Belastungen ergeben sich für erwerbstätige Pflegende - vor allem für jene, die höher qualifizierte Tätigkeiten ausüben - auch daraus, daß sie häufig in ihrem beruflichen Engagement eingeschränkt sind, da sie - ganz abgesehen von fehlenden physischen und psychischen Ressourcen - keine Möglichkeit haben, an inner- und außerbetrieblichen Fortbildungen teilzunehmen, wenn diese außerhalb der Arbeitszeit liegen. Aber auch eigene Fort- und Weiterbildungsaktivitäten sind durch die reduzierte Freizeit kaum noch möglich. Die Chancen erwerbstätiger Pflegender für ein berufliches Fortkommen werden dadurch in erheblichem Maße behindert, wenn nicht gar unmöglich gemacht. Gleichzeitig stellt sich auch hier wieder das schlechte Gewissen ein; man müßte eigentlich mehr tun, um auf dem Laufenden zu bleiben, um weiter zu kommen.

Sechs Befragte gaben an, keine Zeit mehr für Fort- und Weiterbildungsmaßnahmen zu haben, obwohl sie sie für erforderlich erachteten. Frau N. bedauert, daß auch das „Anlesen von Literatur" für ihren Beruf, das früher in der Freizeit geschah, nun entfällt.

Dienstreisen sind bei den Befragten eher die Ausnahme, lediglich zwei von ihnen gaben an, daß „das derzeit schwierig sei". Dienstreisen können von ihnen nur durchgeführt werden, wenn sie keine Übernachtung außer Haus erfordern.

Fünf der Befragten glauben, nun keine Aufstiegschancen mehr zu haben. Frau C. glaubt darüber hinaus, daß sie „in den Vorruhestand geschickt" wird, „weil ich schon fast den Anschluß in der Datenverarbeitung verloren habe". Sie hatte nach Feierabend keine Zeit mehr, vom Betrieb angebotene, aber außerhalb der Arbeitszeit liegende Fortbildungsmaßnahmen zu nutzen. Frau G. ist der Meinung, daß sie ihre Stelle nicht bekommen hätte, wenn es eine ganze Stelle gewesen wäre.

> „Da bin ich mir ziemlich sicher, daß ich die nicht gekriegt hätte, weil da hätte man gesagt, die hat soviel am Hacken, das haut nicht hin. Bei einer halben Stelle, da hat man so gesagt, das kriegst du durchaus noch geregelt."

Sie glaubt allerdings, daß sie mit ihren Belastungen und mit ihrer Halbtagsstelle nicht weiter aufsteigen kann.

> „Da habe ich während der Vorstellungsgespräche, die hier gelaufen sind, oft gehört, wenn die z.B. Kinder haben, ja, wie wollen Sie das denn geregelt kriegen?"

Herr R. wiederum wurde vor einem Jahr bei der Besetzung einer höher dotierten Stelle übergangen, was ihn sehr demotivierte. Er hatte den vorherigen Stelleninhaber, der sehr häufig krank war, schon lange vertreten und wollte diese Stelle gerne haben, weil sie den lange ersehnten Aufstieg bedeutete.

> „Obwohl ich mich ganz massiv dafür eingesetzt habe, und alle schon offiziell zu mir gekommen sind, aber mir ist nicht diese Chance gegeben worden, diese Stelle, wo ich seit sieben Jahren die Arbeit mache."

Herr R. meint, die Gründe für diese Entscheidung nicht zu kennen und bringt sie nicht automatisch mit seiner Belastung durch die Pflegesituation in Verbindung, weil er der Meinung ist, seine „Arbeit immer gemacht zu haben. Die Auswirkungen waren schon da, aber nicht in der Form, daß meine Gesamtleistung dadurch nicht stimmte".

3.2.10 Positive berufliche Auswirkungen

Neben den stark belastenden Momenten der Berufstätigkeit werden zum Teil auch positive Aspekte deutlich, die meist dann vorhanden sind, wenn der Einzelne seinem Beruf eine hohe Bedeutung beimißt, und nicht „nur des Geldes wegen" arbeitet.

Der Mehrzahl der Betroffenen macht ihre Berufstätigkeit „Spaß", sie arbeiten gerne und betonen die Wichtigkeit „auch mal rauszukommen". Ein gutes Beispiel hierfür gibt Frau N., der ihr Beruf „sehr viel bedeutet", wenn sie sagt:

> „das ist ja mein Wunschberuf, er macht mir nach wie vor sehr viel Spaß und ist immerzu was Neues".

Ihre Arbeit bringt sie

> „total aus diesem alltäglichen Trott raus, das bedeutet mir unheimlich viel, daß ich geistig rege und dabei bleibe und nicht nur von Oma und Kind erzähle, obwohl das anstrengend genug ist".

Daß die Berufstätigkeit dabei nicht besonders hoch qualifiziert, gut bezahlt oder abwechslungsreich sein muß, beweist Frau K., die im Schichtdienst halbtags an einem Leuchttisch Möbelfurniere auf Fehler kontrolliert, wenn sie sagt, daß es

> „ein schöner Arbeitsplatz ist, weil ich ziemlich selbständig bin und auch irgendwie gar kein Druck dahinter ist. Außerdem sind wir hier mit so vielen Frauen im Betrieb, da hat man schon Spaß".

Einige der Befragten betonen die entlastende Wirkung der Aussprache mit Kollegen. In einem Fall ist sogar die Vorgesetzte „der" Gesprächspartner, wenn es um die Probleme der häuslichen Pflege geht, weil diese „so einen ähnlichen Fall" hatte.

Für manche Befragte ist die Berufstätigkeit nun vor allem eine Rückzugsmöglichkeit von zu Hause und bietet ein Gegengewicht zu der emotional und psychisch belastenden Pflege.

Für Frau U. war früher klar, daß sie, wenn ihre Mutter pflegebedürftig wird, ihren Beruf aufgeben würde. Nun, da ihre Mutter seit drei Monaten bei ihr lebt, hat sie ihre Ansicht geändert.

> „Wenn ich denke, ich würde da zu Hause wie im Gefängnis hängen, da hat sich der Stellenwert der Arbeit wieder verschoben. Ich habe meine Arbeit hier immer gerne gemacht. Also es hat mich abgelenkt und auch gefordert. Aber jetzt ist es für mich 'ne Art Pause von den Aufgaben zu Hause. Die Aufgaben hier sind sachlich, da kann ich mich reinhängen. Die stören mich nicht persönlich. Sie fordern mich nicht psychisch, und es ist für mich jetzt 'ne Art Zurückziehen von

der Verantwortung zu Hause. Ein Refugium sozusagen. Es ist jetzt nicht so, daß ich mich hier hinsetzte und erhole, aber daß ich in den Kopf was anderes reinkriege. Das ist wirklich total verändert".

Eine zentrale Rolle nimmt bei den positiven Auswirkungen der Berufstätigkeit für die Betroffenen der finanzielle Aspekt ein. Alleinstehende können es sich „nicht leisten" auf ihren Verdienst zu verzichten, aber auch bei verheirateten Frauen und Männern, die auf ein Einkommen verzichten könnten, wird durch die Berufstätigkeit des Pflegenden die finanzielle (Teil-)Unabhängigkeit vom Partner gewahrt.

3.3 Bewältigungsstrategien

Wie die Fallstudien zeigen, hat „das Familiäre", die Versorgung der Kinder und des Haushalts, aber auch von hilfe- und pflegebedürftigen Angehörigen, großen Einfluß auf die Berufstätigkeit von Frauen, vor allem, wenn sie verheiratet sind. Um den Doppel- und Dreifachbelastungen gerecht zu werden, reduzieren viele Frauen ihren Beruf, wobei diese Strategie nicht unbedingt nur einer bestimmten Generation, oder bestimmten Schichten zuzuordnen ist. Frau G., die noch keine vierzig Jahre alt ist, von Beruf Volljuristin und außerdem als Frauenbeauftragte in ihrem Betrieb tätig ist, formuliert das so:

> „Ich stecke immer mit meinem Beruf zurück, ich versuche, mit meinen Jobs das so zu drehen, daß ich das irgendwie geregelt kriege."

Obwohl sie und ihr Mann sich die familialen Aufgaben teilen wollten, ist das nicht möglich. In dem Betrieb, in dem ihr Mann tätig ist, wird „ein hoher Arbeitseinsatz" gefordert, Überstunden sind die Regel.

Dem Verhalten von Vorgesetzten und Kollegen wird auf unterschiedliche Weise begegnet. Einige Befragte erzählen bewußt nichts Privates am Arbeitsplatz, vor allem nichts, was die Belastung durch die Pflege betrifft, weil sie nicht wollen, daß über sie geredet wird und/oder sie Angst haben, dann nicht als voll leistungsfähig zu gelten, andere hingegen glauben, mehr Verständnis für ihre Situation zu wecken, wenn sie von ihren pflegerischen Belastungen erzählen. Für manche Befragte bedeutet das Erzählen aber auch eine Möglichkeit „Dampf abzulassen".

Frau M., die ihre Mutter schon sehr lange pflegt, hat aus früherem „Getratsche" am Arbeitsplatz „gelernt". In ihrer jetzigen Firma hält sie keinen persönlichen Kontakt zu den Kollegen.

„Ich red' überhaupt nicht. Das ist ganz einfach. Dann gibt's keine Reibereien. Je weniger die Kollegen wissen, desto weniger können's mit einem garstig sein."

Frau G. dagen ist der Meinung, daß

„jedes private Wort ein Arbeitsverhältnis lockern kann. Ich würde sagen, zu meinem direkten Vorgesetzten, das ist ein menschliches Verhältnis geworden. Dadurch, daß ich eben so viele Sachen reintrage, und auch sage, das ist wieder los und ich bin nicht gut drauf."

Ebenso wie Frau F., die auch mal „an die Kollegen hinjammert", weiß sie, daß man damit niemand über Gebühr strapazieren kann, „ich muß aufpassen, daß es nicht zu häufig wird. Ich kann nicht jeden Tag eine halbe Stunde meine Sache zum Problem machen".

Dem steigenden Arbeitsdruck, der entweder aus der Stundenreduzierung und/oder mangelnder Leistungsfähigkeit resultiert, begegnen die Befragten dadurch, daß sie entweder am Abend oder am Wochenende noch einmal zur Arbeit kommen, Arbeit mit nach Hause nehmen oder ihre Arbeit anders organisieren.

Einige der Befragten, die Terminarbeiten zu leisten haben, müssen nun besonders darauf achten, daß diese fertig werden. Frau U., die vollzeit berufstätig ist, sich aber nun nicht mehr so gut konzentrieren kann und öfter Urlaub zur Versorgung nehmen muß:

„Ich muß jetzt sehr gut sortieren, daß ich meine Terminarbeit hinkriege, d.h., ich muß die anderen Arbeiten einfach zur Seite packen und hab' dadurch also auch in Zeiten, wo keine Termine sind, also eine sehr viel intensivere Belastung, weil ich es nicht so verteilen kann wie früher."

Frau N., die ebenfalls ab und zu Terminarbeiten fertigstellen muß, und manchmal aus Konzentrationsmangel „nicht so viel schafft, wie ich eigentlich schaffen sollte", kommt - da sie Mittags nach Hause muß - in solchen Fällen am späten Nachmittag oder Abend noch einmal zur Arbeit, um „das aufzuarbeiten".

Herr R., der Diplom-Mathematiker ist, an einem Rechenzentrum arbeitet und dort auch beratend tätig ist, hat sich in seiner neuen Wohnung zwei Arbeitszimmer eingerichtet „einen Rechnerraum und ein Besucherzimmer", weil er seit seiner Stundenreduzierung auch Arbeit mit nach Hause nimmt und dort Arbeitskollegen, die seine Hilfe benötigen, empfängt. Die hierfür erforderlichen Rechner hat er sich auf eigene Kosten gekauft.

Fortbildungsveranstaltungen kann Frau L. nicht umgehen, „wenn das angesetzt ist, muß ich dran teilnehmen, das kann man sich nicht erlauben, nein zu sagen", sie verzichtet aber jeweils auf den darauffolgenden „geselligen Teil mit Buffet und Getränken". Frau C. hingegen, die aus Zeitgründen nicht mehr an den betrieblichen EDV-Weiterbildungsveranstaltungen teilnehmen kann, hat sich für zu Hause einen PC „für 4000 Mark" gekauft und sich „selbst Winword beigebracht".

3.4 Beurteilung von möglichen betrieblichen Maßnahmen und Vorschläge der Befragten zur Verbesserung der beruflichen Situation

3.4.1 Beurteilung von möglichen betrieblichen Maßnahmen

Den Befragten wurde ein Katalog von Maßnahmen vorgelesen, die geeignet sind, die Vereinbarkeit von Beruf und Pflege zu gewährleisten, sie wurden gebeten, diese als sinnvoll oder nicht sinnvoll zu beurteilen. Tabelle 14 gibt diese Beurteilung wieder, im folgenden werden noch Bemerkungen der Befragten hierzu dargestellt.

Unbezahlte Freistellung mit Arbeitsplatzgarantie: Grundsätzlich fanden 16 der Befragten diese Maßnahme sinnvoll, machten aber Abstriche geltend. Kritische Stimmen wurden wie folgt geäußert:

„Das ist halt eine Frage vom Geld her. Wer sich's leisten kann. Für mich persönlich nicht, weil ich kann es mir nicht leisten." (Frau C.)

„Mindert meine Rente, für Selbstversorger schlecht. Dann kann ich ja nachher mein Pflegeheim nicht bezahlen." (Frau F.)

„Das klingt alles so toll, aber in der Praxis, wenn ich heut' raus geh', dann kann ich heim geh'n, dann kann ich meinen Job vergessen. Sinnvoll nur, wenn der Arbeitsplatz damit auf keinen Fall gefährdet ist. Aber dann ist immer noch die Rente." (Frau M.)

„Nein, nicht richtig, wenn man ein Jahr nicht arbeitet, gewöhnt man sich da dran, wenn man dann wieder anfängt, ist Chaos drin und Geld hat man auch keins." (Frau S.)

Tabelle 14: Bewertung von Maßnahmen, die von Betrieben angeboten werden könnten

Maßnahmen	sinnvoll	nicht sinnvoll
unbezahlte Freistellung mit Arbeitsplatzgarantie	16	4
reduzierte Arbeitszeit (Teilzeit)	18	2
flexible Arbeitszeit	18	2
Angehörigengruppen	11	9
Informationsveranstaltungen, Seminare zu den Themen: Hilfe, Pflege, Altern, Finanzen, soziale Dienste	17	3
allgemeine soziale Beratung	16	4

Reduzierte Arbeitszeit, Teilzeit: Die große Mehrheit der Befragten fanden Arbeitszeitreduzierungen und Teilzeitarbeit sinnvoll, um Erwerbstätigkeit und Pflege zu vereinbaren. Allerdings wurden auch hier wieder die Argumente, man könne sich auch das nicht leisten und der Rentenanspruch würde sich verringern, genannt.

Flexible Arbeitszeit: Fast alle Befragten fanden flexible Arbeitszeiten sehr sinnvoll, lediglich zwei waren der Auffassung, daß dadurch die Belastung nicht geringer wird, sondern im Gegenteil eher „Unordnung" entstehe. Einige der Befragten plädierten hier auch für die Möglichkeit, sich Arbeit mit nach Hause nehmen zu können, oder die flexible Arbeitszeit auch so zu nutzen, daß man, wenn es den eigenen Bedürfnissen entspricht, am Abend, Wochenende oder an Feiertagen im Betrieb arbeiten könnte.

Angehörigengruppen: Beinahe die Hälfte der Befragten beurteilten Angehörigengruppen als nicht sinnvoll. Als Gründe wurden hier vor allem mangelnde Freizeit, aber auch Angst davor, daß persönliche Probleme dann außerhalb der Gruppe im Betrieb „rumgetratscht" werden, genannt. Außerdem wurde erwähnt, daß dann individuelle Regelungen mit dem Vorgesetzten bei anderen Neid oder Aggressionen hervorrufen könnten, oder daß Betriebe in einer solchen Gruppe „auch eine Front erkennen, daß zehn Leute sich treffen und Front machen gegen ganz bestimmte Regelungen, und dann werden auch Internas ausgetauscht".

Betriebliche Informationsveranstaltungen: Solche Informationsveranstaltungen wurden meist für sinnvoll erachtet, das Problem stellt sich auch hier wieder durch die mangelnde Freizeit. Für die Befragten wären sie vor allem dann sinnvoll, wenn diese während der Arbeitszeit oder in der Mittagspause stattfinden würden. Behandelt werden sollten hier vor allem Krankenpflege, Umgang mit verwirrten älteren Menschen, ambulante Dienste und finanzielle Dinge, z.b. Beantragung von Hilfsleistungen bei den Krankenkassen. Frau L. , die sich vor allem Informationsveranstaltungen zum Thema „Krankenpflege" wünscht:

> „Das fände ich sehr gut. Ich bin ja an die Pflege gegangen ohne die geringste Ahnung, ich weiß ja noch nicht mal, wie man ein Baby pflegt. Wir haben z.b. eine große werksärztliche Abteilung, wenn die das mal zeigen könnte, wie fasse ich einen Kranken an, wo stütze ich den ab, wenn ich ihn drehe, wie beziehe ich ein Bett, in dem der Kranke drin liegt. So etwas zeigt einem kein Mensch."

Allgemeine soziale Beratung: Viele Befragte waren der Meinung, es wäre gut, wenn man sich mit jemanden ausprechen könnte.

> „Das fänd' ich gut, wenn man einen Ansprechpartner hat."
> (Frau W.)

> „Eine Stelle, wo jeder hinkann, wo es gebündelt Informationen über alle möglichen Hilfen gibt." (Frau U.)

Eine Befragte wies allerdings auf die schlechten Erfahrungen in ihrem Betrieb hin und meinte „da gehe ich nicht hin, weil das sonst wieder durch's ganze Haus geht". Obwohl die Befragten zum Teil aus großen Betrieben kommen, hatten sie kaum Erfahrungen mit „ihrer" Sozialberatung. Wie effizient eine solche Beratung für erwerbstätige Pflegende allerdings sein kann, zeigt die akute Notsituation, in der sich Frau H. befand, hier half der Sozialarbeiter und regelte die Antragstellung auf Beurlaubung wegen der akuten Pflege des Vaters.

3.4.2 Wünsche und Vorschläge der Befragten

Am wichtigsten für die Befragten waren Verständnis von Vorgesetzten und Kollegen und Flexibilität. Flexibilität zum einen, wenn in der Pflegesituation ein „plötzlicher Notfall" eintritt, man schnell nach Hause muß, einen Tag Urlaub benötigt, oder weil man plötzlich mit (mehr) pflegerischen Anforderungen konfrontiert ist und deshalb sofort Teilzeit arbeiten möchte oder sich beurlauben lassen muß. Hierzu ein Zitat von Frau L.:

> „Ich denke eigentlich, es fehlt ein großes Maß an Verständnis und die Flexibilität, in gewissen Situationen schnell reagieren zu können. Wie vor einem Jahr, wenn ich sag', der und der Fall ist jetzt eingetreten, meine Mutter ist von heute

auf morgen ein Pflegefall geworden, ich krieg' das nicht geregelt. Ich weiß, daß ich das auch körperlich nicht schaffe, daß die Belastung hoch ist, kann ich nicht meine Arbeitszeit reduzieren? Nein, das geht nicht, wir haben schon zwei Teilzeitkräfte."

Zum anderen wird aber auch Flexibilität in der Einteilung der täglichen oder wöchentlichen Arbeitszeit und des Arbeitsortes je nach individuellen Anforderungen und Belastungen, z.b. in dem man auch am Abend oder Wochenende im Betrieb arbeiten oder Arbeit mit nach Hause nehmen kann, gewünscht. Frau U. meint „man hat viele Sachen zu erledigen, die auch während der Kernarbeitszeit liegen, ... diese Kernarbeitszeit, so großzügig die manchmal ist, reicht manchmal nicht".

> „Was ich deshalb noch gerne hätte, wären halt kürzere tägliche Arbeitszeiten. Ich würde lieber Samstags z.B. ein paar Stunden kommen, obwohl man das also hier wirklich nicht sagen darf. Aber es würde meiner persönlichen Situation jetzt mehr entsprechen ...und dadurch meine volle Zeit reinkriegen."

Ein Teil der Befragten war der Meinung, daß man Vorgesetzte und Kollegen mehr auf die Belastungen von erwerbstätigen Pflegenden hinweisen sollte, damit sie deren Situation besser verstünden. Eine solche Schulung wäre vor allem für Vorgesetzte wichtig, da sie durch ihre Entscheidungen wesentlich zur Be- oder Entlastung von erwerbstätigen Pflegenden beitragen. Frau W.:

> „Schulung von Vorgesetzten wäre nicht schlecht. Mitarbeiterführung müßte Pflichtfach sein für Vorgesetzte, daß sie die Leute motivieren und nicht demotivieren."

Eine Befragte war allerdings der Meinung, daß nach ihrer Erfahrung „Mitarbeiterführungsseminare" wenig Sinn haben. „Ich hab' immer das Gefühl, die verkehrten Leute gehen da hin. Die, die es eh' schon wissen, oder die, die es nie lernen werden."

Ein Teil der Befragten sprach sich für eine Art „Freistunden", d.h. für einen Anspruch von erwerbstätigen Pflegenden darauf, z.B. für einen bestimmten Zeitraum oder regelmäßig an einem oder zwei Nachmittagen pro Monat bereits früher nach Hause gehen zu können, aus. Frau I.:

> „So eine Art Hausfrauennachmittage, wo man ein- oder zweimal im Monat schon früher gehen kann."

Frau B., die eine „irrwitzige Belastung" hatte, als sie die plötzlich eingetretene Pflegesituation noch mit ihrer Berufstätigkeit vereinbaren mußte, weil ihr keine Halbtagsregelung gewährt wurde und der Antrag auf Beurlaubung ein halbes Jahr im voraus zu stellen war, meint:

> „Als ich also diese Wahnsinnsminusstunden hatte, die ich natürlich nacharbeiten mußte, wenn da gesagt worden wäre, also für einen begrenzten Zeitraum dürfen Sie jetzt ausnahmsweise vier Wochen lang schon um zwei Uhr gehen."

Befragte, die in großen Betrieben arbeiteten, fänden es sinnvoll, wenn die dort vorhandenen werksärztlichen Abteilungen Schulungen für pflegende Angehörige durchführen oder Personal zur Kurzzeitpflege abstellen könnten. So könnte sich Frau S. hier eine Beratung in Diätfragen vorstellen, Frau A. wäre froh, wenn sie mit ihrem Mann einmal „ein bißchen wegfahren könnte" und in dieser Zeit von der Krankenstation des Betriebes jemand für die häusliche Betreuung der Pflegebedürftigen abgestellt werden könnte.

Einige der Befragten waren entweder der Meinung, daß ihr Schicksal - ihr „privates Pech" (Frau L.) - nichts mit ihrem Arbeitgeber zu tun habe, ihn „nichts angehe" oder sie „nichts von ihm verlangen" wollten, weil „die Betriebe zu kämpfen haben" (Frau E.) oder konnten sich nicht vorstellen, was „der Betrieb denn da tun kann". Allerdings wünschten auch sie sich mehr Verständnis und Flexibilität bei der Einteilung der Arbeitszeit und bei der Reaktion auf „Notfälle".

3.5 Einschätzung der zukünftigen Berufssituation

Die berufliche Zukunft ist für die Befragten von verschiedenen Faktoren abhängig. Eine wichtige Rolle spielt dabei die Verschärfung oder „natürliche Lösung" (Frau N.) der Pflegesituation, das Alter der Pflegeperson, die finanziellen Möglichkeiten, die rentenrechtliche Absicherung, aber auch der zum Teil reduzierte eigene Gesundheitszustand.

Bei den folgenden Perspektiven ist zu bedenken, daß es sich um Wünsche, Erwartungen und Befürchtungen der Betroffenen handelt, so daß sich bei den Einzelnen meist nicht die „perfekte Lösung" herauskristallisiert, sondern zum Teil verschiedene Perspektiven vorstellbar wären und es daher Mehrfachnennungen gibt.

Sollte die Pflege zeit- und kraftintensiver werden, so würden elf der Befragten trotzdem weiter wie bisher arbeiten, d.h. entweder weiter vollzeit arbeiten oder ihre bisherige Stundenreduzierung beibehalten. Gründe hierfür sind sowohl die finanzielle Notwendigkeit, die rentenrechtliche Absicherung aber auch die Bedeutung der Arbeit für den Einzelnen.

Die finanzielle Notwendigkeit, die Arbeit beizubehalten, wird vor allem von alleinstehenden Frauen, aber auch von verheirateten Frauen, in deren Ehe es keine „gemeinsame Kasse" gibt, betont. Die Furcht, den Arbeitsplatz zu verlieren und einmal nicht genug Rente zur Verfügung zu haben, ist hier groß. Einige haben als drastisches Beispiel hierfür die Mütter, die sie pflegen, und die häufig nur ein geringes Renteneinkommen haben und/oder vom Sozialamt abhängig sind, vor Augen. Frau M. drückt dies so aus:

> „Vorrangig arbeite ich für meine Altersversorgung, ich sehe das, meine Mutter ist geschieden, hat fast keine Rente und ist auf's Sozialamt angewiesen. Das ist indiskutabel, da braucht man gar nicht rumfackeln."

Die verwitwete Frau L., die ihre Arbeitszeit bereits auf 30 Stunden pro Woche reduziert hat, hat sich dabei ausgerechnet, wieviele Stunden sie sich „leisten kann", eine weitere Reduzierung ist „nicht drin".

> „Wäre ich jetzt verheiratet, sag ich mal, und könnte von zwei Einkünften leben, dann würde ich sagen, ich reduziere im Beruf. Das wäre ein ganz klare Entscheidung. Aber ich habe keine Entscheidung, ich habe keine Alternative."

Auch die geschiedene Frau O. muß ihre bereits reduzierte Arbeit „auf jeden Fall behalten, weil ich das Geld brauch".

Fünf dieser Befragten haben allerdings Angst vor einem Arbeitsplatzverlust aus unterschiedlichen Gründen, wobei zwei davon im Öffentlichen Dienst angestellt sind. Frau E. fürchtet die allgemeine Konjunkturlage, der in ihrem Betrieb schon mehrere, auch „langjährige Kolleginnen" zum Opfer gefallen sind. Frau G. befürchtet, daß durch eine Verschlechterung der Pflegesituation die Belastung am Arbeitsplatz zu groß würde.

> „Also ich weiß, so lange ich das irgendwie in den Griff kriege, daß es akzeptiert wird, aber ich weiß auch genau, es darf nicht schlimmer werden. Wenn es schlimmer werden würde, dann wäre echt Holland in Not, dann würde ich nicht noch mehr Unterstützung kriegen. Es ist wirklich an der Grenze."

Auch Frau N. hat Angst:

> „Also ich hoffe, daß man mich nicht vor die Tür setzt, wenn es bei mir zu Hause schlechter wird."

Frau A. fürchtet, daß ihr Antrag auf Stundenreduzierung wegen der Pflege der Schwiegermutter nicht mehr verlängert wird, und sie dann gezwungen ist, „aufzuhören".

Drei Befragte würden bei Verschlechterung der Pflegesituation ihre Stunden erstmals oder weiter reduzieren. Wenn ihre Mutter nicht mehr alleine bleiben könnte, würde Frau I. „teilzeit machen, damit ich dann überhaupt fertig werde mit dem ganzen Pensum"; sie denkt aber auch über eine Erwerbsunfähigkeitsrente nach. Frau K. würde ihre Halbtagsfestanstellung aufgeben und „noch weniger arbeiten, dann fällt aber das Soziale weg". Sie arbeitet vor allem, „weil die Kinder ja noch zu Hause sind", und befürchtet, ihren Sohn nicht mehr ausreichend unterstützen zu können, wenn sie ihre Arbeit aus Pflegegründen reduzieren muß. „Wenn der jetzt weggeht und anfängt zu studieren, dann geht mein ganzes Geld dahin, ist klar. Da wäre ich schon froh, wenn ich das so machen kann."

Herr R. würde, wenn sich die Pflegesituation seiner Frau verschlechterte, sogar

> „aus dem Dienst ausscheiden, solange ich eine Chance sehe, daß das Zuhause fortgesetzt werden kann. Obwohl es ganz bitter wäre, denn ich weiß nicht unbedingt, wie es weitergeht, aber meine Entscheidung ist ganz klar."

Er hofft, daß dann die „halbe Pension meiner Frau" ausreicht, um die Existenz zu sichern. Andererseits würde er aber gerne, wenn es der Zustand seiner Frau erlaubt, wieder mehr arbeiten.

Vier Befragte denken über eine vorzeitige Verrentung nach. Die alleinstehende Frau C. hat keine Wahl; sie muß nächstes oder übernächstes Jahr mit 53 oder spätestens 54 Jahren in den Vorruhestand gehen, da ihr Betrieb massiv Arbeitsplätze abbaut. „Weil, wenn ich das nicht annehme, habe ich die Hölle auf Erden." Auch im Betrieb von Frau U. werden Arbeitsplätze abgebaut, ein Vorruhestand käme ihr allerdings entgegen, da sie zum einen seit drei Monaten ihre pflegebedürftige Mutter zu sich genommen hat und zum anderen ihr Ehemann

> „Ende nächsten Jahres vorhat, auszuscheiden, und in dem Moment, wo der eine von uns nicht arbeitet, möchte der andere auch nicht mehr arbeiten, das haben wir uns so ausgedacht, wenn es irgendwie geht".

Frau P., die selbst an einer sehr schmerzhaften, ständig fortschreitenden Knochenentzündung leidet, prüft die Möglichkeit einer Teilerwerbsunfähigkeitsrente.

„Ich will ganz einfach versuchen, etwas mehr Lebensqualität für mich zu erreichen. Denn solange ich arbeite, muß ich die Medikamente regelmäßig nehmen, ich möchte nämlich nicht, daß die anderen ständig sehen, wie ich zusammenbreche, und die kann ich weglassen, wenn ich zu Hause bin, einsparen, dann gibt's auch weniger Nebenwirkungen."

Auch Frau I., die 50% schwerbehindert ist und nur noch über wenig Sehkraft verfügt, aber häufig am PC arbeiten muß, will eine Erwerbsunfähigkeitsrente beantragen. Sie hat aber Angst vor den finanziellen Einbußen, vor allem, weil sie in einer für die hohen Lebenshaltungskosten bekannten Großstadt lebt.

„Das ist wieder so eine Sache. Wenn ich bloß 1500 Mark kriege, das ist ja nicht zum Leben und zum Sterben. Damit können Sie keine Miete bezahlen."

Fünf Befragte (darunter Herr R., s.o.) wollen wieder mehr Zeit in die Arbeit investieren oder sich beruflich noch einmal neu orientieren. Herr D., der sich für ein halbes Jahr zwei Tage in der Woche zur Pflege seiner Eltern freistellen ließ, will diese Maßnahme nicht mehr verlängern,

„weil es ja keinen Sinn mehr hat. Der Zustand ist erreicht, daß rund um die Uhr jemand da sein muß".

Frau G. hat sich kurz vor dem Interview zur Promotion angemeldet und möchte „das auch durchziehen". Frau B., die nur halbtags arbeiten wollte, um die Pflege leisten zu können, aber „zwangsbeurlaubt wurde", möchte ihr begonnenes Jurastudium zu Ende bringen, wenn es die Pflege erlaubt, und würde auch gerne „als Richterin arbeiten". Sie, die bisher immer vollzeit berufstätig war und der früher ihr Beruf „zunächst einmal alles bedeutete", will in Zukunft allerdings, auch wenn sie keine Pflegeverpflichtungen mehr hat, nur noch halbtags arbeiten.

„Weil ich mittlerweile den Abstand habe, daß ich dann nicht mehr drin aufgehe. Weil ich nicht sehe, daß das mein Leben verbessert, wenn ich den ganzen Tag arbeite. So das finanziell machbar ist."

4. Private und gesundheitliche Situation

Die Belastungen, die sich durch die Vereinbarkeit von Berufstätigkeit und Hilfe-/Pflegeleistungen ergeben, wirken auch auf den Privatbereich ein. Der Mangel an Zeit, aber auch die physische und psychische Erschöpfung, unter der ein Großteil der Befragten leiden, bedingen Reduzierungen im familiären und gesundheitlichen Bereich. Meist ist außerdem kaum mehr Freizeit und damit auch keine Möglichkeit zum Entspannen, Abschalten und Ausruhen vorhanden. Aufgrund der fehlenden Regenerationsmöglichkeiten fehlt wiederum Kraft und Energie, um die Doppel- und Dreifachbelastungen ausreichend bewältigen zu können.

4.1 Auswirkungen auf familiäre und andere soziale Beziehungen

Ist ein Partner/eine Partnerin vorhanden, so kann dieser/diese, wie bereits in Punkt 2.3.2 erwähnt, wesentlich zur Ent- oder Belastung der Vereinbarkeitsproblematik von Pflege, Familie und Beruf beitragen. Dabei ist es von großer Bedeutung, ob der jeweilige Ehe- oder Lebenspartner der Übernahme und Durchführung der Hilfe-/Pflegeleistungen ablehnend gegenübersteht oder diese „mitträgt". Dieses „Mittragen" kann entweder dadurch geschehen, daß er/sie selbst einen Teil der pflegerischen Aufgaben übernimmt, durch Hilfe die/den erwerbstätigen Pflegenden in anderen Bereichen entlastet und/oder als ständiger Gesprächspartner und auch Ansprechpartner für auftretende Probleme zur Verfügung steht. Dabei scheinen bei den Befragten Lebenspartner (also nicht durch Heirat verbundene Partner) mehr Hilfe und Verständnis für die Hilfe-/Pflegepersonen aufzubringen, als Ehemänner (denn hier handelt es sich nur um männliche Ehepartner). Dies mag zum einen daran liegen, daß diese Beziehungen noch nicht jahrzehntelang bestehen, wie z.B. bei den verheirateten Befragten, zum Teil auch daran, daß, wiederum bezogen auf die von uns Befragten in den Lebensgemeinschaften im Gegensatz zu den Ehen keine herkömmliche Rollenteilung herrscht, in der die Frauen für Haushalt und Kinder und in der - fast automatischen - Folge auch für die älteren Hilfe- und Pflegebedürftigen „zuständig" sind. Auch in den Ehen der befragten Frauen, die kinderlos sind, unterstützen die jeweiligen Ehemänner ihre berufstätigen, pflegenden Partnerinnen vergleichsweise mehr als die Männer in den Ehen mit Kindern.

Fehlende Bereitschaft zur Unterstützung und mangelndes Verständnis für die belastende Situation, in der sich die Hilfe-/Pflegeperson befindet, führen in den jeweiligen Beziehungen auch häufiger zu Konflikten. Meist fühlt sich der Partner (fast immer der Ehemann) vernachlässigt, reagiert mit Eifersucht und Anforderungen.

Frau T., die an einem Gesprächskreis für „pflegende Töchter und Schwiegertöchter" teilnimmt und betont, daß in ihrer Familie „noch" keine Konflikte wegen der Pflege ihrer Mutter aufgetreten sind, denkt, daß „das bei uns so ein bißchen die Ausnahme ist, zumindest was ich in der Gruppe erfahre, wie die dann gegen ihre Männer kämpfen müssen und dann auch noch Druck kriegen zu funktionieren oder so".

Ein Beispiel hierfür ist der Ehemann von Frau W. Er fühlt sich, so Frau W., durch deren Hilfeleistungen für ihre Mutter „ständig vernachlässigt", weshalb sie „Angst" um ihre Ehe hat.

> „Er hat mir auch schon mal vorgeworfen, als er schlechte Laune hatte, du bist ja mit deiner Mutter verheiratet."

Sie spricht deshalb mit ihrem Mann nicht über das Thema „Mutter" und ihre Belastungen durch die Hilfe- und Pflegeleistungen.

> „Mit meinem Mann möchte ich gar nicht reden. Ich habe das Gefühl, der geht innerlich langsam an die Decke und kriegt ja nur eine Stinkwut auf meine Mutter, wenn er merkt , wie kaputt ich bin."

So wie Herr W., geben einige der Ehepartner den Hilfe-/Pflegebedüftigen die „Schuld" an den Belastungen, denen die Hilfe-/Pflegepersonen ausgesetzt sind, vor allem dann, wenn, wie bereits in Abschitt 2.4 erwähnt, die Hilfe-/Pflegepersonen sehr auf die Wünsche und Bedürfnisse der Hilfe-/Pflegebedürftigen eingehen. Der Mann von Frau I., die ihre gesamte Zeit, in der sie nicht arbeitet, bei ihrer pflegebedürftigen, blinden Mutter verbringt,

> „hat mit der Pflege nichts zu tun, das möchte ich auch von ihm fernhalten ... das ist halt die Schwiegermutter ... manchmal nervt sie ihn kräftig und dann geht er halt einfach. Es ist besser, er geht, als wenn er mir eine Szene macht und es gibt einen Mordskrach. Das will ich nicht."

Bei Frau U. und ihrem Mann gibt es gelegentlich „kleinere Konflikte", da

> „mein Mann nämlich meint, ich übernehme mich (mit der Pflege der Mutter), und da hat er ständig Angst".

Frau A. fühlt sich durch die komplizierte Pflege ihrer schwerstpflegebedürftigen Schwiegermutter, und den Wunsch ihres Mannes, seine Mutter bis zum Tod zu Hause zu betreuen, überfordert. Dies führt „öfter" zu Konflikten.

„Dann gibt ein Wort das andere. Da hab' ich auch schon mal gesagt, wenn dir das nicht gefällt, kannst du deine Mutter nehmen und mit ins Pflegeheim gehen. Aber er ist nie böse oder beleidigt darüber. Er dreht sich um und hat es vergessen."

In einigen Fällen werden die erwerbstätigen Pflegepersonen nicht nur mit den Anforderungen, die von Ehepartner und Pflegebedürftigen gestellt werden, konfrontiert, sondern sie gehören darüber hinaus der sogenannten „Sandwich-Generation" an, die gleichzeitig noch Elternfunktion für nicht erwachsene Kinder ausübt und deshalb auch für diese unterstützend tätig sein soll. Ein Beispiel hierfür ist Frau N., die sich durch die Anforderungen von Ehemann, Tochter und Schwiegermutter manchmal

„ganz schön zerrissen fühlt", weil „jeder nur an sich denkt".

Sowohl ihr Mann als auch ihre Tochter haben das Gefühl, daß Frau N. zu wenig Zeit für sie habe, weil „zuviel Zeit für die Oma draufgeht" und reagieren mit Eifersucht. Auch die Schwiegermutter „denkt immer, sie sei der Mittelpunkt". „Es ist schwierig, ihr klar zu machen, daß wir auch noch unsere Bedürfnisse und unser Kind haben."

Vier der befragten Frauen haben, seit sie Hilfe- und Pflegeleistungen für ihre Mütter übernommen haben, Konflikte mit ihren Brüdern und deren Familien, weil diese sich „überhaupt nicht" um die Mütter kümmern und den jeweiligen Befragten unterstellen, sich am (in allen Fällen sehr geringen) Einkommen und Vermögen der Pflegebedürftigen zu bereichern. Der Bruder von Frau F., der in einer anderen Stadt wohnt, hat, nachdem sie auf Bitten des Hausarztes begann, sich um die Mutter zu kümmern,

„erst mal die Konten meiner Mutter prüfen lassen, ob noch alles da war".

Der Bruder von Frau M., die vollzeit berufstätig ist und ihre schwerstpflegebedürftige Mutter bereits seit vielen Jahren versorgt, „glänzt total durch Abwesenheit, da werd' ich nicht damit fertig". Sie meint, daß „so ein Sohn gesetzlich zur Hilfeleistung verpflichtet" werden müßte.

Auch die Kontakte zu Freunden wurden bei allen Befragten seltener, was zum einen daran liegt, daß durch die Hilfe-/Pflegeverpflichtungen nun kaum mehr Zeit und/oder Kraft bleibt „noch was mit Freunden zu machen", außerdem spontane Verabredungen nicht mehr möglich sind, sondern „von langer Hand geplant werden müssen, damit in der Zeit jemand auf die Mutter aufpaßt" (Frau U.). Zum anderen gibt es bei drei Befragten Konflikte mit den „besten Freundinnen" wegen Art und Umfang der Pflegeverpflichtungen. Die „beste Freundin" von Frau U. reagierte mit Unverständnis, als diese vor drei Monaten ihre Mutter zu sich nahm und seitdem kaum noch Zeit hat. „Sie ist immer noch wütend, weil ihr fehlt jetzt irgend etwas." Frau W. dagegen ist „eine langjährige Freundschaft zerbrochen", weil die Freundin ihr vorwarf, sich zu wenig um die Mutter zu kümmern. „Es hat mir sehr wehgetan."

Frau A. vermißt die nachmittäglichen Besuche ihrer Freundinnen, die nach Eintritt der Schwerpflegebedürftigkeit der Schwiegermutter plötzlich aufhörten, sehr.

> „Sonst waren sie schon immer um fünf Uhr zum Kaffee hier und jetzt gar nichts mehr. Das hat mir auch schwer zu schaffen gemacht."

Vor allem alleinstehende Frauen sind durch die Belastungen aus der meist in Vollzeit ausgeübten Berufstätigkeit, den Hilfe-/Pflegeleistungen und ihrem Haushalt zunehmend isoliert. Frau C., die aus beruflichen Gründen vor 17 Jahren mit ihrer bereits damals pflegebedürftigen Mutter in eine Großstadt zog, hat hier kaum Kontakt. „Da lebt ja jeder für sich, das ist in einer Kleinstadt idealer". Wochenendbesuche in ihrer alten Heimatstadt werden seltener. Wenn sie von Freunden oder Bekannten zu einem Ausflug oder ähnlichem eingeladen wird, muß sie oft absagen.

> „Du, ich kann nicht, ich hab noch einen Haufen Wäsche, das kann ich halt nicht, ich bin eben noch voll berufstätig."

Auch Frau F. hat keine Freunde. Sie fährt lediglich mit einem Arbeitskollegen „abends zusammen einkaufen" und wäre „wenn ich den nicht hätte, völlig allein".

Zwei der alleinstehenden Frauen vermissen allerdings die fehlenden Kontakte nicht. Frau O. war

> „eigentlich immer schon lieber für mich und fortgehen tu' ich auch nicht, das hab' ich noch nie gemacht".

Frau H. ist ebenfalls „ein Mensch, der gerne allein ist und froh ist, wenn niemand kommt". Ihr sind „Tiere oft lieber wie Menschen".

4.2 Auswirkungen auf die Freizeit

Die Mehrzahl der Befragten hat, seitdem sie Beruf und Hilfe/Pflege miteinander vereinbaren müssen, „kein Privatleben" und „keine Freizeit mehr". Die beruflichen, familialen und pflegerischen Anforderungen lassen sich meist nur durch Reduzierungen im Bereich „Freizeit" vereinbaren. Dies bedeutet für die Betroffenen Verzicht auf Kontakte zu Freunden, auf gemeinsame Unternehmen mit dem Partner, auf Hobbies, Kultur und Sport, aber auch auf Möglichkeiten zum Entspannen und Ausruhen, in manchen Fällen sogar auf ausreichenden Schlaf.

Lediglich zwei Befragte haben nun mehr Freizeit als vorher, beide, weil sie ihre Berufstätigkeit zugunsten der Hilfe und Pflege drastisch reduzierten und die so gewonnene zusätzliche Zeit nicht vollständig durch die pflegerischen Anforderungen „verbraucht" wird. Frau E. arbeitet nun nur noch zwei Tage in der Woche, Frau B. wurde, wie bereits mehrfach erwähnt, „zwangsbeurlaubt". Beide haben dadurch „mehr Lebensqualität" gewonnen, obwohl sie einen erheblichen finanziellen Verlust hinnehmen müssen und nun von ihrem Lebenspartner bzw. Ehemann finanziell abhängig sind. Auch hier tragen die jeweiligen Partner deshalb (sowohl finanziell als auch durch pflegerische Hilfe) mit dazu bei, daß die häusliche Pflege leistbar ist.

Fehlender Kontakt zu Freunden ist, wie bereits erwähnt, meist dadurch bedingt, daß die Befragen keine Zeit, keine Kraft und auch keine Lust mehr haben, „noch mal rauszugehen" und in der wenigen verbleibenden Freizeit aktiv zu werden. Herr D. und seine Lebensgefährtin haben sich, seitdem sie sich zuerst um deren Mutter und dann um seine Eltern kümmern, „freundesmäßig stark zurückgezogen, weil das Wochenende halt weg ist".

> „Wenn man dann mal zu Hause ist, hat man auch wirklich absolut keine Lust, dann will man seine Ruhe haben, wo man ein Buch oder die Zeitung lesen kann, Radio hören kann oder so. Da will man eigentlich keinen Kontakt."

Frau N. hingegen bedauert, daß sich die Freunde nun kaum noch melden und fragen, ob ihr Mann und sie bei gemeinsamen Unternehmen mitmachen, weil sie einige Male wegen der Versorgung der Schwiegermutter ablehnen mußten.

> „Man wird gar nicht mehr gefragt, ob man dies oder jenes mitmacht, also man steht eigentlich ein bißchen außen vor."

Bei drei Befragten sind die Kontakte zu Freunden zwar insgesamt weniger, und der Freundeskreis auch kleiner geworden, die noch vorhandenen Freundschaften wurden aber intensiver. Frau L. und ihr Lebenspartner nehmen „jetzt gemeinsam viel häufiger eine Einladung an, daß wir nachmittags mal einfach zum Kaffee für eine Stunde hinfahren". Frau L. teilt nun ihre Zeit „besser ein". „Dann ist die Mutter mal eben um halb neun fertig und nicht erst um zehn, sie ist dann gewaschen, fix und fertig und dann gehen wir mal für zwei Stunden irgendwo hin." Manchmal unterbricht sie Besuche, fährt kurz zu ihrer Mutter nach Hause, um nachzusehen, „ob alles in Ordnung ist" und fährt anschließend wieder zu ihrer Einladung zurück.

Einige der Befragten vermissen vor allem die gemeinsame Zeit mit dem Ehe-/Lebenspartner und die in dieser Zeit betriebenen Freizeitaktivitäten. Frau U. hatte mit ihrem Ehemann, bevor sie ihre Mutter zu sich nahm, viele gemeinsame Freizeitaktivitäten, sie „joggten" gemeinsam, spielten Tischtennis, unternahmen Wanderungen und spielten abends „oft stundenlang" Karten, Halma oder Schach.

> „Freizeit in dem Sinne gibt es nicht mehr, weil alles, was wir früher zusammen gemacht haben, ist weg."

Frau A. findet es sehr belastend, daß wegen der ständigen Anwesenheitspflicht keine gemeinsamen Wochenendunternehmen und keine Urlaubsreisen möglich sind.

> „Am Wochenende geht mein Mann vormittags seine Wege und ich nachmittags, weil ja immer einer da sein muß."

Zwei der Befragten haben vor Eintritt der Hilfe-/Pflegebedürftigkeit ihre Freizeit meist mit dem nun Hilfe-/Pflegebedürftigen verbracht. Freizeitaktivitäten sind nun kaum mehr möglich, weil die Ehefrau von Herrn R. und die Mutter von Frau M. die Wohnung kaum bzw. überhaupt nicht mehr verlassen können und die Hilfe-/Pflegeperson diese auch nicht alleine lassen können oder wollen. Frau M. empfindet es als besonders belastend, daß das Leben für ihre Mutter und sie selbst nun

> „ohne Urlaub, ohne Ausflüge, keine Luftveränderung, Kultur auf Sparflamme"

stattfindet. Herr R. ging früher gerne mit seiner Frau aus, Theater- und Konzertbesuche und „das regelmäßige Tanzen" hatten ihm „viel Freude bereitet". Ab und zu geht er noch alleine in ein Konzert, empfindet das aber „immer als Entscheidung gegen meine Frau", die daran nicht teilnehmen kann, weil sie aufgrund der durch die psychische Erkrankung bedingten Angstzustände kaum noch die Wohnung verläßt.

Zwei der Befragten vermissen vor allem Rückzugsmöglichkeiten, wenn sie nach Hause kommen. Frau U. fehlt das „eigene Zimmer", in dem nun ihre Mutter wohnt, Frau H. möchte nach der Arbeit einfach „heimkommen und die Tür zumachen und erstmal in Ruhe eine Zigarette rauchen", was nun nicht mehr möglich ist.

Fast alle Befragten können aufgrund der Doppel- bzw. Dreifachbelastung nicht mehr richtig „entspannen" oder „abschalten". Bei drei Befragten wird dies durch die Sorgen, die sie mit ihren Kindern haben, und die bereits in Abschnitt 3.2.4 geschildert wurden, noch verstärkt.

Einige der Befragten haben zumindest eine Freizeitaktivität (Gymnastik- und Yogakurs, Volkstanzgruppe) pro Woche beibehalten, an der sie „eisern" festhalten und die ihnen die Möglichkeit bietet, zumindest kurz „abschalten zu können". Frau N. geht z.b. einmal wöchentlich mit Freunden zur Gymnastik.

> „Das ist so mein Ausgleich einmal die Woche. Den laß' ich
> mir auch nicht nehmen."

Sowohl Frau W. („das ist das schönste in der ganzen Woche für mich"), als auch Frau E. gehen mit ihren Partnern jeweils einmal in der Woche in eine Volkstanzgruppe, Frau E. bereits seit 20 Jahren.

> „Das habe ich durchgehalten mit dem Kopf unter dem Arm.
> Das mache ich, das hilft mir ungemein, das gibt mir Kraft."

Ein Teil der Befragten kann aufgrund der Belastungen und der Ausweglosigkeit der Situation nur noch schlecht schlafen. Herr R. schläft pro Nacht

> „nur noch maximal vier Stunden, auch aufgrund der ganzen
> Sorgensituation mit meiner Frau".

Er versucht, sich mit täglichem autogenen Training und einem zweimal täglichen „fünfminütigen Kurzschlaf" zu entspannen. Auch Frau G. leidet unter Schlafstörungen und kann oft „überhaupt nicht schlafen". Bei einem „Streßseminar" hat sie Entspannungs- und Atemübungen erlernt, die sie dann anwendet. Eine der befragten Frauen, die „nicht richtig abschalten" kann, nimmt seit Jahren regelmäßig Beruhigungsmittel.

Unterschiedliche Entspannungsmöglichkeiten nannte ein Teil der Befragten So „legt" sich Frau T. „in die Badewanne" und liest dort ein Buch oder geht ab und zu am Wochenende „mit einer Freundin frühstücken". Frau G. und Frau H. gehen mit ihren Hunden spazieren. Frau S., Frau C. und Frau N. hören „Musik", letztgenannte „guckt auch einfach mal ganz brutal Fernsehen". Frau C. „macht einen Videofilm an". Oft ist sie aber „so müde, daß ich einfach nur die Füße rauftue und ein Zigarettli rauche". Frau A. kann nur Abschalten und Entspannen, wenn sie an ihrem „freien Samstagnachmittag" in die Sauna geht. „Das möchte ich am liebsten jeden Tag machen."

4.3   Gesundheitliche Verfassung

Zwar können gesundheitliche Beschwerden nicht pauschal als Auswirkungen der Vereinbarkeit von Beruf und Hilfe/Pflege gesehen werden, es können aber zum einen bereits bestehende Krankheiten als zusätzliche Belastungen wirken und dazu beitragen, daß die beruflichen und pflegerischen Anforderungen nur noch mit Einschränkungen bewältigt werden können. Zum anderen wirken sich aber oft die Doppel- und Dreifachbelastungen, der ständige Zeitdruck, das nicht „Abschalten und Entspannen können", häufiges schweres Heben, wenn der Pflegebedürftige sich selbst kaum mehr bewegen kann, und fehlender Schlaf und Erholungsmöglichkeiten auch auf den Gesundheitszustand von erwerbstätigen Pflegenden aus.

Die Befragten wurden deshalb gebeten, anhand der in Tabelle 15 genannten Vorgaben ihren eigenen Gesundheitszustand einzuschätzen.

Tabelle 15: Einschätzung des subjektiven Gesundheitszustandes der Hilfe- und Pflegeperson

sehr gut	gut	zufriedenstellend	weniger gut	schlecht
1	6	3	7	3

Dreizehn der Befragten gaben an, gesundheitliche Beschwerden des Bewegungsapparates, die von Wirbelsäulen- und Bandscheibenbeschwerden über Arthrosen bis zu beginnender Osteoporose reichen, zu haben. Eine der Befragten leidet hierbei an einer ständig fortschreitenden Knochenentzündung. Aufgrund der damit einhergehenden permanenten Schmerzen muß sie starke Medikamente einnehmen, die eine Reihe von Nebenwirkungen mit sich führen. Einige der Befragten sollten wegen dieser Erkrankungen bestimmte Sportarten, vor allem Schwimmen, betreiben, finden dazu aber keine Zeit mehr.

Fünf der Befragten klagen über Magen- und Darmbeschwerden (nervöse Magenbeschwerden, chronische Gastritis, Magengeschwüre), drei jeweils über Störungen von Bauchspeicheldrüse, Galle und Niere.

Acht Befragte haben Herz- und Kreislaufbeschwerden, die von Durchblutungsstörungen über Herzrhytmusstörungen bis zu einem Herzklappenfehler und Angina-pectoris-Anfällen reichen. Eine der Befragten leidet nach einem Herzinfarkt des öfteren an Schwächezuständen und „Todesängsten". „Ich habe immer Todesangst, daß ich den nächsten Herzinfarkt kriege." (Frau F.)

Sieben Befragte nennen Schlafstörungen, Schlafmangel und Nervosität („die Nerven liegen blank"). Eine Befragte hat, seit es dem Pflegebedürftigen schlechter geht, „viel Gewicht verloren", eine andere leidet an ihrer rapiden Gewichtszunahme („ich esse aus lauter Verzweiflung").

Drei Befragte leiden unter Migräneanfällen, zwei an Klimakteriumsbeschwerden und zwei an Depressionen. „Manchmal fühle ich mich morgens schon zum Heulen, und ich habe inzwischen Angst vor jedem neuen Tag." (Frau W.) Zwei Befragte klagen über Schilddrüsenbeschwerden und Beklemmungsgefühlen in Hals und Brust. „Manchmal, durch Tränen oder so was, dann schnürt's mir den Hals ab." (Frau N.)

Knapp die Hälfte der Befragten macht sich aufgrund ihres Gesundheitszustandes und einer eventuellen Verschlimmerung der bestehenden Krankheiten Sorgen, ob sie die Pflege mittelfristig noch leisten können oder haben Angst, später selbst auf Hilfe und Pflege angewiesen zu sein, weil sie sich jetzt nicht genug schonen oder einer Krankheitsverschlechterung aus Zeitmangel nicht aktiv vorbeugen können. Zwei der Befragten wollen, wie bereits in Abschnitt 3.5 erwähnt, eine Erwerbsunfähigkeitsrente beantragen.

5. Zusammenfassung

Die in den Fallstudien befragten erwerbstätigen Hilfe- und Pflegepersonen leisten in der Mehrzahl in erheblichem Maß Hilfe/Pflege für ihre Angehörigen. Möglicherweise fühlten sich Erwerbstätige, die in geringerem Umfang Unterstützung leisten, durch unseren Aufruf nicht angesprochen, weil sie selbst sich noch nicht als Hilfe-/Pflegepersonen bezeichnen.

Die Fallstudien bestätigen im wesentlichen die Ergebnisse der Literatur- und der Sekundäranalyse. So ist die weit überwiegende Zahl der erwerbstätigen Hilfe-/Pflegepersonen weiblich, das Durchschnittsalter liegt bei 48 Jahren, über die Hälfte war 45 Jahre und älter.

Wie sehr allerdings die „Kernfamilie" einem Wandel unterliegt, und daß daher die Angaben über den Familienstand nicht (mehr) unbedingt geeignet sind, Rückschlüsse über die Lebensformen zu ermöglichen, zeigen vier der Befragten (immerhin ein Fünftel), die mit einem Lebenspartner/einer Lebenspartnerin zusammenleben. Diese Form des Zusammenlebens und die damit verbundenen Auswirkungen (Hilfe durch Dritte, weitere Anforderungen, soziale Beziehungen etc.) wird bisher durch Angaben zum Familienstand nicht dokumentiert.

Elf der Befragten haben Kinder, wobei hier das jüngste neun Jahre und das älteste 32 Jahre war, das Alter also eine Bandbreite von 23 Jahren umfaßt. Bei sieben der Befragten wohnen die Kinder noch mit im Haushalt, bei zwei weiteren im selben Haus. Diese Befragten gehören der sogenannten „Sandwich-Generation" an; obwohl die Kinder in der Mehrzahl bereits volljährig waren, fühlten sich die erwerbstätigen Pflegenden (hier nur Frauen) noch sehr verantwortlich für ihre Kinder und deren Wohlergehen. In drei Fällen hatten die Befragten massive Probleme mit der Lebensweise und der mangelnden Selbständigkeit ihrer Kinder, diese Belastungen und Sorgen wurden als weitaus schlimmer empfunden als die Anforderungen und Belastungen der Hilfe/Pflege für die älteren Angehörigen.

- Hilfe/Pflege

Bei den Hilfe-/Pflegebedürftigen handelt es sich ausschließlich um nahe Verwandte, in der Mehrzahl um die Mütter der erwerbstätigen Pflegenden; das Durchschnittsalter betrug 79 Jahre (wobei hier zwei „junge" Hilfe-/Pflegebedürftige - jeweils Ehepartner - im Alter zwischen 50 und 60 Jahren den Durchschnitt etwas senken), die jüngste Hilfe-/Pflegebedürftige war 53 Jahre alt, die älteste 93 Jahre.

Die 20 befragten Personen leisteten für insgesamt 27 Personen Hilfe/Pflege, das Verhältnis betrug also nicht 1:1. Insgesamt sechs der Befragten leisten hierbei nicht nur einer, sondern mehreren Personen Hilfe/Pflege. Die hierbei von den Hilfe-/Pflegepersonen gewährten Hilfeleistungen könnte man als „Hucke-Pack-Pflege" bezeichnen. So unterstützen vier der Befragten ihre Mutter bei der Pflege des Vaters, in einem Fall wird die Mutter bei der Pflege der Tante unterstützt und in einem Fall die Eltern bei der Pflege der Großmutter. Diese „Hucke-Pack-Pflege" umfaßt sowohl einen Anteil an der pflegerischen Betreuung des „Hauptpflegebedürftigen", als auch unterschiedlich umfangreiche Hilfe- und z.T. auch bereits Pflegeleistungen für die „Hauptpflegeperson", die ohne diese Unterstützung die Pflege nicht (mehr) leisten könnte.

Bei neun der Befragten leben die jeweiligen Hilfe-/Pflegebedürftigen im selben Haushalt. Bei weiteren sieben Befragten wohnen sie in unmittelbarer Nähe, d.h. entweder im selben Haus oder „nebenan". Dies erleichtert zum einen die Vereinbarkeit von Beruf, Familie und Pflege, weil keine „Anfahrtszeiten" erforderlich sind, und die Befragten „mal schnell rauf" oder „rüber" gehen können, zum anderen bedeutet dies für sie aber auch ständige „Abrufbereitschaft" und de facto die Versorgung von zwei Haushalten.

Bei einigen Befragten steigerten sich die Hilfe-/Pflegeleistungen für ihre Angehörigen langsam, so daß ein genauer Zeitpunkt, ab dem die Hilfe/Pflege geleistet wird, nicht zu bestimmen ist. Häufig werden auch unterstützende Leistungen noch nicht als besondere Hilfen wahrgenommen, so daß sich erst allmählich eine Verlagerung ergab, aber „irgendwann" die erwerbstätigen Pflegenden viele oder alle Dinge des täglichen Lebens für den Hilfe-/Pflegebedürftigen regelten. Die konkrete Pflege wurde allerdings bei den Angehörigen von 14 Befragten durch deren sich plötzlich verschlechternden Gesundheitszustand, meist bedingt durch die Folgen eines Schlaganfalls, ausgelöst.

Die von den Befragten erbrachten Hilfe-/Pflegeleistungen werden von ihnen selbst, aber auch von behandelnden Ärzten meist als „sich (um die Mutter, die Schwiegermutter etc.) kümmern" bezeichnet. „Sich kümmern" umfaßt dabei ein wesentlich breiteres Spektrum als der Begriff „pflegen", die Hilfeleistungen reichen hier von der Rolle des oft alleinigen „Ansprechpartners" über Hilfe bei den Ausführungen der instrumentellen Aktivitäten des täglichen Lebens, weil der Betreffende „es nicht mehr geregelt kriegt", bis hin zur Verrichtung der Grund- und Behandlungspflege bei Schwerstpflegebedürftigkeit. „Sich kümmern" bedeutete für sieben der Befragten, den Hilfe-/Pflegebedürftigen zu sich zu nehmen, weil dieser „nicht mehr alleine zurechtkam".

Überwiegend handelt es sich bei den Hilfe-/Pflegebedürftigen um multimorbide, bereits auf ein beträchtliches Maß an Hilfe und Pflege angewiesene Personen, die in der Mehrzahl neben anderen Beeinträchtigungen und Krankheiten unter Lähmungserscheinungen nach Schlaganfällen, (zeitweiser) Inkontinenz und mehr oder minder umfangreichen Verwirrtheitszuständen leiden. Bei den hier Befragten kann daher nicht davon ausgegangen werden, daß der Grad der Pflegebedürftigkeit grundsätzlich entscheidend für die Vereinbarkeit von Hilfe/Pflege und Beruf ist.

Für einen Teil der Befragten und vor allem für deren zu pflegende Angehörige scheinen hingegen Alten- und Pflegeheime mit so negativen Vorstellungen besetzt zu sein, daß sie keine Alternative zur häuslichen Pflege darstellten und weiter darstellen, selbst wenn die Pflege mit sehr großen Belastungen verbunden ist. Der Gedanke, die Angehörigen „dorthin abzuschieben", ist für diese Befragten „unvorstellbar", manche Befragte fürchten allerdings auch die Zuzahlungspflicht, da die Hilfe- und Pflegebedürftigen meist nur über ein sehr geringes eigenes Einkommen verfügen.

Die Zeit, die für die täglichen Hilfe- und Pflegeleistungen aufgewandt wird, läßt sich für viele nur schwer in eine konkrete Stundenzahl fassen, gerade Befragte, die zusammen mit dem Hilfe-/Pflegebedürftigen wohnen, fühlen sich „ständig auf der Matte". Alle Befragten leisten aber täglich in unterschiedlichem Umfang Hilfe/Pflege, im geringsten Fall ca. eine Stunde, im höchsten ca. sechs Stunden täglich.

Besonders belastend empfindet die Mehrzahl der Befragten die von ihnen beobachtete Wesensveränderung ihrer Angehörigen, die diese „negativ", „pessimistisch", aber auch „unruhig" und „aggressiv" macht. Außerdem beklagt ein Teil der Befragten die zum Teil mehrmaligen nächtlichen Störungen, wenn die Hilfe-/Pflegepersonen die Toilette aufsuchen müssen, das aber nicht ohne Hilfe können oder aufgrund ihrer „Verwirrtheit" „umherwandern". Dies führt zu zum Teil erheblichem Schlafmangel.

Ambulante Dienste (Sozialstation, „Essen auf Rädern") werden nur von fünf Befragten für ihre Angehörigen in Anspruch genommen, in vier weiteren Fällen verzichtete man auf die Hilfe von Sozialstationen, weil man mit Art und Umfang der Leistungen nicht zufrieden war. Insgesamt wird ein (oft nur sehr kurzer) Einsatz der Sozialstationen pro Tag als zu wenig empfunden, der Zeitdruck, unter dem sich das Pflegepersonal befindet, kritisiert, ebenso wie der häufige Personalwechsel und die zum Teil geringe Ausbildung und Motivation des Personals. Gewünscht wird neben mehr (Nachmittag und Wochenende) und flexiblerer Betreuung vor allem Begleitung zu Arztbesuchen, da der Hilfe-/Pflegebedürftige meist alleine nicht zu transportieren ist und auch mehr Kommunikationsmöglichkeiten, mehr „Unterhaltung" für die Hilfe-/Pflegebedürftigen.

Für die Zukunft denkt die Hälfte der Befragten darüber nach, den Hilfe-/Pflegebedürftigen eventuell in einem Pflegeheim unterzubringen, wenn die Belastungen zu groß werden, ein Teil von ihnen glaubt allerdings, dies dann doch „nicht übers Herz zu bringen". Gerade für alleinstehende erwerbstätige Pflegende, die alleine auf ihr Einkommen angewiesen sind, und die die Arbeitszeit deshalb nicht oder nicht weiter reduzieren können, ist allerdings dann der Punkt erreicht, wenn die Pflege in der verbleibenden Zeit nicht mehr leistbar und während der Arbeitszeit eine Pflege durch Dritte nicht möglich und auch nicht finanzierbar ist. Einige der Befragten, die die Pflege bereits seit Jahren leisten, empfänden dies als besonders „schmerzhaft", weil sie es letztendlich nicht „geschafft" hätten, Beruf und Pflege zu vereinbaren und ihren Angehörigen einen Heimaufenthalt „zu ersparen", was für sie die bereits jahrelang erbrachten Leistungen in gewisser Weise negiert.

Bei einem Teil der Befragten zeichnet sich in der Familie bereits der nächste „Pflegefall" ab, diese wollen darüber „aber noch nicht nachdenken", hoffen, daß der Betreffende „so vernünftig ist, in's Heim zu gehen", oder würden aber für diesen „das Gleiche tun, was ich jetzt mache" und auch hierfür Hilfe/Pflege leisten.

- Beruf

Berufsausbildung, Berufsverlauf und derzeitige berufliche Tätigkeit sowie das Qualifikationsniveau der Befragten sind unterschiedlich. Die Problematik der Vereinbarkeit von Berufstätigkeit und häuslicher Pflege stellt sich also nicht nur für eine bestimmte Gruppe, ein bestimmtes Geschlecht, bestimmte Branchen oder Qualifikationsebenen, obwohl es bei den Befragten Häufungen in den frauenspezifischen Berufen Sekretariat und Sachbearbeitung gibt.
Ein Viertel der Befragten (verheiratete Frauen mit Kindern) war bereits vor Übernahme der Hilfe- und Pflegetätigkeit aus familiären Gründen teilzeitbeschäftigt. Diese „Frei-Zeit" wurde mehr oder weniger nahtlos statt zur Betreuung der Kinder nun auf die Betreuung der Pflegebedürftigen verwandt.

Bei den Auswirkungen der Hilfe/Pflege auf die berufliche Situation der Befragten gibt es keine relevanten Unterschiede zwischen den Angehörigen des Öffentlichen Dienstes und Mitarbeitern der „freien Wirtschaft". Ebenso gibt es keine relevanten Unterschiede zwischen Angehörigen von Betrieben, die Maßnahmen für pflegende Mitarbeiter anbieten und solchen ohne diese Maßnahmen. Interessant ist in diesem Zusammenhang, daß die Angst vor Verlust des Arbeitsplatzes aufgrund der zu hohen pflegerischen Anforderungen und der damit verbundenen Auswirkungen auf den Beruf gleichermaßen bei den Angehörigen der Betriebe und des Öffentlichen Dienstes besteht. Auch die beruflichen Anforderungen werden von den Mitarbeiterinnen und Mitarbeitern der Betriebe und des Öffentlichen Dienstes nicht unterschiedlich erlebt.

Werden von den Betrieben und vom Öffentlichen Dienst Maßnahmen zur Unterstützung pflegender Mitarbeiterinnen und Mitarbeiter angeboten, so handelt es sich bei den von uns Befragten ausnahmslos um solche der Arbeitszeitreduzierung oder Beurlaubung. Nur in einem Fall erfolgte eine bezahlte Beurlaubung (allerdings nur für maximal 10 Tage im Jahr).

Es kann aufgrund der Ausführungen der Befragten davon ausgegangen werden, daß diese Maßnahmen von den Betrieben und vom Öffentlichen Dienst vor allem als Regulativ gesehen werden, um die Beschäftigungszahl zumindest zeitweise reduzieren und damit Personalkosten sparen zu können, und nicht, weil dem eine bestimmte Unternehmensphilosophie oder ein besonderes Verständnis für die Situation von erwerbstätigen Pflegenden zugrunde liegt.

Die Reduzierung der Arbeitszeit ist für die Betroffenen oft die einzige Möglichkeit, Beruf und Pflege zu vereinbaren. Dies hat allerdings gravierende Auswirkungen auf das Haushaltseinkommen, auf die rentenrechtliche Absicherung und auch auf die Urlaubsansprüche. Manchmal wird zwar die Arbeitszeit reduziert, nicht aber der Arbeitsumfang.

Gerade Alleinstehende, aber auch Personen mit einem Ehe- oder Lebenspartner können es sich aus finanziellen Gründen oft nicht oder nur in einem bestimmten Umfang „leisten", die Arbeitszeit zu reduzieren oder sich beurlauben zu lassen, wobei sich dies auch auf die eigene Zukunft und die dann zu erwartende Rente bezieht.

Die Hälfte aller Befragten berichtet über mangelndes Verständnis und fehlendes Einfühlungsvermögen von Vorgesetzten und/oder Kollegen. In einigen Fällen hatte das Verhalten, insbesondere der Vorgesetzten, gravierende Auswirkungen auf Beruf und Pflege, so daß permanenter Leistungsdruck, Demotivation und/oder „innere Kündigung" die Folge waren.

Häufig hängt das Verständnis und Einfühlungsvermögen von Kollegen und Vorgesetzten davon ab, ob und wie diese selbst mit Hilfe- und Pflegebedürftigkeit in der Familie konfrontiert wurden.

In höher qualifizierten Berufen ist eine gleichzeitige Pflegeleistung oft nicht üblich. Das Verständnis von Kollegen und Vorgesetzten ist daher wenig ausgeprägt, Wünschen nach Teilzeitvereinbarungen wird daher nicht oder nur unter Schwierigkeiten nachgekommen.

Fehlzeiten sind, so scheint es, besonders vor dem Hintergrund des derzeitig vielfach zu beobachtenden Arbeitsplatzabbaus ein heikles Thema. In keinem Fall wurde angegeben, schon mal aus Krankheitsgründen daheimgeblieben zu sein, um den Pflegebedürftigen zu versorgen. Gleichzeitig betonten die Hälfte der Befragten, kaum oder nie krank zu sein, dies verdeutlicht die Angst, nicht als voll leistungsfähig zu gelten.

Vierzehn Befragte gaben an, Urlaub zur Aufrechterhaltung der Pflege oder Wahrnehmung von Arztterminen und Behördengängen mit oder für den Pflegebedürftigen nehmen zu müssen. Bei Teilzeitvereinbarungen reduziert sich der Urlaubsanspruch, so daß weniger Erholungszeit zur Verfügung steht.

Bezüglich ihrer beruflichen Situation wünschen sich die Befragten von Vorgesetzten und Kollegen vor allem mehr Verständnis, sowie mehr Flexibilität des Arbeitgebers, wenn es um die pflegerischen Belange geht. Flexibilität wird dabei zum einen im Hinblick auf die Reaktionen auf Bedürfnisse der Mitarbeiterinnen und Mitarbeiter bei sich akut zuspitzenden Pflegesituationen (kurzfristig Urlaub, Teilzeit) gewünscht, als auch bezüglich einer freieren Einteilung der Arbeitszeit (umfangreiche Gleitzeit, Möglichkeit, am Abend oder Wochenende noch einmal in den Betrieb zu kommen oder Arbeit mit nach Hause nehmen zu können). Außerdem wünscht sich die Mehrzahl der Befragten betriebliche Informationsveranstaltungen zum Thema Hilfe/Pflege für ältere Menschen. Bei Teilzeitvereinbarungen und Beurlaubungen aufgrund der Hilfe/Pflege wünschen sie sich keinen Ausfall von Renten- und Betriebsrentenansprüchen.

- Familie, Freizeit, Gesundheit

Die Ehe- und Lebenspartner der Befragten beteiligen sich in unterschiedlichem Ausmaß an der Hilfe/Pflege oder an sonstigen Tätigkeiten, z.B. im Haushalt. Dabei scheinen bei den Befragten Lebenspartner und Ehepartner in Ehen ohne Kinder mehr Hilfe und Verständnis für diese aufzubringen, als Ehepartner (hier nur -männer) in Ehen mit Kindern. Dies mag darin begründet sein, daß bei letztgenannten Familien eine eher herkömmliche Rollenteilung herrscht, in der die Frauen für Haushalt und Kinder und in der - fast automatischen - Folge auch für die älteren Hilfe- und Pflegebedürftigen „zuständig" sind.

Bei einem Teil der Befragten entstehen durch Konflikte mit dem Partner in nicht geringem Umfang Belastungen, die meist daraus resultieren, daß dieser sich „zurückgesetzt" fühlt und meint, dem Hilfe-/Pflegebedürftigen wird zu viel Zeit gewidmet. Bei anderen Befragten tragen allerdings die Ehe- und Lebenspartner wesentlich dazu bei, daß die häusliche Pflege leistbar ist, entweder weil sie in sehr hohem Maße selbst einen Teil der pflegerischen Aufgaben übernehmen, und/oder durch ihr Einkommen gewährleisten, daß Arbeitszeitreduzierungen oder Beurlaubung möglich sind.

Vor allem alleinstehende erwerbstätige Pflegende sind durch die Belastungen von Beruf, Hilfe/Pflege allerdings zunehmend isoliert und können keinen Freundes- und Bekanntenkreis pflegen.

Bei allen Befragten lassen sich die beruflichen, pflegerischen und familialen Anforderungen nur durch Reduzierungen im Bereich „Freizeit" vereinbaren. Dies bedeutet für die Betroffenen Verzicht auf Kontakte zu Freunden, auf gemeinsame Unternehmen mit dem Partner, auf Hobbies, Kultur und Sport, aber auch auf Möglichkeiten zum Entspannen und Ausruhen; in manchen Fällen sogar auf ausreichenden Schlaf. Knapp die Hälfte der Befragten macht sich aufgrund ihres reduzierten Gesundheitszustandes und einer eventuellen Verschlimmerung der bestehenden Krankheiten Sorgen, ob sie die Pflege und den Beruf mittelfristig noch leisten können bzw. haben Angst, selbst später auf Hilfe und Pflege angewiesen zu sein, weil sie sich jetzt nicht genug schonen oder einer Krankheitsverschlechterung aus Zeitmangel nicht aktiv vorbeugen können.

Anhang I:

The Position of Eldercare in The Danish Welfare System

In perspective of a high female employment ratio

PREFACE

This report has been prepared for the Institut für Gerontologie, Dortmund, by the DaneAge Association in Denmark.

The work has been supervised by George W. Leeson, Head of Research and Development, and conducted by Research Assistants Niels Arendt Nielsen and Helle Stauersböll.

Copenhagen, June 1994

1. INTRODUCTION

The responsibility for the care of the elderly is placed differently in the individual countries. During the 1960` and 70` the economic growth involved a strong demand for women at the Danish labour market. Increasing labour market participation for women involved a gradually transfer of eldercare to the public sector. It is evident that a major social acceptance of transfering the responsibility of eldercare to the taxfinanced public sector can be traced in the Danish society.

Compared with other countries very little interest has as yet been show in Denmark in examining the extent and content of the care provided by the relatives. There are several reasons for this. First, the public services are relatively well-developed in the welfare state context. Second, there is no legal obligation for the family to take care of their old parents. Furthermore the high female employment ratio and the increasing population of the old combined with a large number of elderly who live alone, create a situation in which a highly developed public service and care system for the elderly is required.

The general public debate in Denmark reflects the growing concern of how to finance the increasing need for eldercare. Thus the Danish welfare system is today standing at a crossroad.

In this paper we will discuss how the public sector try to provide eldercare services. The public sector angle is of crucial importance for understanding the structure of the Danish welfare system where the public sector has the main responsibility for eldercare. Furthermore we will address a number of current eldercare policies initiated in an attempt to restructure the Danish eldercare system.

Chapter 2 analyses the demographic developments, the female labour market participation and the female work status on the labourmarket. Chapter 3 discusses the Danish welfare model and policies of eldercare. Chapter 4 discusses the formal public eldercare and chapter 5 the informal eldercare. Chapter 6 analyses the expenditure of the public sector and chapter 7 states the main conclusions.

2. THE DEMOGRAPHIC FUTURE AND FEMALE EMPLOYMENT RATIO

2.1. The Demographic Future

The population of Denmark is aging, and this development is expected to continue in the future. The proportion of the „ very old" will increase in the nearest future.

Even though the forecast is uncertain, especially in relation to the number of births, the trend is quite clear and significant.

Figure 1

Proportion of elderly

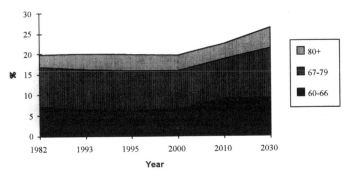

Source: Statistiske efterretninger, Danmarks Statistik, 1993

The proportion of people aged 60 and more will increase in the next century as illustrated in figure 1. The proportion of very old aged 80 and more has increased in the 1980's and will increase by 3 % from the year 1993 to the year 2000. This is important, because the proportion of elderly who need intensive care increases with age. From 2000 to 2010 the proportion of the aged 60 to 66 will increase dramatically - 48 % compared with 1993 - but in the rest of this century the proportion will fall.

The proportion of people aged 25-59, who make up the generation that supports the elderly increases by 4 % until the year 2000, but on the other side of year 2000 the proportion will fall. At this point, it is important to note that the average retirement age for men is 62,6 and for women 60,4[1] (The Danish

---

[1]   This is for people who are on the labour market at the age of 50

Commission on Social Affairs, 1993) so the women retire earlier partly because of private eldercare responsibilities. The average retirement age is very important with regards to the financing of the dependency ratio.

The increasing proportion of the elderly and the decreasing proportion of younger people are bound to alter the population composition of Denmark (and in Europe as a whole) right on the other side of year 2000. From now until the year 2000 the ratio of very old people increases. This will involve a higher demand for intensive care.

It is the „babyboom" in the 1940's and the decreasing mortality through the nineteenth century that is changing the demographic proportions dramatically.

2.2. Women and the Labourmarket

Both in the Nordic countries and in the EU-countries the female employment ratio has grown since the 1960's. The areas of trade and service have grown and with it a higher demand for women on the labourmarket. A part of the growth, since the sixties, has involved a change from unpaid work to paid work in both the public and private sector. The growth in the workforce is primarily a result of a higher female employment ratio.

Here, we will investigate the female employment ratio divided into agegroups (5 years), which sectors the women are working in, the quota of women in the sectors, their „collar", and the social contact between the generations.

Basically, there exists three types of age-class distributions of the female employment, which illustrate the historical development:

Type 1: the women are on the labourmarket until they have children. This is the old traditional family structure where the men work and the women take care of the family and domestic matters.

Type 2: the women are on the labourmarket until they have children and then reenter the labourmarket when the children are older.

Type 3: the women stay on the labourmarket regardless of their having children. The women are only on maternity leave for half a year and then return to the labourmarket.

The female employment ratio was 76 % (age 16-66) in 1993. The male employment ratio was 83 %. Figure 2 illustrates the historical trend of the female employment ratio in Denmark.

Figure 2

Female employment ratio

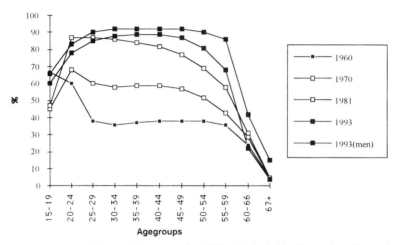

Source: Employment in Europe, The commission of EU 1993, Statistiske Efterretninger, Danmarks Statistik, 1993

In 1960 and 1970 the female employment was type 1 and type 2, but today it is type 3.

Today the women stay on the labourmarket and the employment ratio is almost like the male employment ratio. The female employment ratio in Denmark is the highest in Europe. The employment ratio is much higher for all agegroups except for older women. It is possible to retire from the labour market at the age of 60, and women retire earlier than men.

The reasons for the higher female employment rate are the change in attitudes and a powerful trend towards equal rights in all areas of the Danish society. In the sixties, both the female labour supply and labour demand increased. The demand for materialistic goods increased and especially the possibilities for buying houses got better on account of a high inflation rate. This „pushed" the women out on to the labourmarket. The economic growth raised the labour demand in both the public and private sectors and „pulled" the women out on the labour market.

This process in the Danish society increased the demand for services, child- and eldercare. This trend made it socially accepted that the responsibility of child- and eldercare was transferred to the public sector. The last thirty years of progress in attitudes are also visible in the female employment ratio. Today the female employment ratio is only 3 - 4 % under the male employment ratio for the agegroups under 50. In the agegroups above age 50 the female employment ratio is between 12 % - 20 % less than the male employment ratio.

The trend towards equalization between the sexes on the labourmarket is in progress, but high unemployment has made the situation more difficult and inflexible for the families. People are afraid of losing their jobs. In 1993 on average 13.7 % of the women were unemployed, which is 2.4 %-points more than the average of men.

In the higher female employment ratio is hidden that 28.2 % of the women work part time and only 12.7 % of the men work part time.

In 1994 the government extended the possibilities to be on leave for educational, childcare or sabbatical purposes. The state pays the benefit, but the leave possibilities are only open if the employer and employee agree. The government wants more circulation on the labourmarket, because of the high unemployment rate. It is mainly women who take leave from the labourmarket to care for their children.

In the Danish society the trend is moving towards a wider acceptance of staying at home to care for children. Thus, there is again both a „push" and a „pull" effect.

2.3.   Where do Women Work?

As mentioned before women mainly work in the public and private service sector. Child- and eldercare is now paid professional work in the public sector and is mainly performed by women. Figure 3 illustrates the distribution of the sectors where women are employed. 28 pct. of all women at work are employed within the health and social service.

Seen in the light of the historical higher labour demand in all sectors, it is interesting to illustrate the quota of women in the sectors and the work categories. Figure 4 illustrates that about 84 % of the staff in the health and social sector are women. 2/3 of the women are socalled white collar workers which include nurses and 29 % are blue collar workers, which includes home help. The women account for more than 90 % of the staff working as home helpers.

There only exists legislation and labourmarket agreements in case of pregnancy, personal illness or if ones child is ill. There is almost nothing in relation to eldercare. Therefore it can be very difficult for the working families to overcome responsibilities or just to visit their old relatives.

Figure 3

Women and sectors, 1993

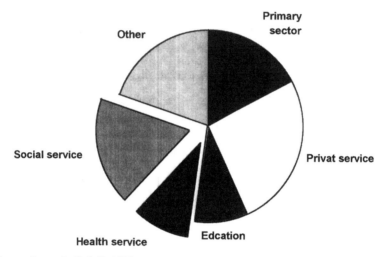

Source: Danmarks Statistik, 1994

Figure 4

Female ratio in sectors, 1992

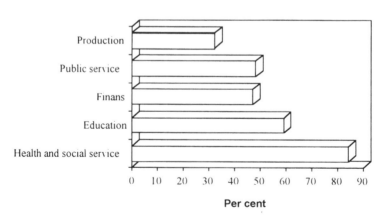

Source: Danmarks Statistik, 1994

2.4.   The Social Relations in the Family

The social network is a very important aspect for the elderly. Many old people have lost their spouse and/or friends. The health is also vital for the mobi-
lity and possibilities for having a social network. A lot of the very old need practical and personal help daily. Seen in that light it is important to analyse the
composition of the families and the size of the household.

Merete Platz (1989) has made an excellent research of the social contact of
the elderly.

About 80 % of the elderly aged 70 or more have children. 70 % (30 %) of the
women (men) are single. 24 % (62%) of the women (men) are living with their
spouse. Only 3-4 % of the elderly are living in a household with a child.

The proportion of elderly living with a child is very small, but the proportion of
single old women is much larger than that of men, because of a higher average lifespan, and because of women traditionally marry men who are older
than themselves.

Two out of three of the elderly have a child in a travel distance of less than
30 minutes. Two out of three of the elderly have seen a child within the last
week before the interview. The interview also described that older women who
are single are much better to stay in contact with their children than old single
men.

Finally, the interview stated that the elderly without children have a weaker
network than elderly with children. About 10 % have a weak network and the
network does not depend on age.

It is important to mention that the elderly have different perceptions of being
alone. Most of the elderly aged 70 and more are in good contact with the
relatives.

The increasing number of older persons - and especially very old - involve
an increasing demand for eldercare. This demand can be met either through
an extended public supply of care services, by the families or by volunteers.

3. THE DANISH WELFARE MODEL

3.1. Introduction to the Danish Debate on Eldercare Policies.

In recent years, the combination of an ageing population and economic restraints in general, have provoked an overall European trend towards the reanalysing of welfare arrangements such as support and care for the elderly.

Much of the debate and research, concerning the ageing population and the growing need for economic and social means for this area, often emphasizes the **economical problems** of financing care and support for future generations of older people. In many countries policy initiatives such as higher pension ages, and cutbacks in welfare benefits and caring provisions have already been put into effect. Likewise, the search for non-public solutions is a dominant characteristic of the debate.

As the elderly group evolves into being the majority of the European population, older people have been placed on top of the agenda of the socio-economic discussions. There is however some evidence that the portraition of older people as threatening the viability of welfare states is a somewhat unfair and misleading approach. Ginn (1994) writes in her research on „conflictual ageism" that:

„Although the economic problems of western society are formidable, and exacerbated by the ageing of the population, they do not arise from older people using their electorial strength or organisational power to gain a priviledged standard of living. On the contrary most older people, and particularly older women, are less well-of than the rest of the population"
(Ginn: Grey power, Gender and Class, 1994)

The point made by Ginn is important to remember when we discuss the demographic developments and the economic restraints. What we are dealing with is by no means an affluent group in society. This puts forward even greater demands for our ability to create sufficient policies in a time with general economical problems.

Furthermore, recent European research does show strong evidence of poverty, loneliness and insufficient care provision for large parts of the elderly in Europe.[2] As the gender division in the labourmarket equalizes and family patterns changes, the need of alternative care provision increases.

---

[2] Nielsen (1994)

Even though almost all the European countries face similar problems with regards to the ageing of the population, they do have very different national welfare models and different policies with which they meet the future challenges. Tradition, culture and political ideology have strong influence on the policy-making. It is, however, characteristic that the policies have strong gender specific consequences, both with regards to older and younger women.

A recent European study, based on national contributions from a number of EU-countries, has shown that the welfare arrangements in the various countries differs a lot in terms of level of benefits, extent of care provided, target-group etc. Moreover the study argues that the individual welfare model has great influence on the living conditions, choices and minimum rights of older people in general and older women in particular. (Nielsen 1994, also Abrahamsson, 1992)

Seen from the point of view of the elderly, it thus makes a difference in what direction the eldercare policies will develop and to what extent the economical scarcity will control the political debate and paralyse our ability to create new and better policies.

The Danish eldercare policies have also undergone changes in the light of the growing demands and economical restraints. The policy-making have formed a two-tier strategy; one concerns the building of compulsory pension schemes as a supplement to the universal state pension and the other concerns the restructuring of care and health services for the old.

A number of experimental projects have been set into work, a.o. volunteers, networks and preventive health care. Likewise, considerations regarding the greater involvement of the private market and civil society has entered the debate and the policy making.

What characterises the best of these initiatives is an openmindedness towards new methods and possibilities and a greater involvement of the users and/or their relatives.

It is however obvious that Danish eldercare policies, also in the future, will have its solid foundation on a high level of state funded social services for the old. What has been tried in recent years are, at best, fruitful and interesting supplements to a still basically tax financed and publicly provided eldercare system.

251

3.2.   The Danish Welfare Mix

Regarding the provision of care for older people, the two most significant differences in welfare arrangements concern first and foremost **upon whom** the responsibility is placed and secondly in which sector and by what actors the caring is provided.

In some countries it is the family and other informal networks that play the significant part and in other countries it is the state and public sector. In many countries arrangements, based on market conditions and/or private organisations, to a greater or lesser extent play a large part in fulfilling the need of care for the elderly.

Naturally, a balance and cooperation between the three sectors are seen in all countries, in the way that no sector alone exclusively provides the necessary care for the elderly. There is however decisive differences between the distribution among the sectors in the individual countries.

One often refers to this distribution as the welfare mix or the support triangle, and it can be illustrated in a simple way by a triangle (Originally from Evers (1988), see also Abrahamsson (1992) and Svarre Christense (1993)).

The main characteristic of the Danish welfare mix is that the state and public sector hold both the responsibility and also act as the primary provider of social services for the old.

Svarre Christensen (1993) describes the Danish welfare model as one where the state plays the leading role both as the arranger, the producer and the financer of care and support for the old. This means that the state is the one who <u>arranges</u> **what** kind of services that should be provided by **whom and where**, and they also <u>produce</u> the service through publicly employed personnel,and <u>financing</u> the whole thing through taxes.

3.3.   Targetgroup and Financing

The Danish welfare state is thus often characterized as an institutional welfare state and it plays a significant part also as an employer. Approximately 30 % of the Danish labourforce is employed in the public sector and almost 2/3 of that in the social, health or educational sectors. (Danmarks Statistik) As shown in the previous section 2, Figure 3, a large amount of women are employed in the public sector.

The publicly arranged, financed and provided care services are offered to all citizens on the basis of citizenship - not insurance and/or user-payments.

The Danish health care system offers an efficiency benefit, because of its single abovelying bureaucratic system, as opposed to the continental countries where a distinction between the insurance and the public maintenance forces these countries to have several parallel running bureaucratic systems. Health care, home care, day-centers, nursing homes and all the other public initiatives for older people are thus basicly free of charge and also independent of personal income, fortune etc.[3]

From the Eurobarometer survey (1993): „Age and attitudes" it appears that more than 2/3 of the elderly in Denmark who receive care are being assisted by the social service.

It is likewise significant, that the financing of the eldercare policies, mainly comes from general government contributions allocated through the general tax system whereas other EU-countries predominantly use labor market contributions and subscriptions (section 2).

3.4 Legitimate Welfare and Minimum Rights

There are several factors characteristic of the Danish welfare model, which enables a high level of legitimacy for the recipient of care.

First and foremost, the principle of citizenship as constituting the basis for who is entitled to benefits and social services has a decisive effect on legitimacy. As pointed out earlier, social services are independent of labormarket participation, public or private insurances, family, marital status etc. This does naturally limit the risk of marginalisation of less affluent groups of older people in society, but it also removes the stigmatization of the recipients. The aid gets character of a service rather than of charity.

Maybe partly because of the universality of the eldercare services, a broad consensus can be traced within the Danish society that the elderly have a right to aid and service from the public sector - if and when need arises. It is in other words fully legitimate to demand and receive such services and it is in general viewed by society to be a public responsibility of very high priority. Whenever an old person has been neglected help or been unfairly treated by the authorities these stories are the ones that call for the most alarm in the public opinion when they reach the press.

---

3 This statement calls for some modification. All citizens in Denmark aged 67 and over are entitled to a statepension called „The peoples pension". If living in a residential home, a certain amount is drawn from your state pension as a payment for the expenses, a certain amount is however saved for the old persons personal needs.

Likewise, there is no shame or degradation attached to the receiving of help and social services from the public sector since the help is open and free for all citizens regardless of class, background, income, fortune etc.

The perception of the social service as a right free of stigma, is however a trend which can be seen most clearly in the younger generations of elderly. Several studies confirm that this perception has a generational bias - the concern of not being a burden to anyone, including the local authorities, has of course not completely disappeared.

Worth emphazising is also that the social service system enables the elderly to be independent of their family or relatives.

This is naturally of great importance for those with very little or no family network to depend upon. But it also gives the old a set of minimum rights which have great impact on the possibility to continue a dignified and independent existence in old age, for instance, it relieves the old from feeling as a burden to their families.

Current national and European research indicate the presence of concern by the elderly for becoming a burden to their families and relatives. The research shows that in countries depending heavily on informal care more old people were concerned about being a burden to their children (Nielsen, 1994). In precent UK research (Arber,1994) the elderly were found to have a preference for receiving care from either their spouses or the state.

One might add to this, that the Danish welfare model holds crucial gender-specific advantages. Since women in general are more vulnerable than men in terms of lesser or no pension savings and, as a group, are more likely to become informal carers for a spouse in their old age, it is obvious that an universal tax-financed social service system like the Danish holds crucial female advantages.[4]

With a highly developed infrastructure of service provision (formal care), the informal carers, i.e. mainly women, are more likely to avoid some of the disadvantages connected with extensive caring responsibilities, such as a disconnection to the labormarket, reduced pensions, exhaustion and isolation.

Another factor underlining the independence between the elderly and their families are the legislative responsibilities, which are formally placed on the state. In this way the publicly provided social service also **legitimise the informal carers to recieve assistance and relief from the public social service**, and enables them to participate in other spheres of society.

Finally, formal care can, in certain situations, be a necessary relief if the caring tasks are particularly heavy. As pointed out by Sundström (1994) the standards of acceptable care for the old and frail has changed over the years and might not even be possible to provide by informal carers.

The principle of citizenship raises some serious problems in the situation where the demand for service exceeds the supply. Some even blame this to have been exagerated since 1989 when a symbolic users payment fee for home help, paid by old people with a certain high level of income, was stopped.[5]

When the municipality is legally obliged to give services to all citizens in need, the risk of letting down the weakest or frailest is a realistic one. This has put forward a trend since 1988 in most municipalities where domestic tasks, cleaning and social contact between the home carers and the old, has been cut down in favour of taking care of the most urgent care jobs such as personal care, feeding etc. (The municipalities actually emphasise that the cut down has to do with more and frailer old people (Report From The Commission of Social Affairs, pp.164, 1993).

Likewise, the care in some municipalities under really hard pressure, have taken quite grotesque forms, such as only offering frozen food, to old people who can not prepare their own dinner.

As a very recent alarming example, some Danish municipalities have announced in the press that all practical aid and service will be cancelled in the summer period of 1994 due to lack of staff and ressources.

On the other hand one can not possibly blame the authorities for prioritising the frailest elderly and thereby wishing to concentrate the help on those who seem to need it the most - but this is so to speak the dilemma attached to a citizenship based care system in times of strong economical scarcity.

We still do not know the exact consequences of the cut down in hours spent on old people, who are partly self-managed, but some worrying evidence suggests that it does create problems both social as well as practical. Home help

---

4   These statements were part of the basic conclusion of the European study on older Women performed by Nielsen (1994) and were also put forward by the scientists from all over Europe parcipating in the conference, „Older Women in Europe - potentials and problems", held in Copenhagen, February 1994.

5   The argument states further, that a large group of well-of elderly, when the homehelp is free of fees, are demanding housework services that they „bought black" at a cheaper price than when the fee system was in function.

in the prophylactic sense, does indeed become impossible when hours are cut back to an absolute minimum for the partly self-managed old. An unpaid bill seems in that manner to be waiting in the future.

3.5. Background and Reasons for a High Level of Social Service

Naturally, there exists a number of specific reasons explaining why the social services for the old have been developed to a high degree in Denmark.

An obvious precondition has been the general political majority in favor of a high level of social services and good living conditions for all groups in society, which now has been continual for at least 3 decades. Likewise, distribution of wealth and income, and the reduction of inequalities have been a target of the Danish welfare construction, regardless of the changing political constellations.

Besides the presence of a political preference towards high social service levels, the following characteristics are often pointed out by researchers as main reasons for the development of a high public level of social services (Plovsing 1992, Knudsen in Friis 1992, and Leeson & Tufte 1994):

It is often argued that the development of the welfare state and a high degree of social services in Denmark, should be seen as strongly connected to womens expanding labormarket participation during the last 30 years (see section 2).

The family as a social unit has undergone major changes during the last 20 years. The at home working housewife is disappearing and a large number of reproductive tasks traditionally carried out by women at home have been transferred from the family to the public sector and the state. Not at least the tasks of caring for the old and sick.

Moreover, Danish legislation do not oblige the family any legal responsibility to care for and economically support their elderly. This responsibility lies upon the state. The support obligation is limited to children under the age of 18 and spouses.

Alongside with the changing family patterns it has become much more unusual that old people live together with their families or others. This development has naturally been strongly influenced by the improvement of and accesibility to accomodations for the population in general during this century. As illustrated in the previous section 2, older people today normally live alone or with their spouse only.

Like in most European countries Denmark has an ageing population and an increasing life span among the oldest (section 2). This has called for an increased demand for healthcare and home service in general. Especially, the demand for care for the very old has increased during the last decade or so. Almost 2/3 of the elderly age 85 and above receive permanent home help. As can be seen from the tabel A1 (Report from The Danish Commission on Social Affairs, 1993) the hours of weekly homeservice provided, increases considerably with age.

The above mentioned, are some of the more simple and straightforward reasons for the higly developed social service in Denmark. However, the development of the Danish welfare system has its own specific background in 100 years of institutional history and the institutionalisation of the cooperation between the classes.

3.6. Main Operating Principles of the Danish Eldercare Policy

The working principles of the Danish eldercare policy today were formed by a commision called The Commission On Ageing, that worked from 1979 to 1982. The Commission On Ageing introduced new guidelines that shifted the psychological focus from the public responsibility and on to the capabilities of the individual.

At the same time The Commission opened up for the possibility of a change in the three roles as arranger, producer and financer which the state had practiced during the 70's; although mainly the roles as producer have been the object of a current glide of responsibility from the state and on to private enterprise and/or informal networks.

Since the mid-eighties, this view has been dominating in the policy making concerning eldercare.

The Commission On Ageing formulated three basic principles which were supported by all the political parties (Plovsing 1992 p.13 and Svarre Christensen 1993). The overall political goal was formulated in the powerful sentence : „To Allow Old Persons to Live as Long as Possible in Their Own Homes" and the three principles stated, that living conditions for the old should be organized in such a way that they provide possibilities for:

* **Continuety in life** - in practice the de-institutionalisation of the elderly and the provision of the necessary means for keeping them as long as possible in their own home.

This has proved to be one of the most significant principles of the eldercare policy of the last 10 years or so, and the one with the greatest impact on older peoples lives. In 1987 this principal was enforced by a law on housing for old and disabled persons (Ministry of Social Affairs, 1990) which stated that only independent dwellings should be built in the future.
This has practically meant a total stop for the building of nursing homes and furthermore the shutting down of several of these in many municipalities.

Highest possible degree of self-determination - in practice the establishment of a number of services among which the elderly should be able to choose according to needs and wishes.

In reality, however, this has shown its difficulties and limitations. The limited ressources and high demands for efficiency have limited the old persons possibility of choosing for themselves. A declining number of nursing homes have resulted in long waiting lists and the hours of weekly offered homehelp are determined according to the need as judged by the local municipality representatives and not by the old.

Likewise, efficiency criteria sometimes force the authorities to distribute weekly hours of home care according to where the need seems most demanded. In this situation the average old person can not be sure if he or she will get the appointed hours of weekly home care, if illness or greater needs arise elsewhere that week!
Thus, in practice, the self-determination is limited by efficiency criteria and the economical barriers.

Use of personal ressources - this principle aims in two directions. On the one hand encouraging the public sector decisionmakers to support initiatives by the elderly themselves and their associations, and on the other hand that public aid and home care should be given on the basis of a help-to-self-help principle.

The implementation of these three principles and the goal of allowing people to live as long as possible in their own homes, was founded upon two incentives;

1. *Consideration for the individual*
2. *Financial considerations*

During the 70's it became evident that many older people were being placed in institutional care far too early or for the wrong reasons, and were in this way deprived of the opportunity to live an independent and dignified existence. The preference for institutions was naturally due to the belief that institutional care could provide the most appropriate and professional care for the elderly.

One result of The Commission on Ageing and its work was a policy decision to move away from the institutionalisation and towards a wider and better-integrated spectrum of services and housing for the elderly.

The growing number of frail elderly, however, increases the financial pressure upon the social and health sectors. This has served as a very strong impetus for finding cheaper forms of care than those most wellknown e.g. nursing homes. The key phrases in the reorganization of care are since the mid 80's:

* Decentralisation, * Integrated Home Care and * Collective Home Help[6]

The political challenge has been to care for an increasing number of elderly in a period of declining ressources while at the same time maintaining quality.

As we will see in the following section 4 it has been rather difficult for the municipalities to follow the goal of encouraging old persons to remain in their own homes when at the same time there have been insufficient ressources for the satisfactory implementation of this policy.

This supports the earlier argument of Danish elder policy as changing its role as producer of service - moving towards the greater involvement of the informal networks, the individual itself and even, in a few cases, private enterprise.

This change of policy is evident in a newly published report from The Danish Association of Local Authorities[7]. The report emphasises, exactly, the greater involvement of the other sectors in society and the move away from the state as the exclusive producer of social services for the old.
They state the following three elements as their central managerial effort in the eldercare area in the future (The Danish Association of local Authorities 1994 p. 50):

A. The municipalities will have to direct their services towards fewer people in return for a more thorough care for the frailest.

As a precondition for this change in policy it is necessary to change the public attitude towards the perception that it is not all old people who are frail and therefore in need of help. The municipalities must to a larger extent define

---

[6]   A system whereby a local authority is divided into several districts each of which are allocated a group of home helpers and a number of service hours. Hence, service hours are provided to older people in the district according to need rather than allocating a fixed numbers of hours, allowing the districts greater efficiency and flexibility.

[7]   The Danish Association of Local Authorities consists of the 275 municipalities.

which services should be offered to all old people and which should only be offered to the few and frailest. The majority of the elderly (Aproximately 80%)[8] are by and large managing on their own.

B. Further development of the so called integrated care system and the 24 hour care service.
A further development of the integrated care system will make it possible to use staff in a flexible manner covering both institutions and home care.

C. Involvement of private/personal network and volunteers organisations.
The municipalities must to a larger extent define which services should be produced in public and/or private regi and which could be provided by volunteers/social networks. It is considered useful to involve the private networks and user-groups to a much larger extent, to make these support and relieve the public effort on the eldercare area.

3.7.   The Organisational Basis of the Social Service for the Old

The organisation of health and social service in Denmark is placed in a rather simple unified system with three public levels: On top is the central public administration, in the middle the 14 counties and at the bottom the 275 municipalities (local authorities). All tasks within these fields are being taken care of by one of these levels. This implies also that there is a rather clear and straightforward division of burdens and competence between the three levels.

Each level is governed by, respectively, the central government, county councils or local councils and the members are elected for a four year period. They have professional civil servants and specialists at their service who carry out the decisions and distribute the services.

The central public administration.
As a general rule the Danish parliament outlines the framework for the qualitative outlook and economical foundation of the health care and social services. They also estimate the size of the general financial contributions from the state to the counties and the municipalities respectively.

They can for example decide that home care services should be free of any - even a symbolic charge, and then request of the municipalities that they follow these instructions without permission to raise local taxes.

---

[8]   The figure is estimated by The Danish Association of Local Authorities in their report from 1994, p.50.

Negotiations between the local authorities and the central state power takes place regularly with the purpose of harmonising the political wishes and the economical possibilities.

The Counties
Denmark is divided into 14 counties and their most important responsibility is to run the hospitals and the public health protection schemes, i.e. the free medical attention by general practitioners and specialists as well as the public subsidies for a.o. medicine and dental treatment (Plovsing,1992). In short, the counties hold responsibility for the health area in general.

As it shows, the health area is very extensive and the services provided are either free of charge or subsidised to a large extent. The expenses of the counties for running the health system are covered partly by taxes collected in the individual county and partly by general financial contributions from the state, independent of the individual benefits.

The elected county councils are in charge of deciding both how many resources that should be used on the various health and social tasks that they are responsible for and also in what way the distribution of the means should be.

This competence gives the counties a very central role in the formulation and development of eldercare policies concerning the health care dimension.

The Municipalities
The municipalities have by far the majority of the tasks within the social field, and certainly with regard to services directed towards the old. They take care of all kinds of social services for the old among others home care, institutional care, day-centers and deliveries of meals - also called „Meals on Wheels".

Their responsibility and competence covers the whole spectrum of services - From provision of kindergarten places, or visits from the district nurse when a newborn Dane has arrived, and on to supplying the handicapped with technical instruments, house correction and economic support,(Just to mention a few of the municipalities tasks!).[9]

Like the councils, the municipalities have independence to form the local social policy. They decide how many resources should be used on social or health tasks by the municipality and the distribution of the means.

---

[9] Rold Andersen(1992) claims that Denmark should be the only country in the world where the municipalities covers such a broad field of social service tasks.

This independence is naturally limited by the regulations and the general social framework in the legislation issued by the central government to secure the social rights of the citizens.

It is possible though to find differences in the quality and standard of the social service when one compares the municipalities - not the least depending on what social area the municipality in question is giving the highest priority. They have in other words quite extensive possibilities to distribute the means and concentrate their effort where they find them most needed.

The municipalities cover their expenses through the collection of local taxes, and financial contributions from the state. There is however certain limits set out by the central government, which prohibits the expenses (and with that taxes) to exceed a certain level. These limits have lately also had the purpose of keeping the expenses at rest and as a budgetary control of the municipalities.

Regarding the expenses of social services for old people at the age of 67 or more, these are financed by the municipality alone. Considering adults below age 67, the expenses covering homehelp and nursing homes are equally shared with the county. (Plovsing,1992)

3.8. The Decentralised System at Work

There exists some obvious advantages with a simple decentralised administrative system. One advantage often emphasised is the possibility of cooperation between the sectors and the integration of the services offered. It becomes possible to coordinate and target the necessary treatment from what is done at the hospital to rehabilitation and the home service and technical aid that the patient may need when he or she is back home. This process is also relieved by the lack of insurance questions or valuations needed in a system where the financial questions are settled once and for all through the tax system.

The decentralised system thus **in theory** enables a high level of efficiency, flexibility and quality, and thereby the best conditions for succesful treatment and service. On the other hand it is evident that the decentralised system alone does not guarantee that the coordination works to its full capacity. As put forward by Rold Andersen(1992) the main point is that such a system allows for the **possibility of coordinating** the services and treatment needed and therefore also **allows for criticism** when the system fails to fulfill expectations. The evaluation and criticism of the malfunctions of the system thus have high priority in the Danish public debate.

In a Danish context we have seen several examples during the years of the systems malfunctions. Again economic scarcity is the No.1 cause of mistreatment or neglect. The counties and the municipalities are administratively and economically responsible for each their specific health or social tasks (and budgets!) and have in certain situations been seen to speculate in budgets - and respectively „push" clients when possible on to the other administrative level and their budget.

Priority amongst the groups of patients have been seen to put aside the needs of older people when they have to compete for attention from the health and social authorities with younger age groups.

4. THE DANISH ELDERCARE MODEL - TYPES OF FORMAL CARE

4.1 Introduction to the Danish System of Formal Care

In this section we will address the character of the Danish system of formal care. We will discuss the two basic types of care provided for old people, that is either institutional care or home care. Further we will address the different types of home care provided for people living in private ordinary dwellings, and also look more into the different types of housing for the elderly.

Social services for the elderly are given in two types, one is nursing homes (and similar dwellings) and the other is service provided in ones own home, that is home care and nursing.

As a logical result of the ground principle in Danish eldercare policy of keeping the old as long as possible in their own homes, the two ground pillars are the home care and the district nursing.

4.2 Housing and Institutions

The majority of old people in Denmark are living in quite ordinary dwellings. In total, only 4% of all old people over 60 are living in a nursing home (See table A3 in the back)

As mentioned earlier it has been a political goal since the mid 80's to move away from the institutionalisation of the elderly. Because many nursing homes were shut down during the 80's, today a smaller number of elderly live in nursing homes than previously.

Accordingly the total amount of places in nursinghomes has declined from 49.088 beds in 1987 to 40.449 in 1992 - a total decline of 17,6% during the period (table A2). This decline is, however, fully compensated by the increase in places at the socalled special apartments for the old, as can be seen in table A2.

The proportion of the elderly living in nursing homes increases with age. As can be seen from the table A3, a rapid increase takes place after the age of 85. This is often seen as connected to the fact that old people in order to be submitted to a nursing home must have such a bad health that they cannot manage at home even with the social and health service supplied by the municipality. From this follows then, that the majority of the old living in nursing homes are severely disabled and very frail.

The formal care offered in an institution like nursing homes can be described as an integrated „package" of care. It will typically consist of a single private room and a personal bathroom as well as care and assistance 24 hours a day and nursing, occupational therapy, retraining, medicine, technical aid, clothing, hairdressing and pedicure.

It is, however, important to remember that the decentralised system enables the standard of quality to vary between the different municipalities. The variations are not considered to be of a size that changes the general point made by the above figure.

As a consequence of this the social expenses for nursing homes are very high. The average price for a „Bed" at a Danish nursing home is DKK 275.000 per year or DM 70.000 (The Danish Commission on Social Affairs,1993 p.124). Again the price can be subject to variations between the municipalities, and on this particular matter it is obvious that some municipalities have specialized in giving a high level of quality and at the same time keeping the expenses at a much lower level than illustrated here.

The nursing homes are in general extraordinarily well staffed. A European study reports Denmark as having favourable staff ratios. The bed-staff ratio in Danish nursing homes is 1 employee per 1.3 beds. Other European countries reported much less well-equipped in the nursing home sector. For example Germany reported of three places per 1 staff member. In general, Denmark has 50.000 people employed in nursing homes corresponding to 63 staff members pr. 1000 people aged 65 and over(First Annual report of the European Community Observatory. EC-Commission, June 1991)

The majority of the nursing homes are public, but some nursing homes and other institutions for the elderly have been established by private organisations. They are run in accordance with agreements with the municipality which pays the expenses, and they function quite as if they were public institutions (Plovsing, 1992).

As pointed out earlier, a new act on housing for the old and disabled came in to force in 1987 and this stated that in the future only one category of dwellings called apartments for the old should be built. Accordingly, nursing homes are no longer allowed to be built. Previously there were many different types of dwellings: Sheltered housing, service flats, public flats for pensioners etc. The new act on housing was aiming at building only independent dwellings resembling institutions as little as possible, in accordance with the objective formulated by the Commission on Ageing. The main idea is to separate the housing function from the service function, so that a more flexible service system can be created for the old and disabled. From this follows that home care policies in Denmark are given a higher priority than before.

Of the elderly aged 60 or more who live in their own homes, only approximately 0,5 live in sheltered dwellings and 1.1% in special apartments for the old(table A5 and A6).

The main purpose of these dwellings is that it should be possible for each person to summon help at short notice from his or her apartment in case of illness, accidents or the like. A general sense of security is the main idea of these dwellings.

A third kind of housing that illustrates the future policy on ageing are the socalled integrated centres for the old. Often these centres are established in rebuilt nursing homes or new buildings. They can take several forms, but the basic idea is a central unit - a centre attached to a number of independent apartments for the old. The central unit holds a number of common facilities for instance a guard, common premises, a cafeteria, a library and bookshops (Plovsing, 1992 p.18).

As mentioned earlier, there seems to be a rising demand for institutional care. One of the major problems in Danish eldercare recently has been, that a growing number of old people wait either in their homes or at hospitals to be alloted a place at a nursing home. The waiting lists are long and many old people spend months waiting in hospitals under quite intolerable circumstances. The authorities estimate that about 750 elderly are waiting in hospitals. However, this figure only shows the tip of the iceberg. An unknown number of elderly are waiting in their own homes, many of which are not even registrated since the waiting time is too long.

Recently a new act has been put into force aiming at making it easier for the elderly to move to nursing homes close to their relatives. The act states that it is a right for the individual to move to a nursing home that is close to their children or relatives. It is the municipality that you move away from which covers the expences. However, it is a precondition that both municipalities judge that the old person pass the screening test/ conditions. In general the new act has improved the old's possibility to live closer to their family, though the problem seems now to be, that the municipalities are more careful in visiting old people that are likely to ask for a transfer, when they are alloted a place in a nursinghome.

The powerful political goal of keeping old people as long as possible in their own homes, has obviously neglected one of the very important principles from the Commission on Ageing concerning the wish for the highest possible self-determination - that is the right to choose among a number of alternatives!

The authorities have not taken into consideration that a number of old people do prefer or simply need the institutional care as a realistic alternative to the home care and district nursing in personal dwellings. In spite of a higly developed home care system with, in some municipalities, even a round-the-clock security system, it is evident that some older people need the institutional care to feel absolutely secure and free of loneliness.

The point is therefore that the deinstitutionalisation of the formal care should not go so far that it neglects the basic need for this type of care, no matter what the other types of care provided are.

4.3.   Home Care - Home Help and District Nursing

The social service system consists of a variety of elements a.o. home help, district nursing, day care centres, technical aid and „meals on wheals", all elements which can be supplied - all together - or seperately in accordance with the needs of the individual. All these services are financed, coordinated and administered by the municipalities. The service is free of charge for the individual recipient.

Home help
Permanent home help is by far the most ordinary type of home care in Denmark. Aproximately 1/4 of the elderly living in their own home receive permanent home help (Plovsing, 1992 p. 19).

The homehelp is supplied in accordance with national legislation, and the 275 municipalities have an obligation to supply a home help service with skilled staff. The permanent home help is offered on the basis of application, and it is the local authorities who decide about the entitlement to help and evaluate how many hours of necessary help the individual person will need. Likewise, they estimate, what kind of tasks, pratical or personal, that the person needs help with.

The permanent home help is given to persons with a prolonged disease or physical incapacity, as a help with the housework and/or personal necessities.

The home helper performs tasks like cleaning, washing, cooking, shopping, and personal hygiene. Moreover, the home helper often performs a very important task of keeping a personal contact with the old person, and help to activate and encourage in accordance with the principle of help to self-help.

As has been mentioned earlier, the home help has been free of any fees since 1. of july 1989. For many years old people with an income exceeding the public age pension paid a fee when receiving homehelp. Currently it is still on debate whether the fee should be reintroduced.

In a recently published study from The Danish Commission on Social Affairs, the demand and supply of home help was evaluated. The figures showed two very clear tendencies for the period from 1988 to 1991. One tendency was that more people are getting home help today, but for less hours pr.week. Typically, the help has declined from an average of 4-6 hours pr. week to an average of 1-3 hours pr. week. In 1988 the recipients of home help 1-3 hours pr. week was 82.790 whilst in 1991 it had increased to 109.800 persons.

The other tendency was that it is primarily the old above 80 years of age who receive the extensive home help of many hours pr. week (That is more than 7 hours) and it is especially in this age group that the increase has taken place. Approximately 20% more people above age 80, in 1991, received more than 13 hours pr.week than in 1988, and 25 % more received an average of 7-12 hours pr. week.[10]

Furthermore the official statistics indicates that home helpers are being employed at the same pace as the growing number of elderly and the still increasing number of very old people.

The number of home helpers in Denmark has doubled from **15.100 in 1975 to 30.400 in 1991** (when figures are calculated on the basis of full-time employed, Plovsing ,1992 p.19) However, it should be taken into consideration that the need for home help is increasing a.o. due to the fact that today more people are living alone, fewer are entering nursing homes and the hospitals are discharging them at an earlier stage.

---

[10] The figures are taken from the report made by The Danish Commission on Social Affairs, 1994 p. 144, see table A1.

District nursing

The district nursing is also supplied in accordance with national legislation, and the home nurse has become a very central person in many old peoples lives; not the least due to the fact, that a larger number of very frail older people are living in their own homes. The home nurse offers assistance in case of illness or chronical diseases and often participates in estimating the need of the old person for technical aid as well as their need for living in nursing homes or special apartments for the old.

The home nurse can also be a part of the treatment offered to old persons after a stay at the hospital, given upon referal by the general practioner. In this situation, she or he is the central person to make sure that the rehabilitation of the old person is given the necessary home help, a wheelchair or other technical aid, as well as is given the necessary treatment.

Also the number of district nurses has been considerably increased. The number of employed nurses increased from 1.900 in 1975 to 5.700 in 1991 (calculated on the basis of full-time employed).

Traditionally, home help and district nursing is given in the daytime. As a consequence of the goal of keeping old people as long as possible in their own homes and the lack of nursing homes, most of the municipalities have in recent years established so-called round-the-clock or 24 hour schemes combining home help and home nursing. The schemes in general consist of two elements, although they might differ from one local authority to the other:

1. An emergency scheme according to which it is possible to summon help all 24 hours or most of them.

2. A visiting scheme according to which assistance is given by fixed routines night and day or for some hours after normal working hours(Plovsing, 1992 p.20).

The „round-the-clock" schemes have been introduced with the purpose of reducing the demand for institutional care and as a means of ensuring an earlier discharge from a hospital and prevent hospitalisation on social grounds.

4.4   Further Types of Care Offered

The home care services include a variety of other offers: technical aid, day-centres and meals on wheels. Technical aid can be the rearrangement of the homes of persons with reduced functional abilities so as to make daily life and routines possible. It can be the installations of special beds, bathing facilities, and all kinds of electronic means a.o. a wheelchair, specially designed cars etc., to compensate for a disability. Technical aids are provided to the user free of charge and are not depending on the financial situation of the user. The local authorities are responsible for having experts available in order to see that the choice of technical aids are based on and adapted to the needs and requirements of the individual user.

This specific area of the eldercare is strongly professionalised and extensive cooperation is taking place among the Nordic countries with the purpose of testing and giving information on various kinds of technical aids. A database has been established to provide information in English on technical aids produced or invented in the Nordic countries.

Day care centres

The daycare centres are often establised in connection with the nursing homes and are basically a place where old people can spend a few hours or a whole day together with other old people and the professional staff. It is a place for socialising and for special treatment such as pedicure or hairdressing etc. This kind of daycare can naturally be used both by old people who are not able to spend the day time alone, for various reasons, but they also provide a possibility for social contact for those old persons who find themselves lonely or bad at passing time.

The main purpose of the day-centres are therfore two-fold, firstly to provide possibilities for keeping the elderly active and healthy and secondly to supply an offer of social contact.

Meals on Wheels, is the popular label for the public provided food-deliveries that supplement or replace the home help in cooking. These deliveries can consist of newly prepared hot meals delivered once a day typically at noon, or they can consist of frozen packages that the elderly themselves must prepare in the oven. Unfortunately, this supplement to the home help job of cooking in recent years seems to have largely replaced it. Due to the extra pressure on the home help in general, it has become usual that the old people are forced to accept the meals on wheels, since the home help in some municipalities do not have the ressources to give priority to cooking jobs in the home.

4.5.   Collective Home Help and Integrated Care

As all ready indicated in the previous sections the home help is conducted differently in the various municipalities. The staffing and the average hours given can therefore be subject to large variations within the different municipalities.

As has been discussed in section 3, the economical restraints and the growing demand for social service have given strong impetus to the authorities to attempt a more effective and flexible use of the scarce ressources.

The two most recent attempts at restructuring the home care system and implementing the ressources in a more effective manner have resulted in two models. They are by no means implemented in all the municipalities, but they do form an idea of a trend in Danish eldercare and might also indicate in what direction the eldercare service will develop in the future.

One of the models is called collective home help and consists of the organising of the home helpers in several small units each unit being responsible for their amount of elderly. The home helpers in the unit then divide the available hours among the clients, according to the most urgent needs and the staff available that day or week. In this way the individual old person can not be sure if he or she gets neither the same hours as normally pr.week nor if they get the home helper they are used to. On the other hand the collective home help does offer the opportunity to first and foremost provide the necessary care to the clients who need it the most.

The other model makes a further step and is called total integrated care. With the total integrated care concept, it becomes possible to use all employed staff - that is both institutional staff and district nurses and home helpers - in the most flexible manner. The idea is that the staff should be floating, so to speak, and that they should be used where it is most needed both in the institutions and in the home care area.

4.6. Home care - Problems and Perspectives Faced Under Hard Economic Pressure

It is obvious that the main problems seen from the viewpoint of the elderly are, that the above mentioned models, although they might be very effective and flexible, after all remove all kind of intimacy and continuety in the old persons lives. Several Danish studies have confirmed that it is of utmost importance for the well-being and confidence of the elderly that they get to know their home helper and feel confident with this familiar face (Kähler,1993). Especially for old people with limited or no social network this is of crucial importance. The home helper is the familiar face that visits every week, and these visits are often the highlight of the week.

It has been pointed out several times in this paper that the prophylactic eldercare and the practical help, due to a hard pressure on the local authorities, in general has been cut down in order to provide the necessary help to the growing amount of frail elderly living in their own home.

As we saw above, the average amount of hours have decreased during the last 5 years for the help to the partly self-managed. We can not yet tell the exact consequences of this, but it is obvious that the prophylactic eldercare in this manner becomes impossible.

There is, however, strong evidence that this priority will show to be a crucial mistake. A recent experiment in one municipality in Denmark has shown that the prophylactic eldercare gives strikingly obvious savings on the health and social service budgets in general. The idea in this experiment was in short that by making visits to a group of largely self-managed older persons one could prevent them from becoming sick, isolated, and disabled.[11] The results were estimated to be 19 % less committed to hospitals and 24 % less „beddays" in hospital, 31% less committed in nursing homes and as many as 50% less calls for the „round the clock" doctor. All in all huge savings on the health budgets!

It is therefore of the utmost importance that one does not underestimate the value of home care to the self-managed also in the prophylactic sense. With a regular home help this group can be prevented from a sudden deterioration, in the sense that the home helper can monitor sudden changes in needs. One of the main purposes of the prophylactic home help is also that the strongest elderly are prevented from exhaustion and as a result of this become unnecessarily frail.

Another negative cause followed by the current cut down in average hours of home help could be, that the feeling of loneliness and isolation will grow among some groups of elderly in Denmark.

Currently less than 5 % of the elderly in Denmark state that they feel lonely (Age and Attitudes 1993,p.11). This might come as a surprise, since a large number of older people are living alone (see section 2). But on the other hand we have also seen that in fact older people do maintain very close ties with their families and vice versa - a position that has been described as „Intimacy At A Distance"! Supporting this statement is also a very interesting point found by the Eurobarometer survey showing that the **Danish elderly were those who disagreed most strongly with** the statement that their families should be less willing to care for them nowadays!!

It is however evident that a higly effective and economically pressed social service system such as the Danish, by no means can relieve the problems of loneliness by the minority of Danish elderly who do indeed feel lonely and isolated.

It is in providing this specific kind of services that there seems to be a clear need for volunteers.

---

[11]   the project was named „ The Rödovre project" after the name of the municipality.

Previously we have mentioned that the municipalities have stated, that they expect to rely more on the cooperation with volunteers and the private sector in the future. In spite of the rising demand for eldercare and the huge expenses connected with the conduction of it, it is important to remember that the tasks of eldercare by no means can be transferred upon volunteers and or private enterprises without problems. The modern welfare regimes have influenced our standards and demands to the quality of the eldercare provided and not the least to the professionalism of the people who conduct the care. There is no way to resemblance the standards of todays professional eldercare and what was provided by the family many decades ago. Our knowledge of the ageing process and the connected diseases, as well as the methods and medical treatments that can relieve the hardships are strikingly improved compared to the old days. However this knowledge and expertise is cumulated and integrated into the professional health and social service system and can not easily or quickly be transferred to the private sector and/or volunteers. **At least not without extensive education and the transfer of experience!**

Even with the appropriate education it is not likely that either volunteers nor the private sector within the coming years will be able to provide the variety of eldercare needed in a satisfying manner and with the same high standards of professionalism and quality.

It is therefore of crucial importance that the further involvement of volunteers and private suppliers takes into consideration that there are large parts of the eldercare which does not let itself be transferred without serious risks of compromising the high levels of standard. Not to mention that some of the caring tasks are of a character that are to heavy and exhausting to be left to volunteers.

As a final point, it should be mentioned that the restructuring of the Danish eldercare also has included the development of a new social and health service education. The home helper will in the future at least have 1 year of education before they enter the homes of the elderly, and in many cases probably more. Not surprisingly the job as a home helper until now has been typical low status, blue collar and almost exclusively a female. Approximately 90% of the home helpers are women.

Hopefully, the educational opportunities will help to attract more students and potential home helpers. There is already now a growing demand for home helpers and it is estimated that during the following 10 years there will be an unsatisfied demand for 6000 homehelpers in Denmark.(Ministry of Health, 1994).

5. INFORMAL CARE

5.1. Introduction to Informal Care

The Danish eldercare system has been described so far as consisting of a high level of social service provided by the public sector. It was however also pointed out that the eldercare system has undergone changes during the recent years of economical restraint. As mentioned earlier new experiments are taking place, that consist of both more self-reliance and involvement of volunteers, private networks and private enterprises.

In spite of the well-developed infrastructure of social service, it is evident that the informal carers simultaneously provide a huge amount of care not visible in the official statistics or in the public policy making in general.

Considering the close contact that elderly have with their family and relatives, and the fact that the great majority of the elderly are managing alone without social service, it becomes reasonable to think that this implies that some help and social contact is provided by the informal carers - e.g., relatives friends or neighbours.

Unfortunately, the Danish eldercare system seems to bring with it a risk of neglecting the extent of informal care. Until today, the official planning of the eldercare policies has totally neglected to involve the informal carers in the planning of policies or in any way relate to their existence.

In this section we will address further the informal care and different projects or experiments aimed at the informal carers.

5.2. Eldercare and the Workplace

The research on eldercare and the workplace is very limited. It is quite substantial that the demographic changes will lead to a greater need for support services not only for the elderly, but for the carers, too.

A main political goal is that the public budgets have to be kept without any increase in the taxes. This, together with the increasing demand for care, forces the public sector to new thinking. The public sector has to include community care and encourage private initiatives by the family and nonprofit organizations such as DaneAge if the demand for eldercare is going to be met.

The European Foundation for Improvement of Living and Working Condition, 1992, analyzed the employer initiatives in Europe.

The effects of eldercare and the workplace are two-fold. First, the effects of eldercare on the employee and second, the effects of eldercare on the workplace.

The effects of eldercare on the employees are lost time from work, late at work, leave of absence, going from full-time to part-time employment, early retirement and other adverse financial effects such as reduced promotion prospects and loss of pension.

The effects of eldercare on the company are absence from work, loss of productivity, loss of experienced employees, increased recruitment and training costs.

The demographic development, the increasing need for eldercare and the effects on the workforce will eventually force employers to adjust their employment practices and call for new labour market policies. Even so, at present, there seems to be little formal activity mainly because the public sector has the formal responsibility for eldercare.

5.3.   Eldercare and Work in Denmark

The analysis found that for some of the big companies in Denmark, no kind of formal eldercare policy is established - though some do offer eldercare support on an individual basis.

IBM Denmark regards eldercare as a public responsibility and as a family (private) responsibility. The public services are seen as sufficient. Unless legislation in the area is introduced or a clear demand for support appears, the company will not formulate any eldercare policy. Individual arrangements such as flexible working hours and career breaks are available.

Apple Computers has no knowledge of employees with eldercare responsibilities, but if the problem arises they will consider establishing an eldercare policy.

Danfoss is prepared to support carers with individual arrangements. The company perceive eldercare to be too limited a problem for the company to have any formal policy.

Grundfos International A/S has no eldercare policy - problems are solved individually as they arise. If eldercare responsibilities become a larger problem in the future the company will consider establishing a formal policy on the area.

Novo-Nordisk does not have a formal eldercare policy but it is possible on an individual basis to take career-breaks or reduced working-hours.

The interpretation of the companies are that eldercare is primarily a public and/or a family (private) responsibility. Even so, there is a growing awareness of the necessity to support employees with eldercare responsibilities in the coming years. The companies are some of the largest in Denmark and they have the strength to give the necessary support. Research describes that the social engagement of the companies in Denmark does not depend on the size of the company. Most of the companies in Denmark are small and flexible and they have a close relationship to the employees and make individual arrangements[12].

5.4. Leave of Absence and Allowances for Carers

The only legislation concerning eldercare is support for carers of seriously and terminally ill. It is possible to get support of various kinds for people who wish to undertake the care of seriously ill or dying relatives and friends.

The background for the legislation concerning support to people who wish to undertake the care of seriously ill or dying relatives and friends, was the realisation that dying in the hospital is often very expensive and unpersonal.

The law provides for anyone who is prepared to take care of someone wishing to die in his/her own home. The carer can apply for compensation for loss of income. The possibility is not automatically a right as the employer must agree to it. The hospital must issue a declaration that medical treatment offers the patient no further hope. The patient must also agree to be cared for in his/her own home

Besides the financial compensation the municipalities are offering round-the-clock home care, respite care in a nursing home, free child care, free medicines, technical aid and equipment.

The majority of those involved are satisfied with this possibility. The number of carers in 1991 was 981 persons, which has to be seen together with 40.000 elderly - aged 70 and more - that died in 1991. On average the carers used about 7 weeks on eldercare.

The background for the law is the idea of spending ones last days at home and to have a dignified death. The legislation is therefore only a part of a eldercare policy, because it is very restrictive and only a part of the potential carers can be involved.

---

[12] The Danish Ministry of Social Affairs, 1994.

5.5. The Role of the Volunteers

Voluntary organizations have a long tradition in Denmark in terms of social/humanitarian work. They covered the needs arising as industrialization and urbanization developed, but gradually the public sector took over the areas of home help, nursing and meal arrangements.

During the expansion of the public welfare sector the volunteers (organisations) became „marginalised" politically and in 1976 when the Social Security Act was passed the political sector even declared voluntary work „dead" in Denmark. But the voluntary work survived and now voluntary work is flourishing as never before. The welfare system covering new/changed social problems like loneliness among the elderly, missing home help/home nurses and missing support for and collaboration with the relatives.

The requirement for care is very different for the elderly. The „pyramid of needs" below illustrates the number of elderly and the different needs for care. Regarding the elderly who are „still going strong" the policy was moving

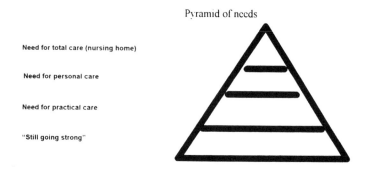

Pyramid of needs

Need for total care (nursing home)

Need for personal care

Need for practical care

"Still going strong"

towards more professional staff instead of volunteers to perform the activities. The activities do not require personal or practical care, but are more social care. Because of the public economic restraints the trend is now slowly moving towards making use of the volunteers again. The activities mostly take place in different centers for elderly people.

In the next two groups where caring is demanded at home DaneAge, among other organisations, has volunteers in a network - „elderly helping elderly". DaneAge has about 3000 volunteers in such a network. Seen in the light of the problems with home help, as described in chapter 4, the requirements to visit the elderly to prevent loneliness and perform acute aid are increasing dramatically. The public home help system has a lack of resources which involve a dramatically demand for social and practical care.

In the nursing homes the professional carers use mainly their time doing „technical work". The education of the staff is mainly courses in structure, organisation and such, and only a small part of the education time is used to improve the education on caring[13].

The public services are very different in the municipalities and the authorities often make use of their bond of secrecy in personal matters if volunteers want to help and get information. This is formally correct, but the manipulates - and the staff - are often afraid of control. The public sector, the families and/or the volunteers do not work together in a systematic way, which makes the system very inflexible and needs are not met.

The public sector ought to enlarge the dialogue with the relatives/volunteers on equal terms. The main responsibility for eldercare has to be kept in the public sector but the public sector has see the volunteers as a resource to fulfill some the social needs of the elderly. This co-operation include that the public sector offer courses for the relatives and the volunteers.

6. THE PUBLIC EXPENDITURES AND COMPA RATIVE ANALYSIS

In the Danish welfare system almost all payments are aggregated in the public sector and financed by ordinary income taxes and duties. „Earmarked taxes" where the contributions follow the person - contribution / insurance systems - are almost unknown in Denmark. The public opinion and the politicians often discuss the cost of the welfare system.

The difference in the financing and the supplier function involve a lot of problems with the comparative analysis between the countries.

In 1992 the working expenses of the public sector were 58 % of the GDP and 25.2 % of the GDP was the direct public consumption. In (West) Germany the direct public consumption was 18.4 % of the GDP in 1990.

In Denmark 42.6 % of the working expenses are used in the social sector, 10.9 % in the health sector, 14 % in the education system and 72.2 % on social items as a whole. It appears that the Danish social sector is quite big, but it is important to mention the problems in a direct comparative analysis with the continental countries - for instance Germany.

---

[13]   Britta Løvendal, Daneage.

As mentioned earlier the public sector is the supplier of the social services and the expenses account directly in the public budgets. Denmark does not

have private institutions covered by insurance where expenses count as transfers of income. (Bent Rold Andersen, 1991) This fact involve statistical bias in the analysis.

The staff in the institutions are employed in the public sector and counts as so.

The supply of the social and health services are grounded on the citizenship and the needs (of the old) and not on an individual contribution / insurance system. This involves a greater possibility for different governments to redistribute the income in society through the public budgets and fiscal policy. The general opinion of the Danish population is that we all contribute to the welfare system through the taxes and therefore have the right to demand services as needed. When problems appear with the undersupply of social and health services, the government is always under powerful pressure to solve the problems. Right now some of the major problems are very long waiting lists for an operation in the hospitals, unmet demands for homehelp and too few nursing homes.

6.1. Pressure of Taxation

It is clear that Denmark has a high taxation level compared to other continental countries. The Danish system is financed by ordinary personal taxes and the German system is financed more by contributions/insurance on the labourmarket.(Table 1)

Table 1: Taxes, duties and contributions in per cent of the GDP, 1990

	Denmark	Germany	Difference
Taxes, duties	48,6	37,7	10,9
Personel incometax	25,6	10,3	15,3
Contribution to social services	1,5	13,9	-12,4
Taxes on fortune and proporty	2,2	1,4	0,8
Purchase tax	10,0	6,4	3,6
Duty	0,2	0,3	-0,1
Other taxes	9,1	5,4	3,7
All	97,2	75,4	21,8

Source: Statistical ten-year review 1993, Danmarks Statistik

Further it is important to look at the differences with great caution. In the comparative analysis it is important to be attentive to the different social systems as written before.

The payment of interest rates on the public debt also have a significant influence on the level of taxation. The public debt has grown while the welfare system was created and taxes are one of the possibilities to pay back the debt.

The fiscal policy concerning the choice between public contributions or the deduction on the tax bill for certain groups of the population has a significant influence on the working expenses of the public sector. For instance if some families receive public contributions for eldercare, the working expenses of the public sector increase, but if they get a deduction on the tax bill instead, the total payments of taxes are reduced. The working expenses of the public sector do not increase, but the ordinary tax will indirectly increase. The taxsystem has therefore a statistically significant influence on the public expenses.

In Denmark we have a mix of contributions and deductions, but the trend is moving towards more public contributions. The differences in table 1 are properly overestimated, because of the differences both in the social system and in the taxsystem.

The main differences that exist are in the distribution of income. It is a characteristical in the Danish system that a major redistribution of income is taking place via the progressive-scale taxsystem. The economic „marginalisation" of various groups of the population is not so marked as in other countries, but the trend is moving in the direction of an increasing polarization in the Danish society.

7. CONCLUSION

In the danish welfare model the public sector has the formal responsibility both as the arranger, the producer and the financer (through taxes) of care and support for the old. The public services are offered to all citizens on the basis of citizenship. From that follows that the social services are independent of labour market participation, public or private insurance, family, material status etc. It is fully legitimate to demand eldercare and it is general viewed by the society to be a public responsibility of very high priority. It is characteristical, for the Danish system that a major redistribution of income is taking place via the progressive-scale taxsystem.

The public legislative responsibility also legitimise the informal carers to receive assistance and relief from the public sector and enables them to participate in other spheres of the society. The development of the welfare state is also strongly connected to the expanding female employment ratio during the last 30 years. This development involved a gradually social acceptance of transferring the eldercare to the public professional sector. A part of the growth of the female employment ratio has involved a change from unpaid domestic eldercare to paid eldercare as home help done by the women.

The main principles of the Danish eldercare policy are continuity in life, use of personal resources and highest possible degree of self-determination. This policy is formulated in the sentence: „ To allow old persons to live as long as possible in their own homes". This policy has involved a total stop for the building of nursing homes and the number has declined 17,6% since 1987. The proportion of the old aged 80 and more has increased in the 80´ties and will continue to increase until the year 2000. The declining number of nursing homes have resulted in long waiting lists and a decline in the average hours supply of home help because more frail old people live at home.

The Danish Association of Local Authorities emphasises a grater involvement of the other sectors as private/personal network and volunteers organisations. The increasing need for eldercare will eventually force employers to adjust their employment practices and call for new labour market policies. At present there seem to be little formal activity of eldercare policies on the labour market mainly because the companies maintain that eldercare in primarily is a public and/or a family (private) responsibility. The financing in the future can eventually also involve insurance-schemes on the labour market as in the continental countries.

In the future the main responsibility for eldercare will properly be kept in the public sector but the relatives, companies and the volunteers organisations are likely to be involved to a greater extent than previously.

Table A2:   Social institutions and housing for the elderly

	1987	1988	1989	1990	1991	1992
Nursing homes	49.088	48.011	47.065	44.847	42.285	40.449
Daycentre	23.823	23.499	26.999	25.756	30.056	32.957
Sheltered dwellings	6.595	6.824	6.670	6.315	5.849	5.786
Apartments for old	3.356	3.805	5.087	7.305	10.798	12.105

Table A3:   Proportion of the population in nursing homes

	1988	1992
60-66	0,62	0,55
67-69	1,21	0,99
70-74	1,96	1,73
75-79	4,51	3,75
80-84	10,84	8,43
85-89	23,37	18,19
90-94	40,58	34,52
95+	62,18	52,91
all (60-+)		4,05

Table A4:   Proportion in daycare-centres, 1992

Age	*60-66*	*67-79*	*80+*	*all*
Number	5.223	45.271	10.791	61.285
%	0,16	8,84	5,49	5,86

Table A5: Proportion in sheltered dwellings, 1992

Age	60-66	67-79	80+	all
Number	308	1.828	3.542	5.678
%	0,09	0,36	1,8	0,54

Table A6: Proportion in apartments for the old, 1992

Age	60-66	67-79	80+	all
Number	991	4.702	6.162	11.855
%	0,29	0,92	3,13	1,13

Anhang II:

Tabelle A1: Erwerbsquoten von Frauen in der Bevölkerung (April 1991) nach Alter und Familienstand

Alter in J.	gesamt	verheiratet	verwitwet	geschieden.	ledig
40 - 45	75,4	72,1	77,4	92,7	90,2
45 - 50	72,8	69,4	75,1	91,4	88,4
50 - 55	65,3	61,8	67,4	87,2	83,3
55 - 60	42,9	39,3	44,2	62,5	66,9
60 - 65	10,7	9,5	10,4	19,4	16,3

Quelle: Statistisches Bundesamt (Hg.), 1993: Statistisches Jahrbuch 1993 für die Bundesrepublik Deutschland

Tabelle A2: Bedarf an hauswirtschaftlicher Versorgung nach den Auswirkungen der Pflege auf die Erwerbstätigkeit (in Prozent)

Hilfebedarf	eingeschränkt, aufgegeben	fortgesetzt
mehrmals täglich	82	46,6
einmal täglich	3,3	17,3
mehrmals wöchentl.	6,8	22,3
einmal pro Woche	-	8,3
14-tägig und seltener	2	2,9
nicht Aufgabe des Helfers	5,8	1,9
keine Angabe	0,2	0,5
Summe	100	100

Tabelle A3: Bedarf an pflegerischer Versorgung und Auswirkungen auf die Erwerbsbeteiligung in Prozent)

	eingeschränkt/ aufgegeben	fortgesetzt
ständig, alle 2-3 Std.	54,2	16,3
2-3 mal täglich	22,6	19,5
einmal täglich	5,9	11,6
mehrmals wöchentlich	2,2	11,2
seltener	7,7	13,5
nie	3,7	27,6
Summe	100	99,7

Tabelle A4: Zeitaufwand für die Pflege nach beruflichen Folgen der Pflege (in Prozent)

Erwerbstätigkeit	eingeschränkt/ aufgegeben	fortgesetzt
täglich rund um die Uhr	72,9	34,1
täglich stundenweise	23,5	37,6
mehrmals wöchentl.	3,4	17,7
einmal wöchentl. und seltener	0,2	10,5
Summe	100	99,9

Tabelle A5: Berufliche und schulische Qualifikation von Pflegepersonen nach neuen bzw. alten Bundesländern (in Prozent)

	West		Ost	
Tätigkeit	erwerbstätig	nicht erwerbst.	erwerbstätig	nicht erwerbst.
angelernt	34,7	45,1	12,6	27,4
qualifiziert	50,2	48,4	60,6	63,2
höher/hochqual.	15,1	5,0	25,8	9,4
Schulabschluß				
kein Abschluß/ Hauptschule	59,8	79,5	30,7	73
Realschule	30,3	15,2	48,9	19,2
Abitur	8,3	3,9	15,5	5,6

zu 100% fehlende Werte sind Antworten "keine Angabe, weiß nicht".

Tabelle A6: Hilfe oder Pflegebedarf des über 65jährigen Menschen nach Erwerbsbeteiligung und neuen bzw. alten Bundesländern (in Prozent)

| | West | | Ost | |
	erwerbstätig	nicht erwerbst.	erwerbstätig	nicht erwerbst.
hauswirtschaftl. Hilfebedarf	63,5	50,9	72,5	62,2
regelmäßiger Pflegebedarf	36,5	49,1	27,5	37,8

Tabelle A7: Folgen der Pflege für die Erwerbstätigkeit nach Geschlecht und neuen und alten Bundesländern (in Prozent)

Erwerbstätigkeit	West	Ost
aufgegeben	16,9	9,7
eingeschränkt	15,7	15,1
fortgesetzt	67,4	75,2
Summe	100	100

Tabelle A8: Eingeschränkte Erwerbsbeteiligung nach alten oder neuen Ländern und nach Art der Berufstätigkeit (in Prozent)

| | West | | Ost | |
	eingeschränkt/ aufgegeben	fortgesetzt	eingeschränkt/ aufgegeben	fortgesetzt
Arbeiter/in	46,2	29,1	29,6	31,5
Angestellte/r	36,1	51,0	61,1	57,3
Beamte/r	0,7	5,0	0,8	0,4
Landwirt/in, sonst. Selbst., mithelfende Angehörige	17,1	12,7	8,5	10,3
weiß nicht, k.A.	-	2,2	-	0,5
Summe	100,1	100,0	100,0	100,0

Tabelle A9: Kontingenz-, Assoziationsmaße und Signifikanz zum Zusammenhang zwischen Erwerbsstatus der Pflegeperson und ausgewählten Variablen

unabhängige Variable	Chi-Quadrat	df	Signifikanz[1]	- CC[2] (korr) - Tau b oder c
Alter	164,389	12	***	CC .439
				tau-c -.267
Geschlecht	81,138	3	***	CC .371
Familienstand	107,682	9	***	CC .371
Getrennter Haushalt	43,983	3	***	CC .270
Schulabschluß[3]	87,999	9	***	CC .342
				tau-b .279
Art der Tätigkeit	85,136	9	***	CC .349
				tau-b .222
Pflegebedarf	49,973	9	***	CC .26
				tau-b -.163
Belastung	22,23	9	**	CC .177
				tau-b -.109

Tabelle A10: Kontingenz- und Assoziationsmaße zum Zusammenhang zwischen Einschränkung und Aufgabe der Erwerbstätigkeit der Pflegeperson und ausgewählten Variablen

unabhängige Variable	Chi-Quadrat	df	Signifikanz[1]	- CC[2] (korr) - Tau b oder c[3]
Alter	22,207	8	**	CC .222
				tau-c -.114
Geschlecht	21,035	2	***	CC .241
Familienstand	19,159	6	**	CC .202
Getrennte/ gemeins. Haushalt	41,716	2	***	CC .335
Schulabschluß[4]	18,321	6	**	CC .206
				tau-c .106
Art der Tätigkeit	8,702	6	nicht sign.	
Pflegebedarf	105,913	6	***	CC .460
Belastung	287,950	9	***	CC .562

1) Signifikanzzeichen: * p < .05; ** p < .01; *** p < .001
2) Kontingenzkoeffizient
3) Der zu einigen Variablen noch angebbare Spearmansche Korrelationskoeffizient wird nicht verwendet, da eine Vergleichbarkeit mit den anderen Variablen nicht möglich ist.
4) Ungleiche Fallverteilung: Zellen mit erwarteter Häufigkeit < 5 liegt über 20%

287

REFERENCES

Abrahamsson, P. a.o.: *„Solidaritet og Fælles Marked?"*, CASA, 1992

Andersen, Bent Rold: *„Vældfærdsstaten i Danmark og Europa"*, Fremad, 1991

Andersen, Bent Rold: *„Dansk Ældre Politik - Nu og i Fremtiden"* Lundbæk-fondens Prisopgave 1992

Arber, Sarah: *„Caring Potentials for Older Women"*. Paper prepared for the European Conference; The situation of older women in Europe - Potentials and Problems, Copenhagen 24th-25th of febru ary 1994.

Eurobaromter Survey: *„Age and Attitudes"*, Commission of the european Communities 1993.

EU-Commission: *„Beskæftigelse i Europa"*, 1993

EU-Commission: *„First Annual report of the European Community Observatory"*, June 1991

EU-Commission: *„EC citizens and Social Protection - Main results from a Eurobarometer Survey"*, 1993

EU-Commission: *„Older People in Europe: Social and Economic Policies"*, 1993

EU-Commission: *„Social Europe"*, 1993

Friis, Henning: *„Hverdag i EF"*, 1992, SPEKTRUM

Ginn, Jay: *„Grey Power, Gender and Class"*, Paper prepared for the european Conference; The Situation of Older Women in Europe - Potentials and Problems, Copenhagen 1994.

Hoffmann, Marina: *„Family Care of the older elderly. Company policies and initiatives to support workers who are carers."*. The European Foundation for the Improvement of Living and Working Conditions, 1992

Kähler, Margrethe: *„Faste forhold ønskes"*, SIKON 1993

Leeson, G and Tufte, E: *„Concerns for Carers, Family support in Denmark"*, Ageing International, marts 1994

Nielsen, Anne Maj: *„Older Women in Europe"* The Dane Age Association 1994

Platz, Merethe: *„Gamle i Eget Hjem",* Bind 1 og 2, SFI, 1989

Plovsing, Jan: *„Old" ,* The Danish National Institute of Social Research, 1992

Schou, Poul a.o.: „Family care of the older elderly Denmark", European Foundation for the Improvement of Living and Working Conditions, 1993

Statistical Publications, Danmarks Statistisk, different years

Stauersboell, Helle: *„The Situation of Older Women in Europe - Potentials and Problems"* Conference Report from The European Conference Organized by the DaneAge Association, 1994

Svarre Christensen, M. a.o.: *„Firsernes Ældre Politik -Inddragelse af Marke-det og det Civile Samf und",* Speciale v. Institut for Statskundskab Aarhus Universitet, 1993

Sundström, Gert: *„Biographies and Potentials for Political Influence",* Paper prepared for the European Conference: The situation of Older Womon in Europe - Potentials and Problems, Copenhagen 1994

The Danish Association of Local Authorities: „ *Økonomisk pres og sty-ring",*1994

The Danish Commission on Social Affalrs: „ *De ældre ,,*1993